III
O Despertar
da Filosofia Moderna

ANTHONY KENNY

UMA NOVA HISTÓRIA
DA FILOSOFIA OCIDENTAL

volume **III**

O DESPERTAR
DA FILOSOFIA MODERNA

Tradução
Carlos Alberto Bárbaro

Revisão Técnica
Marcelo Perine

Título original:
A New History of Western Philosophy
Volume III: The Rise of Modern Philosophy
© Sir Anthony Kenny 2006
ISBN 0-19-875277-6

A New History of Western Philosophy. Volume III:
The Rise of Modern Philosophy was originally published in
English in 2006. This translation is published by arrangements
with Oxford University Press. For sale in Brazil only.

A New History of Western Philosophy. Volume III:
The Rise of Modern Philosophy foi originalmente publicada
em inglês em 2006. Esta tradução é publicada de acordo com
a Oxford University Press. Para venda somente no Brasil.

Preparação: Maurício Balthazar Leal
Capa: Viviane Bueno Jeronimo
Diagramação: Ronaldo Hideo Inoue
Revisão: Cristina Peres

Edições Loyola Jesuítas
Rua 1822, 341 – Ipiranga
04216-000 São Paulo, SP
T 55 11 3385 8500/8501 • 2063 4275
editorial@loyola.com.br
vendas@loyola.com.br
www.loyola.com.br

Todos os direitos reservados. Nenhuma parte desta obra pode ser reproduzida ou transmitida por qualquer forma e/ou quaisquer meios (eletrônico ou mecânico, incluindo fotocópia e gravação) ou arquivada em qualquer sistema ou banco de dados sem permissão escrita da Editora.

ISBN 978-85-15-03616-5

2ª edição: 2014

© EDIÇÕES LOYOLA, São Paulo, Brasil, 2009

Sumário

Introdução   13

1
A filosofia do século XVI   19

Humanismo e Reforma   19
Pecado, graça e liberdade   23
Autoridade e consciência   26
O declínio da lógica   29
Ceticismo, sagrado e profano   32
Filosofia da Contrarreforma   35
Giordano Bruno   39
Galileu   41
Bacon   45

2
De Descartes a Berkeley   53

Descartes   53
Hobbes   62

Os platonistas de Cambridge   68
Locke   70
Pascal   74
Malebranche   79
Spinoza   83
Leibniz   92
Berkeley   98

3

De Hume a Hegel   103

Hume   103
Smith e Reid   110
O Iluminismo   113
Rousseau   117
Wolff e Lessing   120
Kant   123
Fichte e Schelling   132
Hegel   135

4

Conhecimento   141

O ceticismo de Montaigne   141
A resposta de Descartes   143
A consciência cartesiana   146
O empirismo de Hobbes   153
As ideias de Locke   157
Spinoza e os graus de conhecimento   164
A epistemologia de Leibniz   169
Berkeley sobre as qualidades e as ideias   173
Hume sobre ideias e impressões   178
O *a priori* sintético de Kant   184
Realismo *versus* idealismo   188
Epistemologia idealista   190

5

Física   193

Filosofia natural   193

A física cartesiana   197
O atomismo de Gassendi   200
Newton   202
O labirinto do *continuum*   203
Antinomias de Kant   206

6

Metafísica   211

A metafísica de Suárez   211
Descartes e as verdades eternas   214
Três noções de substância   217
A única substância necessária   220
Abrindo espaço para a contingência   224
O idealismo de Berkeley   230
Hume e a causação   235
A resposta de Kant   238

7

Mente e alma   243

Descartes e a mente   243
O dualismo e seus descontentes   248
Determinismo, liberdade e compatibilismo   250
Locke e a identidade pessoal   255
A alma como a ideia do corpo em Spinoza   260
A monadologia de Leibniz   263
Berkeley e Hume sobre espíritos e eus   267
A anatomia kantiana da mente   273

8

Ética   279

Casuística   280
Misticismo e estoicismo   284
Pascal contra os jesuítas   286
O sistema ético de Spinoza   291
Hume sobre razão, paixão e virtude   295
Kant sobre a moralidade, o dever e a lei   297
A síntese ética de Hegel   301

9

Filosofia política 307

O príncipe de Maquiavel 307
A utopia de More 309
Guerras justas e injustas 316
Hobbes sobre o caos e a soberania 317
O determinismo político spinozano 324
Locke e o governo civil 326
Montesquieu e o direito 329
Rousseau e a vontade geral 331
Hegel sobre o Estado-nação 335

10

Deus 339

Molina sobre a onisciência e a liberdade 339
A teologia racional de Descartes 342
Pascal e Spinoza sobre Deus 344
O otimismo de Leibniz 348
O Deus de Berkeley 351
Hume sobre a religião 354
A dialética teológica de Kant 360
O absoluto de Hegel 366

Cronologia 369
Abreviações e convenções 371
Referências bibliográficas 377
Índice das ilustrações 387
Índice remissivo 391

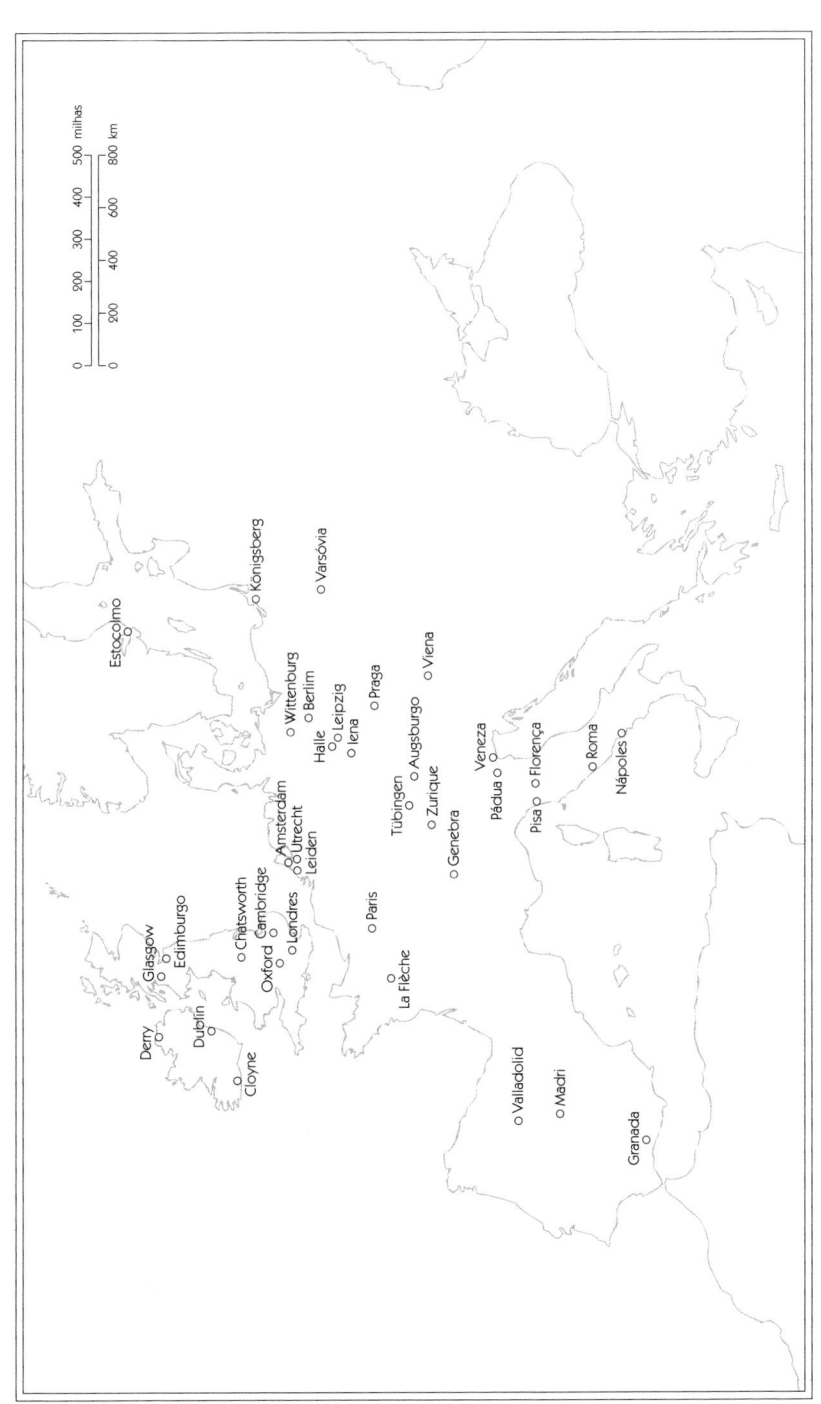

Introdução

Este é o terceiro de quatro volumes de uma história da filosofia de seus primórdios até nossos dias. O primeiro volume, *Filosofia antiga* (2008), descreveu os primeiros séculos da filosofia na Grécia e na Roma clássicas. O segundo, *Filosofia medieval* (2008), retomou a história da conversão de Santo Agostinho até o Renascimento humanista. Este volume assume a narrativa a partir do início do século XVI levando-a até o século XIX. O último volume irá abranger a história da filosofia desde a época de Karl Marx e John Stuart Mill até o presente.

Este volume possui a mesma estrutura dos dois anteriores. Nos três primeiros capítulos forneço um levantamento cronológico dos pensadores filosóficos do período abordado. Nos capítulos restantes passo a uma abordagem temática das contribuições que trouxeram à discussão de temas filosóficos particulares de perene importância. Alguns leitores interessam-se pela história da filosofia principalmente em razão da luz que ela lança sobre os povos e sociedades do passado. Outros estudam os grandes filósofos do passado de modo a obter esclarecimento sobre temas da investigação filosófica que se faz no presente. Ao organizar o livro do modo descrito espero satisfazer às necessidades dos dois tipos de leitores. Aqueles cujo interesse primordial é histórico irão privilegiar o levantamento cronológico, reportando-se, quando necessário, às seções temáticas para amplificação.

Aqueles cujo primeiro interesse é de ordem filosófica irão se concentrar preferencialmente nas seções temáticas de meus volumes, voltando aos levantamentos cronológicos a fim de contextualizar aspectos particulares.

O público visado por mim é aquele que se encontra no segundo ou no terceiro anos da graduação. Sei, no entanto, que muitos dos que possuem um interesse pela história da filosofia podem estar cursando disciplinas que não sejam necessariamente filosóficas. Em consideração a estes, esforçar-me-ei em não esperar familiaridade com técnicas ou terminologias da filosofia contemporânea. Busco também evitar o uso do jargão e escrever de modo claro e fluido o suficiente para que esta história possa ser apreciada por aqueles que a lerem não por obrigação curricular, mas para seu próprio prazer e ilustração.

Esta última pretensão foi a mais fácil de alcançar, pois em relação a muitos de meus temas históricos naturalmente escrevo sobre eles antes como amador que como especialista. Em uma época na qual o estudo acadêmico dos filósofos do passado expandiu-se de forma exponencial, ninguém pode ler mais que uma fração da vasta literatura secundária que tem proliferado em anos recentes sobre cada um dos pensadores discutidos neste volume. Eu mesmo contribuí para o debate acadêmico sobre alguns dos grandes filósofos do início da era moderna, particularmente sobre Descartes, além de ter publicado monografias sobre alguns dos temas abrangidos em meus capítulos temáticos, tais como a filosofia da mente e a filosofia da religião. Mas no processo de compilar a bibliografia para o primeiro volume dei-me conta de quão vasta era a extensão do material que eu não havia lido quando comparado ao montante com o qual eu estava familiarizado.

Qualquer autor que se lance à empreitada de abordar a história da filosofia em sua totalidade rapidamente torna-se consciente de que em relação ao detalhe ele está em situação de enorme desvantagem na comparação com os estudiosos que se especializaram em filósofos individuais. Em compensação, uma história saída de uma pena individual pode ser capaz de enfatizar acontecimentos da história da filosofia que são menos óbvios nas obras de comitês de especialistas, de um modo semelhante àquele em que uma fotografia aérea pode revelar características de uma paisagem que são quase invisíveis àqueles situados na superfície.

Para os que se aproximam do primeiro período moderno da filosofia de posse de um conhecimento da filosofia antiga e medieval, a característica mais surpreendente desse período é a ausência de Aristóteles da cena filosófica. Que fique bem claro, no período abrangido por este volume o estudo de Aristóteles continuou no meio acadêmico, não havendo nenhum período de tempo em que Aristóteles não fosse ensinado na Universidade de Oxford desde a sua fundação. Mas a outra característica que surpreende no período que ora abordamos, e que o distingue tanto da Idade Média como do século XX, é que foi um período em que a filosofia foi buscada com mais energia não no interior das universidades, mas fora delas. De todos os grandes pensadores dos séculos XVII e XVIII, nenhum, antes de Wolff e Kant, foi professor de filosofia.

Virar as costas a Aristóteles propiciou à filosofia tanto boas como más consequências. Para a filosofia em seu sentido mais amplo — do modo como foi compreendida durante a maior parte de nosso período, incluindo ciências físicas como a "filosofia da natureza" —, a fuga à influência de Aristóteles foi um grande bem. A física aristotélica cometeu um erro sem remédio, e fora demonstrado ser assim desde o século VI de nossa era; a deferência que a ela foi concedida durante a Idade Média foi um grande freio ao progresso científico. Mas para a filosofia em um sentido mais específico — como aquela agora oferecida como uma disciplina diferenciada nas universidades — houve perdas na mesma medida que ganhos como resultado do abandono de Aristóteles.

O período abordado neste volume é dominado por dois gigantes da filosofia, um que marca o seu início, outro que marca o seu término: Descartes e Kant. Descartes era um partidário exemplar da rebelião contra Aristóteles. No campo da metafísica, Descartes rejeitava as noções de potencialidade e atualidade, já na psicologia filosófica substituiu a consciência pela racionalidade como a marca do mental. Hobbes e Locke inauguraram a escola do empirismo britânico como reação ao racionalismo cartesiano, mas as premissas que partilhavam com Descartes eram mais relevantes que as questões que os separavam. Foi preciso o gênio de Kant para reunir, na filosofia do entendimento humano, as diferentes contribuições dos sentidos e do intelecto que haviam sido separadas e distorcidas tanto pelos empiristas como pelos racionalistas.

O sustentáculo do dualismo cartesiano era a separação entre mente e matéria, concebido como a separação da consciência do automatismo. Isso abriu um abismo que bloqueou a investigação metafísica durante o período aqui abordado. Por um lado, os pensadores especulativos erigiram sistemas que acrescentaram maiores dificuldades à credulidade do leitor comum. Quaisquer que possam ter sido os defeitos do hilemorfismo aristotélico, suas substâncias — coisas como gatos e repolhos — tinham pelo menos a vantagem de existir sem contestação no cotidiano, ao contrário dos incognoscíveis substrato, mônada, númeno e o Absoluto. Por outro lado, pensadores com pendor ao ceticismo desconstruíram não somente as formas substanciais aristotélicas, mas as qualidades primárias e secundárias, as substâncias materiais e, eventualmente, a própria mente humana.

Na introdução a suas leituras sobre a história da filosofia, Hegel faz um alerta contra as tediosas histórias em que a sucessão de sistemas é representada simplesmente como uma sequência de opiniões, erros e caprichos do pensamento. Em obras desse tipo, afirma, "o todo da história da filosofia torna-se um campo de batalha coberto com os ossos dos mortos; trata-se de um reino formado não apenas de indivíduos mortos e desprovidos de vida, mas de sistemas refutados e espiritualmente mortos, dado que cada um deles assassinou e enterrou os outros" (*LHP*, 17).

Embora eu tente registrar fielmente as opiniões dos sucessivos filósofos do período aqui estudado, espero que a este volume não se aplique a censura de Hegel. Creio que, apesar de terem prejudicado a si próprios ao descartar algumas das ferramentas mais valiosas que a filosofia havia forjado para si na Antiguidade e na Idade Média, os filósofos desse período fizeram muitas contribuições de valor perene, as quais são identificadas e descritas nos capítulos temáticos. No desenvolvimento deste livro espero traçar o gráfico tanto dos ganhos como das perdas. Há muito a ser aprendido, creio, até mesmo do estudo dos caprichos daqueles a quem Hegel chamou de "heróis do pensamento". Grandes filósofos, em toda época, engendraram grandes erros: não constitui desrespeito a eles tentar expor algumas das confusões às quais parecem haver sucumbido.

As divisões temáticas neste volume diferem das dos volumes anteriores de duas maneiras. Primeiro: não há capítulo específico dedicado à lógica e à linguagem, já que os filósofos do período estudado não fizeram em sua época contribuições comparáveis às da Idade Média ou às que seriam feitas nos séculos XIX e XX. (É certo que o período contém um lógico de gênio, Leibniz, mas o impacto de sua obra lógica não ressoou senão no século XIX.) Segundo: pela primeira vez há um capítulo dedicado à filosofia política. É apenas a partir dos tempos de Maquiavel e More que as instituições políticas do período começam a apresentar semelhança suficiente às da época em que vivemos atualmente para que as percepções dos filósofos políticos se tornem relevantes para a discussão contemporânea. O capítulo sobre física é mais breve que os capítulos sobre o assunto nos livros anteriores em razão de que com o advento de Newton a história da física passa a fazer parte da história da ciência antes que da história da filosofia, deixando aos filósofos, pelo menos por algum tempo, a preocupação com as noções abstratas de espaço e tempo.

Sou grato a Peter Momtchiloff e seus companheiros da Oxford University Press, e a três anônimos leitores pelas melhorias de uma versão inicial deste volume.

1

A filosofia do século XVI

Humanismo e Reforma

A década que se inicia em 1511 pode muito bem ser considerada o ponto mais alto da Renascença. No Vaticano, Rafael pintava os afrescos das paredes dos aposentos papais, ao mesmo tempo em que Michelangelo cobria o teto da Capela Sistina com suas pinturas. Em Florença, os Médici, exilados desde a época do reformador Savonarola, retornavam a seus dias de poder e mecenato. Um dos membros da antiga república, Nicolau Maquiavel, agora cumprindo prisão domiciliar, aproveitou seu forçado retiro para produzir um texto clássico da filosofia política, *O príncipe*, que oferecia aos governantes orientações diretas para a aquisição e a manutenção do poder. A arte e as ideias da Renascença viajavam em direção ao norte a pontos tão distantes quanto a Alemanha e a Inglaterra. Um parceiro de Michelangelo no túmulo de Henrique VII projetado pelo florentino para a Abadia de Westminster, além de o mais afamado estudioso de seu tempo, o holandês Erasmo Desidério, ensinou em Cambridge no início do reino de Henrique VIII. Erasmo era um conviva frequente do lar de Thomas More, um advogado prestes a iniciar uma carreira política que logo faria dele o homem mais poderoso da Inglaterra, depois do rei.

Erasmo, More e seus amigos propuseram na Europa Setentrional as ideias humanistas que haviam fincado raízes na Itália no século anterior.

Naquele tempo, o "humanismo" não significava um desejo de substituir os valores religiosos pelos seculares: Erasmo era um pastor que escrevia livros piedosos populares, enquanto More foi posteriormente martirizado em razão de suas crenças religiosas. Os humanistas, por sua vez, eram pessoas que acreditavam no valor educativo das "humanidades" (literae humaniores) dos clássicos gregos e latinos. Eles estudavam e imitavam os estilos dos autores clássicos, muitos deles cujos textos haviam sido recém-descobertos e estavam sendo publicados graças à novíssima invenção da arte da imprensa. Acreditavam que sua doutrina, aplicada aos antigos textos pagãos, iria recuperar para a Europa artes e ciências havia muito negligenciadas e, aplicada à Bíblia e aos primeiros escritores da Igreja, orientar a cristandade para um entendimento mais puro e legítimo da verdade cristã.

Os humanistas tinham a gramática, a filologia e a retórica em mais alta conta que os estudos técnico-filosóficos que haviam ocupado os estudiosos durante a Idade Média. Eles desprezavam o latim, que havia sido a língua franca das universidades medievais, bem distanciados em estilo das obra de Cícero e Lívio. Erasmo fora infeliz em seus tempos de estudo na Sorbonne, e More vituperava a lógica que aprendera em Oxford. Em filosofia, ambos remontavam a Platão antes que a Aristóteles e seus muitos admiradores medievais.

More pagou seu tributo a Platão ao publicar, em 1516, um esboço fictício para uma comunidade de nações ideal. Na *Utopia* de More, assim como na *República* de Platão, a propriedade é um bem comum e as mulheres servem ao lado dos homens no Exército. More, escrevendo em uma época de exploração e descobertas, fingiu que seu Estado existia de fato em uma ilha do outro lado do oceano. À semelhança de Platão, contudo, ele fazia uso da descrição de uma nação fictícia como um veículo para a teoria filosófica política e para criticar a sociedade da qual era contemporâneo[1].

Erasmo era mais cético em relação a Platão poder ser tomado como um guia para a política. Em seu provocador *Elogio da loucura*, que dedicou a More em 1511, ele zomba da afirmação de Platão de que o Estado mais feliz será o governado por reis filósofos. A história nos ensina, diz Erasmo, "que nenhum Estado foi tão atormentado por seus governantes senão quando o seu poder esteve nas mãos de algum diletante em filosofia" (E, 100). Mas quando, no mesmo ano de publicação da *Utopia*, ele

....
1. A filosofia política de Maquiavel e More será discutida longamente no capítulo 9 deste livro.

A filosofia do século XVI

Erasmo Desidério no retrato pintado
por Holbein, parte do acervo do Louvre.

editou seu *Instrução para um príncipe cristão*, nada mais fez senão repetir ideias que já se encontravam em Platão e Aristóteles, razão pela qual seu tratado de filosofia política jamais granjeou a reputação que tiveram os de Maquiavel ou More.

Erasmo estava mais interessado na divindade que na filosofia, dando mais atenção aos estudos bíblicos que à teologia especulativa. Escolásticos como Scotus e Ockham, denunciava, apenas se esfalfavam por entre sinuosos caminhos que já haviam sido pavimentados por pensadores anteriores. Entre os grandes mestres cristãos do passado, seu predileto era São Jerônimo, que havia traduzido a Bíblia do hebraico e do grego para o latim. Por alguns anos Erasmo se dedicou a produzir anotações para o Novo Testamento dessa versão em latim. No meio desse processo decidiu empreender uma versão latina de sua autoria, a fim de corrigir corrupções que haviam brotado no texto autorizado (a Vulgata) e, quando necessário, até mesmo aperfeiçoar o trabalho do próprio Jerônimo. Em 1516, Erasmo publicou sua nova versão latina, acompanhada de suas anotações, adicionando a ela, quase como um apêndice, um texto grego do Novo Testamento — o primeiro a ser de fato impresso. Em sua versão latina, na busca por fidelidade ao original grego, ele não hesitou em alterar até mesmo os textos mais apreciados e solenes. As primeiras palavras do quarto evangelho, *In principio erat verbum*, tornaram-se *In principio erat sermo*: o que havia sido no princípio não fora "a Palavra", mas "a Linguagem".

A versão latina de Erasmo não foi geralmente adotada, embora trechos dela ainda possam ser lidos nas vitrinas da capela do King's College, em Cambridge. Contudo, o texto grego que ele publicou foi o marco dos grandes testamentos vernaculares do século XVI, que tiveram início com a portentosa versão alemã publicada por Martinho Lutero em 1522.

Lutero era monge agostiniano, como o próprio Erasmo havia sido até ser dispensado pelo papa de suas obrigações monásticas. À semelhança deste, Lutero procedera a um atento estudo da Epístola aos Romanos, de São Paulo, o que o levou a questionar o *ethos* do catolicismo da Renascença em seus fundamentos. Um ano após a edição do Novo Testamento na versão de Erasmo, Lutero lançou, na Universidade de Wittenberg, uma denúncia pública dos abusos da autoridade papal, particularmente de uma escandalosa oferta de indulgências (o perdão dos castigos por pecados cometidos) em troca de contribuições para a construção da nova grande Igreja de São Pedro em Roma.

Erasmo e More partilhavam a preocupação de Lutero com a corrupção da maior parte do alto clero, tanto que haviam denunciado o caso em forma impressa: Erasmo de forma cáustica, numa sátira sobre o papa Júlio II; More com irônica circunspecção, em sua *Utopia*. Mas os dois saíram de cena quando Lutero passou à denúncia de amplas partes do sistema sacramental católico e a ensinar que a única coisa necessária para a salvação é a fé, ou a confiança nos méritos de Cristo. Em 1520, o papa Leão X condenou 41 artigos retirados dos ensinamentos de Lutero, fazendo seguir-se a isso uma excomunhão após Lutero ter queimado a bula de condenação. O rei Henrique VIII, com alguma ajuda de More, publicou uma *Confirmação dos sete sacramentos*, que assegurou a ele a comenda papal de "Defensor da Fé".

Erasmo buscou em vão encerrar a controvérsia, tentando convencer Lutero a moderar sua linguagem e submeter suas opiniões ao julgamento de um imparcial júri de acadêmicos. Ao mesmo tempo, no entanto, questionou a autenticidade da bula papal de condenação, persuadindo o imperador Carlos V a conceder uma audiência a Lutero na dieta de Worms, em 1521. Mas Lutero recusou retratar-se e foi censurado pelo Império. O papa Leão morreu e foi substituído por um holandês, amigo de Erasmo dos tempos de escola, que assumiu o nome de Adriano VI. O novo papa instou Erasmo a usar sua pena contra os reformadores. Com grande relutância, Erasmo acedeu, mas seu livro contra Lutero só foi publicado em 1524, quando então o papa Adriano já estava morto.

Pecado, graça e liberdade

O território escolhido por Erasmo para sua batalha era a posição de Lutero em relação ao livre-arbítrio. Este havia sido o tema de uma de suas teses que fora pregada à porta de Wittenberg em 1517. Entre as proposições condenadas por Leão X encontrava-se a de que o "livre-arbítrio após o pecado é não mais que um título oco". Em sua resposta, Lutero ratificou sua asserção. "O livre-arbítrio é de fato uma ficção e um rótulo sem realidade, porque o homem não tem a capacidade de criar qualquer mal ou bem" (WA VII, 91).

Em sua *Diatribe de libero arbitrio*, Erasmo reuniu textos do Antigo e do Novo Testamentos, dos doutores e decretos da Igreja a fim de demonstrar que os seres humanos possuem livre-arbítrio. Seu tema recorrente é o de que todas as exortações e promessas, todos os mandamentos, ameaças, reprovações e maldições encontrados nas Escrituras não teriam razão de ser se fosse a necessidade, e não o livre-arbítrio, a determinar os atos bons e maus. Questões a respeito de interpretação da Bíblia dominam tanto o livro de Erasmo como a mais longa réplica de Lutero, o *De servo arbitrio*.

Filosoficamente, não havia sutileza em Erasmo. Ele faz referências ao diálogo de Lorenzo Valla sobre o livre-arbítrio, mas não avança a partir daí; repete lugares-comuns de séculos de debate escolástico que são respostas inadequadas ao problema de reconciliar a presciência divina com a liberdade humana — por exemplo, ele insiste que até mesmo os seres humanos antecipam muitas coisas que irão acontecer no futuro, como os eclipses do sol. Uma teoria do livre-arbítrio que não nos faz mais livres que as estrelas em sua órbita celeste não constitui uma resposta de peso a Lutero. Mas Erasmo é expedito no evitar complicações filosóficas. É exemplo de curiosidade não religiosa perguntar, como fizeram os escolásticos, se o juízo de Deus é contingente ou necessário.

Embora não afeito aos escolásticos, Lutero considerou isso um ultraje. "Se isso é irreligioso, curioso e supérfluo", pergunta, "o que, então, é conhecimento religioso, sério e útil?". Deus, confirma Lutero, não antecipa nada de forma contingente. "Ele vislumbra, planeja e faz todas as coisas de acordo com a Sua imutável, eterna e infalível vontade. Esse raio faz que o livre-arbítrio se encolha, para sem remissão reduzi-lo a estilhaços" (WA VII, 615).

Lutero endossa a opinião que o Concílio de Constança atribuiu a Wyclif de que tudo acontece por necessidade, estabelecendo no entanto a distinção entre os dois sentidos de "necessidade". A vontade humana é sujeita à "necessidade da imutabilidade", não possuindo o poder de alterar a si própria a partir de seu inato desejo do mal, mas não está sujeita a outra forma de necessidade, a saber, a compulsão: um ser humano privado de graça pratica o mal de forma espontânea e livremente. A vontade humana é como um animal de carga: se é Deus que a cavalga, ela deseja e vai para onde vai a vontade de Deus; se é Satã que a cavalga, ela vai no rumo da vontade de Satã. Ela não possui a liberdade de escolher seu cavaleiro.

Lutero prefere abandonar também o termo "livre-arbítrio": outros escritores, antes e depois, consideraram ser a espontaneidade que ele aceita a única coisa que pode ser genuinamente tomada como o significado do termo[2]. A principal preocupação de Lutero era negar o livre-ar-

---

2. Ver volume I, 234-236, para uma distinção entre liberdade da espontaneidade e liberdade da indiferença.

bítrio em questões que estabelecem a diferença entre a salvação e a condenação. Em outros casos ele parece conceder a possibilidade da escolha autêntica entre diferentes cursos de ação. Os seres humanos possuem livre-arbítrio não quanto ao que está acima deles, mas quanto ao que lhes é inferior. O pecador, por exemplo, pode escolher entre uma variedade de pecados (WA VII, 638).

A Bíblia, como Erasmo demonstrou copiosamente, contém muitas passagens que sugerem que as escolhas humanas são livres, e também muitas passagens que proclamam que o destino dos seres humanos é determinado por Deus. Durante séculos, teólogos escolásticos têm buscado reconciliar essas mensagens contraditórias pelo estabelecimento de cuidadosas distinções. "Muito engenho e trabalho têm sido dedicados a justificar a bondade de Deus", afirma Lutero, "e a condenar a vontade do homem. Daí foram inventadas aquelas distinções entre a vontade simples de Deus e a vontade absoluta de Deus, entre a necessidade da consequência e a necessidade do consequente, além de muitas outras. Mas nada resultou disso a não ser a imposição dessas conclusões aos iletrados". Não deveríamos desperdiçar tempo, crê Lutero, em tentar resolver a contradição entre diferentes textos da Bíblia: deveríamos buscar os extremos, negar o livre-arbítrio completamente, e atribuir tudo a Deus.

O desprezo à sutileza escolástica não era peculiar somente a Lutero, mas partilhado por Erasmo e também por More, o qual entrou no debate sobre o livre-arbítrio por meio de sua controvérsia com um admirador inglês de Lutero, o tradutor bíblico William Tyndale. Em contraposição ao determinismo luterano, More faz uso de uma estratégia que remonta às discussões do destino na filosofia estoica:

> Um de seus partidários fez bom uso [de sua crença] em Almayne, quando, depois de ter roubado um homem e ter sido levado diante dos juízes, não negou o feito, mas disse que era seu destino assim proceder e que por isso não poderiam culpá-lo, ao que lhe responderam que, com base em suas próprias doutrinas, se o destino dele era roubar e que por isso devia ser perdoado, então era também o destino deles enforcá-lo, e por isso também ele deveria perdoá-los. (EW, p. 196)

A alegação de que se o determinismo é a verdade então tudo é justificável seria sem dúvida rejeitada por Lutero, pois ele acreditava que Deus punia justamente os pecadores que não faziam outra coisa senão pecar.

De um ponto de vista filosófico, esses primeiros debates da Reforma sobre a liberdade e o determinismo não fizeram mais do que ensaiar os argumentos que eram lugares-comuns das filosofias antiga e medieval, mas serviram no entanto para ilustrar o lado negativo da educação humanista. As discussões escolásticas, embora muitas vezes áridas, eram comumente sóbrias e corteses. Tomás de Aquino, por exemplo, cuidava sempre de apresentar a melhor interpretação possível sobre as teses daqueles dos quais discordava. Erasmo compartilhava algo do espírito irênico de Aquino, mas More e Lutero atacavam-se mutuamente fazendo uso de uma vituperação amarga, tornada ainda mais vulgar em razão do elegante latim no qual vinha fraseada. As convenções das disputas no debate humanista foram um dos fatores que conduziram ao endurecimento das posições em cada um dos lados do cisma trazido pela Reforma.

Autoridade e consciência

O debate sobre o livre-arbítrio iria continuar e produzir ramificações por todo o século XVI e para além dele, e, como veremos em capítulos posteriores, oponentes mais sofisticados iriam trazer nova sutileza à abordagem filosófica do tópico. Por ora, o novo elemento mais importante introduzido no debate por Lutero foi uma hostilidade geral não apenas contra o escolasticismo, mas contra a própria filosofia. Ele acusou Aristóteles, particularmente a *Ética* do autor grego, de ser "o mais vil inimigo da graça". Seu desprezo pelos poderes da razão soberana foi o resultado de sua crença de que com a queda de Adão a natureza humana havia se tornado totalmente corrupta e impotente.

De certa forma, o ceticismo de Lutero em relação à especulação filosófica era a continuação de uma tendência já estabelecida na escolástica da alta Idade Média. Desde os tempos de Scotus, os filósofos tornaram-se mais reticentes em afirmar que somente a razão poderia estabelecer a natureza dos atributos divinos, o conteúdo dos mandamentos divinos ou a imortalidade da alma humana[3]. O contrapeso ao avanço de seu ceticismo filosófico fora sua aceitação da autoridade da Igreja, expressada na tradição cristã e nos pronunciamentos dos papas e concílios. Esse comportamento encontrou sua expressão no início do tratado de Erasmo:

---

3. Ver volume II, 281 ss, 306 ss.

"Tamanho é meu desprezo às asserções que prefiro as noções dos céticos, até o ponto em que a autoridade inviolável das Escrituras e as decisões da Igreja o permitam" (*E*, 6).

A Reforma luterana, ao abdicar desse contrapeso, forneceu novo ímpeto ao movimento cético. Que fique claro: a Bíblia era mantida, e na verdade afirmada com ênfase, como uma autoridade decisiva. No que diz respeito ao ensinamento das Escrituras, Lutero insistia, o cristão não é livre para exercer o ceticismo (WA, VII, 604). Mas o conteúdo da Bíblia não mais estava sujeito ao escrutínio profissional da parte de teólogos habilitados em filosofia. Todo cristão, dizia Lutero, tem o poder de discernir e julgar o que seja certo ou errado em questões de fé. Tyndale gabava-se de que sua tradução permitia a um rapaz condutor de arado ter uma compreensão da Bíblia melhor que a do mais divinamente letrado. O pessimismo quanto à capacidade moral do intelecto treinado mas desprovido de graça seguia *pari passu* com o otimismo sobre a capacidade intelectual da mente não treinada mas iluminada pela fé. Espremida entre os dois, a filosofia viu seu papel grandemente diminuído entre os devotos protestantes.

O problema para Lutero estava em que as consciências individuais, não constrangidas pela autoridade universal e não inclinadas a submeter a fé ao arbítrio da razão, passaram a produzir uma enorme diversidade de crenças. Reformadores franceses e suíços, como João Calvino e Ulrich Zuínglio, concordavam com Lutero quanto a rejeitar a autoridade papal, mas dele divergiam quanto ao seu entendimento da presença do Cristo na Eucaristia e dos decretos por intermédio dos quais Deus escolhia os eleitos. Calvino, assim como Lutero, situava o critério definitivo da verdade religiosa no interior da alma individual: todo fiel cristão experimentava em si uma maravilhosa convicção da revelação celeste, a qual era mais afirmativa que qualquer racionalismo poderia ser. Mas como poderia alguém afirmar quais eram os fiéis cristãos? Se incluídos apenas os reformados, então o critério de Calvino seria indiscutível; por outro lado, se considerados todos os que haviam sido batizados, isso levaria a uma anarquia da fé.

Os protestantes argumentavam que a Igreja não poderia ser a última autoridade no assunto em razão de suas afirmações se apoiarem em textos bíblicos. Os católicos, citando Agostinho, afirmavam que a única razão para aceitar a Bíblia era o fato de que ela havia sido dada a nós pela Igreja. As questões em debate na Europa reformada chegaram a um termo sem o recurso ao argumento racional e nem à iluminação interior. Em país após país respostas conflitantes foram impostas com o auxílio das armas ou o apelo à legislação penal. Na Inglaterra, Henrique VIII, vexado pela recusa do Vaticano a libertá-lo de um tedioso matrimônio, rompeu com Roma e mandou executar More por sua lealdade ao papa. O país deu então uma guinada de sua versão cismática do catolicismo para o calvinismo no reinado do filho de Henrique VIII, Eduardo VI, para um catolicismo contrarreformado no reinado de sua filha, Mary, e daí, finalmente, para um voto anglicano no de sua irmã, Elizabeth. Essa variegada história gerou centenas de mártires, protestantes e católicos sem distinção, mas a Inglaterra foi poupada das sangrentas guerras religiosas que por muitas décadas assolaram a Europa continental.

Em meados do século XVI as posições doutrinárias seculares se enrijeceram em um formato que iriam manter por cerca de quatrocentos anos. O braço direito de Lutero, Melanchton, havia redigido em Augsburgo, em 1530, uma confissão de fé destinada a servir de teste para a ortodoxia. Uma concordata estabelecida na mesma cidade, em 1555, determinava que o governante de cada Estado sob a influência do Sacro Império Romano poderia decidir se os seus súditos seriam luteranos ou católicos, um princípio conhecido posteriormente como *cuius regio, eius religio*. O *Instituições da religião cristã* (1536), de Calvino, forneceu as regras para os protestantes na Suíça, na França e, posteriormente, na Escócia. Em Roma, o papa Paulo III (1534-1539) promoveu uma Contrarreforma, estabelecendo a nova ordem dos jesuítas e convocando um concílio na cidade de Trento para reformar a disciplina da Igreja. Esse concílio condenou a doutrina luterana da justificação somente pela fé e a doutrina calvinista de que Deus predestinava os maus ao inferno antes que estes cometessem qualquer pecado. O livre-arbítrio, insistia o concílio, não fora extinto pela queda de Adão. Além disso, o concílio reafirmou a doutrina da transubstanciação e os sete sacramentos da tradição. Quando os trabalhos do concílio foram encerrados, em 1563, Lutero estava morto e Calvino agonizava.

A divisão da cristandade foi uma tragédia desnecessária. Os tópicos teológicos que separavam Lutero e Calvino de seus oponentes católicos haviam sido objeto de muitos debates na Idade Média sem levar a uma guerra sectária, e poucos católicos e protestantes do século XXI, a não ser que sejam teólogos profissionais, têm consciência da real natureza das diferenças entre as teorias contrastantes da eucaristia, da graça e da predestinação que conduziram, no século XVI, ao anátema e aos banhos de sangue. Questões concernentes à autoridade são naturalmente mais fáceis de entender e mais difíceis de arbitrar que questões doutrinárias. Mas a

O Concílio de Trento em sua sessão de encerramento,
como foi representada por uma gravura espanhola da época.

unidade da cristandade poderia ter sido mantida sob um papado constitucional sujeito a concílios gerais, como sugeriu Ockham, como fora o costume no século XV, e até mesmo da forma como o próprio Thomas More, na maior parte de sua vida, acreditava ser o divino desígnio para a Igreja.

O declínio da lógica

Os efeitos combinados da Renascença e da Reforma tornaram o século XVI estéril em muitas áreas da filosofia. A lógica foi talvez o ramo da filosofia mais severamente afetado. O ensino da lógica nas universidades continuava, mas os acadêmicos humanistas não tinham paciência para a matéria e consideravam bárbara sua terminologia e suas complexidades irrelevantes. Rabelais fala por eles em *Pantagruel* (1532), quando troça dos lógicos por inquirirem se uma quimera zumbindo no vácuo poderia devorar segundas intenções. Muitos dos avanços sobre o tema antes realizados pelos estoicos e pelos lógicos medievais perderam-se por quatro séculos. Em seu lugar, uma versão expurgada de Aristóteles era ensinada em nível elementar em manuais populares.

Em meados desse século esses livros passaram a ser publicados em vernáculo. O primeiro em inglês foi *The rule of reason*, de Thomas Wilson, dedicado a Eduardo VI em 1551. Wilson foi o primeiro a usar em inglês palavras que são agora termos comuns da lógica, como "proposição". Outros rejeitaram esses latinismos e deram o melhor de si para inventar uma sólida terminologia anglo-saxã. Ralph Lever julgava que a lógica devesse se chamar *Witcraft* [trabalho do intelecto], e quando tentou explicar em seu manual que uma proposição contraditória consistia de duas proposições, uma afirmativa e outra negativa, com sujeito, verbo e predicado similares, ele saiu-se com esta: "Gaynsaying shewsayes are two shewsayes, the one a yeasaye and the other a naysaye, changing neither foreset, backset nor verbe"[4].

Esses textos ingleses de lógica quase não deixaram marca. Na França, porém, as coisas se passaram de modo diverso. Pierre de la Ramée (1515-1572) granjeou fama imortal, bem desproporcional a seus méritos de fato como lógico. A lenda afirma que para a obtenção de seu mestrado ele defendeu a tese de que tudo que Aristóteles havia ensinado era falso. Naturalmente, ele continuou publicando um pequeno tratado antiaristotélico, e após sua indicação como professor no Collège Royale fez seguir-se seu primeiro livro de vinte outras obras críticas a Aristóteles. Sua *Dialética*, publicada na França em 1555, em latim em 1556, e na Inglaterra em 1574, foi concebida para descartar todos os textos de lógica que a precederam. Pela primeira vez, ele afirmava, eram reveladas as leis que orientavam o pensamento natural das pessoas.

A lógica, afirma, é a arte que ensina como bem debater. Divide-se em duas partes, invenção e juízo, a cada uma das quais dedica um livro inteiro. Ao abordar a "invenção", ele lista nove lugares ou tópicos para os quais qualquer um deve se voltar em busca de argumentos para defender uma conclusão que deseje defender. São eles: causa, efeito, sujeito, adjunto, oposto, comparativo, nome, divisão e definição. Ele ilustra cada um desses tópicos com copiosas citações de autores clássicos, as quais somam quase

---

4. W. KNEALE, M. KNEALE, *The Development of Logic*, Oxford, Clarendon, 1979, 299.

metade de seu primeiro opúsculo. Por exemplo, La Ramée define "adjunto" como "aquilo que tem um sujeito ao qual está unido, como a virtude e o vício são chamados adjuntos do corpo e da alma, em resumo, todas as coisas que ocorrem ao sujeito, além da essência, são chamadas o adjunto". Nesse momento ele ilustra essa definição com uma longa citação de um discurso de Cícero, que começa assim:

> Não indicam sua própria cabeça e suas sobrancelhas integralmente aparadas e tão limpidamente arqueadas que ele é malicioso e apreciador de ardis? Não indicam e explicitam elas que ele é uma raposa matreira? (*L*, 33)

A despeito de seu afirmado desprezo por Aristóteles, os tópicos que ele lista para discussão em sua maioria são retirados de diversos lugares do *corpus* aristotélico e definidos de modos semelhantes. A única novidade é a discussão, no fim do livro, daquilo que ele chama de argumentos "não artificiais", dos quais são exemplos os pronunciamentos dos oráculos divinos e o testemunho humano em tribunais.

O segundo livro aproxima-se mais do tema tradicional com o qual lida a lógica. Uma vez mais, La Ramée depende consideravelmente de Aristóteles para sua classificação dos diferentes tipos de afirmação e para sua análise de silogismos de diferentes formas. Sua principal inovação é dedicar muito mais atenção que Aristóteles a argumentos que contêm nomes próprios, tais como "César oprime seu país natal; Túlio não oprime seu país natal; Túlio, portanto, não é César" (*L*, 37).

Os modernos historiadores da lógica podem não encontrar mérito ou originalidade significativos nas obras de La Ramée, mas por muito tempo após sua morte os debates entre aristotélicos e ramistas foram inflamados, com até mesmo a existência de grupos de semirramistas empenhados em um acordo entre as partes. La Ramée tornou-se calvinista em 1561 e foi assassinado no massacre de protestantes na Noite de São Bartolomeu, em 1572. Sua condição de mártir deu a seus escritos um prestígio que jamais teriam obtido exclusivamente por seus méritos, e sua influência perdurou por séculos. John Milton, por exemplo, publicou um volume sobre lógica ramista cinco anos após ter concluído seu *Paraíso perdido*. A popularidade das obras ramistas empobreceu a lógica por um longo período. Não se obteve nenhum progresso adicional na formalização da lógica da modalidade e da contrafactualidade que fascinara os lógicos medievais, e muito de sua própria obra caiu no esquecimento.

Ceticismo, sagrado e profano

Não eram apenas os católicos que assassinavam os heréticos. Em 1553, Miguel Servet, um médico espanhol que havia descoberto a circulação pulmonar do sangue, foi queimado na Genebra calvinista em razão de negar a Trindade e a divindade de Jesus. Um classicista francês que ensinava na Basileia, Sebastião Castellio, chocado com a execução de Servet, escreveu um tratado — *Deveriam os hereges ser perseguidos?* (Magdeburg, 1554) — em que advogava em favor da tolerância. Seus argumentos são principalmente citações de textos autorizados ou apelos ao exemplo de Cristo: "Ó Cristo, quando vivias sobre a Terra, não havia ninguém mais gentil, mais misericordioso, mais paciente com o erro. [...] Terias tu agora mudado tanto? [...] Se tu, ó Cristo, tivesses comandado essas execuções e torturas, o que terias deixado ao diabo para fazer?"[5]. Mas em uma obra posterior, *A arte de duvidar*, Castellio desenvolveu argumentos mais epistemológicos. A dificuldade de interpretar as Escrituras e a variedade de opiniões entre as seitas cristãs deveria nos acautelar quanto ao estabelecimento de leis sobre questões religiosas. Claro, há algumas verdades que estão estabelecidas, como a da existência da bondade de Deus. Mas quanto a outros tópicos religiosos ninguém pode dispor de razão suficiente que lhe forneça justificativa para matar outro homem por ser herético. Castellio, em sua era, foi voz solitária, mas promotores posteriores da tolerância o consideram um predecessor.

Alguns contemporâneos de Castellio que o consideravam exageradamente cético quanto à religião começaram a sentir as atrações do ceticismo em áreas não religiosas, o que foi grandemente reforçado quando, em meados do século, as obras de Sexto Empírico, o cético grego da Antiguidade, foram redescobertas após um período de total esquecimento no período medieval. Os argumentos céticos de Sexto tornaram-se populares por intermédio do nobre francês Michel Eyquem de Montaigne (1553-1592) em um ensaio que é nomeadamente um comentário sobre uma obra de teologia natural então já centenária, traduzida por Montaigne por encomenda de seu pai. A *Apologia de Raimond Sebond* (1569), escrita em prosa francesa clara e engenhosa, veio a ser a afirmação clássica moderna sobre o ceticismo[6].

---

5. Citado por O. CHADWICK, *The Reformation*, Harmondsworth, Penguin, 1964, 402.
6. Os argumentos céticos de Montaigne serão considerados a seguir, no capítulo 4. Ver volume I, 211-213.

A *Apologia* contém muito mais que um ensaio sobre os argumentos céticos da Antiguidade. Antes de apresentá-los, Montaigne se esforça para induzir em seu leitor um grau adequado de humildade intelectual. Os seres humanos são propensos a considerar a si próprios como o ápice da criação, mas são os homens realmente superiores aos outros animais que partilham a Terra com eles? "Quando brinco com minha gata", indaga Montaigne, "quem sabe se ela não se distrai comigo mais do que eu com ela?" (ME, II, 119).

Animais de espécies diferentes possuem sentidos individuais mais agudos que os nossos, podendo adquirir por rápidas informações intuitivas aquilo que os seres humanos obtêm apenas operando laboriosamente. Eles possuem as mesmas necessidades e emoções que possuímos e apresentam, não raro em uma extensão mais notável, os mesmos traços e virtudes de que os humanos mais se orgulham. Montaigne enfileira histórias sobre cães fiéis e generosos e leões agradecidos e mansos para contrastá-las com a crueldade e a perfídia dos seres humanos. A maioria de seus exemplos sobre a nobreza dos animais é retirada de textos gregos e latinos, tais como o do lendário cão lógico que ao seguir um odor chega a uma encruzilhada e, ao farejar duas das rotas sem nada identificar, põe-se imediatamente no rumo da terceira via sem precisar farejá-la adicionalmente. Mas Montaigne também retira exemplos de sua própria experiência, como o dos cães-guia que conduzem os cegos, e alguns de seus exemplos do emprego de animais como ferramentas não ficariam deslocados em estudos discutidos em associações para o progresso da ciência de nossos dias.

A Montaigne impressionavam particularmente os talentos das aves e dos peixes migratórios:

> As andorinhas, que ao voltar a primavera vemos esquadrinharem todos os cantos de nossas casas, procuram sem discernimento e escolhem sem ponderação, entre mil lugares, o que lhes é mais cômodo para se alojarem? E na bela e admirável textura de suas construções poderiam os pássaros utilizar uma forma quadrada em vez de uma redonda, um ângulo obtuso em vez de um ângulo reto, sem conhecer-lhes as características e os efeitos? (ME, 2, 121)

O atum, assegura Montaigne, não só rivaliza com os humanos em geometria e aritmética, mas na realidade lhes é superior em astronomia. Eles nadam em batalhões em forma de um cubo perfeito, e quando chega o solstício de inverno se detêm no lugar em que estiverem e só se movem novamente quando chega o equinócio primaveril (ME, 146).

Montaigne crê que as habilidades racionais dos animais provam que os mesmos pensamentos passam por suas cabeças assim como pelas nossas. Uma raposa irá apurar seu ouvido de modo a descobrir o meio mais seguro de atravessar um rio congelado. "Não teríamos razão de julgar que lhe passa pela cabeça o mesmo raciocínio que passaria na nossa, e que é uma deliberação e conclusão extraída do discernimento natural: 'O que faz barulho se move; o que se move não está congelado; o que não está congelado é líquido e o que é líquido arreia com o peso'?" (ME, 127).

As duas esferas nas quais acima de tudo os seres humanos se gabam de seus talentos exclusivos são a religião e a filosofia. Montaine empreende uma elegante tentativa de provar que não estamos sozinhos em nossa capacidade de cultuar ao descrever os ritos fúnebres das formigas e a liturgia de culto ao sol dos elefantes. Ele é mais persuasivo ao demonstrar que os seres humanos não têm do que se vangloriar quanto a suas crenças e atividades teológicas, dada a variedade de doutrinas contraditórias à disposição e à natureza frequentemente depreciadora das práticas religiosas. No que respeita à filosofia, ele não encontra nenhuma dificuldade em demonstrar que não houve jamais um filósofo cujo sistema fosse capaz de resistir ao criticismo de outros filósofos. Como muitos outros depois dele, chama em seu auxílio um ditado de Cícero: "É impossível dizer algo tão absurdo que já não tenha sido dito por um ou outro filósofo" (ME, 211).

A deflação da natureza humana empreendida por Montaigne em *Raimond Sebond* é a antítese da glorificação da raça humana em *Sobre a dignidade do homem*[7], obra de Pico della Mirandola publicada em 1486. O otimismo gerado pela redescoberta dos textos clássicos e pela exuberância das artes visuais na Florença da Renascença dera lugar ao pessimismo natural em uma França da Contrarreforma assolada por uma guerra sectária. Montaigne contrastou os educados e civilizados cidadãos dos Estados europeus, desfavoravelmente, com a simplicidade e a nobreza dos habitantes do recém-descoberto Novo Mundo.

Contudo, a ênfase de Montaigne nos limites do intelecto humano não o impediu de afirmar estar quase certo da verdade da cristandade católica. Ao contrário, ele chegou a afirmar que em seu ceticismo quanto à filosofia

----
7. Vide volume II, 133.

seguia os passos de São Paulo em 1 Coríntios 1,20-21: "Acaso Deus não tornou louca a sabedoria do mundo? Com efeito, pois o mundo, por meio da sabedoria, não conheceu a Deus na sabedoria de Deus, é pela loucura da pregação que aprouve a Deus salvar os que creem". Textos paulinos como esse eram pintados nas colunas do estúdio de Montaigne ao lado de citações de Sexto, tais como: "Tudo o que é certo é que nada é certo".

A fim de reconciliar seu ceticismo com sua ortodoxia, Montaigne enfatizava que o que ele combatia eram as pretensões do intelecto humano a adquirir a verdade por intermédio de seus próprios esforços. Mas a fé não é uma conquista, e sim um dom livre de Deus:

> Não foi por reflexão ou por nosso entendimento que recebemos nossa religião; foi por autoridade e comando de fora. A fragilidade de nosso julgamento auxilia-nos nisso mais que a força, e nossa cegueira mais que nossa clarividência. É por intermédio de nossa ignorância, mais que de nossa ciência, que somos sábios desse saber divino. (ME, 166)

Filosofia da Contrarreforma

A exaltação montaigniana da revelação em detrimento da razão — o "fideísmo", como veio a ser chamado — não era característica da Contrarreforma. Em reação à insistência de Lutero de que o intelecto e a vontade humanos haviam sido totalmente corrompidos pelo pecado de Adão, os controversialistas católicos tendiam a enfatizar que as verdades religiosas básicas encontram-se no raio de alcance do intelecto humano não assistido, e que a fé em si necessita do apoio e da defesa da razão.

Na linha de frente desse empuxo otimista da Contrarreforma situavam-se os jesuítas, os membros da nova Companhia de Jesus. Essa ordem fora fundada pelo ex-soldado espanhol Inácio de Loyola e aprovada pelo papa Paulo III em 1540. Além dos votos de pobreza, castidade e obediência feitos por todos os membros de ordens religiosas, os jesuítas fizeram um voto adicional de lealdade absoluta ao papa. Não tardou para que seus membros se distinguissem no trabalho educacional e missionário em muitas partes do mundo. Na Europa, eles se contentavam com o risco do martírio pela causa contrarreformista; na América, na Índia e na China eram mais simpáticos às religiões autóctones que muitos outros prosélitos, fossem católicos ou protestantes. No campo da filosofia e da teologia nas

O teto da Igreja de Santo Inácio, em Roma, pintado por Andrea Pozzo, representa a glorificação do fundador da Companhia de Jesus.

universidades eles logo se tornaram capazes de competir com ordens religiosas havia muito estabelecidas, como as dos franciscanos e dominicanos. Os jesuítas promoviam uma versão nova e, em seu modo de ver, aperfeiçoada da escolástica.

Se os escolásticos medievais haviam baseado suas aulas universitárias em textos canônicos como as obras de Aristóteles e as sentenças de Pedro Lombardo[8], os jesuítas das universidades começaram a substituir os comentários por cursos fechados de filosofia e teologia. Por volta do século XVII esse padrão havia sido adotado pelos dominicanos e pelos franciscanos, o que levou a uma separação entre a filosofia e a teologia bem mais acentuada do que fora o padrão anterior. O pioneiro desse movimento de reforma da filosofia na forma de manuais independentes foi o jesuíta espanhol Francisco Suárez, cujo *Disputationes metaphysicae* (1597) foi o primeiro tratamento sistemático da metafísica escolástica nesse formato.

Nascido em Granada em 1548, Suárez se juntou à Companhia de Jesus em 1564 e passou toda a sua vida profissional como professor universitário, lecionando em seis diferentes universidades na Espanha e na faculdade jesuíta em Roma. Era um homem devoto e erudito, e em termos de claro poder intelectual há razões fortíssimas para considerá-lo o mais formidável filósofo do século XVI. Na história da filosofia, contudo, ele não possui um lugar semelhante para seus talentos, por duas razões. Primeiro, a maior parte de sua obra é uma reafirmação e um refinamento de temas do medievo antes que uma exploração de novo território. Segundo, como escritor ele foi não apenas prolífico, deixando à posteridade um *corpus* que abrange 28 volumes, mas também prolixo e tedioso. O grau de influência que teve na filosofia subsequente é devido aos escritos de imitadores menos talentosos mas mais legíveis.

As duas áreas em que foi de fato influente foram as da metafísica e a da filosofia política. Ele reverenciava grandemente Santo Tomás de Aquino, mas como metafísico seguiu os passos de Avicena e Duns Scotus antes que os do próprio Aquino. Paradoxalmente, a maior parte do que viria a ser considerado tomismo durante os séculos XVII a XIX era mais próximo da metafísica de Suárez que da *Summa contra gentiles*. A contribuição de Suárez à filosofia política foi o *De legibus*, de 1621, que é a fonte não reconhecida para muitas das ideias de pensadores mais bem conhecidos. Em sua própria época ele granjeou fama por sua controvérsia com o rei Jaime I

---

8. Ver volume II, 77.

em torno do direito divino dos reis, em que Suárez atacou a teoria de que os monarcas temporais derivavam sua soberania diretamente de Deus. O rei Jaime providenciou a queima pública do livro de Suárez[9].

Entre as questões filosóficas que dividiam os campos católico e protestante no século XVI, nenhuma era mais espinhosa que a do livre-arbítrio, que havia sido proclamado no Concílio de Trento em oposição ao determinismo luterano e ao predestinarismo calvinista. Os jesuítas afirmaram a si próprios como campeões da abordagem libertária da liberdade humana. Suárez e seu colega jesuíta Luís Molina ofereceram uma definição da ação livre como disponibilidade de cursos de ação alternativos — "liberdade da indiferença", como veio a ser conhecida. "É chamado livre o agente que em presença de todas as condições necessárias à ação pode agir e furtar-se a agir ou pode fazer uma coisa mesmo sendo capaz de fazer seu oposto."

Esse tipo de definição faz ampla justiça à consciência humana de suas próprias escolhas e à sua atribuição de responsabilidade a outros. Mas comparada a descrições mais restritivas da liberdade ela se torna mais difícil de adequar-se ao conhecimento prévio de Deus das ações humanas, que católicos e protestantes aceitam. Em seu famoso *Concordia* (1589), Molina apresenta uma elaborada solução para o problema em que apela ao conhecimento abrangente de Deus das ações de todo possível ser humano em todo possível mundo[10]. Engenhosa que fosse, a solução de Molina foi impopular não somente entre protestantes, mas também entre seus correligionários católicos.

Os teólogos dominicanos, entre os quais o mais vociferante era o tomista Domingo Bañez (1528-1604), julgavam que os teólogos jesuítas exaltavam excessivamente a liberdade humana em prejuízo do poder divino. A disputa entre as duas ordens religiosas tornou-se tão amarga que, em 1605, o papa Clemente VIII, sem resolver a questão apresentada, impôs o silêncio às duas partes. Ironicamente, no interior do campo reformado, um beato de Leiden chamado Armínio sugeriu pontos de vista que eram similares, embora menos sofisticados, aos de Molina. O Sínodo de Dort, em 1619, declarou-os incompatíveis com a ortodoxia calvinista.

---

9. A metafísica de Suárez é discutida em detalhes no capítulo 6, e a sua teoria política, no capítulo 9.
10. A teoria do "conhecimento médio" de Molina é descrita em detalhes no capítulo 10.

Giordano Bruno

O mais instigante filósofo do final do século XVI atuava bem além das fronteiras da ortodoxia, fosse ela católica ou protestante. Giordano Bruno (1548-1600) nasceu perto de Nápoles, cidade onde veio a tornar-se dominicano em 1565. Em 1576, já considerado suspeito de heresia, foi expulso da ordem e fugiu para o norte, instalando-se em Genebra, mas também ali se tornou impopular, agora entre os calvinistas. Logrou maior sucesso na França, estudando e lecionando em Toulouse e Paris e desfrutando, por algum tempo, dos favores do rei Henrique III.

A primeira grande obra de Bruno, *Sobre as sombras das ideias*, era uma mistura de um elaborado sistema metafísico neoplatônico com conselhos práticos sobre mnemônica. Há uma hierarquia das ideias na qual as ideias humanas ocupam o mais baixo nível e em que a posição mais elevada cabe às Ideias divinas que formam uma unidade na mente de Deus. Em si, estas são impenetráveis para nós, mas se expressam na Natureza, que é o efeito universal de Deus. Imagens do mundo celestial são mais próximas de Deus que as imagens do mundo sublunar; portanto, se quisermos organizar nosso conhecimento de modo que possamos recordá-lo sistematicamente, deveremos mentalmente dispor nossos pensamentos à feição do padrão dos signos zodiacais.

Em 1583, Bruno mudou-se para a Inglaterra e visitou a Universidade de Oxford, onde deu algumas conferências. Sua estada ali não foi bem-sucedida. Não seria ele o último filósofo do continente a visitar a universidade e ver-se tratado como um charlatão e, por sua vez, julgar que seus anfitriões tinham mais interesse em palavras que em ideias. Seu desprezo pelo pedantismo oxfordiano, acompanhado de ideias de interesse filosófico mais universal, foi por ele dado a público em uma série de diálogos de 1584, iniciando-se com *A ceia da quarta-feira de cinzas*. Aparentemente, ele escreveu esses diálogos ao mesmo tempo em que agia como agente duplo em Londres para os serviços secretos francês e inglês.

Os diálogos de Bruno não são de fácil leitura; são povoados por seres de grande, mas misterioso, *status*, semelhantes aos deuses wagnerianos ou às criaturas de Tolkien, com poderes de limites incertos e motivações de tênue inteligibilidade. Embora batizados com os nomes de deidades clássicas, eles operam a certa distância de Homero e Virgílio. O Mercúrio latino, por exemplo, corresponde não ao Hermes grego, mas ao deus egípcio Thot, não raro representando os ensinamentos do então popular culto hermético.

Isso se baseava em documentos recentemente descobertos que se acreditava remontarem ao Egito dos tempos de Moisés. O hermetismo, na visão de Bruno, era superior à cristandade e estava fadado a superá-la.

No sistema proposto nos diálogos, os fenômenos que observamos são os efeitos de um mundo anímico que anima a natureza e a torna um organismo simples. O mundo da natureza é infinito, sem horizonte, superfície ou limite. Mas a infinitude do mundo não é o mesmo que a infinitude de Deus, já que o mundo tem partes que não são infinitas, enquanto Deus está todo no mundo inteiro e todo em cada uma de suas partes. Essa diferença talvez seja suficiente para distinguir a posição de Bruno do panteísmo, mas a relação entre Deus e o mundo permanece obscura, não sendo na verdade esclarecida pela formulação augusta de Bruno de que Deus é a Natureza produzindo Natureza (*natura naturans*) enquanto o universo é a Natureza produzida pela Natureza (*natura naturata*).

Duas características do sistema de Bruno chamaram a atenção dos historiadores e cientistas: sua adoção da hipótese copernicana e sua postulação dos múltiplos universos. Bruno aceitava que era a Terra que girava em torno do Sol e não que fosse o Sol que girava em torno da Terra, e pôs-se a desenvolver a ideia de Copérnico de um modo ousado e dramático. A Terra não era o centro do universo, mas o Sol também não o era. Nosso sol é apenas uma estrela entre outras, e num espaço ilimitado existem muitos sistemas solares. Nenhum sol ou estrela pode ser considerado o centro do universo, pois todas as posições são relativas.

Nossa Terra e nosso Sistema Solar não desfrutam nenhum privilégio no universo. Do que sabemos, pode haver vida inteligente em outros tempos e lugares no interior do universo. Sistemas solares particulares nascem e morrem, fases temporárias na vida do único organismo infinito cuja alma é o mundo anímico. No interior do universo cada ser inteligente é um átomo consciente e imortal, espelhando em si o todo da criação. Se em sua interfusão de Deus e Natureza Bruno antecipava Spinoza, em sua concepção dos átomos racionais ele antecipava Leibniz.

A defesa do hermetismo por Bruno e sua teoria dos múltiplos universos desafiou o ensino ortodoxo de que Deus se encarnara somente em Jesus e de que a cristandade era a revelação definitiva. Apesar disso, após deixar a Inglaterra ele foi aceito por um curto período como luterano em Wittenberg e em 1591 lecionava em Zurique. Aceitou irrefletidamente um convite do doge de Veneza, e acabou em uma prisão da Inquisição local, em 1592. Passado um ano, foi transferido à Inquisição romana, e após um julgamento que se arrastou por quase sete anos foi queimado como herege em 1600 no Campo dei Fiori, onde atualmente ergue-se uma estátua sua.

Não restam dúvidas de que as ideias expressadas nos escritos de Bruno eram heterodoxas. O notável em seu julgamento é ter ele demonstrado tamanha constância na defesa de suas ideias e o fato de seus inquisidores terem levado tanto tempo para declará-lo culpado de heresia. Mas, a despeito de as teorias sobre múltiplos universos serem hoje novamente populares entre os cosmólogos contemporâneos, seria um engano considerar Bruno um mártir da ciência. Suas especulações não eram baseadas em observações ou experimentos, mas em tradições ocultistas e num filosofar apriorístico. Ele foi condenado não por apoiar o sistema copernicano, mas por ser praticante de magia e por negar a divindade de Cristo.

Galileu

A situação é bem diferente ao voltarmo-nos para outro filósofo italiano que sofreu nas mãos da Inquisição: Galileu Galilei. Doze anos mais novo que Bruno e contemporâneo exato de Shakespeare, Galileu nasceu em Pisa e ali fez seus estudos na universidade, tornando-se com o tempo professor de matemática na mesma instituição, no ano de 1589. Em 1592, mudou-se para Pádua, onde manteve uma cátedra por dezoito anos, os quais recordaria como o período mais feliz de sua vida.

Já em sua juventude Galileu iniciou sua crítica à ainda dominante física aristotélica, porém não, como Bruno, com base na metafísica neoplatônica, mas como resultado de observação e experimentos. Seus anos em Pisa foram notabilizados por uma observação que fez e um experimento que provavelmente não realizou. Ao observar o movimento de um candelabro na catedral, Galileu descobriu que a quantidade de tempo despendida pelo balanço de um pêndulo dependia somente de seu próprio tamanho, e não de seu peso ou do alcance de sua oscilação. É quase certo que, ao contrário do que reza a lenda, ele não soltou bolas de diferentes pesos da torre projetada da catedral buscando provar que Aristóteles errara ao afirmar que corpos mais pesados caem mais rapidamente que os mais leves. Os contemporâneos aristotélicos de Galileu, contudo, procederam de fato a tal experimento, e os resultados que obtiveram se aproximaram mais das previsões de Galileu que de Aristóteles: uma bola de 50 quilos tocou o solo muito pouco antes do que uma bola de 5 quilos.

Foi em Pádua que Galileu confirmou de fato por experiência — com bolas rolando por sobre planos inclinados — que corpos de pesos diferentes, na ausência de resistência, levavam o mesmo tempo para percorrer uma dada distância, e que aceleravam segundo uma razão uniforme. Seus experimentos eram também orientados para demonstrar a falsidade do princípio, fundamental para a física aristotélica, de que nada se move se não sofrer a ação de uma fonte externa de movimento. Ao contrário, afirmava, um corpo em movimento continuará a se mover se não encontrar uma força oposta, como o atrito. Essa tese o habilitou a se dedicar à noção de ímpeto, que os primeiros críticos de Aristóteles, como Filopono, haviam invocado para explicar o movimento continuado de projéteis[11], o que pavimentou o caminho para o princípio da inércia, afirmado posteriormente por Descartes e Newton, que afirma que qualquer objeto em movimento, se não sofrer ação externa, tende a mover-se em linha reta e a velocidade constante. Galileu por si só não chegou a esse princípio, pois para explicar as órbitas dos planetas ele postulou que o movimento inercial era basicamente circular.

As obras sobre mecânica de Galileu bastariam para assegurar-lhe um lugar entre os grandes cientistas; além disso ele fez importantes descobertas no campo da hidrostática. Mas foi sua investigação em astronomia que lhe granjeou fama e tribulações. Utilizando o recém-inventado telescópio, ao qual aperfeiçoou substancialmente, ele pôde observar quatro luas em Júpiter, às quais batizou "Estrelas de Médici", em homenagem ao grão-duque Cosimo II, da Toscana. Descobriu ainda as montanhas da Lua e as manchas variáveis do Sol, descobertas que demonstraram que os corpos não são, como pensava Aristóteles, feitos de uma essência cristalina uniforme, mas eram compostos do mesmo tipo de material de nossa própria Terra. Essas descobertas foram publicadas em 1610, em um livro intitulado *Um mensageiro das estrelas* (*Sidereus Nuncius*). O livro foi dedicado ao duque Cosimo, que posteriormente concedeu-lhe um cargo vitalício como filósofo e matemático na corte da Toscana.

Pouco tempo depois, Galileu observou que o planeta Vênus passava por fases similares às fases da lua, o que somente poderia ser explicado, concluiu, se Vênus orbitasse em torno do Sol, não da Terra. Essa descoberta forneceu um poderoso argumento em favor da hipótese copernicana. A descoberta das luas que evoluíam em torno de Júpiter em sua órbita plane-

---

11. Ver volume II, 208-210.

tária já havia fornecido um dos mais fortes argumentos do heliocentrismo, a saber, que a Lua somente seria capaz de orbitar a Terra se a própria Terra fosse estacionária.

No início, Galileu usou de cautela ao expressar em público as conclusões que extraiu de suas descobertas astronômicas. Contudo, após uma comissão eclesial em Roma ter sido oficialmente informada de suas principais observações, ele começou a propagandear ideias heliocêntricas a um vasto círculo de amigos, e em 1613, em um apêndice a um livro sobre as manchas solares, declarou sua adesão a Copérnico. Um frade dominicano em Florença, em um sermão sobre Atos 1,11 ("Homens da Galileia, por que ficais aí a olhar para o céu?"), acusou o heliocentrismo de conflitar com os textos bíblicos, como aquele do livro de Josué que diz que o Sol parou de modo a possibilitar que os israelenses completassem sua vitória sobre os filisteus. Galileu decidiu viajar a Roma para esclarecer seu *status* teológico.

Antes disso, escreveu a um poderoso cardeal jesuíta, Roberto Belarmino, insistindo que os autores sagrados que falavam do Sol como em movimento não faziam senão uso de um idioma popular, e não tinham a pretensão de ensinar geometria. Belarmino levou o assunto a um comitê da Inquisição que determinou que a opinião de que o Sol era o centro do cosmos era uma heresia e que a opinião de que a Terra se movia era no mínimo um erro. Sob as ordens do papa Paulo V, Belarmino orientou Galileu a não afirmar ou defender nenhuma dessas opiniões. Se houvesse uma prova de fato do heliocentrismo, ele disse a um dos amigos de Galileu, então teríamos de proceder a um reexame dos textos bíblicos que pareciam contrapor-se a isto; mas do modo como as coisas estavam estabelecidas a teoria de Copérnico era nada mais que uma hipótese não demonstrada. E na verdade o próprio sistema heliocêntrico de Galileu, embora se adequasse melhor aos fenômenos, era quase tão complexo quanto o sistema geocêntrico de seus opositores, necessitando do constante consórcio dos epiciclos[12]. A evidência que ele havia descoberto não justificava o grau de convicção com o qual afirmava sua tese.

Afirma-se amiúde que nessa troca de opiniões Belarmino demonstrou uma percepção mais firme da filosofia da ciência do que aquela do maior cientista dessa era, e que Galileu demonstrou uma percepção mais firme da exegese bíblica que o mais afamado teólogo desse período. O

---
12. Galileu não havia incorporado a descoberta de Kepler das órbitas elípticas dos planetas, algo necessário para a obtenção de uma simplificação apropriada do heliocentrismo.

paradoxo soa simpático, mas não é realmente uma representação justa do debate para nenhum dos lados. E quaisquer que sejam os méritos do caso o resultado foi que, embora os escritos de Galileu não fossem condenados, ele foi obrigado a silenciar pelos muitos anos que se sucederiam.

Em 1624 Galileu viajou mais uma vez a Roma. Paulo V e Belarmino haviam morrido e um novo papa vestia agora a tiara: Urbano VIII, que, nos tempos em que era o cardeal Barberini, havia se revelado um admirador das descobertas astronômicas de Galileu, que recebeu então permissão para escrever um guia sistemático dos modelos ptolemaico e copernicano, com a condição de que apresentasse a ambos de forma imparcial, sem privilegiar o heliocentrismo.

Em 1632 Galileu publicou, com a aprovação do censor papal, o *Diálogo sobre os dois principais sistemas do mundo*. No livro, um dos personagens, Salviati, apresenta o sistema copernicano, enquanto outro, Simplício, defende o sistema tradicional. "Simplício" foi um nome adequado para o defensor do aristotelismo, pois fora batizado a partir do maior dos comentadores gregos de Aristóteles. Contudo, podia também ser interpretado como significando "simplório", e o papa ficou furioso ao descobrir algumas de suas próprias palavras colocadas na boca de Simplício, concluindo que Galileu apresentara o sistema copernicano sob uma luz mais favorável que a concedida a seu oponente, desviando-se portanto dos termos de sua licença para publicação. Em 1633, Galileu foi convocado a Roma, julgado pela Inquisição e, sob ameaça de tortura, forçado a abjurar o heliocentrismo. Foi ainda condenado à prisão perpétua, uma pena que cumpriu até sua morte, em 1642, confinado nas residências de amigos distintos e, eventualmente, em sua própria casa em Bellosguardo, nas cercanias de Florença.

Enquanto em prisão domiciliar, era permitido que recebesse visitantes, entre os quais se contava John Milton, que, em seu *Areopagitica*, recordou: "Encontrei e visitei o famoso Galileu, envelhecido, um prisioneiro da Inquisição, por pensar diversamente dos censores franciscanos e dominicanos". A então recém-inaugurada Universidade de Harvard, no estado de Massachusetts, convidou-o para ser professor visitante, oferta que foi polidamente recusada. Mesmo com uma cegueira que avançava, Galileu continuou a escrever, e incorporou os frutos de uma vida de trabalho em seu *Discursos e demonstrações matemáticas sobre duas novas ciências*, publicado em Leiden em 1638 e que se tornou a mais influente de suas obras.

Galileu foi tratado de forma mais humana que Giordano Bruno e muitos outros prisioneiros da Inquisição, mas os efeitos malignos de sua condenação se fizeram sentir por toda a Europa. A investigação científica na Itália entrou em decadência — "nada se escreveu ali durante todos esses anos", podia Milton lamentar, "senão adulação e clichês". Até mesmo na Holanda protestante Descartes foi por muitos anos desencorajado pelo destino de Galileu de publicar sua própria cosmologia científica. Quando, em 1992, o papa João Paulo II reconheceu publicamente a injustiça que a Igreja havia infligido a Galileu, o pedido de desculpas chegou com 350 anos de atraso.

Bacon

Contemporâneo inglês de Galileu, Francis Bacon partilhava a antipatia do italiano por Aristóteles, mas estava mais interessado na teoria que na prática do método científico. Nascido em Londres em 1561, Bacon fez seus estudos na faculdade Trinity, em Cambridge, e cursou direito na Gray's Inn. Assumiu uma cadeira no Parlamento em 1584, tornando-se mais tarde apadrinhado do favorito da rainha Elizabeth, o conde de Essex, o que não o impediu de ter um papel de destaque no processo de traição contra Essex, que havia conjurado uma insurreição. Com a posse de Jaime I, Bacon foi alçado a procurador-geral e à nobreza. Em 1606, publicou o primeiro de seus maiores escritos filosóficos, *O avanço do conhecimento*, uma classificação sistemática das disciplinas científicas.

O ápice da carreira de Bacon foi sua indicação para lorde chanceler, em 1618, com o título de barão de Verulam. Concebeu um trabalho de vulto, o *Instauratio magna* (*A restauração suprema*), que conteria em si todo o conhecimento. Somente duas partes do projeto foram concluídas. A primeira era uma revisão de *O avanço do conhecimento*, a segunda era o *Novum organum*, que veio a ser a sua principal obra sobre o método científico. Em 1621, durante um inquérito parlamentar, declarou-se culpado de aceitar suborno, caindo em desgraça e passando uma curta temporada na prisão. Escreveu outras obras científicas e históricas, bem como os ensaios pelos quais é atualmente mais bem lembrado. Morreu em Highgate, em 1626. A lenda o apresenta como um mártir da ciência, oferecendo sua vida pela causa da refrigeração experimental, pois ele morreu, conta-se, de um resfriado apanhado quando estava recheando uma galinha com neve para observar se o frio preservaria a carne.

"As partes do saber humano", diz Bacon no livro II de *O avanço do conhecimento*, "estão ligadas às três partes do entendimento humano, que

Folha de rosto da edição Oxford de
O avanço do conhecimento, de Francis Bacon.

é a morada do saber: história, para a sua memória; poesia, para a sua imaginação; e filosofia, para sua razão" (*B*, 177). A poesia, que abrange não somente poemas mas ficção em prosa, é abordada somente de forma perfunctória por Bacon: a forma de poesia que ele mais admira é a de uma história acompanhada de uma mensagem moral, como as fábulas de Esopo. Já a história e a filosofia são por ele abordadas de forma abrangente, ganhando subdivisões.

As partes mais importantes da história são a natural e a civil. A "história civil" é aquilo a que hoje chamamos história: o próprio Bacon fez sua contribuição para o gênero com uma narrativa do reinado de Henrique VII. A "história natural" é uma disciplina de alcance mais abrangente, com três subdivisões: a história da "natureza em avanço, da natureza errando ou variando, e da natureza alterada ou moldada". Compor-se-á ainda de tratados sobre a ciência natural, registros de maravilhas extraordinárias e manuais de tecnologia. A contribuição do próprio Bacon para a história natural consiste de duas compilações de material de pesquisa, uma *História dos ventos* e uma *História da vida e da morte*. A "história da natureza errando", julgava ele, deveria incluir registros de narrações supersticiosas de bruxarias e feitiços, de forma a comprovar o quanto os efeitos atribuídos à superstição poderiam ser atribuídos a causas naturais. Mas a terceira subdivisão, a "história mecânica", foi a mais fundamental e útil para a filosofia natural, cujo valor, segundo Bacon, residia acima de tudo em sua aplicação prática e sua utilidade.

Em sua classificação da filosofia, Bacon primeiro coloca de um lado a "filosofia divina" ou teologia natural: ela é suficiente, nos diz ele, para refutar o ateísmo, mas não para dar forma à religião. Ele então divide a filosofia em natural e humana. A filosofia natural pode ser especulativa ou operativa: a especulativa inclui tanto a física como a metafísica; a operativa, por sua vez, inclui tanto a mecânica como a magia. A mecânica é a aplicação prática da física; a magia é a aplicação prática da metafísica.

Essa aguda e provocativa anatomia da filosofia não é tão límpida quanto parece, e muitos dos nomes com que Bacon batiza as várias disciplinas são empregados de modos idiossincráticos. Sua "magia natural", ele nos diz, deve ser distinguida com precisão dos "conceitos crédulos e supersticiosos" da alquimia e da astrologia. Não fica muito claro o que ele tem em mente: a única coisa que ele parece oferecer como um exemplo é a bússola marítima. Por que, podemos indagar, é isso matéria da "magia" e não da "mecânica"?

Uma resposta se insinua quando lemos que a física lida com as causas eficientes e materiais das coisas, ao passo que a metafísica lida com as causas finais e formais. Assim, a vela, que dá ao barco o seu movimento, opera no reino da física, enquanto a bússola, que dá ao barco sua orientação, opera no reino da metafísica. Bacon admite com inocência que está fazendo uso da "metafísica" de forma inédita. O que outros chamam de metafísica ele denomina "primeira filosofia" ou "filosofia sumária", um receptáculo, afirma, para todos os princípios universais que não são exclusivos de disciplinas particulares. (Um exemplo é "Se iguais forem adicionados a desiguais o resultado será desigual", um axioma que ele acredita aplicar-se tanto ao direito como à matemática.)

Mas a distinção que faz entre a física e a metafísica com base nas quatro causas aristotélicas é em si enganosa. O esquema de Bacon para a magia natural não deixa espaço de fato para a teleologia. "A investigação das causas finais", afirma, "é estéril e, à semelhança de uma virgem sacrificada a Deus, nada produz". E quando ele fala em "formas" não são as formas substanciais de Aristóteles que tem em mente — como as formas de um leão ou da água —, já que essas, ele crê, são demasiado variadas e complicadas para ser descobertas. Em vez de estudar essas formas, deveríamos antes buscar as formas simples de que se compõem, assim como as letras se juntam para formar palavras. A tarefa da metafísica é investigar as formas simples que correspondem às letras individuais:

> Investigar as formas dos sentidos, do movimento voluntário, da vegetação, das cores, da gravidade e da leveza, da densidade, da tenuidade, do calor e do frio e de todas as outras naturezas e qualidades, que, como um alfabeto, não são muitas, e cujas essências [sustentadas pela matéria] formam todas as criaturas. (B, 196)

As formas elementares de Bacon são caracteres obscuros em comparação às formas e aos símbolos matemáticos que Galileu afirmou serem o alfabeto com o qual o livro do mundo é escrito. Mas é mais provável que ao falar em formas Bacon tivesse em mente as estruturas materiais ocultas por trás da aparência e do comportamento explícitos das coisas.

Mas chega de filosofia natural. A filosofia humana, o outro grande ramo do tema, tem duas partes, afirma Bacon, uma que considera o "homem segregado" e outra que considera o "homem congregado". A primeira parte corresponde à anatomia, à fisiologia e à psicologia; a segunda abrange o que chamaríamos hoje de ciências sociais. As detalhadas subdivisões enumeradas por Bacon parecem arbitrárias e randômicas. As ciências do corpo incluem medicina, "cosmética", "atlética" e "artes voluptuosas", as quais incluem "pegadinhas". O estudo da natureza da alma cabe à teologia, mas há uma ciência humana que estuda as operações da alma. Essas são categorizadas em duas classes, uma pertencendo ao entendimento, ou razão, cuja função é o juízo, a outra pertencendo à vontade, ou apetite, cuja função é a ação, ou execução. E quanto à imaginação, que possuía um lugar de destaque na classificação inicial de Bacon das faculdades humanas?

> A imaginação é um agente do *nuncius* nas duas províncias, a judicial e a instrumental. Pois a sensação orienta a imaginação antes que a razão tenha julgado, e a razão orienta a imaginação antes que a decisão possa ser cumprida; pois a imaginação sempre precedeu ao movimento voluntário: salvo que esse Jano da imaginação possui diferentes faces, pois a face voltada para a razão tem a marca da verdade, mas a face voltada para a ação tem a marca do bem. (B, 217)

Mas a imaginação não é meramente uma serva das outras faculdades. Bacon insiste: ela pode triunfar sobre a razão, e é isso o que se dá no caso da crença religiosa.

É claro que Bacon via a mente como um tipo de sociedade interna, com as diferentes faculdades organizadas em uma constituição respeitadora da separação de poderes. Ao abordar as ciências sociais em si, Bacon apresenta outra tríplice divisão, que corresponde às associações de amigos, econômicas e governamentais. A teoria política é uma parte da filosofia civil, aquele ramo da filosofia humana que se ocupa dos benefícios que os humanos obtêm em razão de viver em sociedade.

Tendo encerrado sua classificação, Bacon pode se gabar: "Erigi, como se apresenta, um pequeno globo do mundo intelectual" (B, 299). As várias ciências que aparecem em seu volumoso catálogo não estão todas em estágios similares de desenvolvimento, algumas delas, ele imagina, alcançaram um grau de perfeição, outras são incompletas e algumas chegam a quase não existir. Uma das mais incompletas é a lógica, e as falhas da lógica enfraquecem também as outras ciências. O problema é que a lógica carece de uma teoria da descoberta científica:

> Assim como as Índias Ocidentais jamais teriam sido descobertas se não se tivesse descoberto antes a utilidade da agulha da bússola, embora a pri-

meira sejam vastas regiões e a outra um pequeno movimento, da mesma forma não se pode estranhar que não se pudessem descobrir as ciências se a própria arte da invenção e da descoberta não tivesse sido transmitida adiante. (B, 219)

Bacon se propôs a remediar essa lacuna e fornecer a bússola que guiaria os investigadores científicos. Era esse o objetivo de seu *Novum organum*.

O projeto baconiano de trazer disciplina à investigação científica teve um componente negativo e outro positivo. A primeira tarefa, negativa, do investigador é levantar a guarda contra fatores que podem introduzir preconceito em suas observações. Bacon enumera quatro deles, chamando-os de "ídolos" em razão de serem fetiches que podem nos desviar da busca da verdade: há os ídolos da tribo, os ídolos do isolamento, os ídolos do mercado e os ídolos do teatro. Os ídolos da tribo são as tentações endêmicas a toda a raça humana, como a tendência a julgar as coisas pelas aparências superficiais, a tendência a aceitar as crenças populares e a tendência a interpretar a natureza antropomorficamente. Os ídolos do isolamento, ou caverna, são as características dos temperamentos individuais que atrapalham a objetividade: algumas pessoas, por exemplo, são muito conservadoras, outras, sempre dispostas a abraçar as novidades. Cada pessoa tem "uma certa caverna individual toda sua, que interrompe e distorce a luz da natureza". Os ídolos do mercado (ou talvez "ídolos das cortes" [*idola fori*]) são armadilhas à espreita na linguagem que utilizamos, que contém palavras sem sentido, ambíguas e pobremente definidas. Por fim, os ídolos do teatro são os falsos sistemas da filosofia que nada mais são que montagens teatrais: "sofistas", como as de Aristóteles; "empíricas", como as dos alquimistas contemporâneos; ou "supersticiosas", como as dos neoplatonistas que tomam a filosofia por teologia.

A tarefa positiva do investigador é a *indução*, a descoberta das leis científicas pelo exame sistemático dos casos particulares. Se não se deseja que isso seja uma ligeira generalização a partir de inadequadas amostras da natureza, é necessário que tenhamos um procedimento cuidadosamente esquematizado, demonstrando a nós como avançar gradualmente de instâncias particulares a axiomas de generalidade gradualmente abrangente. Bacon oferece uma série de regras detalhadas para orientar esse procedimento:

Suponha que tenhamos algum fenômeno X e desejemos descobrir sua verdadeira forma, ou explicação. Primeiro devemos elaborar uma tabela de presenças — isto é, devemos listar os itens A, B, C, D... que se apresentam quando X está presente. Então elaboramos uma tabela das ausências, listando os itens E, F, G, H... que se apresentam quando X está ausente. Terceiro, elaboramos uma tabela de graus, registrando que J, K, L, M... se apresentam em maior grau quando X está presente em maior grau, e se apresentam em menor grau quando X está presente em menor grau.

Isso é nada mais que o passo inicial do método. O verdadeiro trabalho de indução se apresenta ao iniciarmos o processo de eliminação de candidatos a serem X. Para alcançar o posto, um candidato deve estar presente em todas as ocorrências na tabela de presenças, e ausente em todas as ocorrências na tabela de ausências. Bacon ilustra seu método com o exemplo do calor. Listamos os casos em que o calor está presente (os raios do Sol e as fagulhas de um isqueiro) e aqueles em que está ausente (nos raios da Lua e nas estrelas). Dado que a luz está presente nos casos listados na tabela de ausências, podemos eliminar a luz como sendo uma forma de calor. Após mais alguns movimentos de eliminação e fazendo também uso das tabelas de graus (quanto mais exercício fazem, mais os animais ficam quentes), Bacon conclui que o calor é um tipo especial de movimento ("um movimento expansivo controlado e abrindo caminho por entre diminutas partículas").

Bacon jamais completou a série de instruções que se propôs a apresentar no *Novum organum*, e não se pode dizer que seu sistema possa acrescentar algo a uma "lógica da indução". Contudo, ele definiu de fato o importante ponto de que no processo de estabelecer leis as ocorrências negativas são mais significativas que as positivas. Os filósofos do século XX têm concedido em lhe dar o crédito de ter sido o primeiro a indicar que as leis da natureza não podem ser verificadas conclusivamente, mas podem ser falsificadas conclusivamente.

A insistência de Bacon na importância de observações precisas e repetidas segue paralela a uma apreciação de que a ciência natural somente pode fazer progresso por um massivo projeto de cooperação. No *Nova Atlântida*, um fragmento inconcluso publicado postumamente, a tripulação de um navio nos mares do sul aporta em uma ilha que possui uma instituição notável, conhecida como a Casa de Salomão, que vem a ser um estabelecimento de pesquisa em que cientistas trabalham juntos para corporificar o ideal utilitarista de ciência de Bacon como a extensão dos poderes do homem sobre a natureza para o aperfeiçoamento da raça humana. Seus projetos incluem planos para telefones, submarinos e aviões. O presidente do instituto descreve seu objetivo da seguinte maneira:

> A finalidade de nossa fundação é o conhecimento das Causas e das moções secretas das coisas, e a ampliação dos limites do império humano, para que alcance todas as coisas possíveis.

A Casa de Salomão era uma fantasia utópica, mas teve sua contraparte no mundo real quando, 35 anos depois de *Nova Atlântida*, os compatriotas de Bacon, uma geração depois da sua, fundaram a Royal Society de Londres.

2

De Descartes a Berkeley

Descartes

O século XVII, ao contrário do anterior, foi pródigo na produção de filósofos de gênio. O homem que é frequentemente considerado o pai da filosofia moderna é René Descartes, nascido em 1596, na época em que Shakespeare escrevia o seu *Hamlet*. O lugar de seu nascimento, um vilarejo em Touraine, foi batizado em sua homenagem La-Haye-Descartes. Criança de saúde frágil, Descartes foi liberado dos exercícios matinais na escola, tendo adquirido o hábito de uma longa vida de meditações no leito. Dos 11 aos 19 anos estudou os clássicos e filosofia no colégio jesuíta de La Flèche. Permaneceu católico durante toda a sua vida, mas preferiu passar a maior parte de sua maturidade na Holanda protestante.

Em 1616, tendo se formado em direito em Poitiers, Descartes abandonou os estudos por um período. Nas guerras religiosas que dividiram a Europa, alistou-se em ambos os campos. Primeiro, foi voluntário sem soldo no Exército do príncipe protestante de Orange; mais tarde, serviu nas fileiras do Exército do duque católico Maximiliano da Bavária, que estava então em guerra com o eleitor palatino Frederico, cunhado do rei Jaime I da Bretanha. Após deixar o Exército, ele não adotou nenhuma profissão. À diferença dos grandes filósofos da Idade Média, era um leigo nos dois sentidos, eclesial e acadêmico. Jamais ensinou em uma universidade e viveu privadamente como um homem de posses. Escreveu sua obra mais famosa não no latim do mundo letrado, mas diretamente em francês, de forma a poder ser entendido, como ele mesmo escreveu, "até pelas mulheres".

Enquanto servia no Exército, Descartes se convenceu de ter sido chamado à filosofia. Passou um dia do inverno de 1619 encolhido diante de um fogão, absorto em meditação. Concebeu então a ideia de empreender, sozinho, uma reforma do entendimento humano que iria apresentar todas as disciplinas como ramos de uma única e maravilhosa ciência. Sua convicção dessa vocação foi reforçada quando, naquela mesma noite, teve três sonhos que considerou proféticos. Mas foi somente alguns anos depois que se dedicou permanentemente aos estudos filosóficos.

De 1620 a 1625, Descartes viajou pela Alemanha, pela Holanda e pela Itália, e de 1625 a 1627 misturou-se à sociedade parisiense, tornando-se um jogador voraz e envolvendo-se em um duelo motivado por um caso amoroso. Seus primeiros escritos ainda preservados demonstram seu interesse em problemas mecânicos e matemáticos, incluindo ainda um breve tratado sobre música. Em 1627 interveio de modo marcante no debate de uma grande conferência pública em Paris: um cardeal ali presente exortou-o a que se devotasse à reforma da filosofia.

Passado um ano, Descartes partiu para a Holanda, onde residiu até 1649, pouco tempo antes de sua morte. Decidiu-se por aquele país em razão de suas condições climáticas e de sua reputação de tolerância, pois buscava uma vida livre das distrações da cidade e de visitas matinais. Morou em treze diferentes habitações durante sua estada de vinte anos, guardando segredo sobre seus endereços de todos que não fossem seus amigos próximos. No meio de um ambiente protestante, continuou a ser católico praticante.

Descartes mantinha contato com o mundo letrado por carta. Seu principal correspondente foi um frade franciscano, o padre Marin Mersenne, que era o centro de uma rede erudita internacional. Mersenne era ainda o agente literário de Descartes, administrava a publicação de suas obras e o mantinha informado das recentes descobertas científicas. Dos dez volumes da edição *standard* das obras de Descartes, cinco são compostos por suas cartas, que se constituem em fonte deveras importante para o desenvolvimento do pensamento cartesiano.

Na Holanda, Descartes viveu uma vida confortável e sem sobressaltos, não inteiramente sem companhia, pois em 1635 teve uma filha ilegítima, Francine, que morreu com apenas 5 anos. Levou com ele de Paris alguns livros, entre os quais a *Suma teológica* de Tomás de Aquino. Costumava dizer que despendia muito pouco tempo com a leitura, afirmando não ser um grande apreciador das línguas clássicas e gabando-se de não ter aberto um manual de escolástica sequer durante vinte anos. Quando um estranho pedia para ver sua biblioteca, ele apontava para a metade de um bezerro dissecado. Além de comprar carcaças de açougueiros para dissecação, ele fabricava suas próprias lentes para fazer seus experimentos no campo da óptica. Confiava na experiência antes que no aprendizado, mas confiava mais em sua própria reflexão filosófica.

Durante seus primeiros anos na Holanda, suas obras foram essencialmente nos campos da matemática e da física. Ele lançou as fundações da geometria analítica: as coordenadas cartesianas que todo jovem estudante aprende no colégio foram batizadas a partir da forma latina de seu sobrenome, Cartesius. Ele estudou a refração e propôs a lei dos senos, o resultado de uma cuidadosa obra teórica e experimental sobre a natureza da luz e da visão. Também trabalhou em meteorologia, buscando estabelecer a real natureza dos arco-íris.

Por volta de 1632, Descartes concebera publicar um volume substancioso que explicaria "a natureza da luz, o Sol e as estrelas fixas que a emitem, os céus que a refletem, todos os corpos terrestres que são ou coloridos ou transparentes ou luminosos e do Homem, seu espectador". O sistema que propôs era heliocêntrico: a Terra era um planeta girando em torno do Sol.

O tratado foi intitulado *O mundo* e estava prestes a ser impresso quando Descartes soube que Galileu havia sido condenado por sustentar o sistema copernicano. Preocupado em evitar conflitos com a autoridade eclesiástica, recolheu o tratado a seus arquivos. Ele jamais foi publicado enquanto Descartes viveu, embora grande parte de seu material fosse incorporado, doze anos depois, em um manual chamado *Princípios da filosofia*.

Em vez de publicar seu sistema, Descartes decidiu tornar público, em 1637, "alguns exemplos de seu método": sua dióptrica, sua geometria e sua meteorologia, prefaciando-os com "um discurso para bem conduzir a própria razão e procurar a verdade nas ciências". Atualmente, esses três tratados científicos são lidos apenas por especialistas em história das ciências, mas o *Discurso do método* pode ser considerado o mais popular de todos os clássicos da filosofia. Em importância ele é comparável à *República* de Platão e à *Crítica da razão pura* de Kant, com a vantagem de ser muito mais curto e mais legível que os dois.

Entre outras coisas, o *Discurso* é um arguto e civilizado exemplo de autobiografia, como demonstrado pela citação a seguir:

> O bom-senso é a coisa do mundo mais bem partilhada, pois cada qual pensa estar tão bem provido dele que mesmo os que são mais difíceis de contentar em qualquer outra coisa não costumam desejar tê-lo mais do que o têm. [...]

> Tão logo a idade me permitiu sair da sujeição de meus preceptores, deixei inteiramente o estudo das letras. E, resolvendo-me a não mais procurar outra ciência além daquela que se poderia achar em mim próprio ou no grande livro do mundo, empreguei o resto de minha mocidade em viajar. [...] E em todos os nove anos seguintes não fiz outra coisa senão rolar pelo mundo, daqui para ali, procurando ser mais espectador do que ator em todas as comédias que nele se representam. [...]

> Dentre a multidão de um grande povo muito ativo e mais zeloso de seus próprios negócios do que curioso dos assuntos dos de outrem, sem carecer de nenhuma das comodidades que existem nas cidades mais frequentadas, pude viver tão solitário e retirado como nos desertos mais remotos. (*DM*, 37; 41; 52; 53-54)

Mas o *Discurso* é bem mais que a biografia intelectual de Descartes. A obra apresenta em forma reduzida um sumário de seu sistema filosófico e de seu método científico. Descartes possuía um dom extraordinário para apresentar complicadas doutrinas filosóficas de forma tão elegante que pareciam totalmente compreensíveis já à primeira leitura, fornecendo não obstante material para reflexão aos mais experimentados filósofos. Ele se gabava de que suas obras podiam ser lidas "como se fossem romances".

Há duas ideias-chave apresentadas no *Discurso* e desenvolvidas em obras posteriores. Primeira: os seres humanos são substâncias pensantes. Segunda: a matéria é extensão em movimento. Tudo em seu sistema seria explicado em relação a esse dualismo de mente e matéria. Se hoje temos a tendência natural a pensar em mente e matéria como em duas grandes divisões mutuamente exclusivas e mutuamente exaustivas do universo que habitamos, devemos isso a Descartes.

Descartes chega a essas conclusões pela aplicação de um método de dúvida sistemática. Para evitar ser conduzido ao engano, o filósofo deve começar por duvidar de tudo que possa ser posto em dúvida. Os sentidos às vezes nos enganam; matemáticos por vezes cometem erros; jamais podemos saber se estamos acordados ou se dormimos. A partir de tal premissa:

> Resolvi fazer de conta que todas as coisas que até então haviam entrado no meu espírito não eram mais verdadeiras que as ilusões de meus sonhos. Mas logo em seguida adverti que, enquanto eu queria assim pensar que tudo era falso, cumpria necessariamente que eu, que pensava, fosse alguma coisa. E, notando que esta verdade, *eu penso, logo existo*, era tão firme e tão certa que todas as mais extravagantes suposições dos céticos não seriam capazes de a abalar, julguei que podia aceitá-la, sem escrúpulo, como o primeiro princípio da filosofia que procurava. (*DM*, 54)

Esse é o famoso *Cogito, ergo sum* que arremata a segunda tarefa do filósofo, a de evitar que a dúvida sistemática conduza ao ceticismo. Mas Descartes continua a partir daí, para derivar os princípios de seu sistema. Se eu não pensasse, não teria razões para crer que existo; segue-se que sou uma substância cuja essência integral é pensar; ser um corpo não é parte de minha essência. O mesmo vale para qualquer outro ser humano. Assim fica estabelecida a primeira tese principal de Descartes.

O que me assegura que o *Cogito* está correto? Apenas o fato de que percebo com clareza que está. Sempre que eu concebo algo clara e distintamente, fico certo de sua verdade. Mas quando nos voltamos para os objetos materiais descobrimos que, de todas as suas propriedades, as únicas que percebemos de forma clara e distinta são as de forma, tamanho e movimento. Assim Descartes consegue sua segunda tese principal, a de que a matéria é extensão em movimento.

Mas o que assegura o princípio de que qualquer coisa que eu veja clara e distintamente seja verdadeira? Somente a natureza verdadeira do Deus a quem devo minha existência como uma coisa pensante. Portanto, estabelecer a existência de Deus é uma parte necessária do sistema de Descartes, e ele oferece duas provas de que há um Deus. Primeiro, tenho em mim mesmo a ideia de um ser perfeito, ideia que não pode ser causada em mim por outra coisa que não um ser que é em si perfeito. Segundo, para ser perfeito, um ser deve incluir em si todas as perfeições; a existência é uma perfeição, portanto um ser perfeito deve existir[1].

À semelhança de Bacon, Descartes comparou o conhecimento a uma árvore, mas as raízes de sua árvore eram a metafísica, seu caule era a física

---

1. A teologia natural de Descartes será considerada detalhadamente no capítulo 10.

e seus frutíferos galhos eram as ciências morais e utilitárias. Seus próprios escritos posteriores ao *Discurso* seguiam a ordem assim sugerida. Em 1641 ele escreveu sua metafísica *Meditações*, em 1644, seu *Princípios da filosofia*, que é uma versão melhorada do sistema físico de *O mundo*, e em 1649, um *Tratado das paixões*, que é essencialmente um tratado ético.

O *Meditações* contém uma apresentação completa do sistema delineado no *Discurso*. Antes de ser publicado, o texto foi encaminhado a Mersenne para que este o fizesse circular para comentários entre alguns acadêmicos e pensadores. Seis conjuntos de objeções foram recebidos. Eles foram impressos, com as réplicas de Descartes, em um extenso apêndice à primeira edição de 1641, passando assim a ser a primeira obra revista por seus pares da história. As objeções couberam a um grupo vário e distinto. Além do próprio Mersenne, o grupo incluía um vizinho escolástico na Holanda, um teólogo agostiniano de Paris, Antoine Arnauld, além do filósofo atomista Pierre Gassendi e do materialista e nominalista inglês Thomas Hobbes.

Críticas às *Meditações* continuaram a brotar após a publicação, e a reação crítica não era apenas literária. O reitor da Universidade de Utrecht, Gisbert Voetius, denunciou Descartes aos magistrados como um perigoso disseminador do ateísmo, e a Universidade de Leiden o acusou de heresia pelagiana. Descartes escreveu dois tratados, que foram preservados, em defesa de sua ortodoxia, mas foi de fato a intervenção de amigos influentes que evitou que fosse aprisionado e tivesse seus livros queimados.

Uma das pessoas amigas que o apoiavam de forma mais decisiva era a princesa Elizabeth, irmã do eleitor Frederico, contra o qual Descartes havia lutado como soldado certa vez. Descartes trocou cartas com a princesa de 1643 até sua morte, respondendo (nem sempre) a suas agudas críticas de seus escritos. Ele deu a ela muita orientação médica e moral, consolando-a quando da execução do tio da princesa, o rei Carlos I. Foi para ela que dedicou o *Princípios de filosofia*, cuja primeira parte resume a metafísica das *Meditações*, e suas três partes remanescentes tratam da ciência da física, propõem leis para o movimento e explicam a natureza do peso, do calor e da luz. A descrição do sistema solar que oferece é disfarçadamente heliocêntrica e discretamente evolucionária. Descartes explica estar descrevendo não como o mundo foi feito de fato, mas como Deus poderia tê-lo feito de outro modo, se assim o tivesse agradado.

A correspondência de Descartes com a princesa Elizabeth levou-o a refletir sobre a relação entre o corpo e a alma, e a conceber um sistema

Princesa Elizabeth da Boêmia, uma das primeiras
leitoras de Descartes e sua mais rigorosa crítica.

ético semelhante ao estoicismo antigo. Ele desenvolveu essas reflexões em *As paixões da alma*. Quando o tratado foi publicado, contudo, foi dedicado não a Elizabeth, mas a outra dama da realeza que havia se interessado por filosofia, a rainha Cristina da Suécia. A rainha ficara tão impressionada que convidou Descartes a ser o filósofo de sua corte, enviando um almirante em um navio de guerra para trazê-lo da Holanda. Descartes relutou em abrir mão de sua solidão e o encontro foi desastroso. Ele sentiu-se solitário e deslocado: fora empregado para escrever um balé e forçado a levantar-se às cinco da manhã para ensinar filosofia à rainha.

Descartes possuía imensa confiança em suas próprias capacidades, e mais ainda no método que havia descoberto. Lograsse alguns anos a mais de existência, pensava, e recebesse suficiente patrocínio para pesquisa, poderia ser capaz de solucionar todos os problemas ainda não solucionados na fisiologia, e aprender desse modo as curas para todas as doenças.

Foi quando então caiu vítima dos rigores do inverno sueco. Enquanto cuidava de um amigo doente contraiu pneumonia, morrendo em 11 de fevereiro de 1650. Há uma irônica adequação no dizer que ele havia escolhido para si como epitáfio:

> Nenhum homem é atingido pela morte, salvo o que,
> Por muito bem conhecido do mundo,
> Não aprendeu ainda a conhecer a si próprio.

Descartes foi um homem de gênio extraordinário e versátil. Suas ideias sobre fisiologia, física e astronomia estavam ultrapassadas em menos de cem anos, gozando de muito menor circulação que o sistema aristotélico que elas pretenderam substituir. Mas suas obras em álgebra e geometria passaram ao permanente patrimônio da matemática, e suas ideias filosóficas permanecem — para o pior e para o melhor — de enorme influência até o presente. Ninguém pode questionar sua pretensão de perfilar-se entre os grandes filósofos de todos os tempos.

Não devemos, contudo, aceitá-lo integralmente a partir de sua própria avaliação. No *Discurso* ele insiste que os sistemas criados por um indivíduo devem ser preferidos àqueles criados por comunidades:

> Amiúde não há tanta perfeição nas obras compostas de várias peças, e feitas pela mão de diversos mestres, como naquelas em que um só trabalhou. Assim, vê-se que os edifícios empreendidos e concluídos por um só arquiteto costumam ser mais belos e mais bem ordenados do que aqueles que muitos procuraram reformar, fazendo uso de velhas paredes construídas para outros fins. Assim, essas antigas cidades que, tendo sido no começo pequenos burgos, se tornaram no correr do tempo grandes centros são ordinariamente tão mal compassadas, em comparação com essas praças regulares, traçadas por um engenheiro à sua fantasia numa planície. (*DM*, 42)

Isso não é mera expressão de uma preferência pelo clássico em detrimento do gótico em arquitetura, pois também as leis, continua Descartes, são melhores se concebidas por um único legislador em um único código. Do mesmo modo, reflete ele, um verdadeiro sistema da filosofia teria de ser a criação de uma única mente, e ele acredita ser o único qualificado para ser este criador.

É verdade que Descartes iniciou um novo, individualista, estilo de filosofar. Os filósofos medievais viam a si próprios como engajados individualmente na transmissão de um corpo de conhecimento, e que no curso dessa transmissão poderiam oferecer aperfeiçoamentos, os quais, porém, deveriam permanecer nos limites estabelecidos pela tradição. Os filósofos renascentistas viam a si próprios como redescobrindo e republicando a sabedoria perdida de tempos antigos. Foi Descartes o primeiro filósofo desde a Antiguidade a apresentar a si próprio como um inovador absoluto, como a pessoa que teve o privilégio de pela primeira vez expor de fato a verdade sobre o homem e seu universo. No caminho trilhado por Descartes seguiram outros: Locke, Hume e Kant, cada um a seu turno, ofereceram suas filosofias como novas criações, construídas pela primeira vez sobre firmes princípios científicos. "Leia minha obra e descarte meus predecessores" é um tema constante entre os filósofos dos séculos XVII e XVIII.

Em filósofos medievais como Aquino, Scotus e Ockham, um estudante deve ler os textos muito detidamente para se dar conta do grande grau de inovação que está em curso, pois o vinho novo é sempre decantado com extremo cuidado em velhos odres. Com Descartes e seus sucessores, a dificuldade é de ordem oposta, pois é necessário olhar para além do texto a fim de perceber que muito do que é apresentado como uma percepção original descobre-se na verdade ter sido afirmado por autores anteriores. Não é preciso duvidar da sinceridade das repetidas afirmações de Descartes de que ele nada devia a seus predecessores escolásticos. Ele não era um plagiário, mas não tinha noção de quão encharcado estava da atmosfera intelectual na qual tinha amadurecido.

Quando Descartes buscou pôr tudo em dúvida, a única coisa que não questionou foi o sentido das palavras das quais fazia uso em sua meditação solitária. Tivesse feito isso, teria percebido que mesmo as palavras que utilizamos em solilóquio derivam seu significado da comunidade que é a morada de nosso idioma e que portanto não é de fato possível erigir uma filosofia a partir de solitárias ideias particulares. Ainda, Descartes julgou que não era possível questionar proposições que lhe haviam sido ensinadas pela inspiração natural — as claras e distintas percepções que formam os blocos básicos do edifício de seu sistema. Mas de fato, como veremos detalhadamente em capítulos posteriores, com muita frequência, quando ele nos diz que algo é ensinado pela luz natural de nossas almas, ele produz uma doutrina que está encharcada dos ensinamentos dos jesuítas do colégio La Flèche.

Não restam dúvidas sobre a enorme influência que Descartes exerceu dos seus dias até o presente. Mas sua relação com a filosofia moderna não é aquela de um pai com um filho, nem a de um arquiteto com um palácio, nem a de um planejador com uma cidade. Antes, na história da filosofia sua posição é semelhante à da cintura de uma ampulheta. Como a areia na parte superior de tal dispositivo preenche a parte inferior apenas atravessando a estreita passagem entre as duas, assim também as ideias que tiveram sua origem na Idade Média chegaram ao mundo moderno através de um estreito filtro: o gênio compressor de Descartes.

Hobbes

Entre os que foram convidados a comentar as *Meditações* de Descartes em 1641, o mais notável foi Thomas Hobbes, o principal filósofo inglês da época. Na ocasião, Hobbes, nascido em 1588, ano em que a Armada Espanhola zarpou contra a Inglaterra, contava 53 anos. Formara-se em Oxford, fora tutor para a família Cavendish e amanuense para Francis Bacon. Em 1629 publicou em inglês uma tradução da *História da Guerra do Peloponeso*, de Tucídides. Durante uma visita a Paris, em 1630, conheceu o franciscano Marin Mersenne, amigo de Descartes, a quem descreveu como um "impressionante expositor de todos os ramos da filosofia". Em 1640 escreveu um tratado em inglês, *Elementos da lei natural e política*, que continha em essência os princípios de sua filosofia da natureza e da sociedade humanas. Deslocou-se no mesmo ano para Paris, antecipando a guerra civil que foi proclamada em razão das atividades do Longo Parlamento, e lá permaneceu por mais de dez anos; durante certo período, foi tutor do herdeiro exilado do trono inglês, o futuro rei Carlos II. Em 1642, Hobbes apresentou algumas das ideias dos *Elementos da lei* em um tratado escrito em latim, o *De cive*, que estabeleceu sua reputação na França.

Os comentários de Hobbes sobre Descartes demonstraram uma compreensão mínima das *Meditações*, e os dois pensadores têm sido tradicionalmente considerados situados em polos opostos da filosofia. Na verdade, eles se assemelham de vários modos. Os dois, por exemplo, tinham uma paixão inflamada pela matemática. O biógrafo mais entusiasmado de Hobbes, o indiscreto John Aubrey, descreve assim o seu primeiro encontro com a geometria:

> Ele já estava com quarenta anos quando aproximou-se da geometria, o que se deu por acaso. Estando na biblioteca de um cavalheiro, viu um exemplar dos *Elementos* de Euclides que fora deixado aberto na página do 47º elemento,

no Livro I. [Hobbes] leu a proposição. "Por D—", disse, "isso é impossível!". Então ele leu a demonstração do enunciado, a qual o encaminhava para a proposição, à qual ele leu. *Et sic deinceps* [e assim por diante], até que por fim ele se convenceu, por demonstração, daquela verdade. Isso fez dele um apaixonado pela geometria. (AUBREY, 1975, p. 158)

Contudo, ele não apreendeu a importância da geometria analítica de Descartes, julgando que ela "carecia de força". Julgou ainda mais pobre a filosofia cartesiana, em particular sua física ou filosofia natural. "O sr. Hobbes costumava afirmar", nos conta Aubrey, "que tivesse Des Cartes se dedicado completamente à geometria ele teria sido o melhor geômetra do mundo, mas que a sua cabeça não era adequada para a filosofia". Há aí uma ironia. Quando mais tarde em sua vida Hobbes empenhou-se em estudar a sério a geometria, ele desperdiçou anos em um debate com os professores de matemática de Oxford numa fútil tentativa de estabelecer uma quadratura do círculo.

Descartes e Hobbes tinham muito em comum. Partilhavam o desprezo por Aristóteles e pela tradição aristotélica nas universidades. Os dois eram pensadores solitários que despenderam parte significativa de suas vidas no exílio — cada um deles, por algum tempo, participando da corte dos exilados Stuart. Os dois tinham modestas bibliotecas e desprezavam o aprendizado por meio de livros. Aqueles que dependiam da leitura, afirmava Hobbes, "gastam tempo azafamando-se em torno de seus livros, como aves que, entrando numa chaminé e vendo-se fechadas num quarto, adejam em torno da enganadora luz de uma janela, por não possuírem a sabedoria suficiente para atentar por que caminho entraram" (*L*, 27). Hobbes, à semelhança de Descartes, era um mestre da prosa em vernáculo e escreveu tanto para o mundo da literatura popular como para o mundo letrado.

O mais significativo ponto de contato filosófico entre os dois era que cada um deles estava convencido de que o mundo material seria explicado somente em termos de movimento. Escreve Hobbes: "As causas das coisas universais (daquelas, por fim, que possuem alguma causa) são manifestas de si mesmas, ou (como dizem normalmente) conhecidas pela natureza; de forma que elas não necessitam de qualquer tipo de método, pois todas possuem uma única causa universal, que é o movimento" (*De corpore* VI, 5). Como Descartes, Hobbes negava a realidade objetiva de qualidades secundárias como a cor, o som e o calor, e de fato de todos os acidentes. "Sejam quais forem os acidentes ou qualidades que os nossos sentidos nos façam pensar que existam no mundo, eles não estão ali, sendo somente aparências e aparições. As coisas que estão de fato no mundo sem nós são os movimentos que causam essas aparências" (*Elementos da lei*, I, 10). Também como Descartes, Hobbes considerava a ciência da óptica a chave para a compreensão da verdadeira natureza da sensação.

Contudo, embora Hobbes partilhasse quase metade da filosofia de Descartes — sua filosofia da matéria —, ele se opunha vigorosamente à outra metade — sua filosofia da mente. Hobbes de fato negava a existência da mente no sentido em que Descartes a entendia. Não havia, para Hobbes, algo como uma substância incorpórea, sem extensão e sem movimento. Não havia espíritos incorpóreos, humanos, angélicos ou divinos. A própria expressão "substância incorpórea", afirmava o inglês, era tão absurda quanto um "quadrilátero redondo". Os historiadores não são unânimes quanto a se o materialismo de Hobbes implica uma negação da existência de Deus ou implica que Deus seria um corpo de algum tipo infinito e invisível. Não é certo que ele fosse ateu, mas seguramente negava o dualismo de mente e matéria nos seres humanos.

O materialismo hobbesiano justifica sua reputação de grande opositor de Descartes, a despeito dos muitos preconceitos e atitudes que partilhavam. Mas, em adição ao contraste metafísico entre materialismo e dualismo, os dois são frequentemente tratados pelos historiadores da filosofia como os fundadores de escolas opostas de epistemologia: o empirismo britânico e o racionalismo continental. No capítulo 4 argumentarei que a diferença entre essas duas escolas não é tão grande quanto aparenta em sua superfície.

Hobbes viveu ainda por quase trinta anos além de Descartes, mas não permaneceu por muito tempo na França depois da morte de Descartes em 1650, pois descobriu que a situação de um protestante em Paris não era confortável. Ele resistiu às tentativas de Mersenne de convertê-lo ao catolicismo, e ao padecer de uma doença com risco de vida insistiu em receber o sacramento segundo o rito anglicano. Durante seus últimos anos em Paris escreveu a obra que lhe garantiria a imortalidade, o *Leviatã, ou a matéria, a forma e o poder de uma comunidade eclesiástica e civil*.

Partindo da premissa de que em um estado de natureza, fora de qualquer comunidade, nada haveria senão uma simples guerra de todos contra todos, Hobbes argumenta que os princípios do interesse pessoal levariam os homens a abdicar de algo de sua irrestrita liberdade em troca de iguais concessões por parte dos outros. Tais princípios os levariam a transferir

Folha de rosto da primeira edição do *Leviatã*, provavelmente desenhada pelo próprio Hobbes. O soberano, cujo corpo é composto por seus súditos, empunha os dois poderes, o civil e o eclesiástico, representados pela espada e pelo báculo.

seus direitos, salvo os de defesa pessoal, a um poder central capaz de obrigar o cumprimento das leis com a punição. Um contrato de cada homem com todo homem dá origem a uma soberania suprema, ela própria não sendo parte do contrato e portanto incapaz de violá-lo. Tal soberania é a origem da lei e dos direitos de propriedade, e sua função é fortalecer não apenas o contrato original que constitui o Estado, mas os contratos individuais que seus súditos estabelecem entre si[2].

O *Leviatã* foi publicado em Londres em 1651. Apesar de sua eloquente defesa da soberania absoluta, a obra não foi bem recebida pelo círculo de Carlos II quando cópias dela atravessaram o canal da Mancha. Banido da corte e privado da companhia de seus melhores amigos católicos, todos agora mortos, Hobbes decidiu retornar à Inglaterra, que então, desde a execução de Carlos I, era uma comunidade sob um protetor.

Durante o protetorado, Hobbes viveu tranquilamente em Londres, sem escrever nenhuma obra de filosofia política. Publicou sua filosofia da física com o título *De corpore* (Sobre o corpo), em latim em 1655, e em inglês em 1656. Engajou-se em uma controvérsia com o bispo Bramhall, de Derry, em torno dos tópicos que Milton nos diz terem engajado os demônios do *Paraíso perdido* — "Providência, Presciência, Vontade e Destino,/O Destino fixo liberta a vontade, absoluta presciência". A polêmica permaneceu inconclusa, como a dos demônios "que não encontram fim, vagando perdidos em delírio". Em 1658, publicou um livro em latim, *De homine*, que, como o precedente *De cive*, apresentava para os leitores internacionais algumas das ideias de *Elementos da lei*.

Hobbes foi readmitido às graças de Carlos II por ocasião de sua restauração ao trono em 1660. Ele foi premiado com uma pensão e passou a ser bem-vindo na corte, embora muito atacado pelos cortesãos. "Lá vem o urso a ser batido", diz-se que o rei teria dito ao vê-lo. Mas Hobbes era capaz, nos dizem, de responder à altura em engenho e picardia aos ataques que recebia. O *Leviatã*, contudo, permanecia sendo objeto de intriga. "Há um relato", nos conta Aubrey, "de que no Parlamento, não muito depois de o rei ter sido entronizado, alguns bispos teriam feito uma moção pedindo que o velho cavalheiro fosse queimado como herege".

De 1660 até sua morte, Hobbes viveu principalmente nas residências do conde de Devonshire em Londres, Chatsworth e Hardwick. Não mais escreveu filosofia, mas traduziu a *Ilíada* e a *Odisseia* e escreveu uma histó-

---

2. A filosofia política de Hobbes será abordada de forma detalhada no capítulo 9.

ria da guerra civil intitulada *Behemoth*, que, a pedido do rei, não publicou. Morreu em Hardwick Hall em dezembro de 1679, com 91 anos, cheio de energia até o final, a despeito de sofrer do mal de Parkinson. Atribuía seu vigor na velhice a três coisas: jogar tênis regularmente até os 75, abstinência de vinho desde os 60 e contínuo exercício da voz no canto. "À noite", nos relata Aubrey, "quando estava no leito, as portas estavam cerradas e ele tinha certeza de que ninguém o ouvia, cantava a plenos pulmões (não que tivesse uma voz muito boa) exclusivamente em benefício de sua saúde: ele acreditava de fato que isso fazia bem a seus pulmões e colaborava para prolongar sua vida."

A fama de Hobbes na história da filosofia repousa acima de tudo em sua contribuição para a filosofia política. Ele mesmo, contudo, concedia grande importância à sua filosofia da linguagem. A invenção da imprensa, ressalta, não era grande coisa comparada à invenção da escrita, e esta, por sua vez, é insignificante comparada à invenção da linguagem, que é o que nos distingue dos animais e nos torna capazes de perseguir a ciência. Sem palavras "não haveria entre os homens nem Estado, nem sociedade, nem contrato, nem paz, tal como não existem entre os leões, os ursos e os lobos" (*L*, 24).

O objetivo da linguagem é transferir o fluxo de nossos pensamentos em um fluxo de palavras, possuindo quatro usos:

> Em primeiro lugar, registrar aquilo que por cogitação descobrimos ser a causa de qualquer coisa, presente ou passada, e aquilo que achamos que as coisas presentes ou passadas podem produzir, ou causar, o que em suma é adquirir artes. Em segundo lugar, para mostrar aos outros aquele conhecimento que atingimos, ou seja, aconselhar e ensinar uns aos outros. Em terceiro lugar, para darmos a conhecer aos outros nossas vontades e objetivos, a fim de podermos obter sua ajuda. Em quarto lugar, para agradar e para nos deliciarmos, e aos outros, jogando com as palavras, por prazer e ornamento, de maneira inocente. (*L*, 25)

Há quatro abusos que correspondem aos quatro usos das palavras, sendo necessários grandes esforços para evitar tais abusos. "Pois as palavras são as calculadoras dos sábios, que só com elas calculam; mas constituem a moeda dos loucos" (*L*, 28).

Hobbes é um nominalista extremado: todas as palavras são nomes, e os nomes são referidos somente a individuais. Os nomes podem ser próprios, como "Pedro", ou comuns, como "cavalo", e podem ainda ser abstratos, como "vida" ou "extensão". Podem até mesmo ser descrições (que

Hobbes chama de "circunlocuções"), como "ele, que escreveu a *Ilíada*". Mas seja qual for a forma que um nome assuma ele nunca nomeia algo além de um ou mais indivíduos. Nomes universais como "homem" e "árvore" não nomeiam qualquer coisa universal no mundo ou qualquer ideia na mente, mas nomeiam muitos individuais, "nada havendo na palavra Universal que não Nomes; pois as coisas nomeadas são, cada uma delas, Individuais e Singulares".

Para Hobbes, os nomes são colocados juntos para formar orações. Se dizemos "Sócrates é justo", a relação semântica da palavra "justo" com o homem Sócrates é justamente a mesma que a relação da palavra "Sócrates": ambas são nomes, e o termo predicado na oração significa do mesmo modo que o termo sujeito. "Um homem é uma criatura viva" é verdadeiro porque "criatura viva" é um nome de tudo o que é significado por "homem". "Todo homem é justo" é falso porque "justo" não é um nome de todo homem, a maior parte da humanidade merecendo o nome "injusto" (*L*, 26; *G*, 38).

A teoria do duplo-nome é uma peça ingênua de semântica que não sobreviveria ao sério criticismo lógico que teria recebido no período medieval e que receberia de fato no século XIX na obra de Gottlob Frege. A versão hobbesiana da teoria é particularmente crua na comparação com a de seu mais destacado proponente medieval, Guilherme de Ockham[3]. Permaneceu influente, contudo, entre os empiristas britânicos, aos quais muitos veem como os herdeiros da tradição de Ockham e Hobbes.

Os platonistas de Cambridge

Em meados do século XVII, um grupo de meia dúzia de filósofos ingleses ocupou uma posição contrária a Hobbes e a Descartes. Cinco deles, dos quais o mais importante foi Ralph Cudworth (1617-1688), foram formados pela faculdade Emmanuel, em Cambridge, e um deles, Henry More (1614-1687), formou-se na faculdade Christ, também em Cambridge, da qual Cudworth foi mestre por trinta anos. Todos partilhavam a admiração por Platão, Plotino e seus seguidores entre os primeiros Padres da Igreja. Daí o grupo ser comumente denominado "platonistas de Cambridge".

A despeito de sua afiliação a Cambridge, os membros do grupo eram hostis ao puritanismo que prevalecia naquela cidade e na universidade de

---

3. Ver volume II, 173-176.

mesmo nome durante a guerra civil. Eles rejeitavam as doutrinas calvinistas da predestinação, afirmavam a liberdade humana e pregavam os méritos da tolerância religiosa. Sua tolerância, contudo, não era extensiva aos ateus, sendo Hobbes, cujo materialismo consideravam o equivalente do ateísmo, o foco de sua hostilidade. Durante o reinado de Carlos I, a hostilidade puritana à hierarquia anglicana resultou na deposição e na execução do rei. Para os platonistas de Cambridge, o bordão político "Nem bispo, nem rei" tinha uma contraparte filosófica: "Nem Espírito, nem Deus". Não era possível ser materialista e teísta ao mesmo tempo.

Até aí, os platonistas de Cambridge se posicionavam com Descartes contra Hobbes em sua ênfase na distinção entre mente e matéria. Eles se dedicaram a provar a imortalidade da alma humana e a existência de um Deus espiritual em tratados como *Antídoto contra o ateísmo*, de More, e *O verdadeiro sistema intelectual do universo*, de Cudworth. Para More, um ser humano é "um espírito criado enriquecido com sentido, razão e um poder de organizar a matéria terrestre em forma humana"[4]. À semelhança de Descartes, Cudworth argumenta que a existência de Deus pode ser provada pela presença em nós da ideia de Deus: "Onde não há Deus, a ideia de um Ser absoluta ou infinitamente perfeito não poderia jamais ser elaborada ou concebida, nem por políticos, nem por poetas, nem por filósofos, nem por qualquer outro". A ideia de Deus é uma ideia coerente, "portanto tem de possuir algum ou outro tipo de entidade, seja uma real ou possível; mas Deus, se não é, não pode ser, portanto ele deve existir de fato"[5].

Como Descartes, os platonistas de Cambridge acreditavam nas ideias inatas: a mente não é uma página branca em que os sentidos escrevem, mas um livro fechado, o qual os sentidos meramente abrem. As ideias inatas, More afirmava, estão presentes em nossas mentes do mesmo modo que as melodias estão presentes na mente de um músico enquanto ele está adormecido sobre a relva (*Antidote*, 17). Entre as ideias inatas imediatamente evidentes à mente humana encontram-se os fundamentais e inegáveis princípios morais, dos quais More estava pronto a listar, em um manual de 1668, não menos que 23. Hobbes, assegurava Cudworth, errava ao pensar que a justiça e a injustiça afloravam como um resultado de um mero pacto. Não haveria possibilidade alguma de indivíduos humanos poderem conferir a um soberano um poder de vida e morte que eles próprios não possuem.

---

4. *A imortalidade da alma*, 1659, livro 1, cap. 8.
5. *O verdadeiro sistema intelectual do universo* (1678), II, 537; III, 49-50.

Os platonistas de Cambridge acompanhavam Descartes ao tentarem explicar a base dos princípios éticos fundamentais. Era um erro notável, reclamava Cudworth, afirmar que a moral e outras verdades eternas dependiam da onipotente vontade de Deus, sendo portanto em princípio variáveis. "A virtude e a sacralidade nas criaturas", disse ele na Casa dos Comuns em um sermão de 1647, "não são portanto boas porque Deus as ama e as garantirá a elas; mas, antes, Deus as ama portanto porque elas são em si simplesmente boas"[6].

A discordância entre os platonistas e Descartes agudizou-se ainda mais quando eles passaram a considerar sua concepção do mundo material. Eles não se opunham aos novos desenvolvimentos em ciência — Cudworth e More eram membros da Royal Society —, mas negavam que os fenômenos pudessem ser considerados mecanicamente, em termos de matéria e movimento. À diferença de Descartes, acreditavam que os animais tinham consciência e almas sensíveis, e até mesmo a queda de um corpo, criam, necessitava ser explicada pela ação de um princípio imaterial. Isso não significa que Deus fez tudo diretamente, ou seja, com suas próprias mãos, mas, antes, que ele confiou o mundo físico a um intermediário, "uma natureza plástica", ligada a um mundo-alma, que agia regular e teologicamente. Os que, como Descartes, rejeitavam a teleologia eram meros "teístas mecânicos" e pouco melhores que o materialista Hobbes.

Locke

Hobbes foi um pioneiro do empirismo moderno, mas sua fama tem sido eclipsada pela de um seu praticante mais refinado, John Locke. Locke nasceu em Somerset em 1632, filho de um cavalheiro de menor importância que serviu na cavalaria parlamentar. Foi educado na Westminster School não apenas em grego e latim, mas também em hebraico, e prosseguiu em um curso restrito na Igreja de Cristo, em Oxford, onde concluiu seu mestrado em 1658. Após a restauração de Carlos II, em 1660, Locke redigiu vários panfletos em defesa da ortodoxia anglicana, ensinou grego na universidade, tornou-se orientador na faculdade e assumiu vários postos ali. Desenvolveu interesse por química e fisiologia e estudou durante sete anos para qualificar-se em medicina.

---

6. Citado em C. TALIAFERRO, *Evidence and Faith*, Cambridge, Cambridge University Press, 2005, 11.

Em 1667 Locke deixou Oxford para tornar-se médico e conselheiro político de um membro do gabinete interno de Carlos II, Anthony Ashley Cooper, que estava próximo de se tornar o conde de Shaftesbury. Pouco depois de chegar a Londres, Locke escreveu um breve *Ensaio sobre a tolerância*, em que defendia, em contradição com seus tratados anteriores, a retirada de constrangimentos doutrinários para todos, exceto para os católicos romanos. Os anos de 1676 a 1678 ele passou na França, encontrando alguns seguidores de Descartes e procedendo a um sério estudo de sua filosofia.

À medida que seu reinado progredia, Carlos II tornou-se impopular, particularmente após a conversão ao catolicismo de seu irmão e herdeiro, Jaime, duque de York. O descontentamento protestante chegou ao seu ápice em 1679, quando muitos católicos foram julgados e executados por alegada cumplicidade em um imaginário complô papista para assassinar o rei e colocar seu irmão no trono. Shaftesbury tornou-se o líder do partido liberal, que buscava excluir Jaime da sucessão; suas tentativas de assegurar a votação de uma Carta de Exclusão foram derrotadas quando Carlos II dissolveu o Parlamento em 1681. Após ter sido envolvido em um complô contra os irmãos reais em 1682, Shaftesbury teve de fugir para a Holanda, onde veio a morrer em 1683.

Locke era suficientemente identificado aos projetos de Shaftesbury para julgar prudente buscar o exílio durante a volta dos conservadores no final da vida de Carlos II e durante o curto reinado de seu irmão, Jaime II (1685-1688). Por ocasião do complô papista e da crise da exclusão ele escreveu *Dois tratados sobre o governo civil*. No primeiro fazia um ataque devastador a uma obra de *sir* Robert Filmer, o qual defendia o direito divino dos reis. No segundo, apresentava um relato do estado de natureza — muito mais otimista que o de Hobbes — e defendia que os governos e nações são criados por um contrato social para proteger a propriedade dos indivíduos. Argumentava que se um governo age arbitrariamente, ou se um dos braços desse governo usurpa o papel de outro, o governo está dissolvido e a rebelião justificada[7].

Em sua estada na Holanda, Locke trabalhou na composição de sua mais importante obra filosófica, o *Ensaio sobre o entendimento humano*. As notas que tomou para essa obra remontam a seus primeiros dias em Londres, mas ela foi publicada somente em 1690 e conheceu quatro edições enquanto Locke viveu.

---

7. A filosofia política de Locke será considerada em detalhes no capítulo 9.

O *Ensaio* consiste de quatro livros. O primeiro e mais curto, intitulado "Nem os princípios nem as ideias são inatos", argumenta que não há princípios inatos em nossas mentes, especulativos ou práticos. Todas as nossas ideias derivam, diretamente, por combinação ou por reflexão, da experiência. Mesmo no caso de disciplinas aprioristicas, como a geometria, as ideias que empregamos não são inatas. Os 33 capítulos do segundo livro tratam exaustivamente das ideias, "ideia" sendo o termo abrangente que Locke emprega para caracterizar nossas habilidades mentais e os conceitos de nossas mentes:

> Todo homem tem consciência de que pensa, e que quando está pensando sua mente se ocupa de ideias. Por conseguinte, é indubitável que as mentes humanas têm várias ideias, expressas, entre outros, pelos termos *brancura, dureza, doçura, pensamento, movimento, homem, elefante, exército, embriaguez*. (E, 165)

Locke classificava as ideias de várias maneiras: há as ideias simples e as complexas; há ideias claras e distintas, assim como obscuras e confusas; há ideias de sensações e ideias de reflexão. Ao tratar das ideias simples, Locke divide as qualidades a ser encontradas nos corpos em duas categorias: qualidades primárias, como solidez, movimento e figura, que estão nos corpos "quer as percebamos ou não"; qualidades secundárias, como as cores, que "nada são nos objetos em si, mas poderes que produzem em nós por meio de suas qualidades primárias". Entre as ideias da reflexão, a primeira e mais importante é a ideia da percepção, pois este é o primeiro exercício da mente sobre as ideias. A percepção é uma experiência puramente passiva, e todos sabem o que seja simplesmente olhando para dentro de si. As experiências passivas da percepção são o alicerce em que Locke assenta sua filosofia.

O segundo livro do *Ensaio* apresenta uma filosofia empírica da mente e da vontade, mas contém muito mais que isso: reflexões sobre tempo, espaço e número, por exemplo, e um catálogo das paixões humanas. Aborda as relações ideais e de outros tipos, além de conter uma discussão elaborada e altamente influente sobre a natureza da identidade pessoal.

Embora Locke acredite que podemos reconhecer as ideias simples em nós mesmos sem nenhum auxílio, e que se não pudermos reconhecê-las não haverá então palavra alguma que poderá nos ajudar nesse processo, na prática ele identifica as ideias de que fala fazendo uso das palavras que as expressam. Ele admite que "nossas ideias abstratas e palavras gerais apresentam uma relação tão constante umas com as outras que é impossível falar clara e distintamente de nosso conhecimento, o qual consiste todo de proposições, sem considerar, primeiramente, a natureza, o uso e o significado da linguagem" (*EHU*, 401).

A esse tópico, então, ele devota o seu terceiro livro. A seção mais famosa desse livro é a discussão das ideias abstratas e da teoria da substância. A mente, afirma Locke, identificando semelhanças entre os objetos da natureza, classifica-os sob ideias abstratas gerais, às quais concede nomes gerais. Essas ideias gerais têm, ele nos diz, propriedades notáveis: a ideia geral de um triângulo, por exemplo, "não deve ser nem oblíquo nem retângulo, nem equilátero, isósceles, ou escaleno, mas todos estes e nenhum deles ao mesmo tempo". As substâncias no mundo possuem várias qualidades e poderes dos quais fazemos uso quando definimos coisas de tipos diferentes, mas as definições que lhes damos não revelam sua real essência, mas tão somente uma "essência nominal". Da substância em geral, a única ideia que temos é de "algo do qual não sabemos que" propriedades tem inerentes em si.

Considerações epistemológicas permeiam todo o *Ensaio*, mas é o quarto livro que é oficialmente dedicado ao tópico do conhecimento. Em razão de as essências reais das coisas serem desconhecidas para nós, não podemos possuir verdadeira ciência sobre itens do mundo natural, mas tão só uma crença provável. Podemos ter conhecimento genuíno de nossa própria existência e da existência de Deus; e com a condição de nos mantermos nos limites da sensação real podemos ter conhecimento da existência de outras coisas. O amor à verdade deveria nos impedir de acalentar qualquer proposição com maior certeza que a evidência que temos para tal: "Quem quer que ultrapasse essa medida de assentimento, é claro, recebe não a verdade por amor a ela mesma, e não ama a verdade pela verdade em si, mas por alguma outra razão" (*EHU*, 697).

Durante seu exílio, talvez em 1685, quando o rei Luís XIV revogou o Edito de Nantes, que até então concedera tolerância aos protestantes franceses, Locke escreveu uma *Carta sobre a tolerância* (*Epístola de tolerantia*), defendendo para uma audiência europeia, como defendera antes para uma audiência inglesa, a aceitação pelos cristãos de uma ampla variedade de crenças doutrinárias. Quando, em 1688, a "Revolução Gloriosa" destronou Jaime II e o substituiu pelo protestante holandês Guilherme de Orange, a monarquia inglesa foi estabelecida sob nova base legal, com uma Declaração de Direitos e um papel bem mais destacado para o Parlamento. O caminho agora estava livre para Locke retornar e publicar obras que até então teria sido perigoso editar. Em 1689 e 1690, foram publicados ali o *Dois tratados sobre o governo civil*, a primeira edição do *Ensaio* e uma versão da *Carta sobre a tolerância*. Em resposta à controvérsia, Locke publicou duas outras cartas sobre a tolerância, a terceira das quais veio à luz em 1692.

Locke havia tido seu mestrado na Igreja de Cristo cassado por Carlos II em 1684, e quando retornou do exílio ele passou a maior parte de seu tempo em Londres. Assumiu vários cargos no serviço público, notavelmente como comissário do Conselho de Comércio. Achou tempo para escrever *Alguns pensamentos sobre a educação* (1693), dois estudos sobre a natureza do dinheiro (1691 e 1695) e *A racionalidade do cristianismo* (1695). A forma de cristianismo que Locke considerava razoável era de um tipo muito liberal, e ele teve de defender-se contra críticas conservadoras em duas *Defesas* de seu tratado (1695 e 1697). Entre 1696 e 1698 ele se engajou em uma controvérsia com o bispo Stillingfleet, de Worcester, que considerava o *Ensaio* racionalista em excesso para o encorajamento da religião. Muitas dessas obras polemistas foram publicadas anonimamente; das principais obras de Locke, apenas o *Ensaio* veio à luz sob o seu próprio nome enquanto estava vivo.

Desde 1691 Locke residia em Oates, a mansão de *sir* Francis Masham em Essex, o qual havia desposado Damaris, a irmã de Ralph Cudworth, um dos platonistas de Cambridge. Com o passar dos anos, Locke ficava cada vez mais em Oates e de 1700 até sua morte, em 1704, foi ali seu lar. Os últimos anos de sua vida, que passou parcialmente incapacitado por razões de saúde, ele os dedicou a escrever um comentário devoto, se bem que crítico, sobre as epístolas de São Paulo. Morreu em 28 de outubro de 1704, enquanto ouvia a leitura dos Salmos dos lábios de Lady Masham.

Pascal

Hobbes e Locke viam a si próprios como oponentes de Descartes, o primeiro enquanto Descartes vivia, o segundo após sua morte. Na verdade, como tentei mostrar neste e tentarei demonstrar em capítulos posteriores, os dois compartilhavam a maior parte de suas premissas. O mesmo pode ser dito dos filósofos franceses da geração posterior a Descartes, quer se apresentassem como críticos, quer como continuadores de sua obra. O mais distinto entre os do primeiro grupo foi Blaise Pascal; o mais distinto entre os do segundo, Nicholas Malebranche.

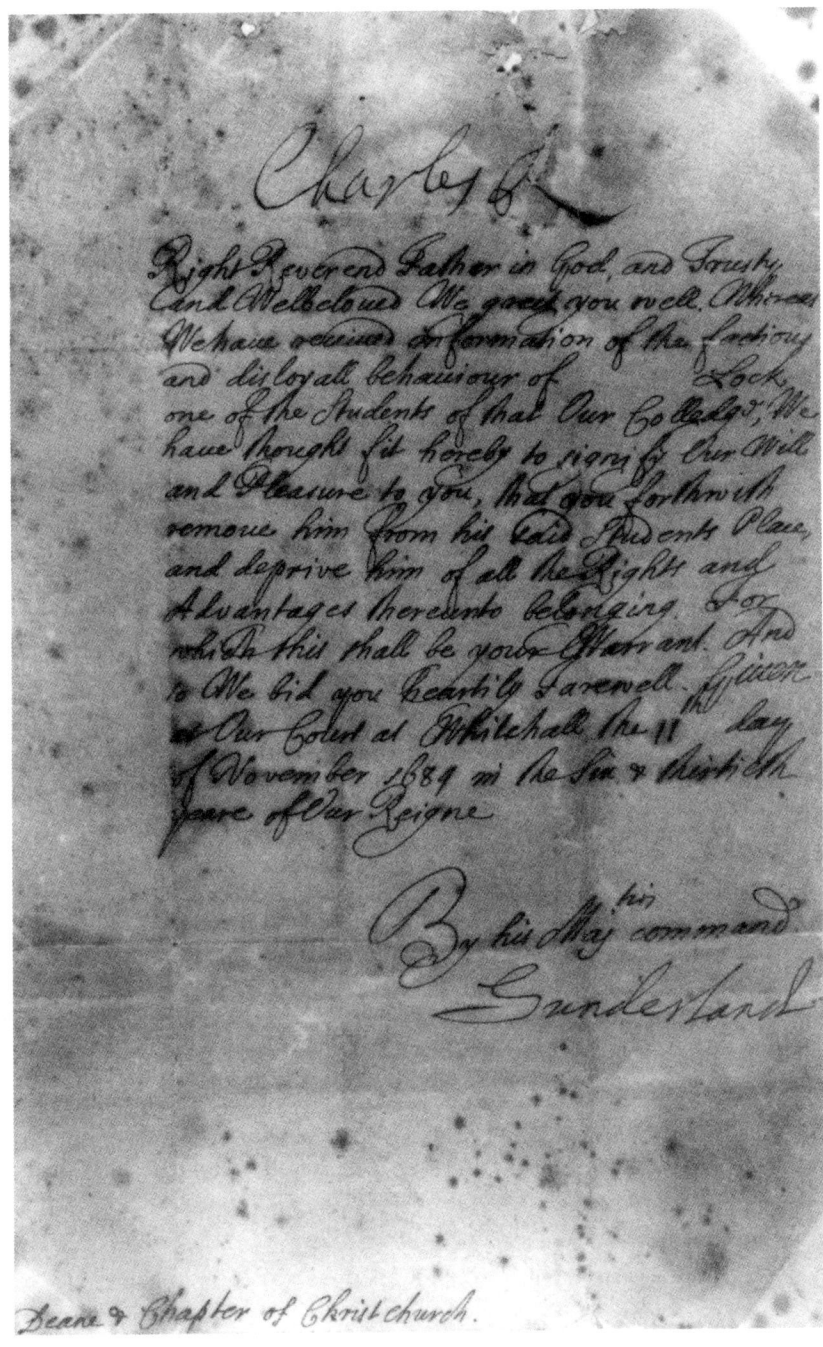

Instrução do rei Carlos II ao deão e ao Capítulo da
Igreja cristã para retirar de Locke sua bolsa de estudos.

Nascido em 1632, Pascal era o filho de um oficial do rei em Auvergne. Criança precoce, educado no lar, já publicava trabalhos sobre a geometria das seções cônicas aos dezesseis anos, tendo inventado um computador rudimentar para auxiliar seu pai no cálculo das taxas. Inspirou uma série de experimentos que provaram a possibilidade empírica de um vácuo, o que havia sido negado *a priori* por Descartes. Mais avançado em idade teve um papel significativo no desenvolvimento do estudo matemático da probabilidade e pode se proclamar como um dos fundadores da teoria dos jogos.

A seu próprio juízo, sua obra no campo da matemática e da física passou a ser uma questão de importância secundária. Em 1654 teve uma experiência religiosa que o levou a considerar a devoção e a teologia como seus principais interesses. Associou-se de maneira muito próxima a um grupo de ascéticos que tinham como base o convento de Port Royal, onde sua irmã Jacqueline tornara-se freira em 1652. Os membros do grupo eram chamados "jansenistas", por reverenciarem a memória do bispo holandês Cornélio Jansênio, que havia escrito um famoso tratado sobre Santo Agostinho em que defendia uma versão pessimista e rigorista do catolicismo. O jansenismo destacava a corrupção da natureza humana caída e assegurava a esperança de salvação somente para uma reduzida minoria da raça humana. Em nosso presente estado, alguns comandos divinos eram impossíveis de obediência pelos seres humanos, mesmo com a melhor das vontades no mundo. Havia reduzido espaço para o livre-arbítrio: por um lado, o pecado era inevitável; por outro, a graça era irresistível.

Essa doutrina foi condenada pelo papa Inocêncio X em 1653, mas os jansenistas travaram uma longa batalha de bastidores, e sua influência sobre Pascal permaneceu profunda. Coerente com sua desvalorização dos poderes da natureza humana caída, Pascal era cético quanto ao poder da filosofia, especialmente em relação ao conhecimento de Deus. "O verdadeiro caminho para filosofar", escreveu certa vez, "é não ter tempo para a filosofia"; como para Descartes, ele era "inútil e incerto" (*P*, 445, 671). Em razão de os jansenistas não darem valor ao livre-arbítrio, eles estavam em constante conflito com seus principais defensores, os jesuítas. Pascal aderiu à batalha ao escrever um livro, o *Cartas provinciais*, em que atacava a teologia moral jesuíta como excessivamente laxista e indulgente com os pecadores[8]. Ao morrer, em 1662, descobriu-se um papel costurado em seu

---
8. A filosofia moral do *Cartas provinciais* é discutida no capítulo 10 deste volume.

casaco com a inscrição "Deus de Abraão, Deus de Isaac, Deus de Jacó, não dos filósofos e acadêmicos".

Por ocasião de sua morte, Pascal deixou uma série de breves comentários que foram publicados em 1670 sob o título *Pensées* (Pensamentos). Ele era um mestre do aforismo e muitos de seus ditos tornaram-se citações familiares: "O eterno silêncio dos infinitos espaços me aterroriza"; "Tivesse o nariz de Cleópatra sido menor, toda a superfície do mundo seria diferente"; "Morremos em solidão". Um dos mais chocantes é o seguinte:

> O homem é apenas um junco, a mais frágil coisa da natureza; mas é um junco pensante. Para esmagá-lo não é necessário que todo o universo se ponha em armas: um sopro de vento, uma gota de água é bastante para o matar. Mas movesse-se o universo para o esmagar, ainda assim o homem seria mais nobre que seu assassino. Pois ele sabe que está morrendo e que o universo teve o melhor de si. O universo, por sua vez, não tem disso a mínima ciência. (P, 231)

Muitos de seus comentários foram concebidos como parte de uma apologia para a religião cristã, para converter os incréus e reformar os crentes mundanos. O projeto, contudo, jamais se completou, e ainda não se atingiu um consenso entre os estudiosos a respeito de qual forma tinha a intenção de assumir. Dois temas, contudo, são recorrentes nos fragmentos que sobreviveram: a miséria da humanidade privada de Deus e a felicidade prometida pela vida religiosa:

> A miséria de nossa condição torna-se clara a partir do debate filosófico entre os céticos e os racionalistas. Os céticos estão certos quanto a sequer termos certeza de estarmos acordados ou dormindo; os racionalistas estão certos quanto a haver alguns princípios naturais dos quais não podemos duvidar. Mas a verdade ou não desses princípios depende de eles virem de um Deus ou de um demônio maligno. E não podemos saber, sem fé, se há um Deus: a natureza não oferece prova suficiente de que ele existe. O melhor que podemos fazer, se não aceitamos a revelação, é apostar em sua existência[9]. (P, 38, 42)

A natureza humana na forma em que a conhecemos é uma massa de contradições. Temos um ideal de verdade, e no entanto possuímos apenas inverdade. Temos um desejo de felicidade, e não podemos atingi-lo. A hu-

---

9. A aposta de Pascal é considerada no capítulo 10 deste volume.

manidade é algo monstruoso: "Caótico, contraditório e prodigioso; juiz de tudo e Terra privada de mente — rastejante, depósito de verdade e poço de erros; a glória e a recusa do universo". Pascal antecipa o *Ensaio sobre o homem* de Pope:

> Caos de pensamento e paixão, tudo confuso;
> Por si mesmo abusado ou desabusado;
> Criado metade para ascender e metade para cair;
> Grande senhor de todas as coisas, e ainda assim presa para todas;
> Único juiz da verdade, em infinito erro conduzido —
> A glória, ridículo e enigma do mundo!
>
> (*P*, II, 13)

A solução para esse enigma está contida na doutrina cristã da Queda. É claro como o dia que a condição humana é dúplice. Se os homens jamais tivessem sido corrompidos, eles teriam desfrutado em seu estado inocente da verdade e da felicidade. Se não tivessem sido senão corrompidos, jamais teriam tido noções seja da verdade, seja da felicidade. Mas a Queda, que é a chave para o entendimento de nós mesmos, é, de todos os ensinamentos cristãos, o mais chocante para a razão:

> O que é mais contrário à leis de nossa miserável justiça que condenar eternamente uma criança privada de vontade própria por um pecado em que a criança teve uma participação tão pequena a desempenhar que foi cometido seis mil anos antes de a criança vir a existir? Certamente, nada nos choca mais profundamente que essa doutrina. Apesar disso, sem esse mais incompreensível de todos os mistérios somos incompreensíveis para nós mesmos. (*P*, 164)

Mas, se à razão revolta a ideia da Queda, a razão pode também estabelecer a ideia da verdade. O ponto de partida é nada menos que a miséria humana:

> A grandiosidade do homem é tão evidente que pode ser inferida mesmo de sua miséria. Pois aquilo que é natureza nos animais, nós podemos chamar miséria no homem. E por isso reconhecemos que sua natureza sendo agora como aquela dos animais, ele caiu de uma natureza melhor que fora sua anteriormente. Pois quem poderia ser infeliz por não ser um rei, exceto um rei deposto? (ibid.)

Embora acreditasse que somente a fé poderia nos conduzir à verdade salvífica, e que somente a graça poderia nos conceder a felicidade eterna, em seus escritos filosóficos Pascal não é o inimigo da razão que ele com frequência aparenta ser. Seu aforismo mais conhecido, com certeza, é "o coração tem razões que a própria razão desconhece". Mas se estudarmos o uso que ele faz da palavra "coração" perceberemos que ele não está situando o sentimento acima da racionalidade, mas contrastando as razões intuitiva e dedutiva — de forma semelhante a quando falamos em saber a tabuada matemática "de cor". Podemos ver isso quando ele nos diz ser o coração que nos ensina os fundamentos da geometria. Nisso ele não discordava fundamentalmente do racionalismo cartesiano.

Malebranche

Filho de um dos secretários de Luís XIV, Nicholas Malebranche nasceu em 1638, no ano em que Descartes publicou o *Discurso do método*. Aos 26 anos, em 1664, foi ordenado sacerdote do Oratório francês, fundado pelo mecenas de Descartes, o cardeal Bérulle. Nesse mesmo ano deparou-se com o postumamente publicado *Tratado sobre o homem*. Seu biógrafo relata que Malebranche ficou tão arrebatado por esse livro que sentia "palpitações tão violentas do coração que era forçado a abandonar o livro em intervalos frequentes". Tornou-se assim o mais entusiasta de todos os cartesianos, e dedicou sua vida à busca das ideias claras e distintas.

Em 1674-1675 Malebranche publicou sua obra filosófica mais importante, *De la recherche de la vérité* (Da busca da verdade), e em 1688 resumiu seu sistema em *Entretiens sur la Metaphysique* (Conversações sobre a metafísica). A maior parte de seus outros escritos eram obras sobre disputas teológicas, a começar por seu *Tratado sobre a natureza e a graça*, de 1680. Malebranche polemizou com muitos dos principais teólogos da época, discutindo com Arnauld sobre a graça e com Fénelon sobre o modo certo de amar a Deus: seu *Treatise* foi colocado no Índex em 1690. Pouco antes de morrer, em 1715, descobriu-se como alvo de uma polêmica postumamente publicada de autoria de John Locke.

A descrição de sensação, imaginação, intelecto e vontade apresentada nas obras de Malebranche é em essência a mesma apresentada por Descartes. O principal novo item é uma exposição da associação de ideias em termos de redes de comunicação de fibras no cérebro. Algumas dessas redes são inatas: desde o nascimento, por exemplo, a fibra cerebral correspondente à ideia de um precipício íngreme é relacionada à fibra cerebral correspondente à ideia de morte. Outras redes de comunicação são criadas pela experiência: por exemplo, se você presenciar algum evento histórico, uma rede de comunicação cerebral será criada reunindo sempre dali em diante as pessoas, ocasiões e lugares participantes (*De la recherche de la vérité*, 2.1, 5).

Malebranche aceitou o dualismo cartesiano: as mentes eram substâncias pensantes e a essência da matéria era a extensão. Mas ele tentou aperfeiçoar a descrição de Descartes sobre a relação entre mente e corpo, por muito tempo considerada o ponto mais frágil do sistema cartesiano. De forma mais consistente que Descartes, Malebranche argumentou que se a mente era puro pensamento, e a matéria era pura extensão, nenhuma delas poderia agir sobre a outra. Mente e corpo operavam simultaneamente, mas não interagiam. "A mim parece quase certo que a vontade dos entes espirituais é incapaz de mover o menor dos corpos no mundo. É evidente, por exemplo, que não há relação necessária entre nossa vontade de mover nosso braço e o movimento de nosso braço." De fato, meu braço se move *quando* quero, mas não *porque* eu quero. Se de fato fosse eu a mover meu braço, eu saberia como o faço, mas nem mesmo posso explicar como meneio meu dedo.

Se não movo meu braço, quem o faz? Deus, responde Malebranche. Deus é a única causa verdadeira. Por toda a eternidade ele quis que tudo o que é fosse e em que momento devesse ser. Portanto, ele quis o ato de minha vontade e o movimento simultâneo de meu braço. Minha vontade não é a causa, mas apenas proporciona uma ocasião para Deus ser o causador. (É por isso que o sistema de Malebranche é chamado de "ocasionalismo".) Não só as mentes não podem agir sobre o corpo; também os corpos não podem agir sobre corpos. Se corpos colidem e se desviam de outros corpos, o que acontece de fato é que Deus quer que cada um deles esteja nos lugares adequados nos momentos adequados. "Há uma contradição em afirmar que um corpo pode mover a outro" (*EM*, 7,10).

Se as mentes não podem agir sobre os corpos e os corpos não podem agir sobre corpos, poderiam os corpos agir sobre as mentes? Normalmente imaginamos que nossas mentes são constantemente alimentadas de informações sobre o mundo por intermédio de nossos sentidos. Malebranche nega que nossas ideias venham dos corpos que elas representam, ou que sejam criadas por si mesmas. Elas vêm diretamente de Deus, que por si só é capaz de agir causalmente sobre nossos intelectos. Se eu espeto meu dedo com uma agulha, a dor não vem da agulha, mas é diretamente causada por Deus (*EM*, 6). Vemos todas as coisas em Deus: Deus é o ambiente no qual vivem as mentes, assim como o espaço é o ambiente em que os corpos estão localizados. Foi esse ensinamento em particular que despertou a indignação de John Locke.

Muitos pensadores cristãos, a partir de Santo Agostinho, afirmaram que os seres humanos percebem as verdades eternas e as leis morais ao contemplar, de algum modo, as ideias na mente de Deus. Ao fazer esta afirmação, Malebranche podia afirmar augusta autoridade. Mas era novidade dizer que nosso conhecimento dos objetos materiais fosse dependente de instantânea iluminação divina. Afinal, Deus não é em si material ou mutável: tudo o que há por ser visto em Deus é a pura ideia de extensão inteligível. De que modo a contemplação do arquétipo divino da extensão nos traria qualquer conhecimento da história contingente dos corpos em movimento e mutação no nosso mundo?

A resposta que Malebranche dá é que ao vermos o arquétipo da extensão tomamos também conhecimento das leis da física cartesiana que governam o comportamento do mundo material. Para que isso seja suficiente para prever o curso real do universo, as leis devem preencher duas condições: elas têm de ser leis simples e têm de ser leis gerais. Esse o tema do *Tratado sobre a natureza e a graça* de Malebranche:

> Deus, encontrando nos infinitos tesouros de sua sabedoria uma infinidade de mundos possíveis [como as consequências necessárias das leis do movimento que ele pode estabelecer], determinou a si mesmo criar um mundo que pudesse ser produzido e preservado pelas mais simples das leis, e que pudesse ser o mais perfeito no que se refere à simplicidade dos meios necessários à sua produção ou à sua conservação. (*TNG*, 116)

Duas simples leis do movimento, segundo Malebranche, são suficientes para explicar todos os fenômenos físicos — a primeira, que os corpos em movimento tendem a continuar seu movimento em uma linha reta; a segunda, que quando dois corpos se chocam seu movimento é distribuído para ambos em proporção a seu tamanho.

A crença de Malebranche na simplicidade e na generalidade das leis fundamentais não apenas resolveu o problema epistemológico a respeito de nosso conhecimento do mundo exterior, mas também o problema moral da presença do mal entre as criaturas de um Deus bom. Deus poderia ter feito um mundo mais perfeito que o nosso; ele poderia tê-lo feito de forma que a chuva, que faz a terra mais frutífera, caísse mais regularmente em solo cultivado que no mar, onde não serve a propósito algum. Mas para tal fazer ele teria de alterar a simplicidade das leis. Além disso, uma vez tendo Deus estabelecido leis, está aquém de sua dignidade manipulá-las; as leis devem ser gerais não somente para todos os lugares, mas para todas as épocas:

> Se chove em certas terras, e se o sol devasta outras; se um clima propício aos grãos é seguido de granizo que os destrói; se uma criança nasce com uma cabeça malformada e inútil brotando de seu peito, não é que Deus tenha desejado essas coisas por vontades particulares, mas porque ele estabeleceu leis para a comunicação do movimento, da qual esses efeitos são consequências necessárias. (*TNG*, 118)

Não significa que Deus ame monstruosidades ou conceba as leis da natureza de forma a gerá-las, mas simplesmente que ele não é capaz, fazendo uso de leis igualmente simples, de fazer um mundo mais perfeito. A chave para o problema do mal é perceber que Deus age por leis gerais e não por veleidades particulares.

Novamente temos ideias que seriam depois resumidas no *Ensaio sobre o homem*, de Pope. Temos a tendência, afirma Pope, de enxergar a natureza como desenhada para nosso benefício particular. Mas nesse ponto nos deparamos com uma objeção, e recebemos uma resposta:

> Mas não erra a natureza por esse fim gratuito,
> De sóis ardentes quando a lívida morte se apresenta,
> Quando terremotos engolem ou tempestades varrem
> Cidades a uma sepultura, e nações inteiras às profundezas?
> "Não" [foi sua resposta], "a primeira causa suprema
> Age não por leis parciais, mas pelas gerais".
> (I. 140-145)

O ensinamento de Malebranche de que Deus age pelas leis gerais da natureza, antes que por atos particulares de providência, foi o que encolerizou os teólogos, que consideraram isso incompatível com os relatos bíblicos e a tradição sobre a ocorrência de milagres. O erro foi considerado suficientemente malicioso para ser denunciado pelo maior pregador da época, o bispo Bossuet, em sua oração fúnebre em honra da rainha Maria Teresa de França, em 1683.

Spinoza

Enquanto isso, na Holanda protestante, um filósofo judeu havia desenvolvido as ideias de Descartes em um modo mais ousado que o de Malebranche. Baruch Spinoza nasceu em Amsterdã em 1632, numa próspera família de comerciantes que havia migrado de Portugal ao término do século anterior. Seu pai, Miguel Spinoza, um membro respeitado da comunidade judaica, assegurou-se de que o filho adquirisse conhecimento do hebraico e se familiarizasse com a Bíblia e o Talmude na escola rabínica da localidade. Quando Miguel morreu em 1654, Baruch assumiu a empresa comercial em sociedade com seu irmão, mas interessou-se muito mais pela investigação filosófica e teológica. Tendo falado português, espanhol e holandês desde a infância, estudou latim nessa época com um médico cristão, Francis Van den Enden, que o apresentou aos escritos de Descartes e teve uma considerável influência na evolução de seu pensamento.

Em sua adolescência, Spinoza tornou-se cético quanto à teologia judaica, abandonando a maioria das práticas judaicas ao chegar à idade adulta. Em 1656 foi excomungado da Sinagoga, sendo interdito aos judeus pios conversar, escrever ou permanecer sob o mesmo teto que ele. Aprendeu sozinho a polir lentes, e fabricou óculos e outros instrumentos ópticos. Essa profissão propiciou a ele o tempo livre e a ocasião para a reflexão e a pesquisa científica, além de fazer dele o primeiro filósofo, desde a Antiguidade, a sustentar-se pelo trabalho das próprias mãos.

Em 1660 ele mudou-se de Amsterdã para o vilarejo de Rijnsburg, próximo a Leiden. No mesmo ano, a Royal Society foi fundada em Londres; pouco depois de sua fundação, seu secretário, Henry Oldenburg, escreveu a Spinoza convidando-o a participar de uma correspondência filosófica sobre os sistemas cartesiano e baconiano. A Royal Society, disse-lhe Oldenburg, era uma faculdade filosófica em que "nos dedicamos com o máximo de nossas energias a fazer experimentos e observações, e está muito empenhada em organizar uma História das Artes Mecânicas" (*Ep*, 3).

Um viajante holandês que visitou Rijnsburg em 1661 informou que no vilarejo habitava alguém que havia passado de judeu a cristão e que era agora quase um ateu. Ele não dá a mínima ao Antigo Testamento. O Novo Testamento, o Corão e as Fábulas de Esopo teriam a mesma importância segundo ele. Quanto ao resto, porém, esse homem comporta-se de modo bem sincero e vive sem causar mal a outras pessoas, ocupando-se da construção de telescópios e microscópios[10].

Não há evidência de que Spinoza tenha em algum momento se tornado cristão após sua excomunhão pelos judeus, mas em seus escritos sobre religião ele de fato concede a Jesus um lugar proeminente em relação aos profetas hebreus.

Por essa época Spinoza já havia começado a escrever sua primeira obra, um tratado sobre o aperfeiçoamento do entendimento (*Tractatus de intellectus emendatione* [Tratado sobre a correção do intelecto]), que não concluiu e somente foi publicado após a sua morte. Essa obra lembra o *Discurso do método* de Descartes, ao narrar uma conversão intelectual e estabelecer um plano investigativo. Foi provavelmente também nesse período que Spinoza escreveu um tratado holandês com circulação restrita, o *Pequeno tratado sobre Deus, homem e felicidade*, descoberto somente em 1851.

Em 1663, Spinoza publicou uma solene exposição "em forma geométrica" dos *Princípios de filosofia* de Descartes. O próprio Descartes havia louvado os méritos do método geométrico de deduzir verdades a partir de definições e axiomas, e em sua resposta ao segundo conjunto de objeções a suas *Meditações* estabelecera dez definições, cinco postulados e dez axiomas dos quais provara quatro proposições que estabeleciam a existência de Deus e a distinção real entre a mente e o corpo (AT VII, 160-170; *CSMK* II, 113-119). Spinoza levou avante esse projeto ao ensinar filosofia cartesiana a um aluno particular, e ao atender ao pedido de um amigo, o dr. Lodewijk Meyer, da Universidade de Leiden, ele desenvolveu suas notas ditadas em uma formalização completa dos primeiros dois livros dos *Princípios*.

Spinoza assumiu e ampliou o conjunto de definições e axiomas de Descartes, provando 58 proposições, entre as quais a primeira é "Não podemos estar seguros de nada enquanto não soubermos que nós mesmos existimos", e a última é "Se um corpo particular A pode ser movimentado em qualquer direção por uma força, não importando quão mínima for, ele está necessariamente cercado de corpos que se movem todos a igual velocidade". A ex-

---

10. Citado por W. N. A. KLEVER, in *CCS*, 25.

Frontispício da *História da Royal Society*, de Thomas Sprat.

posição é geralmente muito fiel aos *Princípios*, mas em seu prefácio à edição Meyer advertiu o leitor quanto a pensar que as próprias visões de Spinoza coincidissem em todos os pontos às de Descartes. Spinoza, por exemplo, já havia se desvinculado da filosofia da mente de Descartes: ele não acreditava que o intelecto e a vontade fossem distintos entre si, e não acreditava que os seres humanos privassem do grau de liberdade que Descartes atribuía a eles (*Ep* 8). Certa quantidade de pontos destacados da própria filosofia em evolução de Spinoza serão expostos no apêndice à exposição geométrica, intitulado "Reflexões sobre a metafísica".

Em 1663 Spinoza mudou-se para Voorburg, próximo ao Hague, onde, em 1665, foi visitado pelo astrônomo Christiaan Huygens, com o qual discutiu microscópios e telescópios e fez observações do planeta Júpiter. Ainda em 1665, Spinoza resolveu escrever uma apologia para justificar seu rompimento com o judaísmo, que evoluiu para uma obra muito mais geral de crítica bíblica e teoria política, o *Tractatus theologico-politicus*, publicada anonimamente em 1670.

A partir de um cuidadoso exame dos textos, o *Tractatus* conclui que a Bíblia hebraica que possuímos é uma compilação, de material mais antigo, feita não antes do século V a.C. Não existe cânon de livros sagrados anterior ao tempo dos macabeus, e é tolice considerar Moisés o autor do Pentateuco, ou David o autor de todos os Salmos (*E* I. 126, 146). É claro que os escritores sagrados eram seres humanos ignorantes, crianças em seu tempo e lugar, e repletos de preconceitos de diversos tipos. Se um profeta fosse um camponês, ele teria visões com touros; se cortesão, veria um trono. "Deus não possui um estilo particular de falar, mas conforme a formação e capacidade do profeta ele é culto, curto, rígido, não orientado, prolixo ou obscuro" (*E* I. 190).

Os defeitos dos profetas não os impedem de levar adiante sua tarefa, que não é nos ensinar a verdade, mas nos incentivar a obedecer. É absurdo buscar informação científica na Bíblia; quem quer que o faça irá acreditar que o Sol gira em torno da Terra e que o valor de π é 3. Ciência e Escritura possuem diferentes funções, nenhuma delas sendo superior à outra; a teologia não está obrigada a servir à razão, nem a razão à teologia (*E* I. 190). A forma como uma passagem da Bíblia é concebida deve ser determinada somente pelo exame do contexto bíblico: ninguém pode argumentar a partir do fato de que uma afirmação é irracional que ela deve então ter sido concebida para ser lida metaforicamente. Deus é o autor da Bíblia somente no sentido de que sua mensagem fundamental — amar a Deus sobre todas as coisas e ao próximo como a si mesmo — é a verdadeira religião, comum tanto ao Antigo como ao Novo Testamento. Os judeus seriam o povo escolhido de Deus somente enquanto vivessem em Israel sob uma forma especial de governo: nos tempos atuais "não há absolutamente nada a que os judeus possam arrogar prevalência sobre outros povos" (*E* I. 55).

Se você crê em todas as histórias da Bíblia mas recusa sua mensagem, você poderia ler da mesma forma quer Sófocles, quer o Corão. Por outro lado, um homem que viva uma vida verdadeira e correta, não importando o quão ignorante seja ele em relação à Bíblia, "é completamente abençoado e possui verdadeiramente em si o espírito de Cristo" (*E* I. 79). Mas a Bíblia não necessita ser uma pedra de tropeço, contanto que se compreenda como deve ser lida. Os judeus, diz Spinoza, não mencionam as causas secundárias, mas reportam todas as coisas à divindade; por exemplo, se ganham dinheiro em uma transação, afirmam que foi Deus quem lhes deu. Assim, quando a Bíblia afirma que Deus abriu as janelas do paraíso, isso quer dizer apenas que choveu torrencialmente, e quando Deus diz a Noé que ele vai pousar seu arco na nuvem, "isso não é senão outro modo de exprimir a refração e reflexão a que estão sujeitos os raios de sol nas gotas de água" (*E* I. 90).

O *Tractatus* é cuidadosamente argumentado e elegantemente expresso, e ao atrair atenção crítica para os gêneros literários da Escritura Spinoza estava meramente antecipando aquilo que os devotos protestantes iriam afirmar no século XIX ("a Bíblia deve ser lida como qualquer outro livro") e o que os devotos católicos iriam afirmar no século XX (o intérprete da Bíblia deve "voltar em espírito àqueles remotos séculos do Oriente"). A despeito disso, a interpretação liberal do livro de Spinoza sobre o Antigo Testamento desencadeou uma tempestade de protestos não somente dos judeus, mas dos calvinistas holandeses, que condenaram a obra em vários sínodos. Outros contemporâneos, todavia, admiraram o livro, e, quando sua autoria passou a ser conhecida, deu a Spinoza uma reputação internacional.

Isso levou, em 1673, a uma oferta, pelo eleitor palatino, de uma cadeira em filosofia na Universidade de Heidelberg. "Você terá", prometeu o eleitor, "a mais ampla liberdade em questões de ensino filosófico, que o príncipe confia que você não utilizará equivocamente para conturbar a religião publicamente estabelecida". Mas Spinoza foi cauteloso, e recusou polidamente o convite:

> Penso, em primeiro lugar, que devesse abandonar a investigação filosófica se me permitisse encontrar tempo para ensinar a jovens estudantes. Penso, em segundo lugar, que não estou a par dos limites a que a liberdade de meu ensino filosófico estariam confinados, já que devo evitar toda aparência de perturbar a religião publicamente estabelecida. (*Ep*, 48)

Spinoza jamais ocupou um cargo público e nunca se casou. Continuou a viver uma vida retirada, mas confortável, recebendo de tempos em tempos professores visitantes que por ali passavam para prestar-lhe suas homenagens, tais como G. W. Leibniz, em 1676. Ele trabalhou sem alarde em sua obra-prima, *Ética demonstrada à maneira dos geômetras*. Ao concluí-la, em 1675, levou o texto para Amsterdã, com a intenção de imprimi-lo, mas foi prevenido por amigos que corria o risco de ser perseguido como ateu se o fizesse. Devolveu assim o livro a sua escrivaninha e começou a trabalhar sobre um *Tratado político*; mas este, assim como vários de seus outros projetos, permaneceu inconcluso até sua morte. Spinoza morreu em 1677, de infecção pulmonar, parcialmente causada pela inalação de pó de vidro, um risco ocupacional para um polidor de lentes. Um volume de suas obras póstumas — incluindo a *Ética*, o *Tratado político*, mais o primeiro *Correção do intelecto* e várias cartas — foi publicado no ano de sua morte. No mesmo ano o volume foi banido dos estados da Holanda.

A *Ética* expõe o sistema do próprio Spinoza no modo pelo qual ele havia anteriormente exposto Descartes, tendo como modelo a geometria euclidiana. Divide-se em cinco partes: "De Deus"; "Da natureza e da origem da alma"; "Da origem e da natureza das afecções"; "Da servidão humana"; "Da liberdade humana". Cada parte se inicia com um conjunto de definições e axiomas e prossegue oferecendo provas formais das proposições enumeradas, cada uma contendo, devemos acreditar, nada além do que não seja decorrência dos axiomas e definições, e concluindo-se com um QED [*quod erat demonstrandum*, lit. "o que devia ser demonstrado"]. O método geométrico não pode ser considerado um método de apresentação bem-sucedido. As provas não raro oferecem parco entendimento das conclusões, e fornecem no máximo um conjunto de pontes hipertextuais para outras passagens da *Ética*. O corte filosófico é com frequência dividido em escólios, corolários e apêndices.

Não restam dúvidas, contudo, de que Spinoza deu o melhor de si para apresentar sua filosofia de forma transparente, sem assunções ocultas com nada senão conexões lógicas entre uma proposição e a próxima. Se a veste euclidiana não raro fica puída, a obra permanece geométrica em um sentido mais profundo: ela tenta explicar o universo inteiro em termos de conceitos e relações que podem ser dominados pelo estudante de geometria elementar. Se o projeto falha em última instância, não é por culpa do filósofo, mas da natureza da própria filosofia.

Como demonstram os títulos das diferentes partes, o tratado lida com muitas outras coisas além da ética. O primeiro livro é um tratado de metafísica e também um tratado de teologia natural: ele expõe uma teoria da natureza da substância que é ao mesmo tempo um argumento ontológico em defesa da existência de Deus. Se para Descartes havia dois tipos fundamentais de substância, mental e material, para Spinoza há apenas uma única substância (que pode ser denominada ou "Deus" ou "Natureza") que possui os dois atributos: do pensamento e da extensão. A mente humana e o corpo humano não pertencem portanto a dois mundos diferentes: a mente, como é explicado no livro II, é o homem considerado um modo do atributo do pensamento, e o corpo é o homem considerado um modo do atributo da extensão. Mente e corpo são inseparáveis: a mente humana é de fato simplesmente a ideia do corpo humano. Sobre essa base, Spinoza ergue uma teoria epistemológica dos três níveis do conhecimento: imaginação, razão e intuição[11].

É no livro III que nos aproximamos do tópico que dá título ao livro. Os seres humanos, à semelhança de todos os outros seres, lutam para se manter na existência e para repelir o que quer que ameace destruí-los. A consciência dessa pulsão nos homens é o desejo: quando a pulsão opera livremente sentimos prazer, quando é bloqueada sentimos dor. Todas as complexas emoções dos seres humanos são derivadas dessas paixões básicas de desejo, prazer e dor. Nossos juízos sobre o bem e o mal, e portanto nossas ações, são determinados por nossos desejos e repulsas; mas os dois últimos livros da *Ética* nos ensinam como evitar sermos escravizados por nossas paixões (servidão humana) por um entendimento intelectual sobre elas (liberdade humana).

A chave para isso é a distinção entre emoções ativas e passivas. Emoções passivas, como o medo e a raiva, são geradas por forças externas; emoções ativas surgem do entendimento da própria mente sobre a condição humana. Tão logo tenhamos uma ideia clara e distinta de uma emoção passiva ela se torna uma emoção ativa, e a substituição das emoções passivas pelas de tipo ativo é o caminho para a libertação. Particularmente, devemos nos livrar da paixão do medo, em especial do medo da morte. "Um homem livre é o que menos pensa na morte, e sua sabedoria é uma meditação não sobre a morte mas sobre a vida" (*Et*, 151).

A libertação moral depende, paradoxalmente, do reconhecimento da necessidade de todas as coisas. Deixaremos de nos sentir odiados pelos outros quando percebermos que suas ações são determinadas por natureza. Retribuir o ódio faz somente aumentá-lo; mas responder a ele com amor

---

11. A metafísica epistemológica de Spinoza é considerada detalhadamente no capítulo 6 deste volume; sua teologia, no capítulo 10; e sua epistemologia, no capítulo 4.

derrota-o. O que devemos fazer é assumir uma visão divina de todo o necessário esquema natural das coisas, enxergando-o "à luz da eternidade"[12].

O sistema ímpar de Spinoza pode ser observado historicamente de vários modos diferentes. Se desejarmos, podemos situar sua teoria da substância em relação à de Locke. Tanto Locke como Spinoza eliminaram a noção artistotélica de substância: para Locke, as substâncias individuais desaparecem até um virtual zero; para Spinoza, a substância se expande tanto que uma única substância abrange o universo. Mas se tomarmos Descartes como o nosso ponto de comparação, podemos dizer que ao extrair as implicações das premissas cartesianas Spinosa supera Malebranche. Malebranche extraiu a conclusão de que Deus era o único agente no Universo; Spinoza foi além, e declarou que Deus era a única substância. Mas quando Spinoza diz que essa única substância é "Deus ou a Natureza", significa isto que ele é um panteísta ou um ateu? Considera-se, com igual justificação, ter ele alegado que "Deus" é apenas uma palavra cifrada para a ordem do universo natural, bem como afirmado que quando os cientistas falam da "Natureza" eles estão todo o tempo a falar de "Deus".

Na filosofia, o século XVII é a era da revolta contra Aristóteles. Essa revolta é levada a suas últimas consequências por Spinoza. As marcas da escolástica aristotélica são as distinções que ela faz e os pares de conceitos com os quais opera para explicar os seres humanos e o mundo material: atualidade e potencialidade; forma e matéria; disposição e atividade; intelecto e vontade; poderes naturais e racionais; causas finais e formais. Todas essas distinções são implodidas por Spinoza. Do repertório aristotélico somos deixados com a distinção entre substância e acidente; do repertório escolástico, com a distinção entre essência e existência. Estas são aplicadas uma, e apenas uma vez, por Spinoza, de forma a assinalar a relação entre ser finito e ser infinito. O sistema de Spinoza está no ponto mais distanciado do aristotelismo medieval de um Aquino.

Paradoxalmente, Spinoza e Aristóteles convergem em apenas um ponto — o mais elevado de todos. O amor intelectual a Deus, que Spinoza apresenta no último livro de sua *Ética* como a mais alta atividade humana, é muito semelhante à extasiante contemplação do divino que Aristóteles afirma, no décimo livro de sua *Ética*, como o supremo componente do bem-estar humano. Em cada caso, a atividade beatífica à qual somos convidados pareceu elusiva para a maioria dos filósofos posteriores.

---

12. A ética de Spinoza é considerada detalhadamente no capítulo 8 deste volume.

A filosofia de Spinoza é não raro considerada a mais extravagante forma de racionalismo. Ele exprime seu sistema em termos euclidianos não apenas para elucidar as relações lógicas entre suas várias teses: para ele, são as sequências lógicas que mantêm o universo coeso. Ele não faz distinção entre conexões lógicas e causais: para ele, a ordem e a relação de ideias são o mesmo que a ordem e a relação entre as coisas. Ainda assim, esse arquirracionalista exerceu grande influência durante a era romântica. Foi o poeta romântico Novalis que o proclamou um "homem intoxicado de Deus", recomendando-o dessa forma, posteriormente, a Kierkegaard. Wordsworth e Coleridge costumavam discutir conjuntamente sua filosofia em Somerset, em 1797, e quase foram presos em razão dessa sua paixão: um informante do governo encarregado de investigar se os dois poetas eram agentes revolucionários franceses ficou perturbado ao ouvir por acaso uma discussão dos dois em que se referiam a Spy Nozy[13].

A identificação de Spinoza de Deus e da Natureza deixaram sua marca nos versos dos dois poetas nesse período. Wordsworth descreveu a si mesmo como um cultuador da natureza, e em suas "Linhas acima da Abadia de Tintern", de 1798, ele escreveu para a posteridade:

> Senti
> Uma presença que me perturbou com o êxtase
> De pensamentos elevados; um sentido sublime
> De algo bem mais profundamente entrelaçado
> Cuja morada é a luz dos entardeceres,
> E o rotundo oceano, e o ar vivo,
> E o céu azul, e na mente do homem,
> Um movimento e um espírito, que impulsiona
> Todas as coisas pensantes, todos os objetos do pensamento
> E desliza por todas as coisas.

No mesmo ano, Coleridge, em "Congelado à meia-noite", profetiza para seu filho recém-nascido uma vida entre as belezas de lagos arenosos e rochedos montanhosos, e lhe diz:

> Deves assim ver e ouvir
> As adoráveis formas e sons inteligíves

---

13. COLERIDGE, *Biographia literária*, capítulo 10. [Trocadilho com a sonoridade do nome do filósofo em inglês: Spy (espião) Nozy. (N. do T.)]

Daquela linguagem eterna, que teu Deus
Exprime, que da eternidade deve ensinar
A si em tudo, e a todas as coisas em si.

Leibniz

Gottfried Wilhelm Leibniz transpõe as fronteiras entre os séculos XVII e XVIII. Cinquenta e quatro dos setenta anos de sua vida foram vividos no século XVII, mas suas principais obras filosóficas foram redigidas e publicadas no século XVIII. Na verdade, muitos de seus textos mais importantes foram publicados somente após a sua morte, alguns deles muito tempo depois dela. Ele não era um escritor sistemático, e os historiadores de filosofia têm lutado para construir um sistema coerente e abrangente a partir de seus breves panfletos, peças ocasionais e notas fragmentárias. Mas o poder de seu intelecto jamais foi questionado e muitos filósofos posteriores têm reconhecido serem tributários seus.

Leibniz era filho de um professor de filosofia em Leipzig, que morreu em 1652, quando ele tinha 6 anos. Passou grande parte de sua infância na biblioteca deixada por seu pai, lendo precoce e vorazmente. Na vida adulta demonstrou ser, entre todos os filósofos, um dos mais eruditos. Seus interesses eram amplos e incluíam literatura, história, direito, matemática, física, química e teologia. Desde os 13 anos, contudo, a lógica e a filosofia tornaram-se suas paixões dominantes. Logo no início de sua adolescência, é ele quem nos relata, considerava a leitura de Suárez tão fácil quanto a de um romance, e enquanto caminhava comparava em sua mente os méritos opostos do aristotelismo e do cartesianismo.

Em 1661, Leibniz entrou para a Universidade de Leipzig. Após ter conquistado o bacharelado em 1663, com uma dissertação escolástica sobre o princípio da individuação (G IV. 15-26), migrou primeiro para Jena, para estudar matemática, e depois para Altdorf, para estudar direito. Como um extra, aos 19 anos publicou um pequeno tratado de lógica, *De arte combinatoria*, no qual oferecia um método para representar noções geométricas fazendo uso de um código aritmético. Seu método para a resolução de termos complexos tornando-os termos simples iria, assim ele esperava, produzir uma lógica dedutiva da descoberta, algo que até ali havia desafiado os lógicos (G IV. 27-102).

Leibniz obteve seu doutorado em Altdorf em 1667, com uma tese sobre "Casos difíceis do direito". Foi-lhe oferecida ali uma cadeira, mas ele preferiu tentar uma carreira como cortesão e diplomata. Passou a servir ao arcebispo de Mainz, um dos eleitores do Sacro Império Romano, a quem dedicou suas próximas publicações acadêmicas: propostas para a racionalização do direito alemão e um novo método de ensino da jurisprudência. Por sugestão do arcebispo, republicou um tratado esquecido do século XV contra a filosofia escolástica, mas fê-lo acompanhar-se de sua própria defesa de Aristóteles contra Descartes (G I. 15-27, 129-76). Protestante numa corte católica, escreveu várias obras teológicas de caráter ecumênico, concentrando-se nas doutrinas que eram assumidas comumente por todas as denominações cristãs (G IV. 105-36).

Em 1672, Leibniz foi enviado em missão diplomática a Paris, para convencer Luís XIV a liderar uma cruzada ao Egito. Do ponto de vista diplomático, sua viagem foi um fracasso, mas filosoficamente foi muito produtiva. Conheceu Arnauld e Malebranche, e iniciou uma leitura rigorosa de Descartes e Gassendi. Havia tido uma breve atração pelo atomismo e materialismo gassendiano, um flerte do qual mais tarde se arrependeu. "Quando jovem", escreveu em 1716, "também eu caí presa da rede dos átomos e do vácuo, mas a razão me trouxe de volta" (G VII. 377).

Em outra missão diplomática no ano seguinte, dessa vez a Londres, Leibniz foi apresentado a Boyle e Oldenburg, e expôs um modelo de uma máquina de calcular a outros membros da Royal Society, que ficaram suficientemente impressionados a ponto de torná-lo um dos seus [um *Fellow*]. Retornou a Paris, ali permanecendo até 1676, ano em que inventou o cálculo infinitesimal, desconhecendo as descobertas anteriores, mas ainda não publicadas, de Newton. Em seu retorno à Alemanha, fez uma visita a Spinoza, em Amsterdã, e estudou a *Ética* em manuscrito, redigindo comentários substanciais. Mas após a *Ética* de Spinoza ter sido publicada, e ter seu autor sido alvo de críticas desabonadoras, Leibniz renegou sua relação anterior.

A partir de 1676 e até sua morte, Leibniz foi cortesão dos sucessivos regentes de Hanover, empregado em diversas funções, de bibliotecário a engenheiro de minas. Encerrou os trabalhos ecumênicos que havia começado em Mainz e passou a escrever um livro de apologética cristã não-sectária, para o qual buscou aconselhamento junto a Arnauld e aprovação do Vaticano. Em 1677 escreveu sob pseudônimo um livro que afirmava, *inter alia*, que os Estados cristãos da Europa formavam uma comunidade única da qual o imperador era o líder temporal e o papa, o espiritual.

Esse projeto ecumênico foi interrompido quando o duque que o patrocinava morreu, em 1680. O novo empregador de Leibniz era o duque

Ernst August de Brunswick, cuja esposa, Sofia, era a bisneta do rei Jaime I e irmã da princesa Elizabeth (que patrocinava Descartes). O duque encarregou Leibniz de compilar a história de sua linhagem ducal, uma meta que implicava buscas de arquivo na Alemanha, na Áustria e na Itália. Leibniz assumiu a tarefa com empenho, estabelecendo a história da região desde os tempos pré-históricos. A única parte da obra que estava terminada por ocasião de sua morte era um prefácio descrevendo o solo e os minerais da Saxônia, um trabalho de geologia, não de genealogia.

Foi no inverno de 1685 que Leibniz escreveu a primeira de suas obras que se tornou perenemente popular, o *Discurso de metafísica*. Assim que o escreveu encaminhou um sumário a Arnauld, que o recebeu friamente; talvez por esse motivo ele não tenha publicado nenhuma parte desse trabalho por dez anos. Ele o considerava a primeira manifestação de sua posição filosófica adulta. Breve e lúcida, a obra serve até hoje como a melhor introdução ao sistema filosófico de Leibniz e contém muitas de suas doutrinas características.

A primeira delas é a de que vivemos no melhor dos mundos possíveis, um mundo livremente escolhido por Deus, que sempre age de um modo ordeiro e conforme à razão. Deus não é, como pensava Spinoza, a única substância: há também os indivíduos criados. Cada indivíduo, no curso de sua história, apresenta muitos predicados que o comprovam, predicados cuja totalidade o define como a substância que é. Cada uma dessas substâncias, somos informados, "expressa o universo à sua própria maneira", condensando o mundo a partir de um ponto de vista exclusivo. Os seres humanos são substâncias desse tipo: suas ações são contingentes, não necessárias, e dependem do livre-arbítrio. Nossas escolhas têm razões, mas não causas necessárias. As substâncias criadas não agem diretamente uma sobre a outra, mas Deus organizou as coisas de tal modo que o que acontece a uma substância corresponde ao que acontece a todas as outras. Em resultado, cada substância é como um mundo à parte, independente de qualquer outra coisa que não seja Deus.

A mente humana contém, desde sua origem, as ideias de todas as coisas; nenhum objeto externo, salvo Deus, pode agir sobre nossas almas. Nossas ideias, contudo, são nossas próprias ideias e não as de Deus. Assim também os atos de nossa vontade, que Deus influencia sem os necessitar. Deus nos conserva continuamente no ser, mas nossos pensamentos se dão espontânea e livremente. Alma e corpo não interagem, mas os pensamentos e eventos corporais se dão em correspondência, porque são estabelecidos em ligação pela amorosa providência divina. Assim ordenou Deus as coisas de forma a que os espíritos, os mais preciosos itens no universo, vivam para sempre em completa autoconsciência; e para aqueles que o amam ele providenciou uma felicidade inimaginável.

Ver-se-á a partir desse breve resumo que o *Discurso* mescla a si próprio na metafísica aristotélica e na cristandade tradicional, e que inclui elementos de filósofos continentais recentes, cuidadosamente modificados para se relacionar de forma coerente uns com os outros. As principais ideias de Leibniz foram publicadas em um jornal intelectual em 1695, sob o título *Novo sistema da natureza e da interação das substâncias*. Muitos eruditos publicaram críticas sobre ele, às quais Leibniz respondeu com vigorosas réplicas. Em 1698 publicou outro artigo de jornal, "Sobre a própria natureza", que claramente estabelecia seu próprio sistema em oposição aos de Descartes, Malebranche e Spinoza, os quais ele havia explorado para sua síntese.

Tendo fracassado em unir católicos e protestantes (a despeito de seu *Systema theologicum*, de 1686, que apontou os alicerces comuns entre várias confissões), Leibniz chamou para si a incumbência potencialmente mais fácil de conseguir a reconciliação entre protestantes calvinistas e protestantes luteranos. Isso provou uma vez mais estar além de seus poderes de argumentação e persuasão. Igualmente o foi o seu ambicioso projeto de uma confederação europeia de Estados cristãos, a qual ele tentou em vão tornar do interesse de, sucessivamente, Luís XIV, da França, e Pedro, o Grande, da Rússia. Mas sua paixão pelo ecumenismo não arrefeceu, e no último ano de sua vida o encontramos encorajando os jesuítas que buscavam um consenso entre a cristandade católica e as crenças e os rituais tradicionais dos confucianistas chineses. Ele mesmo permaneceu protestante até sua morte, embora em algumas ocasiões portasse um rosário, o que certa vez impediu que fosse jogado ao mar como herético durante uma tempestade em uma travessia do Adriático.

A rejeição de Locke das ideias inatas em seu *Ensaio sobre o entendimento humano* conduziu Leibniz a um ataque sem tréguas contra o empirismo, que foi completado em 1794; mas Locke morreu nesse mesmo ano, e por isso Leibniz decidiu não publicar seu ataque, que somente veio à luz quase cinquenta anos após a sua morte, sob o título *Novos ensaios sobre o entendimento humano*. A mais extensa de suas obras publicadas em vida foi o *Ensaios sobre a teodiceia*, um defesa da justiça divina em face dos males do mundo, que Leibniz dedicou à rainha Carlota da

Prússia. "Teodiceia" é uma palavra pseudogrega cunhada para expressar o projeto de justificar as obras de Deus para o homem. O livro argumenta que a despeito das aparências vivemos de fato no melhor dos mundos possíveis. Sua mensagem foi resumida por Alexander Pope em seu *Ensaio sobre o homem*:

> Dos sistemas possíveis, se é isto confesso
> Aquela infinita Sabedoria deve formar o melhor [...]
> A respeito do homem, seja que erro apontemos,
> Pode, deve ser correto, relativamente a todos [...]
> Toda natureza não é senão arte, a ti desconhecida:
> Todo acaso, direção que não podeis ver;
> Toda discórdia, harmonia não compreendida;
> Todo mal parcial, todo bem universal;
> E, a despeito do orgulho, apesar dos equívocos da razão,
> Uma verdade é cristalina. "O que é é CERTO"

Pope escreveu isso em 1734. Um quarto de século depois, Voltaire, espantado com tal espécie de otimismo, diante do desastre do terremoto em Lisboa, respondeu a ele com sua sátira *Cândido*. Nesse romance, o leibniziano dr. Pangloss reage a uma série de misérias e catástrofes com o mantra: "Tudo é para o melhor no melhor dos mundos possíveis". Cândido responde: "Se este é o melhor, como serão os outros?".

Em 1714, vieram à luz dois dos mais importantes tratados curtos de Leibniz: a *Monadologia* e *Os princípios da Natureza e da Graça*. A *Monadologia* contém uma forma trabalhada e polida do sistema esboçado no *Discurso*. O que quer que seja complexo, argumenta, provém do que é simples, e o que quer que seja simples não é extenso, pois se for extenso pode ser posteriormente dividido. Mas o que quer que seja material é extenso, portanto deve haver simples elementos imateriais. Essas entidades à feição de almas Leibniz batizou de mônadas — que são os "mundos separados" do *Discurso*. Enquanto para Spinoza há uma única substância, com os atributos tanto da mente como da extensão, para Leibniz há infinitas substâncias, com propriedades somente das almas.

À semelhança de Malebranche, Leibniz negava que as criaturas pudessem ser causalmente afetadas por outras criaturas. "Mônadas", dizia ele, "não possuem janelas pelas quais qualquer coisa pudesse ir e voltar". Sua vida é uma sucessão de estados mentais ou percepções, mas estas não

Desenho de Alexander Pope, por Jonathan Richardson.
O *Ensaio sobre o homem*, de Pope, deve ser o mais longo
poema filosófico da língua inglesa.

são causadas pelo mundo exterior. Uma mônada reflete o mundo não em razão de o mundo sob ela brilhar, mas porque Deus a programou para mudar de forma sincrônica com o mundo. Um bom relojoeiro pode construir dois relógios que marcarão o tempo de forma tão perfeita que por toda a eternidade baterão as horas ao mesmo momento. Em relação a todas as suas criaturas, Deus é esse tipo de relojoeiro: nos primórdios das coisas ele preestabeleceu a harmonia do Universo.

No mesmo ano em que Leibniz escreveu a *Monadologia*, morreu a rainha Ana da Bretanha. O Ato Britânico de Concórdia de 1701 havia estabelecido como sucessores os herdeiros Sofia, a eleitora de Hanover, e seu filho, o eleitor Georg Ludwig, que se tornou o rei George I da Inglaterra. Leibniz não se mudou com o seu empregador para Londres, mas foi deixado para trás, em Hanover. Ele poderia ser mal recebido na Inglaterra devido a sua disputa com Newton pela paternidade do cálculo infinitesimal. A Royal Society havia intervindo na disputa e concedido a prioridade a Newton em 1712.

Leibniz morreu em 1716, deixando para trás um volume de trabalhos não publicados e uma boa quantidade de projetos incompletos, o mais ambicioso dos quais era uma enciclopédia sobre o conhecimento humano. Esta se destinava a ser o trabalho conjunto de ordens religiosas, como os beneditinos e os jesuítas, e das recém-fundadas sociedades literárias, como a Royal Society, a academia de ciências em Paris e a academia prussiana, da qual o próprio Leibniz tinha sido o primeiro presidente. Nada resultou do projeto, e hoje, mais de 300 anos depois, a academia alemã nem mesmo cumpriu a metade do programa, iniciado em 1923, da publicação das obras completas de Leibniz.

Berkeley

Durante os últimos anos da vida de Leibniz foram publicadas várias obras que marcaram o surgimento de um dotado jovem pensador. George Berkeley nasceu perto de Kilkenny, na Irlanda, em 1685, o mais talentoso filósofo daquela ilha desde John Scot Erígena, no século IX[14]. Aos 15 anos ingressou no Trinity College, em Dublin, e tendo obtido o seu mestrado em 1704 foi aceito como *Fellow* daquela faculdade em razão da força de dois estudos matemáticos. Ao contrário de Leibniz, Berkeley escreveu suas melhores obras quando jovem, entre os 24 e os 28 anos.

Um ensaio para uma nova teoria da visão surgiu em 1709. Nessa obra se oferecia um relato de como julgamos a distância e o tamanho dos objetos que enxergamos. A distância, argumenta-se ali, não é em si visível, sendo "uma linha longitudinal ao olho": nós a julgamos pelo grau de distinção de uma aparição visual, e pelos sentimentos que experimentamos ao ajustarmos nossos olhos para otimizar a visão. Ao considerarmos a percepção visual do tamanho, temos de fazer a distinção entre magnitude visível e magnitude tangível. "Há dois tipos de objetos percebidos pela visão, cada um dos quais tem sua distinta magnitude ou extensão — a propriamente tangível, isto é, que pode ser percebida e medida pelo tato, e não imediatamente apresentando-se ao sentido da visão; outra, a própria e imediata-

---

14. Ver volume II, 50-54.

mente visível, sob cuja mediação a anterior é trazida à vista." A magnitude visível da lua, por exemplo, varia de acordo com sua distância do horizonte, mas sua magnitude tangível permanece constante. É portanto mediante a magnitude visual que normalmente julgamos a magnitude tangível. Nos casos do tamanho e da distância, a discussão de Berkeley conduz a uma conclusão empirista: nossos juízos visuais são baseados na experiência das conexões entre as sensações:

> Assim como percebemos a distância, percebemos do mesmo modo a magnitude. E percebemos as duas de modo símile ao que percebemos a vergonha ou a ira nas expressões de um homem. Tais paixões são em si mesmas invisíveis, não obstante são perceptíveis ao olho juntamente com as cores e alterações de fisionomia, que são os objetos imediatos da visão, os quais se fazem significar por não outra razão que porque têm sido minimamente observadas para interpretá-las. Sem a experiência não mais tomaríamos o enrubescimento por um indício de vergonha que por um de felicidade. (BPW, 309)

A relação entre a forma enquanto considerada pela visão e a forma enquanto considerada pelo tato é algo que se aprende somente pela experiência. Intrinsecamente, observar a redondez e sentir a redondez nada possuem em comum. Um homem nascido cego, que tenha aprendido a distinguir um cubo de uma esfera pelo toque, não será capaz, se de repente passar a enxergar, de dizer somente pelo olhar qual dos dois objetos em uma mesa diante de si é um cubo e qual deles é uma esfera. Assim afirmava Berkeley, nisso seguindo Locke.

Veremos que a *Nova teoria* foi uma contribuição para a psicologia experimental tanto quanto para a filosofia da mente. A tese que se acabou de afirmar, por exemplo, não é uma peça de análise conceitual, mas uma tese que pode ser testada por experimentação[15].

A obra seguinte de Berkeley, *Princípios do conhecimento humano*, de 1710, foi algo bem distinto, ao apresentar e engenhosamente defender a incrível tese de que não existe essa coisa chamada matéria. Mesmo Leibniz, que leu o livro assim que foi publicado, ficou um pouco chocado. "Muitas das coisas que estão aqui parecem certas para mim", escreveu ele

---

15. E de fato, ao ser testada em 1963, provou ser falsa: um homem que recuperara sua visão depois de um transplante de córnea foi imediatamente capaz, a partir da experiência de sentir os ponteiros de seu relógio de bolso, de dizer as horas pela observação visual. R. L. GREGORY (ed.), *The Oxford Companion to the Mind*, Oxford, Oxford University Press, 1987, 95.

em uma resenha. "Mas elas são expressas antes paradoxalmente. Pois não é preciso dizer que a matéria não é nada. Basta dizer que é um fenômeno semelhante ao arco-íris."[16]

O imaterialismo de Berkeley foi novamente apresentado em 1713, no *Três diálogos entre Hilas e Philonous*, obra curta que é uma das mais encantadoras peças de filosofia já escritas em língua inglesa. No diálogo, Philonous, o amante da mente, debate com Hilas, o patrono da matéria, e emerge triunfante. O argumento é apresentado em quatro estágios. Primeiro, afirma-se que todas as qualidades sensíveis são ideias. Segundo, a noção de matéria inerte é confrontada com a destruição. Terceiro, é oferecida uma prova da existência de Deus. Finalmente, a linguagem comum é reinterpretada para combater uma metafísica imaterialista. Ao final, Hilas concorda que as árvores e cadeiras nada são senão aglomerados de ideias, produzidas em nossas mentes por Deus, cuja própria percepção delas é a única coisa que as mantêm em contínua existência.

A última obra de Berkeley sobre teoria filosófica foi um tratado sobre o movimento escrito em latim, publicado em 1712. Na ocasião, ele já era pastor da Igreja protestante da Irlanda havia dois anos. De tempos em tempos ele visitava Londres, onde tornou-se amigo de Alexander Pope e foi apresentado à corte por Jonathan Swift. Em 1714 fez uma grande viagem pelo continente, tomando a rota dos Alpes no meio do inverno em um coche aberto; ficou adequadamente aterrorizado pela visão do monte Cenis, "alto, acidentado e íngreme o suficiente para fazer o coração do mais valente dos homens liquefazer-se dentro de si".

Em 1724 tornou-se deão de Derry e renunciou a sua cadeira em Trinity. Pouco depois concebeu o plano de fundar uma faculdade nas Bermudas para educar e fornecer instrução religiosa aos filhos dos colonos britânicos da América continental e também aos americanos natos. Ele previu que a liderança do mundo civilizado iria um dia passar para a América, e em um poema, "Sobre as perspectivas de implantar artes e educação na América", escreveu:

> A Oriente o rumo do império toma forma
>   Os quatro primeiros atos já pertencem ao passado
> Um quinto deverá encerrar o drama ao fim do dia:
>   A mais nobre geração do tempo é a última.

---

16. Manuscrito na cópia dos *Princípios* que pertenceu a Leibniz. Citado em S. BROWN, *Leibniz*, Brighton, Harvester Press, 1984, 42.

Berkeley obteve uma licença para a sua faculdade e a promessa de uma dotação orçamentária de vinte mil libras. Saiu em veleiro pelo Atlântico em 1728. Ao chegar a Newport, em Rhode Island, logo decidiu que esse lugar seria um centro mais adequado para sua academia. Mas a prometida dotação acabou por não se concretizar, e ele retornou à Inglaterra em 1731 sem nada ter realizado. Os cidadãos dos Estados Unidos, contudo, não esqueceram sua preocupação com a educação de seus ancestrais, e batizaram com seu nome uma faculdade em Yale e uma cidade universitária na Califórnia.

Em 1734, Berkeley foi indicado bispo de Cloyne. Embora fosse um bispo consciencioso, sua tarefa pastoral não era árdua, e ele passou a se dedicar a propalar as virtudes da água-de-alcatrão, que ele divulgava como panaceia para a maior parte das doenças humanas. A água-de-alcatrão era uma poção de casca de pinheiros cujo uso havia sido presenciado por Berkeley na América como remédio contra a varíola. Ela é, escreveu ele em seu tratado *Siris*, "de uma natureza tão suave e beneficente, e adequada à constituição humana, como aquecer sem queimar, e comemorar sem inebriar". Suas palavras foram mais tarde apropriadas pelo poeta Cowper e utilizadas em louvor do chá.

Em 1749, Berkeley escreveu *Uma palavra aos sábios*, em que exorta o clero católico romano de sua diocese a juntar-se a ele na tentativa de chacoalhar seus conterrâneos para além de sua preguiça hereditária e desenvolver a péssima condição econômica da Irlanda. Três anos depois, o governo ofereceu a ele uma mais lucrativa diocese, mas ele recusou a oferta e voltou a Oxford. Passou o último ano de sua vida em uma modesta casa na rua Holywell. Morreu no início de 1753, enquanto ouvia sua mulher na leitura que fazia da Bíblia. Foi enterrado na catedral Igreja de Cristo, onde seu mausoléu ainda pode ser visto.

Berkeley é há muito lembrado, e não apenas em círculos filosóficos, por sua paradoxal tese de que a matéria não existe e que os assim denominados objetos materiais são apenas ideias que Deus partilha conosco de tempos em tempos. Seu lema, *esse est percipi* — ser é ser percebido —, foi amplamente citado e amplamente ridicularizado. Alguns, como o dr. Samuel Johnson, consideravam a doutrina incrível; outros, como o poeta Arthur Hugh Clough, julgavam que ela não fazia a mínima diferença na vida real.

James Boswell descreve como ele discutiu o imaterialismo de Berkey com Johnson em uma capela. "Notei que, embora estivéssemos satisfeitos, sua doutrina não é verdadeira, sendo portanto de difícil refutação. Nunca esquecerei o entusiasmo com que Johnson respondeu, batendo seu pé com bastante força contra uma grande pedra, até replicar assim: 'E no entanto eu a refuto'".

No *Dipsychus*, de Clough, o jovem protagonista declara um rígido ideal de solitária comunhão com Deus. Seu interlocutor, a voz da sabedoria mundial, considera difícil levar isso a sério:

A essas afirmações tão sábias e organizadas,
    Dignas de Malebranche e Berkeley
Confio que não incorrerei em pecado
    Se também eu responder com um esgar.
Essas carnes suculentas, esse leve vinho,
    Podem ser uma mera aparência irreal;
Somente que — para o meu interior, em resumo,
    Eles possuem uma coerência ímpar.
Esses charmes destacados dessa adorável criatura
    São grosseira ilusão, disso não tenho dúvidas;
Mas quando a aperto em meus braços
    De alguma forma não penso sobre isso[17].

---

17. *Poems*, Oxford, Oxford University Press, 1974, 241.

3

De Hume a Hegel

Hume

Pouco depois de Berkeley, em Dublin, oferecer ao mundo sua metafísica empirista, nascia em Edimburgo um filósofo que iria conduzir os princípios empiristas a um extremo antimetafísico. David Hume nasceu em 1711 em um ramo jovem de uma nobre família escocesa. Na condição de filho mais novo de uma mãe viúva, ele cedo teve de abrir seu caminho no mundo. Entre os 12 e os 14 anos estudou literatura e filosofia na Universidade de Edimburgo, apaixonando-se, é o que nos conta, por ambos os temas. Começou então a se preparar para exercer uma profissão no campo do direito, mas logo desistiu, porque, em suas próprias palavras, descobriu em si "uma aversão insuperável a tudo o que não fossem as buscas da filosofia e do conhecimento em geral".

Apesar disso, ainda tentou uma carreira comercial em uma empresa açucareira em Bristol; mas quatro meses como administrador ali o convenceram de que o mundo dos negócios não era para ele. Decidiu viver frugalmente às expensas de sua pequena herança, e viajou para a França, onde a vida no campo não devia ser cara. De 1734 a 1737 viveu em La Flèche em Anjou, onde Descartes fora educado no colégio jesuíta. Fazendo uso da biblioteca do colégio, Hume escreveu sua primeira obra, o longo *Tratado sobre a natureza humana*.

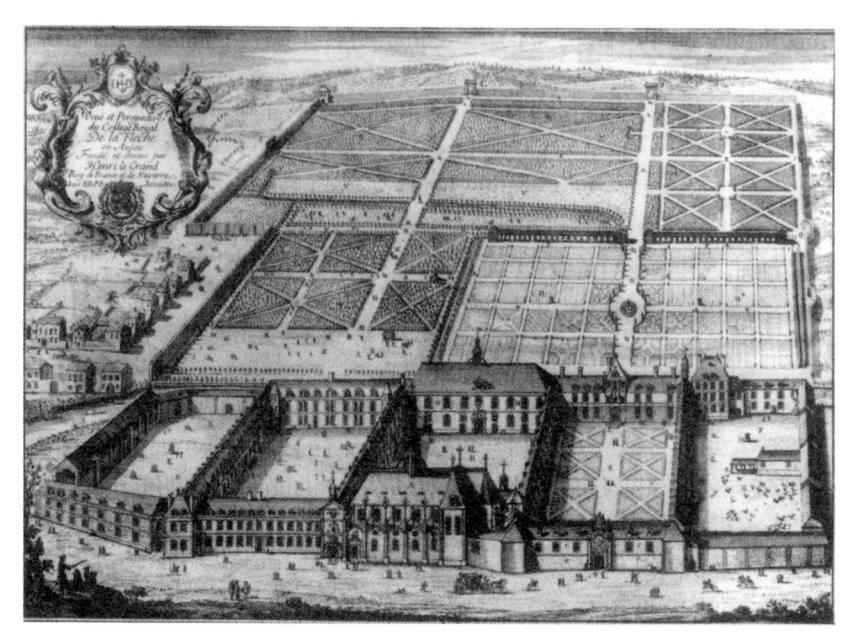

Gravura do século XVII representando o colégio de La Flèche.

No retorno à Inglaterra encontrou certa dificuldade para ver seu livro publicado, e quando o livro veio à luz ficou desapontado com sua recepção. "Jamais uma empreitada literária foi tão desafortunada quanto o meu *Tratado*", escreveu em sua autobiografia. "Já saiu *natimorto da impressora*." Após sua morte, contudo, iria granjear enorme fama. Os idealistas alemães do século XVIII e os idealistas ingleses do século XIX elegeram o *Tratado* como o alvo de suas críticas contra o empirismo: eles o detestaram, mas ao mesmo tempo o reverenciavam. Os empiristas britânicos no século XX o louvaram como a maior obra filosófica em língua inglesa. É certo que o livro, juntamente com apresentações posteriores mais populares das ideias de Hume, veio a exercer uma influência maior que a obra de qualquer outro filósofo desde Descartes. A cidade de La Flèche pode se orgulhar de sua contribuição para a filosofia.

O *Tratado* foi publicado em três volumes, os dois primeiros (*Sobre o entendimento* e *Das paixões*) em 1739, o terceiro (*Da moral*) em 1740. O objetivo da obra era declarado no subtítulo da primeira edição: *Uma tentativa de introduzir o método experimental de raciocínio nos temas morais*. Hume via a si próprio como fazendo na filosofia o que Newton fizera na física, ao aplicar o método experimental aos temas morais. Ele se propôs a oferecer um relato das relações entre as ideias que seria uma contrapartida da atração gravitacional entre os corpos. Noções como as de causa e obrigação, que haviam sido ofuscadas pelos metafísicos, seriam pela primeira vez trazidas à luz de forma clara. Todas as ciências seriam beneficiadas com isso: em vez de tomar pequenos fortes nas fronteiras do conhecimento, seríamos a partir de então capazes de "marchar diretamente à capital ou centro dessas ciências, à própria natureza humana" (*T*).

O primeiro livro do *Tratado* principia apresentando uma classificação empirista dos conteúdos da mente ("percepções"), cobrindo muito do mesmo solo explorado por Locke e pela epistemologia de Berkeley, mas Hume divide as percepções em duas classes: impressões e ideias. As impressões são mais assertivas, mais vívidas que as ideias. As impressões incluem sensações e emoções; as ideias são percepções envolvidas no pensamento e no raciocínio. Hume aborda em detalhe as ideias da memória e da imaginação, e a associação entre elas. Ele aprova e reforça a crítica que Berkeley faz das ideias abstratas de Locke.

Após uma segunda parte dedicada às ideias de espaço e tempo[1], Hume apresenta, em uma seção intitulada "Do conhecimento e probabilidade", seus pensamentos mais originais e influentes. Todo o conhecimento que ultrapassa as imediatas entregas dos sentidos, argumenta Hume, é tributário das noções de causa e efeito: é por intermédio dessas ideias que descobrimos o que aconteceu no passado e conjecturamos sobre o que irá acontecer no futuro. Devemos portanto examinar bem de perto a origem dessas ideias.

A ideia de causação, ele diz, não pode surgir de qualquer qualidade inerente do objeto, pois objetos dos mais diversos tipos podem ser causas e efeitos. Devemos buscar, em vez disso, relações entre os objetos, e descobriremos que causas e efeitos podem ser contíguos entre si, e que as causas devem ser anteriores aos efeitos. Mais ainda, a contiguidade e a sucessão não bastam para que anunciemos dois objetos como sendo causa e efeito, a não ser que observemos que os objetos dos dois tipos são encontrados em constante conjunção. Mas isso não é suficiente: se temos que inferir um efeito de sua causa, sentimos, deve haver uma relação necessária entre uma causa e seu efeito.

Após muitas páginas de engenhosa argumentação, Hume nos conduz a uma impressionante conclusão: não é nossa inferência que depende da

---

1. Ver o capítulo 4 a seguir.

relação necessária entre causa e efeito, mas a relação necessária que depende da inferência que concluímos de uma para a outra. Nossa crença em uma relação necessária não é uma questão de raciocínio, mas de costume, e para nos desacostumar da doutrina contrária Hume apresenta sua própria análise da relação entre a razão e a crença. Ele arremata o livro sobre o entendimento com uma Parte que situa seu novo ceticismo no contexto de outras versões de ceticismo, antigo e moderno. A Parte termina com uma celebrada seção em que Hume nega a existência do eu como concebido pelos filósofos[2].

Ao dedicar o segundo livro do *Tratado* a uma disquisição sobre as paixões e emoções, Hume seguia os passos de Descartes e Spinoza. Mas o tópico importa muito mais para ele que para aqueles pensadores racionalistas, dado que sua filosofia da mente atribui às paixões muitas das operações que eles consideravam atividades da razão — a inferência causal sendo apenas o mais chocante exemplo entre muitos.

As paixões, Hume nos diz, são um tipo especial de impressão. Tendo dividido as percepções em impressões e ideias, ele realiza ainda outra divisão, entre impressões originais e secundárias: impressões sensoriais, dores físicas e prazeres são as impressões originais, as secundárias são as paixões que constituem o tema do livro. As paixões individuais, como o orgulho e a humildade, ou o amor e o ódio, são discutidas de forma engenhosamente detalhada. A mais chocante conclusão desse livro é que o muito discutido conflito entre a paixão e a razão é um mito metafísico. A razão em si, nos é dito, é incapaz de produzir qualquer ação: todo comportamento voluntário é motivado pela paixão. A paixão não pode jamais ser superada pela razão, mas somente por uma paixão oposta. Essa tese não deve nos perturbar: "a razão é e deve somente ser a escrava das paixões, e não pode jamais aspirar a qualquer outra função que a de as servir e obedecer" (*T* II. 3. 3).

Encerrado o livro dois, fica definitivamente claro que o sistema ético de Hume será algo bem diferente de qualquer filosofia moral tradicional. Como a razão não pode nos impulsionar a agir, os julgamentos morais não podem ser o produto da razão, porque o único objetivo desses julgamentos é guiar nossa conduta. A razão diz respeito ou às relações de ideias ou às certezas, mas nenhuma dessas conduz à ação. Somente as paixões podem

---

2. A abordagem de Hume da causação será discutida em detalhes no capítulo 6 adiante, assim como sua abordagem do eu o será no capítulo 7.

fazê-lo, e a razão não pode sequer causar ou julgar nossas paixões. "Não é contrário à razão preferir a destruição do mundo a um arranhão de meu dedo." Tudo o que a razão pode fazer é determinar a viabilidade dos objetos buscados pelas paixões e os melhores meios de atingi-los. Hume conclui suas observações sobre a razão e a paixão com um famoso parágrafo:

> Em todo sistema moral com que me deparei até agora, sempre percebi que o autor procede por algum tempo pelo modo comum de raciocinar, e estabelece a existência de um Deus, ou faz observações a respeito dos comportamentos humanos; então, de repente, sou surpreendido ao descobrir que, em vez das usuais cópulas de proposições *é* e *não é*, não encontro nenhuma proposição que não seja conectada com um *deve* ou *não deve*. A mudança é imperceptível, mas tem implicações definitivas. (*T* III.1.1)

Um "deve" não pode derivar de um "*é*", e a conclusão que devemos extrair é que as distinções entre o bem e o mal, o certo e o errado são resultado não da razão, mas de um sentido moral.

A partir dessa base, Hume discutirá na segunda parte do livro a justiça e a injustiça, e no terceiro livro discutirá outras virtudes naturais, como a benevolência e a grandiosidade da mente. Ele conclui que a principal fonte das distinções morais é o sentimento de simpatia pelos outros. A justiça é aprovada porque tende ao benefício público; e o benefício público nos é indiferente, a não ser quando somos simpáticos a ele. "A virtude é considerada um meio para um fim. Meios para fins são valorizados apenas se o fim é valorizado. Mas a felicidade dos estranhos nos afeta somente por simpatia" (*T* III.3.6).

O *Tratado sobre a natureza humana* é uma conquista deveras notável para um homem na casa dos 20 anos, e não surpreende que Hume tenha ficado desapontado com a recepção que obteve. Ao recuperar-se de sua depressão inicial, ele concluiu que as falhas do livro eram uma questão de apresentação, não de conteúdo. Consequentemente, em 1749 publicou anonimamente uma breve sinopse da obra, com destaque para sua teoria da causação. Após outros volumes anônimos, *Ensaios morais e políticos* (1741-1742), que foram bem recebidos, ele reescreveu em linguagem popular grande parte do conteúdo do *Tratado*. *Uma investigação concernente ao entendimento humano*, correspondente ao primeiro volume [do *Tratado*], surgiu (sob um título ligeiramente diferente) em 1748 e (em uma edição definitiva) em 1751. Essa edição omite a consideração inicial sobre o espaço e o tempo, mas inclui um capítulo sobre milagres que ofendeu enormemente os leitores ortodoxos da Bíblia. Ainda em 1751 Hume publicou *Uma investigação concernente aos princípios da moral*, que era uma versão resumida e revisada da terceira parte do *Tratado*.

Em 1745 Hume se candidatou a uma cadeira de professor de filosofia na Universidade de Edimburgo. Não teve êxito, mas conseguiu uma colocação como tutor do jovem marquês de Annandale. A seguir passou a fazer parte do círculo de um primo distante, o general St. Clair, sob quem serviu em uma expedição naval à Bretanha durante a guerra de sucessão austríaca. Até o fim dessa guerra, em 1747, ele acompanhou o general em missões diplomáticas a Viena e Turim. Afinal, ele começava a sentir o gosto da prosperidade: gabava-se de ter conseguido economizar mil libras e foi descrito por um contemporâneo como "Uma tartaruga devorando cargos"[3]. Em 1751 foi nomeado bibliotecário da Faculdade dos Advogados em Edimburgo, e estabeleceu residência na cidade com sua irmã.

Na década de 1750, as obras filosóficas de Hume começaram a vender bem e a adquirir fama ou pelo menos reputação. "Respostas de reverendos, e dos reverendos certos", Hume nos diz, "chegam duas ou três vezes por ano". Mas sua própria obra tomou novo rumo. Entre 1754 e 1761 ele escreveu uma história da Inglaterra em seis volumes, de orientação fortemente conservadora. A verdade é que no transcurso de sua vida ele foi mais reconhecido como historiador que como filósofo.

Em 1763, ao final da Guerra dos Sete Anos, Hume tornou-se secretário do embaixador britânico em Paris, e num período de seis meses entre uma embaixada e outra assumiu as funções de *chargé d'affaires*. Considerava o ambiente muito simpático, convivendo com filósofos como Diderot e d'Alembert, e engajando-se num elegante flerte com a condessa de Boufflers, que se prolongou em uma série de cartas de amor após seu retorno à Bretanha. Levou consigo a Londres o filósofo suíço Jean-Jacques Rousseau, que temia a perseguição política no continente. O difícil temperamento de Rousseau conflitava com os amáveis esforços de Hume em recebê-lo e lhe oferecer proteção, e em 1767 os dois filósofos romperam após uma querela bem divulgada.

A carreira de Hume no governo terminou com os dois anos em que serviu como secretário para o departamento do norte, de 1767 a 1769, na

---

3. No original, "A Turtle Eating Alderman".

Esboço de uma carta de Hume a Rousseau
convidando-o para ir à Inglaterra.

administração do duque de Grafton. Aposentou-se em Edimburgo, onde viveu até sua morte em 1776. Despendeu algum tempo revisando um conjunto de *Diálogos concernentes à religião natural,* um ataque filosófico à teologia natural, publicado postumamente em 1779. Para o desconsolo de James Boswell (que registrou sua doença final em detalhes), ele morreu serenamente, recusando os consolos da religião. Deixou uma breve autobiografia que foi dada a público em 1777 por seu amigo Adam Smith, o economista, que escreveu a respeito de Hume: "Acima de tudo, sempre o considerei, tanto quando vivo como desde sua morte, como o que mais se aproximou da ideia de um homem perfeitamente sábio e virtuoso, tanto quanto a natureza da fragilidade humana poderia admitir".

Smith e Reid

O lugar de Adam Smith pertence antes à história da economia que à da filosofia, mas ele assumiu de fato cadeiras de lógica e filosofia moral na Universidade de Glasgow, e em 1759 publicou uma *Teoria dos sentimentos morais*. Nessa obra, levou adiante a ênfase de Hume no papel da simpatia como um elemento fundamental em nossos julgamentos morais, apresentando uma análise mais complexa da própria simpatia e de sua relação com a moralidade. Se para Hume a simpatia era essencialmente uma partilha de prazer e dor com outra pessoa, para Smith ela possuía um alcance maior e poderia brotar da partilha de qualquer paixão. Assim, nossa preocupação com a justiça brota de nossa simpatia pelo ressentimento de uma vítima por seu dolo. Nossa aprovação da benevolência brota de nossa simpatia tanto pela generosidade do benfeitor como pela gratidão do beneficiado. Devido ao papel da simpatia na geração do juízo moral, o motivo de uma ação importa mais para nós que seu resultado; logo, a utilidade, embora de importância primordial na economia, não é o critério último para a moralidade. "A utilidade de qualquer disposição da mente é raramente o primeiro patamar de nossa aprovação, e o sentimento de aprovação sempre implica em si um senso de propriedade bem distinto da percepção de utilidade" (*TMS*, 189).

O julgamento moral, Smith insiste, é em essência uma empreitada social: uma pessoa jogada em uma ilha deserta "não pode pensar mais de seu próprio caráter, da adequação ou inadequação de seus próprios sentimentos e conduta, da beleza ou deformidade de sua própria mente que da beleza ou deformidade de seu próprio rosto" (*TMS*, 110). Necessitamos do espelho da sociedade para vermos a nós mesmos: não podemos formar qualquer juízo sobre nossos próprios sentimentos ou motivações a não ser que possamos de algum modo nos afastar deles. Logo:

> Divido-me, como se fosse possível, em duas pessoas. [...] A primeira é o espectador, cujos sentimentos em relação a minha própria conduta eu convido a presenciar, ao colocar a mim mesmo em seu lugar, e ao considerar como isso pareceria para mim quando visto daquele particular ponto de vista. O

segundo é o agente, a pessoa a quem eu com propriedade chamo eu mesmo, e de cujo comportamento, no papel de um espectador, eu desejava formar alguma opinião. (*TMS*, 113)

Este personagem, o espectador imparcial que Smith apresenta à ética, estava destinado a aparecer com frequência nas páginas dos filósofos morais posteriores.

Enquanto Adam Smith admirava Hume e burilava algumas de suas ideias filosóficas em uma forma agradável, seu sucessor em Glasgow como professor de filosofia moral, Thomas Reid (1710-1796), foi um dos primeiros e mais contundentes críticos não somente de Hume, mas de toda a tradição à qual ele se filiava. Em 1764, Reid publicou *Investigação na mente humana dos princípios do senso comum*, uma resposta ao *Tratado* de Hume, a que fez seguir, em 1780, dois ensaios sobre os poderes intelectuais e ativos do homem. A conclusão paradoxal a que as investigações de Hume conduziam fez que Reid questionasse os princípios básicos a partir dos quais Hume começou, e em particular o sistema de ideias comum tanto aos empiristas britânicos como aos cartesianos do continente:

Quando nos deparamos com os mais sérios filósofos, de Des Cartes até o bispo Berkeley, convocando argumentos para provar a existência do mundo material, e incapazes de encontrar algum que passe no teste; quando nos deparamos com o bispo Berkeley e o sr. Hume, os mais argutos metafísicos da época, afirmando que não existe algo como a matéria no universo — que o Sol, a Lua, as estrelas, a Terra que habitamos, nossos próprios corpos, e os de nossos amigos, são apenas ideias em nossas mentes, e não possuem existência senão no pensamento; quando nos deparamos com o último afirmando que não há corpo ou mente — nada na natureza senão ideias e impressões —, que não há certeza, nem sequer probabilidade, mesmo nos axiomas matemáticos: afirmo, ao considerarmos tais extravagâncias de muitos dos mais argutos escritores sobre o tema, podemos ser capazes de pensar o todo como sendo somente um sonho de homens delirantes, que enredaram a si próprios em teias de aranha tecidas por seus próprios cérebros.

Toda a filosofia recente, afirma Reid, demonstra como mesmo as pessoas mais inteligentes podem errar se partem de um primeiro princípio falso.

Reid aponta seu dedo de forma precisa ao erro básico de Descartes e Locke, que emana da ambiguidade da palavra "ideia". Em linguagem corriqueira, "ideia" significa uma ação da mente; ter uma ideia sobre algo é conceber este algo, ter um conceito a seu respeito. Mas os filósofos deram ao termo um significado diferente, diz Reid, segundo o qual "ela não significa aquela ação da mente que chamamos pensamento ou concepção, mas algum objeto do pensamento". Ideias que foram inicialmente apresentadas como imagens tímidas ou substitutas de coisas findam por superar aquilo que representam e enfraquecer tudo menos a si próprias: "As ideias parecem ter algo em sua natureza inamistoso a outras existências".

Ideias, no sentido filosófico — postulados intermediários entre a mente e o mundo —, são, segundo Reid, meras ficções. Naturalmente, temos de fato concepções de muitas coisas, mas concepções não são imagens, e de qualquer modo não são as concepções os blocos básicos de construção do conhecimento, mas as proposições. Os seguidores de Locke pensam que o conhecimento começa a partir de concepções puras ("simples apreensões"), que então juntamos para formar as crenças e os juízos. Mas esse é o modo errôneo de ver as coisas. "Em vez de dizer que a crença ou o conhecimento é apreendido ao juntar e comparar as simples apreensões, deveríamos, ao contrário, dizer que a apreensão simples é operada ao resolver e analisar um juízo natural e original" (I. 2, 4). Essa tese de que os conceitos são logicamente subsequentes às proposições, e o resultado da análise destas, foi a antecipação de uma doutrina popular entre alguns filósofos analíticos no século XX.

Quando vejo uma árvore, argumenta Reid, não recebo uma mera ideia de árvore; minha visão da árvore implica o juízo de que ela existe com uma certa forma, tamanho e posição. A mobília primeira da mente não é um conjunto de ideias desconexas, mas de "juízos originais e naturais". Estes conjuram o que Reid chama de "o senso comum da espécie humana". "Senso comum", antes de Reid, era comumente utilizado pelos filósofos como o nome de um dito senso interno que fazia a distinção entre — e os reunia — os dados sensoriais das diferentes sensações exteriores. Foi Reid que deu à expressão o sentido que nasceu nos tempos modernos, de um repositório de princípios não racionalizados partilhados em comum. Na maior parte da espécie humana, diz Reid, não se encontrará maior índice de razão, e no entanto é um dom universal dos céus.

Entre os princípios comuns que Reid considera como a base do raciocínio há alguns que foram questionados pelos empiristas britânicos. Em oposição a Berkeley, Reid insiste que tamanho, forma e movimento são inerentes às substâncias materiais. Contra Locke, que as qualidades secundárias são também qualidades reais dos corpos: uma cor que vejo não é idêntica à minha sensação dela, mas é a causa daquela sensação. Contra Hume, insiste ainda que nossos pensamentos conscientes "devem ter um sujeito, que chamamos mente". Reid reafirma ainda o princípio de que o que quer que principie a existir deve ter uma causa que o produza (*Essays on the active powers of the human mind*, 8.3, 6).

Hume não raro escreve com uma pitada de desprezo às crenças do "vulgo" — a crença, por exemplo, de que os objetos continuam a existir quando não percebidos. Reid crê que os filósofos desprezam o vulgo em prejuízo próprio, e que podem fazer pouco de suas crenças somente porque, de forma sub-reptícia, alteraram o sentido das palavras. "O vulgo tem indubitavelmente o direito de dar nomes às coisas com as quais lida diariamente; e os filósofos parecem ser justamente condenáveis por abuso de linguagem, ao trocarem o sentido de uma palavra comum sem aviso prévio."

Reid afirma que "na desigual querela entre o senso comum e a filosofia, esta sempre sairá da peleja com desonra e prejuízo" (*I*, 1, 4). Não se devem tomar suas palavras na conta das de um filisteu luddista contrário à ciência e à tecnologia. À semelhança dos filósofos da linguagem dos quais foi um precursor, ele pensava que era apenas no que dizia respeito ao significado das palavras, e não quanto à verdade ou falsidade das proposições, que o homem das ruas tinha a palavra final. E quando fala de "senso comum" ele não está se referindo a crendices populares sobre a natureza e nem a fofocas de solteironas, mas antes aos princípios autoevidentes que outros filósofos apresentam como intuições da razão. A ciência em si não é uma questão de senso comum, e o resultado da investigação científica pode muito bem abafar os preconceitos do vulgo.

O próprio Reid era um cientista experimental, que obteve resultados originais na geometria dos objetos visíveis, alguns deles antecipando a evolução das geometrias não euclidianas. O que ele queria demonstrar em sua filosofia era que o realismo do homem comum era no mínimo tão compatível com a busca da ciência quanto a sofisticada e sofista filosofia dos racionalistas e empiristas.

O Iluminismo

Adam Smith e Thomas Reid foram dois distintos ornamentos do que veio a ser posteriormente conhecido como o Iluminismo escocês. Por toda a Europa do século XVIII, membros da *intelligentsia* viam a si próprios como os condutores de luz às regiões escurecidas pela ignorância e pela superstição, mas era a França que era considerada por si própria, e por outros, o lar do Iluminismo *par excellence*. O ápice do Iluminismo francês foi a publicação, em 1750 e 1760, dos dezessete volumes da *Encyclopédie*, ou *Dictionnaire raisonné des arts et des métiers*, editada por Denis Diderot e Jean d'Alembert. Mas o terreno para esse manifesto vinha sendo preparado por mais de meio século por outros pensadores franceses.

Pierre Bayle (1647-1706) publicara um *Dictionnaire historique et critique* em que demonstrava, com base em detalhados estudos sobre personagens bíblicos e históricos, a inconsistência e a incoerência de grande parte das teologias natural e revelada. A moral dessa *tour d'horizon* era que o ensino da ética deveria ser feito independentemente da instrução religiosa. A crença na imortalidade do homem ou na existência de Deus não era algo necessário para a vida virtuosa.

O ceticismo de Bayle foi controvertido por muitos, mais notavelmente por Leibniz em sua *Teodiceia*. Mas sua atitude negativa diante da autoridade religiosa deu o tom para os pensadores do Iluminismo tanto na Alemanha como na França. O elemento positivo no Iluminismo — a tentativa de adquirir um entendimento científico da condição social e política dos homens — deve mais a outro, mais sistemático, pensador: Charles de Secondat, barão de Montesquieu (1689-1755).

A obra-prima de Montesquieu foi *O espírito das leis* (1748), que erigiu uma teoria da natureza do Estado sobre uma massa de erudição histórica e sociológica. Essa obra, que levou muitos anos para ser escrita, foi precedida de duas obras menores: as *Cartas persas*, de 1721, uma sátira da sociedade francesa, e um tratado mais ponderado sobre as causas da grandeza e da decadência dos romanos da Antiguidade (1734)[4].

Montesquieu passou um período na Inglaterra e adquiriu uma grande admiração pela Constituição inglesa. Sua paixão anglófila foi partilhada por filósofos iluministas posteriores, que viam a si próprios como herdeiros de Bacon, Locke e Newton, e não de Descartes, Spinoza e Leibniz. A primeira publicação filosófica de Voltaire (nascido François Marie Arouet, em 1694), as *Cartas filosóficas* (1734), é repleta de entusiasmo pela comparativa liberdade e moderação das instituições políticas e eclesiásticas inglesas. Sua admiração pela tolerância britânica era ainda mais sincera,

---

4. A filosofia política de Montesquieu será abordada detalhadamente no capítulo 9 deste volume.

Gravura de Hubert representando Voltaire
jantando com companheiros *philosophes*.

dado que antes de ser exilado na Inglaterra, em 1726, ele já havia sido aprisionado duas vezes na Bastilha, como punição por panfletos acusadores contra senhores da nobreza.

Locke, afirma Voltaire em sua 13ª carta, foi o primeiro filósofo a ter oferecido um relato sóbrio da alma humana em lugar das fantasias românticas tecidas por filósofos anteriores. "Ele apresentou a razão humana para a humanidade exatamente como um bom anatomista explicando o mecanismo do corpo humano." Nos anos anteriores ao surgimento da *Encyclopédie*, Voltaire tornou a si próprio um entusiasmado propagandista da ciência e da filosofia inglesas, publicando em 1738 seu *Filosofia de Newton*. A ideia mesma de uma enciclopédia veio da Inglaterra, onde, em 1728, um certo Ephraim Chambers produzira, em dois volumes, uma *Cyclopaedia; or, an Universal Dictionary of Arts and Sciences*.

Os dois editores da *Encyclopédie* eram homens de diferentes talentos e temperamentos. D'Alembert era um matemático dotado, com obras originais sobre dinâmica dos líquidos em seu crédito. Ele buscava trazer a todas as ciências a claridade e a precisão da aritmética e da geometria. Foi um dos primeiros proponentes do ideal de uma única e unificada ciência. "O Universo", escreveu na introdução da *Encyclopédie*, "seria nada mais que um único fato e uma grande verdade para quem quer que soubesse como abraçá-lo de um único ponto de vista". Ele estava mais interessado nas ciências biológicas e sociais que na física, e enquanto d'Alembert estava sendo festejado pelas academias, Diderot passou uma temporada na prisão, em razão de uma *Carta a um cego* que questionava a existência de plano no universo. Os dois partilhavam a fé na inevitabilidade do progresso científico, a crença de que a religião cristã era um grande obstáculo ao progresso humano e uma visão fundamentalmente materialista da natureza humana. Eles reuniram um grupo de pensadores da mesma orientação como contribuintes da *Encyclopédie*, que incluíam, além de Montesquieu e Voltaire, Julien de La Mettrie, um médico que vinha de publicar *L'homme machine*, o barão D'Holbach, um ateu que coordenava um extravagante salão filosófico, e Claude Helvétius, um psicólogo determinista que ganhou notoriedade por um livro que argumentava que os seres humanos não possuíam poderes intelectuais distintos dos sentidos.

Embora os filósofos do Iluminismo fossem todos anticlericais, nem todos eram ateus. Voltaire, por exemplo, pensava que o mundo como explicado por Newton demonstrava a existência de Deus assim como um relógio demonstra a existência de um relojoeiro. Ao publicar seu próprio *Dicionário filosófico*, em 1764, escreveu, no verbete sobre o ateísmo:

> O ateísmo é um mal monstruoso naqueles que governam; e também em homens letrados, mesmo se suas vidas forem inocentes, pois a partir de suas funções eles podem afetar aqueles sobre quem possuem influência; e isto, mesmo se não tão pernicioso quanto o fanatismo, é quase sempre fatal à virtude. [...] Matemáticos não filósofos rejeitaram as causas finais, mas os verdadeiros filósofos as aceitam, e como disse um célebre autor, um catecismo anuncia Deus às crianças, e Newton o demonstra aos adultos sábios. (*PD*, 38)

Se Deus não existisse, disse Voltaire para a posteridade, seria necessário inventá-lo — caso contrário a lei moral não teria peso algum. Mas ele mesmo não acreditava em um Deus que houvesse livremente criado o mundo. Tal Deus teria de assumir a responsabilidade por males catastróficos similares ao terremoto que atingiu Lisboa em 1755. O mundo não era uma criação livre, mas uma consequência eterna e necessária da existência de Deus. Para rejeitar qualquer acusação de ateísmo, Voltaire se autodenominava "teísta", mas o termo filosófico padrão para aqueles que acreditavam em seu tipo de divindade era "deísta".

Embora sejam frequentemente vistos como os precursores da Revolução Francesa, os *philosophes* não foram necessariamente radicais ou mesmo democratas. Diderot aceitava o patrocínio de Catarina, a Grande, da Rússia, e Voltaire foi por três anos camareiro para Frederico II, da Prússia. Suas ideias de liberdade pareciam-se mais com aquelas dos revolucionários ingleses de 1688 que com as dos revolucionários franceses de 1789. Liberdade de expressão era a liberdade que mais prezavam, e não se opunham em princípio à autocracia, embora cada um deles fosse descobrir que os déspotas que escolheram eram menos iluminados do que esperavam. Em seus países, os dois estavam dispostos a correr riscos ao protestar contra os abusos do governo, mas não solicitavam quaisquer mudanças políticas fundamentais. Menos ainda desejavam que fosse concedido qualquer tipo de poder ao povo comum — a "malta", para usar o termo favorito de Voltaire.

Rousseau

Um enciclopedista estava disposto a ir muito além: Jean-Jacques Rousseau, que havia contribuído com vários artigos sobre temas musicais. Nascido em Genebra em 1712, filho de um relojoeiro, Rousseau foi educado como calvinista, mas ao completar 16 anos, fugindo de casa, tornou-se católico em Turim. Isso foi resultado da influência da baronesa de Warens, com quem viveu entre idas e vindas no período de 1729 a 1740. Depois de curtas temporadas como professor de canto e governante, conseguiu um cargo de secretário do embaixador da França em Veneza, no ano de 1743. Demitido por insubordinação, foi para Paris, onde tornou-se próximo de Diderot, a quem visitava com regularidade durante o tempo em que esteve preso. Manteve também por algum tempo uma boa relação com d'Alembert e Voltaire, mas chocou os *philosophes* quando, em 1750, publicou um premiado ensaio que dava uma resposta negativa à questão sobre se o progresso das artes e das ciências teria tido um efeito benéfico sobre a moralidade. Fez seguir-se a este, quatro anos depois, um *Discurso sobre a origem e fundação da desigualdade entre os homens*. O tema das duas obras era que a humanidade era naturalmente boa, mas corrompida pelas instituições sociais. O ser humano ideal era o "bom selvagem", cuja simples bondade fazia o homem civilizado envergonhar-se. Tudo isso estava, naturalmente, no polo oposto da fé dos enciclopedistas no progresso científico e social: Voltaire declarou o *Discurso* "um livro contra a raça humana".

Rousseau exibiu seu desprezo pela convenção social de uma maneira prática, mantendo uma relação prolongada com uma lavadeira, Thérèse Levasseur. Com ela teve cinco filhos, os quais abandonou, um após o outro, em um asilo de enjeitados. Após escrever uma ópera, *O adivinho da aldeia*, que foi apresentada perante Luís XV em Fontainebleau, retornou a Genebra em 1754 e tornou-se novamente calvinista, para recuperar ali sua cidadania. Voltaire havia retornado de Berlim e estava agora estabelecido na região de Genebra, mas os dois filósofos estavam fadados a não se tornar bons vizinhos: o mútuo desprezo que nutriam tornou-se público com a *Carta sobre a providência*, de Rousseau, publicada em 1756. Quando, em 1757, d'Alembert publicou um verbete da enciclopédia sobre Genebra, em que deplorava a recusa da cidade a permitir a apresentação de comédias, Rousseau publicou uma réplica, a *Carta a d'Alembert*, em que discursava, no estilo do Platão da *República*, sobre a corruptora influência moral das apresentações teatrais. Rousseau já havia discutido com Diderot por este ter deixado escapar uma confidência amorosa, e seu rompimento com os *philosophes* se completou quando publicou suas *Cartas morais*, em 1761.

O período de 1758 a 1761 foi muito produtivo para Rousseau, que passou esse tempo em retiro numa pequena casa de campo na França. Escreveu um romance, *A nova Heloísa*, que foi um imediato sucesso de vendas quando de sua publicação em Paris, em 1761. Escreveu também dois tratados filosóficos, um sobre a educação, *Emílio*, e outro sobre filosofia política, *O contrato social*. *Emílio* narra a vida de uma criança educada separada de outras crianças, como um experimento; *O contrato social* começa com as memoráveis palavras "O homem nasce livre, e por toda a parte encontra-se a ferros"[5]. Essas duas obras foram publicadas em 1762 e prontamente causaram comoção em razão de suas doutrinas inflamadas. *Emílio* foi condenado pelo arcebispo do Parlamento de Paris e *O contrato social* foi queimado em Genebra. Sob ordem de prisão nas duas cidades, Rousseau fugiu para a Suíça (da qual Genebra não fazia parte na época). Depois de buscar refúgio em várias cidades do continente, encontrou asilo na Inglaterra, graças ao empenho de David Hume, que conseguiu para ele uma pensão do rei George III. Mas a gratidão paranoica de Rousseau fez que Hume se voltasse contra ele, e retornou à França, despendendo os últimos anos de sua vida (1770-1778) em Paris. A principal conquista desse período foi um livro autobiográfico, as *Confissões*, publicado alguns anos após sua morte.

---

5. A filosofia política de Rousseau é discutida de forma detalhada no capítulo 9 deste volume.

A Female Philosopher in Extasy at solving a Problem

Rousseau, como o autor desta caricatura, sustentava a opinião de que as mulheres haviam sido feitas para a emoção, não para filosofar.

O ano de 1778 viu também a morte de Voltaire. Em seus últimos anos ele se tornou de forma mais explícita um anticristão. De seu retiro seguro em Ferney, perto de Genebra, publicou seu irreverente *Dicionário da filosofia de bolso* (1765) e *A profissão de fé dos ateus* (1768). Escreveu ainda obras históricas e peças teatrais, morrendo antes de voltar a Paris para a triunfante estreia de sua peça *Irene*. Rousseau e Voltaire, inimigos na vida, agora repousam lado a lado na cripta do Panteão, o mausoléu em Paris dedicado aos grandes homens da França.

Os filósofos do Iluminismo francês, e Rousseau especialmente, têm sido considerados por muitos responsáveis pelas convulsões revolucionárias às quais França e Europa foram arrastadas pouco depois de falecerem. Thomas Carlyle, autor de *A Revolução Francesa*, foi certa vez repreendido por um homem de negócios por demonstrar grande interesse por simples ideias. "Houve certa ocasião um homem chamado Rousseau", respondeu Carlyle, "que escreveu um livro contendo nada além de ideias. A segunda edição foi encadernada com as peles daqueles que desprezaram a primeira"[6].

Wolff e Lessing

Na Alemanha, o Iluminismo assumiu uma forma menos ameaçadora às instituições existentes — em parte, sem dúvida, porque desfrutou por um tempo do patrocínio de Frederico, o Grande, rei da Prússia de 1740 a 1786. Na primeira metade do século XVIII, o filósofo mais proeminente era Christian Wolff (1679-1754), que começou sua carreira como professor de matemática em Haia, posto que lhe foi oferecido por recomendação de Leibniz. Sua primeira empreitada em filosofia despertou a hostilidade dos crentes luteranos, que influenciaram o então monarca a destituí-lo de sua cadeira e bani-lo da Prússia. Essa experiência de perseguição era quase o único ponto em comum que Wolff partilhava com os *philosophes*, pois, ao contrário destes, era solene, acadêmico, sistemático e de uma erudição acurada. Seu racionalismo encontrava-se no polo oposto do romantismo de Rousseau.

Wolff ensinou durante dezessete anos em uma universidade calvinista em Marburg, mas quando Frederico, o Grande foi entronizado ele recuperou sua cadeira em Haia, que manteve até sua morte. Depois de voltar

---

6. Citado em Alasdair MACINTYRE, *A short history of ethics*, London, Routledge, 1976, 182.

a Haia, tornou-se chanceler da universidade e foi feito barão do Sacro Império Romano. Seu sistema filosófico era eclético e abrangente, aceitando elementos do aristotelismo clássico, da escolástica latina, do racionalismo cartesiano e da metafísica leibniziana. Adotou de Leibniz o princípio da razão suficiente, que considerava a base fundamental da metafísica em conjunto com o princípio de identidade. A razão suficiente para a existência do mundo teria de ser encontrada em um Deus transcendente, cuja existência poderia ser estabelecida pelos argumentos ontológicos e cosmológicos da tradição. O mundo em que vivemos é o melhor dos mundos possíveis, escolhido livremente pela sabedoria de Deus.

Havia pouco de original em Wolff, exceção feita ao sistema que ele impôs sob suas apropriações de autores anteriores. Julgava ser sua tarefa, por exemplo, impor ordem no que via como o caos da metafísica aristotélica. Organizou os diferentes ramos da filosofia, popularizando distinções como aquelas entre a teologia natural e a metafísica geral ("ontologia"), que não haviam estado presentes no debate medieval. Sua definição de ontologia como "a ciência de todas as coisas possíveis na medida em que são possíveis", com sua ênfase nas essências possíveis antes que nas existentes de fato, era uma continuação de uma linhagem iniciada por Avicena e Duns Scotus. Ele introduziu uma nova discussão entre a física (o estudo experimental das leis naturais contingentes desse mundo) e a cosmologia (uma investigação *a priori* de todo possível mundo material).

À semelhança de Descartes, Wolff aceitava a existência de uma alma humana que era uma simples substância acessível à autoconsciência, mas a relação entre essa alma e o corpo ele explica apelando a uma preestabelecida harmonia leibniziana. No sistema ético de Wolff, a noção-chave é a de perfeição. Bom é aquilo que aumenta a perfeição, mal, o que a diminui. A motivação humana fundamental é o aperfeiçoamento pessoal, que inclui a promoção do bem comum e o serviço em honra de Deus. Embora os corpos vivos, incluindo os corpos humanos, sejam máquinas, não obstante desfrutamos de livre-arbítrio. A escolha racional pode, e deve, superar todas as pressões da sensibilidade.

Atualmente Wolff quase não é lido. Sua importância na história da filosofia vem do fato de que seu sistema tornou-se aceito na Alemanha como o paradigma de uma metafísica racionalista, e porque escritores posteriores definiram suas posições em relação à dele. Isso é particularmente verdadeiro quanto a Immanuel Kant, que em sua magistral crítica da metafísica mantém sempre as doutrinas de Wolff a seu alcance.

Um pensador que era muito mais próximo do Iluminismo da forma como este era entendido na França e na Grã-Bretanha foi Gotthold Ephraim Lessing (1729-1781). Filho de um pastor luterano, estava inicialmente destinado a servir à Igreja, mas abandonou a teologia por uma carreira literária, em que sustentou a si mesmo trabalhando como bibliotecário do duque de Brunswick. Como os *philosophes*, expressou seus pensamentos em ensaios e peças, em vez de fazê-lo em manuais acadêmicos. Seu primeiro texto publicado foi um ensaio escrito em conjunto com o filósofo judeu Moses Mendelssohn, intitulado *Pope, um metafísico!*, que era parte de um ataque às opiniões leibnizianas expressas no *Ensaio sobre o homem*, de Pope, mas também um pedido para uma forte separação entre a filosofia e a poesia como duas atividades espirituais bem diferentes. No *Laocoonte*, de 1776, ele demanda uma separação similar entre a poesia e as artes visuais: o efeito artístico da descrição de Virgílio da morte de Laocoonte é bem diferente, argumentava Lessing, daquele da famosa estátua da época clássica no Vaticano. Em cada caso, tomando como seu ponto de partida a *Poética* de Aristóteles ("uma obra tão infalível quanto os *Elementos* de Euclides"), Lessing delineava um papel especial, semiprofético, para o poeta. Ao fazê-lo, vislumbrou um dos principais temas do romantismo.

Como os românticos, Lessing admirava Spinoza, vendo o mundo como um único sistema unificado, cujos componentes eram idênticos às ideias na mente de Deus. Estava pronto a aceitar que o determinismo fosse verdade e a liberdade, uma ilusão; por outro lado, estava pronto a admitir a contingência no mundo, com a consequência de que algumas das ideias de Deus seriam também contingentes. Louvava Spinoza por perceber que a libertação da ansiedade é alcançada apenas ao se aceitar a inevitabilidade do destino. "Agradeço a Deus", disse Lessing, "por estar sob a necessidade, porque o melhor está por vir".

A obra filosófica mais importante de Lessing foi A *educação da raça humana* (1780). A raça humana, à semelhança do indivíduo humano, passa por diferentes estágios, para os quais são apropriados diferentes tipos de instrução. A educação de uma criança é uma questão de recompensas e castigos físicos: a infância da raça humana foi a era do Antigo Testamento. Em nossa juventude, os educadores nos oferecem mais recompensas espirituais pelo bom comportamento; recompensas eternas e punições para uma alma imortal. Isso corresponde ao período da história dominado pela religião cristã. Contudo, como Lessing buscaria demonstrar em vários estudos críticos do Novo Testamento, a prova da origem divina do cristianismo não é irresistível. Mesmo a mais forte evidência histórica sobre os fatos contingentes, Lessing continua a argumentar, não pode justificar qualquer conclusão sobre verdades necessárias sobre questões de divindade.

A religião cristã, portanto, pode ser não mais que um estágio na educação da raça humana, e seus dogmas podem ter não mais que um valor simbólico. A natureza humana, na maturidade, deve extrair do cristianismo uma fé na irmandade universal do homem, e deve buscar os valores morais por si sós, não visando a qualquer recompensa aqui ou no além (embora Lessing especule com a ideia de uma transmigração de almas em uma nova encarnação após a morte). Como os líderes do Iluminismo francês, Lessing era um defensor passional da tolerância religiosa, tendo dado total expressão a essa defesa em sua peça *Natã, o sábio* (1779). Uma razão oferecida por Lessing para a tolerância é que o valor de uma pessoa não depende de suas crenças serem corretas, mas da quantidade de esforço que ela despende para alcançar a verdade. Esse inédito argumento era apresentado em um vívido parágrafo, desde então frequentemente citado:

> Se Deus mantém a verdade em sua mão direita e em sua esquerda a incessante busca pela verdade, de modo a que eu seja sempre e eternamente iludido, e se ele diz a mim, "escolha", eu humildemente optaria pela mão esquerda e diria, Pai, concedei-me isto; a verdade absoluta é somente para vós. (*Gesammelte Werke*, ed. Lachmann e Muncker, XIII, 23)

Kant

Um homem que devotou sua vida inteira à busca da verdade absoluta foi Immanuel Kant. De fato, além dessa busca não há muito a dizer sobre sua biografia. Nascido em Königsberg, em 1724, que ficava então na parte oriental da Prússia, viveu toda a sua vida na cidade em que nasceu. De 1755 até 1770 foi *Privatdozent*, ou conferencista, na universidade dessa cidade, e de 1770 até sua morte, em 1804, manteve ali a função de professor de lógica e metafísica. Nunca viajou, casou ou assumiu cargos públicos; a história de sua vida é a história de suas ideias.

Kant cresceu em uma devota família luterana, mas tornou-se mais tarde um liberal em suas opiniões teológicas, embora por hábito assíduo em sua prática religiosa. Foi sempre um homem de vida restrita e costumes rígidos, notório por uma pontualidade exata, levantando-se às cinco da manhã e recolhendo-se às dez da noite, ensinando na parte da manhã, das sete às oito, e então escrevendo até a hora de um lanche amplo e tardio. Os cidadãos de Königsberg costumavam brincar dizendo que podiam acertar seus relógios a partir de sua aparição para seu passeio da tarde. Como estudante universitário teve aulas como um discípulo de Wolff, mas seus próprios interesses eram mais científicos que filosóficos, e como *Privatdozent* lecionava não somente lógica e metafísica, mas assuntos tão diversos quanto antropologia, geografia e mineralogia. Seus primeiros livros também foram escritos sobre temas científicos, o mais notável deles sendo a *História geral da natureza e teoria dos céus*, de 1755.

De 1760 em diante começou a se dedicar seriamente à filosofia, mas nos vinte anos seguintes as obras que publicou eram do tipo cauteloso e convencional. Em 1762 escreveu um pequeno e até superficial ensaio sobre silogística tradicional, criticando a desnecessária sutileza ("Die falsche Sptizfindigkeit", como assinalava o título do ensaio) de sua costumeira apresentação. No mesmo ano escreveu *O único possível fundamento para uma demonstração da existência de Deus*, em que, ao mesmo tempo em que rejeitava três das provas tradicionais da existência de Deus, argumentava, no espírito de Wolff e Duns Scotus, que se existem de fato quaisquer possíveis seres deve existir um ser perfeito para fornecer o fundamento para essa possibilidade.

Em 1763, a Academia de Berlim lançou um concurso com a questão: "Podem as verdades metafísicas ser demonstradas com a mesma certeza que as verdades da geometria?". O trabalho (não premiado) de Kant para o prêmio sublinhava várias distinções entre os métodos filosófico e matemático. Os matemáticos partem de definições claras que criam conceitos que eles então passam a desenvolver; os filósofos partem de conceitos confusos e os analisam com o objetivo de chegar a uma definição. Os metafísicos, em vez de macaquear os matemáticos, deveriam seguir os métodos newtonianos, aplicando-os não ao mundo físico, mas aos fenômenos da experiência interior.

O programa que Kant estabelece aqui para o filósofo assemelha-se de perto ao que o próprio Hume havia estabelecido, e posteriormente Kant iria dar a Hume o crédito por havê-lo despertado do "sono dogmático" dos anos em que ele aceitara a filosofia de Leibniz e Wolff. Não é certo quando Kant começou a estudar Hume com seriedade, mas durante os anos 1760 ele tornou-se cada vez mais cético quanto à possibilidade de uma metafísica científica. O anônimo, inconstante *Espectros de um oráculo*, de 1766, comparava especulações metafísicas com as esotéricas fantasias do visionário Immanuel Swedenborg. Entre outras coisas, Kant enfatizava, na esteira de Hume, que as relações causais poderiam ser conhecidas somente por meio da experiência e não seriam jamais questões de necessidade lógica. Contudo, sua dissertação inaugural como professor em 1770 (*Sobre as formas e princípios do mundo sensível e inteligível*) ainda revela forte influência de Leibniz.

Os primeiros onze anos de seu professorado foram despendidos por Kant no desenvolvimento de seu próprio sistema original, que foi publicado em 1781 na *Crítica da razão pura*, uma obra que de pronto colocou suas obras pré-críticas na sombra e o estabeleceu como um dos grandes filósofos da idade moderna. Kant deu sequência a esta obra com uma reduzida e mais popular exposição de suas ideias, os *Prolegômenos a qualquer metafísica futura [que possa vir a ser considerada como ciência]* (1783), e a republicou numa segunda edição em 1787.

O objetivo de Kant em sua filosofia crítica era tornar a filosofia, pela primeira vez, totalmente científica. A matemática havia sido científica por muitos séculos e a física científica já era adulta. Mas a metafísica, a mais antiga disciplina, a única que "sobreviveria mesmo se todo o resto fosse tragado por um abismo de um barbarismo totalmente destruidor", ainda estava muito longe da maturidade. A curiosidade metafísica era inerente à natureza humana: os seres humanos não podiam evitar interessar-se pelos três principais objetos da metafísica, a saber: Deus, liberdade e imortalidade. Mas poderia a metafísica tornar-se uma verdadeira ciência?

Hume e outros, como vimos, tinha buscado fazer pela filosofia da mente o que Newton havia feito pela filosofia dos corpos, estabelecendo a associação de ideias como a contraparte psíquica da atração gravitacional entre os corpos. O programa kantiano para tornar a metafísica científica situava-se em uma escala mais ambiciosa. A filosofia, acreditava ele, necessitava de uma revolução como a de Copérnico, que havia movido a Terra do centro do Universo para colocar o Sol em seu lugar. Copérnico havia demonstrado que quando pensamos que observamos o movimento do Sol ao redor da Terra o que vemos é o resultado da rotação de nossa própria Terra. A revolução copernicana de Kant faria pela razão o que Copérnico havia feito por nossa visão. Em vez de indagarmos sobre como nosso conhecimento poderia se adequar a seus objetos, deveríamos partir da suposição de que os objetos deveriam se conformar a nosso conhecimento. Somente desse modo poderíamos justificar o clamor da metafísica de possuir conhecimento que é necessário e universal.

Gravura de Kant com a idade em
que publicou sua primeira *Crítica*.

Kant distingue dois modos de conhecimento: conhecimento *a priori* e conhecimento *a posteriori*. Conhecemos uma verdade *a posteriori* se a conhecemos a partir da experiência; conhecemo-la *a priori* se a conhecemos independentemente de toda experiência. Kant concordava com Locke quanto a todo nosso conhecimento começar com a experiência, mas não acreditava que todo ele surgia da experiência. Há algumas coisas que conhecemos *a priori*, verdades fundamentais que não são meras generalizações a partir da experiência. Entre os julgamentos que fazemos *a priori*, alguns, afirma Kant, são analíticos e alguns são sintéticos. Em um julgamento analítico, do tipo "todos os corpos são extensos", apenas tornamos explícito no predicado algo que já está contido no conceito do objeto. Mas em um julgamento sintético o predicado acrescenta algo ao conteúdo do objeto: o exemplo de Kant é "todos os corpos são pesados". Todas as proposições *a posteriori* são sintéticas. Todas as proposições analíticas são *a priori*. Pode haver proposições que são sintéticas e no entanto *a priori*? Kant acredita que sim. Para ele, a matemática oferece exemplos de verdades sintéticas *a priori*. Mais importante, deve haver proposições que sejam *a priori* e sintéticas se se quiser algum dia tornar possível fazer uma ciência genuína da metafísica.

A primeira tarefa do filósofo é esclarecer a natureza e os limites dos poderes da mente. Como os filósofos medievais e racionalistas antes dele, Kant faz distinção aguda entre os sentidos e o intelecto, mas no intelecto ele faz uma nova distinção, de sua autoria, entre o entendimento (*Verstand*) e a razão (*Vernunft*). O entendimento opera em combinação com os sentidos de modo a prover o conhecimento humano: por intermédio dos sentidos, os objetos são dados a nós; por meio do entendimento eles se tornam pensáveis. A experiência tem um conteúdo, fornecido pelos sentidos, e uma estrutura, determinada pelo entendimento. A razão, em contraste com o entendimento, é o esforço do intelecto para ir além do que o entendimento pode obter. Quando divorciada da experiência é "razão pura", e é esta o alvo da crítica de Kant.

Antes de abordar a razão pura, a *Crítica* de Kant faz um estudo sistemático dos sentidos e do entendimento. Os sentidos são estudados em uma seção intitulada "Estética transcendental", o entendimento, em uma seção intitulada "Lógica transcendental". "Transcendental" é uma das palavras favoritas de Kant, que a utiliza com vários sentidos, mas comum a todos eles é a noção de algo que (para bem ou para mal) encontra-se além e aquém das entregas da real experiência.

A estética transcendental é grandemente dedicada ao estudo do espaço e do tempo. As sensações, afirma Kant, possuem uma matéria (ou conteúdo) e uma forma. O espaço é a forma dos sentidos exteriores, o tempo é a forma do sentido interior. Espaço e tempo não são entes no mundo descoberto pela mente: eles são o padrão pelo qual os sentidos moldam a experiência. Na exposição de sua estética transcendental, Kant oferece sua própria e inédita solução à antiga questão: "São reais o espaço e o tempo?"[7].

Ao passarmos da estética transcendental para a lógica transcendental encontramos novamente uma dúplice divisão. A lógica consiste de duas empresas maiores, que Kant denomina *analítica transcendental* e *dialética transcendental*. A analítica estabelece os critérios para o emprego empírico válido do entendimento; a dialética expõe as ilusões que surgem quando a razão tenta operar fora dos limites estabelecidos pela analítica. Em sua analítica Kant expõe um conjunto de conceitos *a priori* que ele chama de

---
7. A descrição kantiana do espaço e do tempo será considerada com mais detalhes no capítulo 5.

"categorias", e um conjunto de juízos *a priori* que chama de "princípios". Coerentemente, a analítica é uma vez mais subdividida em duas seções principais, contendo "A dedução das categorias" e "O sistema dos princípios".

A primeira seção apresenta a dedução, ou legitimação, das categorias. Categorias são conceitos de um tipo particularmente fundamental: Kant dá como instâncias os conceitos de "causa" e "substância". Sem essas categorias, argumenta, não poderíamos conceitualizar ou entender nem mesmo a mais fragmentária e desordenada experiência. Seu objetivo é confrontar o desafio empirista no próprio campo empirista. Ele concorda com o empirista que todo nosso conhecimento começa com a experiência, mas nega que todo ele surja da experiência. Kant busca demonstrar que sem os conceitos metafísicos que Hume buscava desmantelar, os próprios itens humianos da experiência, impressões e ideias, iriam eles mesmos se desintegrar.

A segunda seção da analítica, o sistema de princípios, contém várias proposições sintéticas *a priori* sobre a experiência. Experiências, Kant ratifica, devem possuir dois tipos de magnitude — magnitude extensiva (de que um exemplo é a distância entre dois pontos) e magnitude intensiva (de que um exemplo é um grau específico de calor). Mais, Kant confirma, a experiência só é possível se as conexões necessárias são encontradas entre nossas percepções. Hume errava ao pensar que primeiro percebemos a sucessão temporal entre eventos e então passamos a tomar um como causa e o outro como consequência. Pelo contrário, não podemos estabelecer uma sequência temporal objetiva a não ser que já tenhamos estabelecido relações entre causas e efeitos[8].

Embora seja hostil ao empirismo, Kant ataca o racionalismo com não menos energia. Ao final de sua analítica ele insiste que as categorias não podem determinar sua própria aplicabilidade, que os princípios não podem estabelecer sua própria verdade. O entendimento sozinho não pode estabelecer que há algo como uma substância ou que cada mudança tem uma causa. Tudo o que alguém pode estabelecer *a priori* é que se a experiência for possível certas condições deverão prevalecer. Mas se a experiência é possível [é algo que] não se pode estabelecer antecipadamente: a possibilidade da experiência é demonstrada somente pela ocorrência real da própria experiência.

A analítica demonstra que não pode haver um mundo de meras aparências, meros objetos do sentido que não caem sob quaisquer categorias

---
8. A descrição kantiana da relação entre tempo e causação será discutida no capítulo 6.

ou representam quaisquer regras. Mas não podemos concluir disso que haja um mundo não sensível que seja estabelecido somente pelo intelecto. Aceitar a existência de objetos extrassensíveis que podem ser estudados pelo uso da razão pura é adentrar no reino da ilusão, e em sua "dialética transcendental" Kant explora esse mundo de encantamento.

Como já foi dito, "transcendental" significa algo que vai além e aquém das entregas da experiência real, e em sua dialética Kant tem três alvos principais: a psicologia metafísica, a cosmologia metafísica e a teologia metafísica. "A razão pura", ele nos diz, "fornece a ideia para uma doutrina transcendental da alma, para uma ciência transcendental do mundo, e finalmente para um conhecimento transcendental de Deus". Em resposta, ele testa até a destruição as três noções de uma alma imortal imaterial, de um todo cósmico apreensível e de um ser absolutamente necessário.

A psicologia racionalista na forma praticada por Descartes começou com a premissa "Eu penso" e concluiu pela existência de uma substância que era imaterial, incorruptível, pessoal e imortal. Kant sustenta que essa linha de argumentação é coberta de falácias — das quais apresenta quatro, que chama de "os paralogismos da razão pura". Esses paralogismos não são acidentais: em princípio, qualquer tentativa de ir além da psicologia empírica deve ser denunciada como falácia.

A fim de desmontar a cosmologia *a priori*, Kant apresenta quatro antinomias. Uma antinomia é um par de argumentos contrastantes que levam a conclusões contraditórias (uma tese e uma antítese). A primeira das quatro antinomias tem como sua tese "O mundo possui um princípio no tempo e é limitado no espaço", e como antítese "O mundo não possui um princípio no tempo e nem limites no espaço". Kant fornece provas para essas duas proposições. É claro que ele não pretende que concluamos que os dois contraditórios sejam verdadeiros: a moral da história é que a razão não tem direito nem mesmo de falar sobre "o mundo" como um todo.

Em cada uma das antinomias a tese afirma que uma determinada série chega a um fim definitivo, enquanto a antítese afirma que ela continua para sempre. A segunda antinomia trata da divisibilidade, a terceira da causação e a quarta da contingência. Em cada caso Kant apresenta as séries como séries de entidades que são condicionadas por algo além — um efeito, por exemplo, é, em seus termos, "condicionado" por sua causa. Em cada uma das antinomias, a tese do argumento conclui por um incondicionado absoluto. Os dois lados de cada antinomia, acredita Kant, incorrem em erro: a tese é o erro do dogmatismo e a antítese, o erro do empirismo. O motivo de se construir as antinomias é demonstrar a discrepância entre o alcance da investigação empírica e as pretensões da razão pura. A tese representa o mundo como menor que o pensamento (podemos pensar além dele); a antítese o representa como maior que o mundo (não podemos pensá-lo até o fim). Devemos combinar o pensamento e o mundo pela ordenação de nossas ideias cósmicas de modo a se adequarem à investigação empírica[9].

Em sua quarta antinomia Kant propõe argumentos a favor e contra a existência de um ser necessário, e depois, numa seção posterior da *Crítica*, passa a considerar o conceito de Deus como afirmado pela teologia natural. Ele classifica os argumentos para a existência de Deus em três tipos fundamentais, e demonstra como todos os tipos de argumento devem fracassar. Se Deus deve possuir um lugar em nosso pensamento e em nossa vida, ele acredita, não é como uma entidade cuja existência seja estabelecida por prova racional.

A *Crítica da razão pura* não é um livro de fácil leitura, e nem toda a dificuldade se deve à profundidade de seu tema ou à originalidade de seu pensamento. Kant (como já deve ter ficado aparente) estava excessivamente empenhado na invenção de termos técnicos e (como será mostrado em outra parte deste livro) era muito ansioso para adequar as ideias em rígidos esquematismos. Mas qualquer leitor que persevere pelo difícil texto desfrutará de uma rica recompensa filosófica.

Aos 60 anos, Kant voltou sua atenção para a ética e a estética em três obras seminais: *Fundamentação da metafísica dos costumes* (1785); *Crítica da razão prática* (1788) e *Crítica do juízo* (1790). Nos primeiros dois ele busca estabelecer criticamente os princípios sintéticos *a priori* da razão prática do mesmo modo que estabelecera, em sua primeira *Crítica*, os princípios sintéticos *a priori* da razão teórica.

O ponto de partida da teoria moral kantiana é que a única coisa que é boa incondicionalmente é uma boa vontade. Talentos, caráter e sorte podem ser empregados para fins maus, e até a felicidade pode corromper. O que importa não é o que uma boa vontade realiza; mesmo se frustrada em seus esforços, é boa em si mesma. O que define uma boa vontade é que ela é motivada pelo dever: agir por dever é demonstrar boa vontade em face da dificuldade. Algumas pessoas podem gostar de fazer o bem ou lucrar por fazê-lo, mas a qualidade de caráter se mostra somente quando alguém faz o bem não por alguma inclinação, mas porque deve fazê-lo.

---

9. Um mais amplo relato sobre as antinomias será encontrado no capítulo 5 deste volume.

Agir por dever é agir por respeito à lei moral, agir por obediência a um imperativo moral. Há dois tipos de imperativo, o hipotético e o categórico. Um imperativo hipotético afirma: se você deseja atingir um determinado fim, aja de tal ou tal modo. O imperativo categórico diz: não importa qual o fim que você busque, aja de tal ou tal modo. Há tantos conjuntos de imperativos hipotéticos quantos são os diferentes fins que os seres humanos possam estabelecer para si próprios, mas há apenas um imperativo categórico: "Age somente de acordo com aquela máxima mediante a qual possas, ao mesmo tempo, querer que se converta numa lei universal". Sempre que estiver inclinado a agir de um modo qualquer — por exemplo, pegar dinheiro emprestado sem a mínima intenção de devolver —, você deverá se perguntar o que aconteceria se todo mundo agisse dessa maneira.

Kant oferece outra formulação para o imperativo categórico: "Aja de tal modo que você sempre trate a humanidade, seja em si próprio ou em outrem, não simplesmente como um meio, mas sempre e simultaneamente como um fim". Como um ser humano, diz Kant, eu não sou apenas um fim em mim mesmo, mas um membro de um reino dos fins, uma união de seres racionais submetidos a leis comuns. No reino dos fins, somos a um só tempo legisladores e súditos. Um ser racional "é sujeito somente às leis que são feitas por si próprio e que por isso são universais"[10].

Em sua terceira crítica, a *Crítica do juízo*, Kant busca aplicar noções estéticas como as de belo e sublime ao tipo de análise que aplicara nas críticas anteriores aos conceitos científicos e éticos. Juízos de gosto estético repousam sob o sentimento, e no entanto reivindicam validade universal. Mas é um erro pensar que eles concernem a algum objetivo universal, argumenta Kant: o que pode ser universalmente partilhado é antes a relação particular interna entre a imaginação e o entendimento, que é uma característica de um julgamento contemplativo do gosto.

Nos anos 1790, com sua filosofia crítica firmemente estabelecida, Kant aventurou-se por áreas que não eram particularmente venturosas. Em 1793 ele publicou uma obra semiteológica intitulada *Religião nos limites da simples razão*, que oferecia uma reinterpretação de várias doutrinas cristãs, e em 1795, no período das guerras revolucionárias francesas, escreveu um panfleto *Sobre a paz perpétua*. A primeira dessas obras ofendeu o novo rei da Prússia, Frederico II, que a considerou um ataque injustificado à autoridade da Bíblia. Kant se recusou a retratar-se sobre suas opiniões, mas

---

10. A filosofia moral de Kant é discutida detalhadamente no capítulo 8 deste volume.

concordou a não mais escrever ou conferenciar sobre assuntos religiosos. Manteve sua promessa até 1798, após a morte do rei, quando publicou o *Conflito das faculdades*, sobre a relação entre teologia e filosofia. Em 1797 ele ampliou seu sistema moral na *Metafísica dos costumes*, que era dividida em duas partes, uma abordando a virtude individual e outra a teoria do direito. Foi um tratado mais substancioso, mas muito menos influente que o precedente *Groundwork*.

Kant morreu em 1804. Em sua lápide foi inscrita uma sentença da conclusão de sua *Crítica da razão prática*: "Duas coisas enchem o coração de uma admiração e de uma veneração sempre novas e sempre crescentes, quanto mais se reflita e se detenha sobre isso: o céu estrelado sobre minha cabeça e a lei moral em meu coração".

Fichte e Schelling

Até seus derradeiros dias, Kant trabalhava em um ambicioso projeto filosófico que somente foi publicado depois de sua morte (a *Opus postumum*). Isso demonstra que em seus últimos dias ele começara a cultivar algumas apreensões quanto a alguns aspectos do sistema de sua primeira *Crítica*, provocadas por críticas vindas de alguns de seus mais dedicados admiradores e pupilos. Entre eles, o mais destacado era Johann Gottlieb Fichte, que contava 42 anos quando da morte de Kant e estava no ápice de sua própria carreira filosófica.

Fichte nasceu no seio de uma família pobre e teve de trabalhar bem cedo como pastor de gansos. Seus dons intelectuais chamaram a atenção de um barão filantrópico, que deu a ele condições de estudar teologia na Universidade de Iena, onde tornou-se admirador de Lessing, Spinoza e Kant. Sua primeira obra publicada foi uma *Crítica de todas as revelações* (1792), escrita num estilo kantiano tão bem-sucedido que por algum tempo foi considerada obra da lavra do próprio mestre. Kant negou a autoria, mas fez uma resenha bastante favorável da obra. Em parte sob a influência de Goethe, Fichte foi indicado a uma cadeira na Universidade de Iena em 1794, onde o grande poeta e dramaturgo Friedrich Schiller era um de seus colegas de profissão.

Inicialmente, as aulas de Fichte eram populares, mas logo passaram a ser criticadas pelos alunos por serem muito puritanas, e pela administração por serem insuficientemente religiosas. Ele foi forçado a deixar a universidade em 1799, permanecendo sem um emprego acadêmico estável até 1810, quando se tornou deão da Faculdade de filosofia na nova Universidade de Berlim. Fichte estava muito envolvido com a ressurgência do nacionalismo alemão durante a hegemonia de Napoleão sobre a Europa. Seu *Discursos à nação alemã*, de 1808, reprovava os alemães pela desunião que conduzira à sua derrota por Napoleão na batalha de Iena, e ele serviu como voluntário no exército da resistência em 1812. Morreu de tifo em 1814, transmitido por sua mulher, que era enfermeira militar.

A reputação filosófica de Fichte repousa sobre sua *Wissenschaftslehre* [Doutrina da ciência], de 1804. Ele via a tarefa da filosofia, em termos kantianos, como proporcionando um relato transcendental da possibilidade da experiência. Tal relato poderia começar ou a partir da objetividade pura (a coisa em si) ou da subjetividade livre ("o Eu"). A primeira seria o caminho do dogmatismo, a última, do idealismo. Fichte rejeitou a solução kantiana para o problema kantiano, e abandonou qualquer noção de uma coisa-em-si. Procurou derivar o todo da consciência da livre experiência do sujeito pensante. Assim, tornou a si mesmo o intransigente fundador do idealismo alemão.

O que é isso do qual fluem todas as coisas? É revelado pela introspecção? "Eu não posso dar um passo, sou incapaz de mover mãos ou pés sem a intuição intelectual de minha autoconsciência dessas ações", disse Fichte. Se a teoria é que o eu individual pode criar o mundo material inteiro, parece que estamos em face de um solipsismo inconvincente e não atraente. Mas isso, insistia Fichte, é uma má interpretação. "Não é o problema individual, mas a vida espiritual imediata de qualquer pessoa que é o criador de todos os fenômenos, inclusos aí os fenômenos individuais" (*Sämmtliche Werke*, ed. I. H. Fichte, Berlim, 1845-1846, 607, vol. II).

Isso soa mais como Deus, e em suas últimas e populares obras Fichte chegou até mesmo a afirmar: "Não é o eu finito que existe, é a Ideia divina que é a fundação de toda a filosofia; tudo o que o homem faz de si é nulo e vácuo. Toda a existência é viva e ativa em si, e não há outra vida que não o Ser, e nenhum outro ser senão Deus". Mas em outro lugar ele disse que era supersticioso acreditar em qualquer ser divino que fosse mais que uma ordem moral. Certamente, ele era mais um panteísta que um teísta.

A filosofia da religião de Fichte se aparenta à de Spinoza, como foi salientado pelo mais devotado de seus discípulos, F. W. J. Schelling, que veio a ser seu colega em uma indicação a um cargo de professor em Iena em 1798, com a idade de 23 anos. A filosofia de Fichte era a forma crítica,

O estilo relaxado de Fichte dar aula
contrasta com a natureza densa de sua prosa.

assegurava Schelling, de ensinar aquilo que Spinoza havia apresentado de forma dogmática. Schelling foi em frente para desenvolver sua própria e menos comprometida forma de idealismo, uma "filosofia da Natureza" segundo a qual um absoluto inicial gera dois princípios coiguais que existem lado a lado: uma consciência espiritual e uma natureza física. Aqui encontramos também o espectro de Spinoza: o absoluto inicial é a *Natura Naturans*, o sistema da natureza material é a *Natura Naturata*.

O sistema de Schelling é rico, mas difícil, e suas obras não são muito lidas atualmente nos países de língua inglesa. Ele é provavelmente mais conhecido na Inglaterra pela influência que exerceu em Samuel Taylor Coleridge, que o admirou e imitou a ponto de ser acusado de plagiar suas obras[11]. Em muitas histórias da filosofia Schelling é apresentado como uma ponte entre o idealismo de Fichte e o de G. W. F. Hegel, que colaborou com ele na edição de um jornal filosófico em Iena de 1802 a 1803.

Hegel

O primeiro livro de Hegel, de fato, foi uma comparação entre as filosofias de Fichte e Schelling (1801). Nascido em 1770, estudou teologia na Universidade de Tübingen, tornando-se colega dos dois filósofos ao obter uma colocação na Universidade de Iena em 1801. Ali lecionou até que a universidade foi fechada após a esmagadora vitória de Napoleão sobre o Exército prussiano naquela cidade, em 1806. Pouco tempo depois, Hegel, então quase um indigente, publicou sua monumental *Fenomenologia do Espírito* (*Die Phanomenologie des Geistes*).

Não foi senão em 1816 que Hegel tornou-se professor, na Universidade de Heidelberg; ele já havia então publicado sua maior obra, *A ciência da lógica*. Um ano mais tarde publicou uma enciclopédia das ciências filosóficas — lógica, filosofia da natureza, filosofia do espírito. Em 1818 foi convocado a assumir uma cadeira em Berlim, que manteve até sua morte,

---

11. Coleridge não era, porém, um admirador de Fichte, cujo idealismo ele caricaturizou em um poema contendo os seguintes versos:

> Eu, Eu! Eu, eu mesmo!
> A forma e a substância, o quê e o porquê
> O quando e o onde, e o baixo e o alto,
> O dentro e o fora, a Terra e o Céu,
> Eu, você, e ele, e ele, você e eu,
> Todas as almas e todos os corpos são eu eu mesmo!
>   Todas eu eu mesmo!
>   (Tolos! Uma trégua com isso tem início!)
>   Tudo meu eu! tudo meu eu!
> Ele é um cão herege que apenas amplia Betty Martin!"
>   (*Biographia Literária*, cap. 9)

A frase do poema original de Coleridge (reproduzido a seguir) remete a uma antiga expressão ou ditado inglês, "all my eye and Betty Martin" ["*all my I*", na paronomásia de Coleridge], que significa que algo é total e completamente desprovido de sentido. [N. do T.] Segue o original: "I, I! I, itself I!/The form and the substance, the what and the why/The when and the where, and the low and the high,/The inside and outside, the earth and the sky,/I, you, and he, and he, you and I,/All souls and all bodies are I itself I!/All I itself I!/(Fools! A truce with this starting!)/All my I! all my I!/He's a heretic dog who but adds Betty Martin!".

causada por cólera, em 1831. Durante esses anos ele pouco publicou, mas suas aulas-conferência foram publicadas postumamente. Além de abordar a história da filosofia, elas tratavam de estética, filosofia da religião e filosofia da história. Mais legíveis que suas difíceis publicações oficiais, elas demonstram uma mente enormemente original e capaz.

A maior contribuição de Hegel ao pensamento foi sua introdução de um elemento histórico na filosofia. Ele não foi o primeiro historiador da filosofia, honra que coube a Aristóteles. Tampouco foi o primeiro a fazer filosofia da história: na época em que escreveu já havia mesmo duas contribuições clássicas a essa disciplina, a *Scienza Nuova*, de Giambattista Vico (1725), e a *Ideen zur Philosophie der Geschichte der Menscheit*, de J. G. Herder (1784), cada um dos quais refletiu sobre o método histórico e enfatizou o desenvolvimento evolutivo das instituições humanas. Mas foi Hegel quem deu à história um lugar especial na filosofia, e ao filósofo um lugar especial na historiografia.

Hegel acreditava que o filósofo possuía em história uma percepção especial, de que careciam os historiadores comuns. Somente o filósofo entende de fato que a razão é o soberano do mundo, e que a história do mundo é um processo racional. Há dois modos de se obter esse entendimento, ou pela investigação de um sistema metafísico, ou pela indução do estudo da própria história. A crença de que a história é a revelação da razão corresponde à fé religiosa na providência divina; mas o entendimento metafísico é mais profundo que o de tipo teológico, já que uma providência geral não é adequada para dar conta da natureza concreta da história. Somente o filósofo conhece o destino final do mundo e como deve ser concretizado.

A história cósmica, segundo Hegel, consiste na história da vida do espírito (*Geist*). A evolução interna do espírito manifesta-se na realidade concreta. "Tudo que desde a eternidade aconteceu no céu e na Terra, a vida de Deus e todos os feitos do tempo são apenas os esforços do espírito para se conhecer e se descobrir" (*LHP* I. 23). O espírito não é qualquer coisa concedida antecipadamente em toda a sua completude: ele procede da potencialidade à atualidade, e a força motriz da história é a volição do espírito para atualizar seu potencial. A história universal é a "exibição do espírito no processo de realizar o conhecimento do que ele é potencialmente".

Hegel afirma que a existência do espírito é uma questão de lógica, mas ele faz uso da palavra "lógica" com um sentido especial, de sua própria lavra. Do mesmo modo que ele enxerga a história como uma manifestação da lógica, ele tende a ver a lógica em termos históricos — marciais, de fato. Se duas proposições são contrárias, Hegel irá descrever isso como um conflito entre elas: proposições na verdade batalham umas com as outras e emergirão vitoriosas ou sofrerão derrota. Isso é denominado "dialética", o processo pelo qual uma proposição (a "tese") luta com outra (a "antítese") e as duas são finalmente superadas por uma terceira ("a síntese").

Passamos pelos dois estágios da dialética para alcançar o espírito. Começamos pelo absoluto, a totalidade da realidade, relacionada ao Ser dos primeiros filósofos. Nossa primeira tese é que o absoluto é puro Ser. Mas um puro Ser sem qualidades é nada, de forma que somos levados à antítese: "O absoluto é Nada". Tese e antítese são superadas pela síntese: a união do Ser e do Não-ser, e portanto afirmamos: "O absoluto é vir-a-ser".

O vir-a-ser, a vida, do absoluto fornece o segundo estágio da dialética. Começamos por considerar o absoluto um sujeito do pensamento, um pensador universal: Hegel chama isso de "o Conceito", com o que ele quer significar a totalidade de conceitos que o intelecto traz para abrigar no pensamento. Passamos então a considerar o absoluto como um objeto do pensamento: Hegel chama a isso "Natureza", com o que ele quer significar a totalidade de objetos que podem ser estudados pelo intelecto. Conceito e Natureza são reunidos quando o absoluto se torna consciente de si, sendo assim ao mesmo tempo sujeito e objeto do pensamento. Essa síntese da autoconsciência é o espírito.

A noção hegeliana do espírito é desconcertante ao primeiro contato. Uma tentativa de explicação será dada em capítulos posteriores, mas devemos tentar obter uma noção inicial do que ele quer dizer. Podemos nos perguntar se o espírito é talvez Deus — possivelmente identificado à natureza, *à la* Spinoza. Ou podemos supor que "espírito" é um confuso grande modo de falar sobre as mentes humanas individuais, de modo semelhante ao que os manuais médicos falam de "o fígado" e não de fígados individuais. Nenhuma sugestão é exatamente correta.

Um ponto de partida melhor é pela reflexão sobre o modo pelo qual falamos sobre a raça humana. Sem qualquer tipo específico de teoria metafísica em mente, ficamos felizes em dizer que a raça humana evoluiu, ou que está em decadência, ou que aprendeu muito a respeito do que um dia ignorava. Quando Hegel utiliza a palavra "espírito" ele está utilizando o mesmo tipo de linguagem, mas está acrescentando duas camadas de comprometimento metafísico. Em primeiro lugar, ele está falando não apenas da história humana, mas da história de todo o universo; em segundo lugar, ele está considerando o universo como um todo orgânico que possui um ciclo de vida designado para isso.

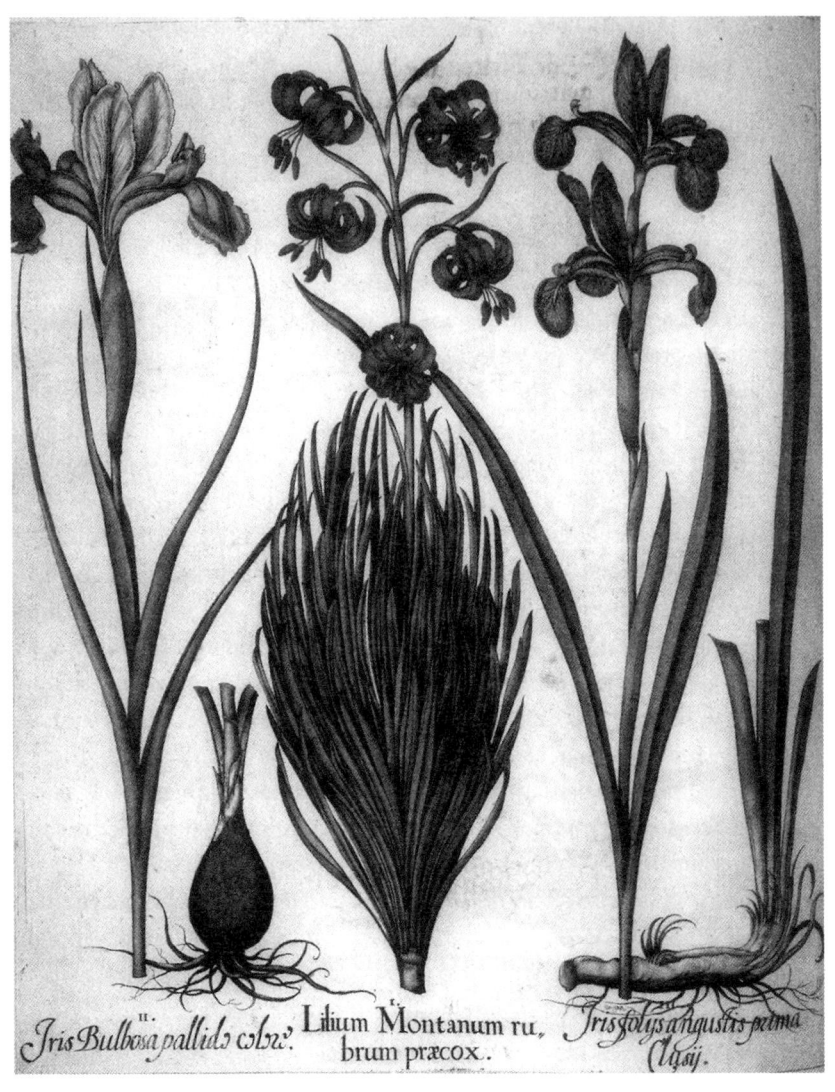

Iris Bulbosa pallido color.   *Lilium Montanum rubrum præcox.*   *Iris folijs angustis prima Clusij.*

A Ideia hegeliana de uma planta assemelha-se a ilustrações botânicas que mostram simultaneamente seus vários estágios de desenvolvimento.

Hegel nos convida a observar o universo como observamos organismos específicos na natureza. Uma planta passa por estágios evolutivos, produzindo ramos, folhas, flores e fruto, e o faz de acordo com um padrão específico à sua própria espécie. Hegel, com uma reverência intencional a Platão, chama a isso a Ideia de planta. Uma planta, naturalmente, não tem consciência de sua própria Ideia. Mas uma criança, à medida que seus poderes corporais se desenvolvem e seus talentos intelectuais afloram, evolui gradualmente na consciência de si e sua natureza ou Ideia (*LHP* I, 29). O progresso do espírito reproduz esse desenvolvimento em uma escala cósmica:

> O espírito não deve ser considerado somente como uma consciência individual e finita, mas como um espírito que é universal e concreto em si. [...] A compreensão inteligente de si do espírito é ao mesmo tempo a progressão de toda a realidade evolutiva. Essa progressão não é do tipo que faz seu caminho pelo pensamento de um indivíduo e exibe a si própria em uma consciência singular, pois isso demonstra ser em si o espírito universal apresentando a si mesmo na história do mundo em toda a riqueza de sua forma. (*LHP* I, 33)

Desse modo, a história do mundo é a história da sempre crescente autoconsciência do espírito. Diferentes estágios na Ideia cósmica apresentam a si mesmos em diferentes tempos a diferentes raças. O espírito progride na consciência da liberdade *pari passu* com o crescimento da percepção da liberdade entre os seres humanos. Os que viviam sob déspotas orientais não sabiam que eram seres livres. Os gregos e romanos sabiam que eles próprios eram livres, mas sua aceitação da escravidão demonstra que eles não sabiam que o homem como tal era livre. "As nações germânicas, sob a influência do cristianismo, foram as primeiras a obter a consciência de que o homem, como homem, é livre: essa é a liberdade do espírito que constitui sua essência."

A liberdade do espírito é o que o distingue da matéria, que é constrita pela necessidade de leis como as da atração universal. O destino do mundo é a expansão do espírito de sua liberdade e de sua consciência de sua liberdade. Indivíduos e nações egoístas são os instrumentos inconscientes do espírito operando seu destino: eles se tornam cônscios de seu papel no drama cósmico a ponto de se reunirem em um Estado-nação. O Estado é a "realização da liberdade, isto é, do absoluto objetivo final, e existe apenas em função de si". O Estado não existe para o benefício dos cidadãos, ao contrário, o cidadão possui valor somente como membro do Estado — assim como um olho somente tem valor como parte de um corpo vivo.

Diferentes Estados terão diferentes características conformes ao espírito popular da nação que incorporam. Em diferentes períodos, diferentes espíritos populares serão a primeira manifestação de progresso do mundo-espírito, e o povo a que ele pertence será, por algum tempo, o povo dominante no mundo. Para cada nação, a hora se apresenta uma e somente uma vez, e Hegel acreditava que em sua época a hora se havia apresentado para a nação alemã. A monarquia prussiana era a realidade mais próxima na Terra da realização de um Estado ideal[12].

A mais importante manifestação do espírito, todavia, não se destina a ser encontrada nas instituições políticas, mas na própria filosofia. O cuidado-de-si do absoluto é trazido à existência pela reflexão filosófica dos seres humanos; a história da filosofia traz o absoluto face a face consigo próprio. Hegel acreditava firmemente que a filosofia progredia: "a última, mais moderna e mais nova filosofia é a mais desenvolvida, rica e profunda", nos diz ele (*LHP* I, 41). Em suas lições sobre a história da filosofia ele apresenta os filósofos anteriores como tendo sucumbido, um após o outro, a um progresso dialético em marcha batida na direção do idealismo alemão.

---

12. A filosofia política de Hegel será abordada em detalhes no capítulo 9 deste volume.

4

Conhecimento

O ceticismo de Montaigne

No século XVI, vários fatores contribuíram para fazer que o ceticismo desfrutasse de nova popularidade. A disputa entre diferentes seitas cristãs na Europa e a descoberta de povos do outro lado do oceano com diferentes culturas e diferentes religiões tiveram como efeito imediato uma vaga de proselitismo e perseguição; mas esses encontros também levaram alguns pensadores reflexivos a questionar a pretensão de qualquer sistema humano de crença de estar em posse da verdade única. A redescoberta de obras céticas da Antiguidade, como as de Sexto Empírico, trouxe à atenção dos letrados uma bateria de argumentos contra a confiabilidade das faculdades cognitivas humanas. A mais eloquente apresentação do novo ceticismo encontra-se na *Apologia de Raimond Sebond*, de Montaigne.

À semelhança de Sexto, Montaigne adotava uma forma extrema de ceticismo, batizada ceticismo pirrônico em razão de seu (meio lendário) fundador, Pirro de Elis, que, na época de Alexandre, o Grande, ensinara que nada de fato pode ser conhecido. Muitos dos exemplos que Montaigne utiliza para denunciar a falibilidade dos sentidos e do intelecto são retirados de obras de Sexto, mas as citações clássicas de que faz uso no desenvolvimento de seu argumento não são de Sexto, mas do grande poema

Sobre a natureza das coisas, de Lucrécio, um seguidor latino de Epicuro, este outra grande redescoberta do Renascimento.

As duas filosofias mais influentes do período clássico latino foram as dos epicuristas e dos estoicos. Os epicuristas, conta-nos Montaigne, afirmam que se os sentidos não são confiáveis então não existe algo como o conhecimento. Os estoicos nos dizem que se existe algo como o conhecimento ele não pode provir dos sentidos, porque estes são totalmente não confiáveis. Montaigne, assim como Sexto, utiliza argumentos estoicos para demonstrar a falibilidade dos sentidos e argumentos epicuristas para demonstrar a impossibilidade de conhecimento não empírico. Utilizando os argumentos negativos de cada seita, ele visa demonstrar, contra ambas, que não existe algo como o conhecimento real.

Montaigne arregimenta argumentos familiares para demonstrar que os sentidos nos induzem a erro. Torres quadradas parecem redondas vistas de longe, a visão é distorcida pela pressão ocular, a icterícia nos faz enxergar tudo amarelo, as montanhas parecem se mover em direção contrária à nossa quando as observamos de um convés, e assim por diante. Quando dois sentidos contradizem um ao outro, não há como resolver a diferença. Montaigne cita um trecho famoso de Lucrécio:

> Poderão os ouvidos julgar os olhos?
> Poderá o tato condenar os ouvidos, ou o gosto ao toque, por mentirosos?

Mas ele não infere daí, com Lucrécio, que os sentidos são infalíveis. Lucrécio escreveu:

> Se o que os sentidos nos dizem não é verdade
> Então a razão em si não é senão também falsidade[1].

Montaigne aceita essa condição, mas conclui não que os sentidos nos dizem a verdade, mas sim que a razão é igualmente falsa (*ME* II, 253).

Os sentidos e a razão, bem longe de cooperar para a produção de conhecimento, procuram cada um influenciar o outro a produzir falsidade. A sensação de terror, ao olharmos para baixo, evita que cruzemos por uma estreita tábua sobre um vão, embora a razão nos diga que a tábua é larga o suficiente para que caminhemos por ela. Por outro lado, as paixões em

---
1. *De Rerum Natura*, 4, 484-487. Ver volume I desta coleção, p. 201.

nossa vontade irão afetar aquilo que percebemos com nossos sentidos: ira e amor podem nos fazer ver coisas que não estão ali. "Quando sonhamos", afirma Montaigne, "nossa alma vive, age, exerce todas as suas faculdades, nem mais nem menos do que quando está em vigília". A diferença entre o sono e a vigília é menor que aquela entre o dia e a noite (*ME* II, 260-261).

Precisamos de algum critério para distinguir entre as nossas variadas e conflituosas impressões e crenças, mas nenhum critério é possível. Assim como não podemos encontrar um juiz imparcial para julgar as diferenças entre católicos e protestantes, dado que qualquer juiz competente já seria um ou outro, do mesmo modo nenhum ser humano seria capaz de dissolver os conflitos entre as experiências do jovem e do velho, do saudável e do enfermo, do adormentado e do desperto.

> Para julgar sobre as aparências que recebemos dos objetos, precisaríamos de um instrumento judicatório; para testar esse instrumento, precisamos de demonstração; para homologar a demonstração, de um instrumento; eis-nos num círculo vicioso. (*ME* II, 265)

Montaigne acrescenta algum material original ao arsenal do ceticismo antigo. Voltando a um de seus temas favoritos, ele salienta que alguns animais e pássaros possuem sentidos mais afiados que nós. Talvez eles possuam até mesmo sentidos dos quais careçamos. (Seria um desses o sentido que alerta o galo sobre quando deve cacarejar?) Nossos cinco sentidos são talvez apenas um pequeno número dos que seja possível ter. Se é assim, nossa visão do universo, comparada a uma visão real, é não menos deficiente que a visão de um homem que nasceu cego em comparação à de uma pessoa que enxerga.

A resposta de Descartes

Nas *Meditações* Descartes estabelece para si a tarefa de libertar a filosofia da ameaça de ceticismo que evoluiu no século anterior. Para isso, ele primeiro tem de apresentar a posição cética que deseja refutar. Na primeira das *Meditações* ele segue os passos de Montaigne, mas exibe os argumentos de forma vívida e límpida. As entregas dos sentidos são convocadas inicialmente por considerações tiradas da desilusão sensória e, a partir daí, dos argumentos do sonho:

> Tudo o que recebi, até presentemente, como o mais verdadeiro e seguro [*par excellence*], aprendi-o dos sentidos ou pelos sentidos; ora, experimentei algumas vezes que esses sentidos eram enganosos, e é de prudência nunca se fiar inteiramente em quem já nos enganou uma vez.
>
> Mas ainda que os sentidos nos enganem às vezes, no que se refere às coisas pouco sensíveis e distantes, encontramos talvez muitas outras, das quais não se pode razoavelmente duvidar, embora as conhecêssemos por intermédio deles: por exemplo, que eu esteja aqui, sentado junto ao fogo, vestido com um chambre, tendo este papel entre as mãos e outras coisas desta natureza. [...]
>
> Todavia, devo aqui considerar que sou homem e, por conseguinte, que tenho o costume de dormir e de representar, em meus sonhos, as mesmas coisas, ou algumas vezes [coisas] menos verossímeis, que esses insensatos em vigília. Quantas vezes ocorreu-me sonhar, durante a noite, que estava neste lugar, que estava vestido, que estava junto ao fogo, embora estivesse inteiramente nu em meu leito? (*Med*, 93-94)

Mas seguramente até os sonhos são feitos de elementos extraídos da realidade:

> Suponhamos, pois, agora, que estamos adormecidos e que todas essas particularidades, a saber, que abrimos os olhos, que mexemos a cabeça, que estendemos as mãos, e coisas semelhantes, não passam de falsas ilusões; e pensemos que talvez nossas mãos assim como todo o nosso corpo não são tais como os vemos. Todavia, é preciso ao menos confessar que as coisas que nos são representadas durante o sono são como quadros e pinturas, que não podem ser formados senão à semelhança de algo real e verdadeiro; e que assim, pelo menos, essas coisas gerais, a saber, corpos, olhos, cabeça, mãos e todo o resto do corpo não são coisas imaginárias, mas verdadeiras e existentes. (*Med*, 94)

Talvez estes, por sua vez, sejam complexos imaginários, mas então os elementos simples dos quais esses corpos se compõem — extensão, forma, tamanho, número, lugar, tempo — devem por certo ser reais. E se são devemos confiar nas ciências da aritmética e da geometria, que lidam com esses objetos.

> Pois, quer eu esteja acordado, quer esteja dormindo, dois mais três formarão sempre o número cinco e o quadrado nunca terá mais do que quatro lados; e não parece possível que verdades tão patentes possam ser suspeitas de alguma falsidade ou incerteza. (*Med*, 95)

Contudo, nem mesmo os matemáticos estão imunes à dúvida cartesiana. Não é simplesmente que os matemáticos cometam enganos algumas vezes: pode ser que toda a disciplina seja em si um engano. Deus é onipotente, e por tudo o que sabemos ele pode nos induzir ao erro sempre que somemos dois e três, ou contemos os lados de um quadrado. Mas é claro que um Deus bom não faria isso! Bem, então

> Suporei, pois, que há não um verdadeiro Deus, que é a soberana fonte da verdade, mas certo gênio maligno, não menos ardiloso e enganador do que poderoso, que empregou toda a sua indústria em enganar-me. Pensarei que o céu, o ar, a terra, as cores, as figuras, os sons e todas as coisas exteriores que vemos são apenas ilusões e enganos de que ele se serve para surpreender minha credulidade. Considerar-me-ei a mim mesmo absolutamente desprovido de mãos, de olhos, de carne, de sangue, desprovido de quaisquer sentidos, mas dotado da falsa crença de ter todas essas coisas. (*Med*, 96)

A segunda *Meditação* dá um fim a essas dúvidas ao produzir o *Cogito*, o famoso argumento em que Descartes prova sua própria existência. Embora o gênio maligno possa iludi-lo, ele não pode tapeá-lo fazendo-o pensar que existe se ele não existir:

> Não há, pois, dúvida alguma de que sou, se ele me engana; e, por mais que me engane, não poderá jamais fazer que eu nada seja, enquanto eu pensar ser alguma coisa. De sorte que, após ter pensado bastante nisto e de ter examinado cuidadosamente todas as coisas, cumpre enfim concluir e ter por constante que esta proposição, *eu sou, eu existo*, é necessariamente verdadeira todas as vezes que a enuncio ou que a concebo em meu espírito. (*Med*, 100)

O *Cogito* é o marco sobre o qual a epistemologia de Descartes é construída. De seus dias até os nossos, críticos têm questionado se é um marco tão sólido quanto aparenta. "Penso, logo existo" é sem dúvida um argumento válido, de uma validade que pode ser apreendida imediatamente. Mas isso também vale para "Caminho, logo existo"; portanto, o que há de especial quanto ao *Cogito*? Descartes respondeu que a premissa "Caminho" pode ser posta em dúvida (talvez eu não tenha corpo), mas a premissa "Penso" não o pode, porque duvidar é em essência pensar. Por outro lado, "Penso que estou caminhando, logo existo" é uma forma perfeitamente aceitável do *Cogito*: o pensamento a que se refere nessa premissa pode ser um pensamento de qualquer tipo, não somente o pensamento autorreflexivo de que existo.

Uma questão muito mais séria diz respeito ao "Eu" em "Penso". Na vida cotidiana, o pronome pessoal de primeira pessoa ganha seu significado em conexão com o corpo que lhe dá expressão. Haverá alguém que duvide que tem um corpo autorizado a fazer uso do "Eu" em um solilóquio? Talvez a Descartes fosse permitido dizer apenas: "Há um pensamento acontecendo". Questões semelhantes podem ser levantadas sobre o "Eu" em "Existo". Talvez a conclusão devesse ser apenas "Existir está acontecendo". Críticos têm argumentado que o Descartes duvidador não tem o direito de tirar a conclusão de que existe um eu permanente e substancial. Talvez ele devesse ter concluído antes por um sujeito instável para um pensamento transitório, ou talvez mesmo que pode haver pensamentos sem proprietários. Pode-se assegurar que o "Eu" revelado pela dúvida metódica é a mesma pessoa que, impurificada pela dúvida, responde pelo nome "René Descartes"?

Mesmo em seus próprios termos, o *Cogito* não prova a existência de Descartes como um ser humano integral. Em si, ele prova somente a existência de sua mente. Após o *Cogito*, Descartes continua mesmo a duvidar se ele tem um corpo, e é somente após considerável raciocínio adicional que ele conclui que de fato possui. Aquilo a que ele está atento todo o tempo é ao conteúdo de sua mente, e é a partir desse que ele deve reconstruir a ciência. Do *Cogito* Descartes deriva muito mais do que sua própria existência, deriva sua própria essência, a existência de Deus, o critério de verdade. Mas para nossos objetivos presentes o que é importante é ver como ele procede desse ponto de Arquimedes para restabelecer o sistema cognitivo que os argumentos céticos parecem ter descartado.

A consciência cartesiana

O conteúdo de nossas mentes são os pensamentos. "Pensamento" é utilizado por Descartes de forma muito ampla: uma peça de aritmética mental, uma fantasia sexual, uma severa dor de dente, uma vista de Matterhorn, o sabor de um bom vinho do porto, todos, em sua terminologia, são pensamentos. Pensar, para Descartes, inclui não apenas a meditação intelectual, mas também volição, emoção, dor, prazer, imagens mentais e sensações. A característica comum a todos esses elementos, aquilo que os faz pensamentos, é o fato de que eles são elementos da consciência.

> Pelo nome de pensamento compreendo tudo quanto está de tal modo em nós que somos imediatamente seus conhecedores. Assim, todas as operações da vontade, do entendimento, da imaginação e dos sentidos são pensamentos. (*Med*, 179)

> Pois, [...] conquanto as coisas que sinto e imagino não sejam talvez absolutamente nada fora de mim e nelas mesmas, estou, entretanto, certo de que essas maneiras de pensar, que chamo sentimentos e imaginações somente na medida em que são maneiras de pensar, residem e se encontram certamente em mim. (*Med*, 107)

Esses pensamentos, portanto, são os dados básicos da epistemologia cartesiana.

Um trecho traz à baila de forma bem chocante a forma pela qual a palavra "pensamento", para Descartes, se aplica à experiência consciente de qualquer tipo:

> Enfim, sou o mesmo que sente, isto é, que recebe e conhece as coisas como que pelos órgãos dos sentidos, posto que, com efeito, vejo a luz, ouço o ruído, sinto o calor. Mas dir-me-ão que essas aparências são falsas e que eu durmo. Que assim seja; todavia, ao menos, é muito certo que me parece que vejo, que ouço e que me aqueço; e é propriamente aquilo que em mim se chama sentir e isto, tomado assim precisamente, nada é senão pensar. (*Med*, 103)

Essas aparentes sensações, possíveis na ausência de um corpo, são o que filósofos posteriores iriam chamar de "dados sensoriais". A viabilidade do sistema cartesiano depende de se uma significação coerente pode ser dada a tal noção[2].

Na terceira *Meditação*, Descartes destaca uma importante classe de pensamentos, e a eles concede o nome de "ideias":

---
2. Ver capítulo 8 adiante.

> Entre meus pensamentos, alguns são como as imagens das coisas, e só àqueles convém propriamente o nome de 'ideia': como no momento em que eu represento um homem ou uma quimera, ou o céu, ou um anjo, ou mesmo Deus. (*Med*, 109)

A palavra "ideia" encontra-se agora estabelecida na linguagem comum, mas foi um novo ponto de partida utilizá-la de modo sistemático, como o fez Descartes, com referência aos conteúdos da mente humana: até então, os filósofos utilizavam o termo para se referir às Formas platônicas, ou aos arquétipos na mente de Deus. De modo cru, podemos dizer que para Descartes as ideias são a contraparte mental das palavras.

> De modo que nada posso exprimir por palavras, ao compreender o que digo, sem que daí mesmo seja certo que possuo em mim a ideia da coisa que é significada por minhas palavras. (*Med*, 179)

Descartes divide as ideias em três classes: "Das minhas ideias, algumas parecem ser inatas, outras adquiridas e outras ainda concebidas por mim mesmo". Como exemplos de ideias inatas, Descartes oferece as ideias de *coisa*, *verdade* e *pensamento*. As ideias que ocorrem quando Descartes parece ouvir um ruído, ou ver o Sol, ou sentir o calor de uma fogueira, parecem originar-se em objetos exteriores. As ideias de sereias e hipogrifos, por outro lado, parecem ser criações do próprio Descartes. Nesse estágio da jornada epistemológica, tudo isso pode ser somente uma classificação *prima facie*: até aqui Descartes nada sabe sobre a origem dessas ideias que ocorrem em sua mente. Particularmente, ele não pode ter certeza de que as ideias "adquiridas" se originem em objetos externos. Mesmo se o fizerem, ele não pode estar seguro de que os objetos que causam as ideias também se assemelhem às ideias.

Há no entanto uma ideia que pode demonstrar-se ser originada fora da própria mente de Descartes. Ele possui uma ideia de Deus — "eterno, infinito, onisciente, onipotente e criador de tudo o que existe além de si mesmo". Enquanto muitas de suas ideias — como as ideias de pensamento, substância, duração, número — podem muito bem ter se originado em si mesmo, os atributos de infinito, independência, inteligência e poder supremos não podem ser o resultado da reflexão de uma criatura limitada, dependente, ignorante e impotente como ele. As perfeições que se encontram unidas nessa ideia de Deus são tão superiores a qualquer coisa que ele possa encontrar em si que a ideia não pode ser uma ficção de sua própria criação. Mas a causa de uma ideia deve ser não menos real que a própria ideia. Coerentemente, Descartes pode concluir que não está sozinho no Universo: há também, na realidade, um Deus correspondendo à sua ideia. O próprio Deus é a fonte dessa ideia, tendo-a implantado em Descartes desde o seu nascimento:

> E toda a força do argumento de que aqui me servi para provar a existência de Deus consiste em que reconheço que seria impossível que minha natureza fosse tal como é, ou seja, que eu tivesse em mim a ideia de um Deus, se Deus não existisse verdadeiramente; esse mesmo Deus, digo eu, do qual existe uma ideia em mim, isto é, que possui todas essas altas perfeições de que nosso espírito pode possuir alguma ideia, sem, no entanto, compreendê-las a todas, que não é sujeito a carência alguma e que nada tem de todas as coisas que assinalam alguma imperfeição. (*Med*, 120)

Deus, então, é a primeira entidade fora de sua própria mente que Descartes reconhece; e Deus desempenha um papel essencial na subsequente reconstrução do edifício da ciência. Porque Deus não possui defeitos, argumenta Descartes, ele não pode ser enganador, já que a fraude e o engano sempre dependem de algum defeito no enganador. O princípio de que Deus não é enganador é o fio que permitirá a Descartes nos conduzir para fora dos desapontamentos do ceticismo.

Há certas verdades que são tão claras e distintas que quando a mente nelas se concentra elas não podem ser postas em dúvida. Mas nós não podemos manter nossas mentes fixadas por muito tempo somente em um tópico; e não é raro que tão somente recordemos ter percebido clara e distintamente uma proposição particular. Mas agora que sabemos que Deus não é um enganador podemos concluir que tudo o que percebemos clara e distintamente é verdadeiro. Daí estarmos destinados a estar certos não apenas sobre intuições momentâneas como aritmética e geometria. Estas permanecem verdadeiras e evidentes para nós, afirma Descartes, estejamos acordados ou dormindo. Portanto, ele pode contar essas ciências entre suas economias cognitivas, mesmo quando ainda está, em teoria, incerto quanto a ter um corpo e mesmo se existiria um mundo exterior. Ele pode saber um bocado a respeito de triângulos sem nem ao menos saber se existe alguma coisa no mundo em formato triangular (*Med*, 132).

Não é senão na sexta meditação que Descartes estabelece para sua própria satisfação que há coisas materiais e que ele tem um corpo. Ele chama nossa atenção para a diferença entre intelecto e imaginação. A geo-

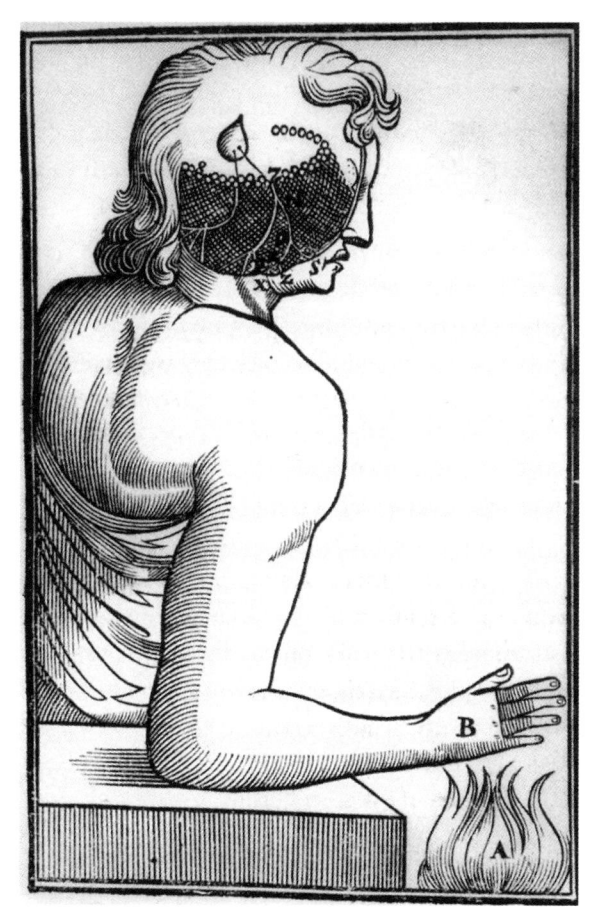

A relação entre mente e corpo como ilustrada em um dos diagramas de Descartes. O movimento viaja através dos nervos partindo de uma mão queimada até a glândula pineal, onde é percebido como dor pela alma.

metria é a obra do intelecto. Pela geometria podemos estabelecer, por exemplo, a diferença entre um polígono com mil lados e um polígono com um milhão de lados. Não podemos, porém, por esforço algum da imaginação, conjurar uma figura mental discernível seja de um quiliágono seja de um miriágono, do mesmo modo como conjuramos uma imagem de um triângulo ou de um pentágono. O poder da imaginação parece ser um recurso opcional extra ao poder do intelecto, que somente ele é essencial para a mente. Um modo de explicar a existência desse poder extra seria postular alguma entidade corpórea em associação íntima com a mente. A diferença entre a imaginação e o puro entendimento seria a seguinte: "a mente, concebendo, volta-se de alguma forma para si mesma e considera algumas das ideias que tem em si; mas imaginando se volta para o corpo e considera nele algo de conforme à ideia que formou de si mesma ou que recebeu por si própria" (*Med*, 139). Mas isso, por enquanto, não é mais que uma ligeira hipótese.

O que é isso que estabelece a existência dos corpos? Descartes descobre em si próprio um poder passivo de receber impressões sensoriais. Correspondendo a esse poder passivo, deve haver um poder ativo para produzir ou fazer essas impressões. Em teoria, elas poderiam ser produzidas pelo próprio Deus, mas não há sequer a mínima indicação a sugerir isto:

> Pois não me tendo dado nenhuma faculdade para conhecer que isto seja assim, mas, ao contrário, uma fortíssima inclinação para crer que elas me são enviadas pelas coisas corporais ou partem destas, não vejo como se poderia dizer que Deus não é enganador se, com efeito, essas ideias partissem de outras causas que não coisas corpóreas, ou fossem por elas produzidas. E, portanto, é preciso confessar que há coisas corpóreas que existem. (*Med*, 143)

Já que Deus é o autor da natureza, e não é enganador, o que quer que a natureza ensine é verdade. Há duas coisas principais que a natureza nos ensina:

> Ora, nada há que esta natureza me ensine mais expressamente, nem mais sensivelmente do que o fato de que tenho um corpo que está maldisposto quando sinto dor, que tem necessidade de comer ou de beber quando nutro os sentimentos de fome ou de sede etc. [...]

> Além disso, a natureza me ensina que muitos outros corpos existem em torno do meu, entre os quais devo procurar uns e fugir de outros. E, certamente, do fato de que sinto diferentes sortes de cores, de odores, de sabores, de sons, de calor e de dureza etc. concluo, com segurança, que há nos corpos, de onde procedem todas essas diversas percepções dos sentidos, algumas variedades que lhes correspondem, embora essas variedades talvez não lhes sejam efetivamente semelhantes. (*Med*, 144)

Nem tudo, todavia, que aparece para nós na natureza é na verdade ensinado pela natureza e assim garantido pela veracidade de Deus — daí a advertência "embora [...] não [...] semelhantes" na última sentença da citação. Apenas aquilo que percebemos de forma clara e distinta é realmente ensinado a nós pela natureza, e se desejamos obter a verdade devemos cuidadosamente restringir nossas crenças a esses limites. Somente assim uma firme ciência dos objetos materiais poderá ser construída para substituir a ultrapassada física do *establishment* aristotélico.

Muitos filósofos contemporâneos consideram a epistemologia cartesiana quase inconvincente, porque veem a existência de Deus como muito mais problemática que as verdades científicas cotidianas que ele é convocado a garantir. Nenhum de seus críticos contemporâneos estava disposto a contestar a existência de Deus, embora cada um deles se desse por satisfeito em contestar seu método de prová-la. Mas há duas diferentes objeções fundamentais que Descartes deverá enfrentar se quiser defender seu método de erigir o edifício da ciência sobre a base da veracidade de Deus.

Primeiro, se Deus não é enganador, como se explica que eu incorra frequentemente em erro? As capacidades que tenho me foram dadas pelo Deus verdadeiro; como podem elas me levar à deriva? A resposta que Descartes dá é que, se propriamente utilizadas, nossas faculdades não nos levam à deriva. Possuo uma faculdade, o intelecto, que oferece percepções de coisas e de verdades; possuo outra diferente faculdade, a vontade, com a qual julgo se uma proposição é verdadeira ou falsa. Se eu restrinjo os juízos da vontade a casos em que o intelecto apresenta uma percepção clara e distinta, então jamais fico à deriva. O erro somente se apresenta quando faço um julgamento precipitado antes de uma percepção clara e distinta. Todo o exercício intelectual das *Meditações* é desenhado precisamente para dar ao leitor a prática na suspensão do juízo quando em ausência de clareza e distinção.

A segunda objeção ao método cartesiano se tornou famosa sob o título "O círculo cartesiano". Foi Antoine Arnauld, autor das quatro objeções, o primeiro a apontar uma aparente circularidade no apelo cartesiano a Deus como o garante das percepções claras e distintas. "Podemos ter a certeza de que Deus existe somente porque percebemos isso clara e distintamente; portanto, antes de estar certos de que Deus existe, precisamos estar certos de que o que quer que percebamos de maneira clara e evidente é verdadeiro" (*AT* VII. 245; *CSMK* II. 170).

Descartes tinha uma resposta a essa objeção, que depende de uma distinção entre as percepções claras e distintas particulares, por um lado, e o princípio geral, por outro, de que o que quer que percebamos clara e distintamente é verdadeiro. Nenhum apelo à veracidade de Deus é necessário para convencer da verdade das percepções individuais. Intuições como as de que eu existo ou de que dois mais três somam cinco não podem ser postas em dúvida enquanto eu continue a percebê-las clara e distintamente. Mas, embora eu não possa duvidar de algo que eu esteja percebendo de forma clara e distinta aqui e agora, eu posso — antes de estabelecer a existência de Deus — duvidar da proposição geral de que o que quer que eu perceba clara e distintamente seja verdade. De novo, as intuições individuais podem ser postas em dúvida uma vez que façam parte do passado. Eu posso indagar, após o acontecido, se havia alguma verdade naquilo que percebi de forma clara e distinta enquanto lia a segunda *Meditação*.

Dado que simples intuições não podem ser postas em dúvida enquanto se apresentam diante da mente, não é preciso nenhum argumento para estabelecê-las; na verdade, Descartes considera a intuição superior ao argumento como um método de obter a verdade. As intuições individuais só podem ser postas em dúvida pelo método circular que acabei de ilustrar: elas não podem ser postas em dúvida de nenhum modo que implique observação de seu conteúdo. É somente em conexão com o princípio geral, e em conexão com a dúvida circular das percepções particulares, que o apelo à verdade divina é necessário. Daí não haver circularidade no argumento cartesiano. Indubitavelmente, contudo, a mente, nas *Meditações*, é *utilizada* para validar a si mesma. Mas esse tipo de circularidade é inevitável e inofensivo.

O empirismo de Hobbes

Os historiadores de filosofia frequentemente comparam as filosofias britânica e continental nos séculos XVII e XVIII: os continentais eram racionalistas, confiantes nas especulações da razão, enquanto os britânicos eram empiristas, baseando o conhecimento na experiência dos sentidos. De modo a avaliar o grau real de diferença entre as epistemologias britânica e continental devemos olhar mais de perto a doutrina de Hobbes, que pode com justiça declarar-se o fundador do empirismo britânico.

O *Leviatã* de Hobbes inicia-se com um capítulo, "Da sensação", que oferece um sonoro manifesto: "Não há nenhuma concepção no espírito do homem que não tenha primeiro, totalmente ou por partes, sido originada nos órgãos dos sentidos. O resto deriva daquela origem" (*L*, 13). Outras operações da mente, como a memória, a imaginação e o raciocínio, são totalmente dependentes da sensação. Imaginação e memória são a mesma coisa, a saber, sentidos decadentes:

> Pois tal como à distância no espaço os objetos para que olhamos nos aparecem minúsculos e indistintos em seus pormenores e as vozes se tornam fracas e inarticuladas, assim também, depois de uma grande distância de tempo, a nossa imaginação do passado é fraca e perdemos, por exemplo, muitos pormenores das cidades que vimos, das ruas, e muitas circunstâncias das ações. (*L*, 16)

O raciocínio, afirma Hobbes, nada é senão a enumeração das consequências dos nomes gerais convencionados para marcar e significar nossos pensamentos; e os pensamentos são sempre, para ele, imagens mentais (de nomes ou coisas) derivadas da sensação. "Cada um deles é uma representação ou aparência de alguma qualidade, ou outro acidente de um corpo exterior a nós" (*L*, 13).

Há, segundo Hobbes, dois tipos de conhecimento: conhecimento dos fatos e conhecimento das consequências. O conhecimento da consequência é o conhecimento daquilo que se segue de algo: o conhecimento que mantém a ordem na constante sucessão ou fluxo de pensamentos. É expresso em linguagem por leis condicionais, na forma "Se A, então B". O conhecimento do fato — o tipo de conhecimento que exigimos de uma testemunha — é dado pelos sentidos e pela memória. O mero raciocínio, ou discurso, não pode jamais resultar em conhecimento do fato absoluto, do passado ou do futuro (*L*, 55).

É verdade, como afirmam os empiristas, que jamais adquirimos informações sobre o mundo ao nosso redor, direta ou indiretamente, sem em algum estágio exercitarmos nossos poderes de percepção sensorial. A fraqueza do empirismo britânico repousa em sua abordagem ingênua e insatisfatória de em que de fato consiste a percepção sensorial. Os pensadores da tradição aristotélica, que Hobbes especificamente rejeita, enfatizaram que nossos sentidos são poderes discriminatórios: o poder de separar uma cor de outra, de distinguir diferentes sons e gostos e assim por diante. Eles enfatizaram que os sentidos possuem um papel ativo na experiência: qualquer episódio particular de sensação (por exemplo, saborear a doçura do açúcar) era uma transação entre um item no mundo (uma propriedade do açúcar) e uma faculdade do percebedor (o poder do gosto). Para Hobbes e os que se seguiram, por contraste, a sensação é algo passivo: a ocorrência de uma imagem ou ilusão na mente.

Retrato de Hobbes no Hardwick Hall,
morada de seu protetor, o duque de Devonshire.

Há mesmo, segundo Hobbes, um elemento ativo na sensação; contudo, não é uma questão de fazer discriminações entre qualidades autênticas no mundo real, mas antes de projetar no mundo itens que são aparições ilusórias:

> A causa da sensação é o corpo exterior, ou objeto, que pressiona o órgão próprio de cada sentido, ou de forma imediata, como no gosto e no tato, ou de forma mediata, como na vista, no ouvido e no cheiro; essa pressão, pela mediação dos nervos, e outras cordas e membranas do corpo, prolongada para dentro em direção ao cérebro e coração, causa ali uma resistência, ou contrapressão, ou esforço do coração, para se transmitir; esse esforço, porque *para fora*, parece ser de algum modo exterior. E é a esta *aparência* ou *ilusão* que os homens chamam *sensação*; e consiste, no que se refere à visão, numa luz, ou cor figurada; em relação ao ouvido, num *som*, em relação ao olfato, num *cheiro*, em relação à língua e paladar, num *sabor*, e, em relação ao resto do corpo, em *frio, calor, dureza, maciez* e outras qualidades, tantas

quantas discernimos pelo *sentir*. Todas estas qualidades denominadas sensíveis estão no objeto que as causa, mas são muitos os movimentos da matéria que pressionam nossos órgãos de maneira diversa. (*L*, 13)

O relato da sensação do empirista Hobbes acaba por ser exatamente o mesmo do racionalista Descartes. Para os dois, qualidades como as de cor e gosto não são nada além de experiências enganadoras, itens da consciência não privada: "ilusões" para Hobbes; "*cogitationes*" para Descartes. Hobbes faz uso de argumentos similares aos de Descartes para chamar a atenção para a subjetividade desse tipo de qualidades secundárias: vemos cores nos reflexos; um golpe nos olhos nos faz ver estrelas, e assim por diante. Para Hobbes, assim como para Descartes, não há diferença intrínseca entre nossa experiência sensorial, nossa imagística mental e nossos sonhos. Da mesma forma que Descartes argumentou que poderia estar seguro do conteúdo de seus pensamentos mesmo se não tivesse corpo e não houvesse um mundo exterior, assim também Hobbes argumenta que todas as nossas imagens permaneceriam as mesmas mesmo se o mundo fosse aniquilado (*L*, 17).

Um erro comum subjaz ao ataque de Descartes-Hobbes à objetividade das qualidades sensórias: uma confusão entre relatividade e subjetividade. É verdade que as qualidades sensórias são relativas, vale dizer, são definidas por suas relações com os percebedores sensoriais. Para que uma substância possua certo gosto é preciso que tenha a capacidade de produzir certo efeito em um ser humano ou em outro animal, e o efeito particular que produz irá variar em conformidade com certas condições. Mas o fato de que o gosto é uma propriedade relativa não implica que não seja uma propriedade objetiva. "Ser maior que a Terra" é uma propriedade relativa; e no entanto é um fato objetivo que o Sol é maior que a Terra.

Hobbes difere de Descartes no fato de que ele fracassa em estabelecer qualquer distinção séria entre a imaginação e o intelecto. Se o intelecto é, *grosso modo*, a capacidade de utilizar e compreender a linguagem, então ele é algo bem diferente do fluxo de imagens na mente. Descartes estabeleceu de forma clara a diferença entre intelecto e imaginação, num trecho luminoso da sexta *Meditação*:

> Quando imagino um triângulo, não o concebo apenas como uma figura composta e determinada por três linhas, mas, além disso, considero essas três linhas como presentes pela força e pela aplicação interior de meu espírito; e é propriamente isso que chamo imaginar. Quando quero pensar em um

> quiliógono, concebo na verdade que é uma figura composta de mil lados tão facilmente quanto concebo que um triângulo é uma figura composta de apenas três lados; mas não posso imaginar os mil lados de um quiliógono como faço com os três lados de um triângulo, nem, por assim dizer, vê-los como presentes com os olhos de meu espírito. (*Med*, 138)

Hobbes não faz similar distinção em nenhum lugar, e sistematicamente identifica a mente com o que Descartes chama de imaginação. Hobbes estava, na verdade, cônscio do papel da linguagem na atividade intelectual, e considerava sua posse o principal privilégio a situar a espécie humana acima de outros animais quando escrevia, por exemplo:

> É pela vantagem dos nomes que somos capazes de ciência, que os animais, por carência deles, não o são — e nem o homem [o seria] sem o uso deles. Pois assim como um animal perde não [apenas] um ou dois dentre os seus muitos jovens, devido à carência daqueles nomes de ordem, um, dois, três etc., a que chamamos números, também nenhum homem, sem repetir oral ou mentalmente as palavras de número, sabe quantas moedas ou outras coisas estão diante de si. (*L*, 35-36)

Todavia, ele escreve como se o fato de que uma série de imagens passando pela mente consiste de imagens de nomes antes que de coisas fosse suficiente para transformar um fluxo de fantasias numa operação do intelecto. Mas na verdade nenhuma explicação em termos de imagens mentais pode dar conta nem mesmo de nosso conhecimento da simples aritmética, o modelo favorito de Hobbes para o raciocínio. Se quiser somar 97 a 62, não posso conjurar qualquer imagem mental de nenhum dos números; e a imagem mental dos numerais em si não será de grande valia, a não ser que eu tenha passado pelo longo e tedioso processo de aprender a fazer aritmética mental. A ocorrência das imagens não acrescenta nada à explicação daquele processo, e é somente como uma consequência daquele processo que as imagens são úteis para objetivos aritméticos.

As ideias de Locke

O empirismo não é sempre defendido da forma rude e crua em que é exposto por Hobbes, de modo que é chegada a hora de nos voltarmos para a mais bem conhecida e geralmente mais apreciada apresentação feita por John Locke. Locke e Descartes são não raro contrastados como os principais expoentes de duas diferentes escolas filosóficas, mas na verdade partilham várias premissas comuns. Locke baseia seu sistema em "ideias", e suas "ideias" vêm a ser muito similares aos "pensamentos" em Descartes. Os dois filósofos fazem de início um apelo à consciência imediata: ideias e pensamentos são aquilo que encontramos quando olhamos para dentro de nós mesmos. Os dois falham na resolução de uma ambiguidade fatal em seus termos-chave, e isso prejudica sua epistemologia e sua filosofia da mente.

Em Locke, por exemplo, é frequentemente difícil afirmar se com "ideia" se quer significar um objeto (aquilo que está sendo percebido ou do que se pensa algo) ou uma ação (o ato de perceber ou pensar). Locke afirma que uma ideia é "qualquer coisa que exista com que a mente possa se ocupar em pensar a respeito". A ambiguidade definidora está na frase "com que a mente possa se ocupar", o que pode significar ou aquilo que a mente esteja pensando sobre (o objeto) ou aquilo com que a mente esteja ocupada (a ação). A ambiguidade é prejudicial quando Locke considera questões como se o verdor é um objeto no mundo ou uma criação da mente.

Embora Locke sempre conteste Descartes, grande parte de seu programa filosófico é adaptado do filósofo francês, e muitas das perguntas que faz são as mesmas de Descartes. São os animais máquinas? Pensa sempre a alma? Pode haver espaço sem matéria? Existem ideias inatas?

Essa última questão é sempre considerada um ponto definidor: a resposta dada por um filósofo mostra se ele é um racionalista ou um empirista. Mas a questão não é do tipo simples. Se a dividimos nos dois significados diferentes que pode ter, descobrimos que não existe um grande abismo fixado entre as posições de Locke e Descartes.

Primeiro, podemos indagar: "As crianças pensam pensamentos no útero?". Locke, assim como Descartes, acreditava que as crianças não nascidas tinham pensamentos simples ou ideias, como dores e sensações de calor. Locke ridiculariza a ideia de que uma criança que sabe que uma maçã não é uma chama comprovaria o princípio da não contradição (*EHU*, 61). Mas Descartes não acredita mais que Locke que os infantes tenham pensamentos elaborados de tipo filosófico. Uma criança tem uma ideia inata dos princípios autoevidentes apenas do mesmo modo que pode ter uma disposição herdada para a gota (*AT* VIII. 357; *CSMK* I. 303).

À luz disso, podemos considerar que a questão diz respeito não à atividade do pensamento, mas à mera capacidade de pensar. Haveria uma capacidade geral inata para o entendimento específica dos seres humanos? Tanto Descartes como Locke acreditam que sim. O *Ensaio* começa com a afirmativa de que é o entendimento que situa o homem acima do resto dos seres sensíveis (*E*, 145).

Locke se concentra não na faculdade geral do entendimento, mas sobre o assentimento a certas proposições particulares, por exemplo, "um e dois somam três" e "é impossível para a mesma coisa ser e não ser". Nosso assentimento a essas verdades dependeria da experiência? Não, afirma Descartes, eles são princípios inatos que reconhecemos. Mas Locke não pensa que eles dependam da experiência, afirmando que a experiência é necessária para nos fornecer os conceitos que formam as proposições, não para assegurar nosso assentimento a elas quando formadas. "Os homens nunca falham, uma vez tendo entendido as palavras, de as reconhecer como verdades indubitáveis" (*EHU*, 56). Descartes, por outro lado, não afirma que todas as ideias inatas são princípios aceitos tão logo sejam entendidos: alguns deles tornam-se claros e distintos, e determinam o assentimento, somente depois de laboriosa meditação.

Locke dedica muito de sua abordagem das ideias inatas à questão sobre se há quaisquer princípios, sejam teóricos ou práticos, que determinem assentimento universal. Ele nega que haja quaisquer princípios teóricos que sejam assumidos por todos os seres humanos, inclusos os selvagens e as crianças. Voltando-se para os princípios práticos, ele se diverte empilhando exemplos de violações, em várias culturas, de máximas morais que parecem fundamentais para todos os cristãos civilizados, incluindo a mais básica: "Pais cuidam e gostam de suas crianças" (*EHU*, 65-84). Mesmo se houvesse verdades universalmente aceitas, isso não seria suficiente para provar o inatismo, dado que a explicação deve ser um processo comum de aprendizado.

Descartes, contudo, pode concordar quanto ao consenso universal não implicar inatismo, e pode mesmo replicar que o inatismo não implica do mesmo modo o consenso universal. É uma proposição fundamental de seu método que algumas pessoas, na verdade muitas pessoas, podem ser impedidas por preconceito ou preguiça de assentir aos princípios inatos que estão latentes em suas mentes.

Sobre o tópico das ideias inatas, os argumentos de Locke e Descartes ignoram-se largamente. Descartes argumenta que a experiência sem um elemento inato é uma base insuficiente para o conhecimento científico; Locke insiste que os conceitos inatos sem a experiência não podem ser a causa do conhecimento que temos do mundo. Os dois opostos podem estar corretos.

Locke afirma que os argumentos dos racionalistas levariam alguém a "supor inatas todas as nossas ideias de cores, sons, gosto, figura etc., algo que não pode ser mais contrário à razão e à experiência" (*EHU*, 58). Descartes não acreditava que nosso conhecimento da cor ou do gosto de uma maçã em particular fosse algo inato, mas não viu nada de absurdo na ideia geral de a vermelhidão ou a doçura serem inatas — e isso por uma razão que o próprio Locke aceitou, a saber, que nossas ideias de tais qualidades são inteiramente subjetivas. Uma vez mais, a disputa superficial entre o racionalismo e o empirismo mascara um acordo fundamental.

O argumento de Locke para a subjetividade de qualidades como cores e gostos começa com uma divisão entre aquelas ideias "que vêm às nossas mentes via apenas um sentido", e as que "se apresentam à mente por mais de um sentido". Sons, gostos e odores são exemplos do primeiro tipo, assim como "cores, como branco, vermelho, amarelo, azul, com seus vários graus ou tons e misturas, como verde, escarlate, púrpura, verde-marinho e o resto". Como exemplos de ideias que obtemos via mais de um sentido, Locke dá os de extensão, forma, movimento e repouso — itens que podemos detectar tanto pela visão como pela sensação.

Correspondente a essa distinção entre dois tipos de ideias encontra-se uma distinção entre as qualidades a ser encontradas nos corpos. Devemos distinguir ideias como percepções na mente e como as modificações de matéria nos corpos que causam essas percepções; e não devemos assumir como certo que nossas ideias são imagens exatas de algo nos corpos que as causam. Os poderes de produzir ideias em nós são chamados por Locke de "qualidades". Qualidades perceptíveis por mais de um sentido ele denomina "primárias", e as percebidas por apenas um sentido ele denomina "secundárias". Essa distinção não era nenhuma inovação, pois era costumeiro desde Aristóteles distinguir "sensíveis comuns" (= qualidades primárias) de "sensíveis próprios" (= qualidades secundárias) (*EHU*, 134-135). O ponto em que Locke se distanciava de Aristóteles era na negação da objetividade dos sensíveis próprios. Nisso ele havia sido antecipado por Descartes, que argumentava que para se oferecer um relato científico da percepção era necessário convocar apenas as qualidades primárias. Calor, cores e gostos eram, estritamente falando, apenas entidades mentais, e era um engano pensar que em um corpo quente houvesse algo como minha ideia de calor, ou que num corpo verde houvesse o mesmo verdor que em minha sensação (*AT* VII.82; *CSMK*, II.56). Os eventos corpóreos que nos fazem ver, ouvir ou saborear são nada mais que movimentos de matéria formada. Em defesa dessa conclusão, Locke oferece algumas das mesmas considerações que Descartes, mas apresenta uma linha de argumentação mais sustentável.

Primeiramente, Locke afirma que somente as qualidades primárias são inseparáveis daqueles que as possuem. Um corpo pode carecer de um cheiro ou de um sabor, mas não pode haver um corpo sem forma ou tamanho. Se você tomar um grão de trigo e o dividir sem cessar, ele poderá perder sua cor ou seu sabor, mas irá manter extensão, forma e mobilidade. Descartes havia feito uso de um argumento similar, tomando não o trigo, mas uma pedra como seu exemplo, para provar que somente a extensão era parte da essência de um corpo.

Temos apenas de apelar à nossa ideia de algum corpo, por exemplo uma pedra, e remover dela o que quer que saibamos não esteja nela impresso pela natureza mesma do corpo. Primeiro rejeitamos a dureza, pois se a pedra for mista, ou dividida em um pó muito fino, perderá ainda essa qualidade sem deixar de ser um corpo. Novamente, rejeitamos a cor: temos visto frequentemente pedras tão transparentes que resultam descoloridas.

O que fazer de tais argumentos? Pode ser verdade que um corpo deva ter alguma forma ou cor, mas qualquer forma particular pode ser perdida. Como o próprio Descartes nos recorda em outro lugar, um pedaço de cera pode deixar de ser cúbico e tornar-se esférico. O que Locke afirma das qualidades secundárias pode ser afirmado também das qualidades primárias. O movimento é uma qualidade primária, mas um corpo pode ser imóvel. De fato, se o movimento e o repouso forem considerados, como Locke os considera, um par de qualidades primárias, a qualquer momento um corpo pode carecer de uma ou outra delas.

O argumento em defesa da permanência das propriedades primárias parece depender de se as tomar genericamente: um corpo não pode cessar de possuir algum tipo de comprimento, algum tipo de extensão, algum tipo de altura. O argumento em defesa da impermanência de outras qualidades parece depender de se as considerar especificamente: um corpo pode perder sua cor, seu odor ou seu sabor específicos. É verdade que um corpo pode ser insípido, inodoro e invisível, mas por outro lado um corpo não pode perder toda a sua extensão. Mas o fato de que tais qualidades são propriedades não essenciais dos corpos não demonstra que elas não são propriedades autênticas dos corpos, não mais que o fato de que um corpo pode deixar de ser cúbico demonstre que uma forma cúbica, enquanto dure, não é uma propriedade autêntica do corpo.

Locke afirma que as qualidades secundárias não são outra coisa que um poder de produzir sensações em nós. Mesmo se garantirmos que isso é verdadeiro, ou ao menos que é uma aproximação da verdade, não fica demonstrado que as qualidades secundárias são meramente subjetivas em vez de serem propriedades autênticas dos objetos que parecem possuí-las. Para demonstrar com um caso paralelo, ser venenoso é simplesmente possuir o poder de produzir certo efeito em um ser vivo; mas é uma questão objetiva, uma questão de fato comprovada, se algo é ou não venenoso para um dado organismo. Aqui, como em Descartes e Hobbes, nos deparamos com uma confusão entre relatividade e subjetividade. Uma propriedade pode ser relativa ao mesmo tempo em que é perfeitamente objetiva. Uma chave servir em uma fechadura é uma condição, e como salientou Robert Boyle, um contemporâneo de Locke, as qualidades secundárias são as chaves que servem em determinadas fechaduras, as quais são os diferentes sentidos humanos.

"Os particulares volume, número, figura e movimento das partes do fogo, ou da neve, estão de fato neles", afirma Locke, "sejam ou não percebidos por algum sentido". Luz, calor, brancura e frio, por outro lado, não são mais reais nos corpos do que a doença ou a dor está na comida que pode nos causar uma dor estomacal. "Descartemos a sensação neles; impeçamos os olhos de ver luz ou cores, e aos ouvidos de ouvir sons; não permitamos ao paladar saborear, nem ao nariz cheirar, e todas as cores, sabores, odores e sons, enquanto tais ideias particulares, desaparecerão e cessarão (*EHU*, 138). Esse argumento é inconsistente com aquilo que Locke acabara de afirmar, a saber, que as qualidades secundárias são poderes nos objetos que causam sensações em nós. Esses poderes, para o serem, são exercidos somente em presença de um órgão sensorial, mas poderes continuam a existir mesmo quando não estão sendo exercidos. (Quase todos têm o poder de recitar "Três ratos cegos", mas raramente o fazem.)

Locke afirma que aquilo que produz em nós as ideias das qualidades secundárias não é outra coisa senão as qualidades primárias do objeto que possui esse poder. A sensação do calor, por exemplo, é causada pelos corpúsculos de algum outro corpo causando uma elevação ou diminuição do movimento das partes minúsculas de nossos corpos. Mas mesmo se este fosse um relato verdadeiro de como uma sensação de calor é causada, por que concluir que a sensação em si não é senão "um tipo e grau de movimento das partes minúsculas de nossos nervos"? A única base para essa conclusão parece ser o princípio arcaico de que o semelhante causa o semelhante. Mas, fazendo uso de um exemplo do próprio Locke, uma substância pode causar doença sem que ela própria esteja doente.

Locke nega que a brancura e a frieza estão de fato nos objetos, porque afirma que não há equivalência entre as ideias em nossas mentes e as qualidades nos corpos. Essa afirmação se apoia na ambiguidade que notamos logo de saída na noção de uma ideia. Se uma ideia de azulado é um caso da ação de perceber a cor azul, então não há mais motivo para esperar que a ideia assemelhe-se à cor mais do que se deve esperar que tocar um violino se assemelhe a um violino. Se, por outro lado, a ideia de azulado é o que é percebido, então, quando vejo uma flor de esporinha, a ideia não é uma imagem do azulado, mas o próprio azulado. Locke poderá negar isso somente se assumir aquilo que pretende provar.

O argumento final de Locke é uma analogia entre a percepção e o sentimento:

> E aquele que considerar que o mesmo fogo que a uma distância produz em nós a sensação de calor produzirá quando bem mais próximo a sensação bem mais diferente de dor, deveria ele mesmo refletir que razões tem para dizer que sua ideia de calor, que foi nele produzida pelo fogo, está de fato no fogo, e sua ideia de dor, que o mesmo fogo nele produziu da mesma maneira, não está no fogo. (*EHU*, 137)

A analogia está sendo mal aplicada. O fogo é tanto doloroso como quente. Ao se afirmar que ele é doloroso, ninguém está afirmando que sente dor. Igualmente, ao dizer que o fogo é quente, ninguém está afirmando que sente calor. Se os argumentos de Locke funcionassem, eles poderiam ser voltados contra o próprio Locke. Fazendo uso de outro exemplo de Locke, quando me corto sinto o corte da faca tão bem quanto a dor — significaria isso que o movimento, ele também, é uma qualidade secundária?

Locke insiste, com exemplos familiares, que as sensações produzidas pelo mesmo objeto irão variar com as circunstâncias (água morna irá parecer quente a uma mão fria e fria a uma mão quente; as cores que vemos no pórfiro dependem da intensidade da luz que brilha sobre essa pedra, e assim por diante). Mas o resultado disso não é que as qualidades secundárias não são objetivas. A grama é verde, certo, mas "verde" não é, como julgava Locke, o nome de uma experiência inefável privada, e ser verde não é uma simples propriedade, mas uma propriedade de tipo complicado, que inclui características tais como parecer azul sob certas condições de iluminação.

Spinoza e os graus de conhecimento

No sistema spinozano, a epistemologia não tem a proeminência que tem no sistema lockiano, mas apresenta uma quantidade de características sutis. Em seu *O desenvolvimento do entendimento*, Spinoza descreve quatro níveis de conhecimento ou percepção. Primeiro, há o ouvir dizer: o tipo de conhecimento que tenho de quando nasci e de quem eram meus pais. Segundo, há o conhecimento "da crua experiência": Spinoza pensa aqui nas conclusões indutivas, como as de que a água apaga o fogo e que algum dia morrerei. Terceiro, há o tipo de conhecimento em que "a essência de uma coisa é inferida da essência de outra, mas não de forma adequada". Spinoza ilustra essa, de outro modo, obscura definição dando como exemplo de nosso conhecimento que o Sol é maior do que parece. Finalmente, há um conhecimento das coisas por suas essências, do qual um exemplo é o conhecimento de um círculo que obtemos da geometria. Esse quarto tipo de conhecimento é o único que nos dá uma noção adequada, à prova de erros, das coisas (*E*, II, 11). É digno de nota que, embora Spinoza chame a todas essas formas de conhecimento "percepção", a crua percepção sensorial em si não figura como um tipo de conhecimento.

Em sua última obra, a *Ética*, Spinoza não nos dá mais uma quádrupla, mas uma tríplice divisão do conhecimento. Não nos é dito nada mais sobre o ouvir dizer, um tópico importante comumente negligenciado pelos filósofos — as honradas exceções são Hume, no século XVIII, Newman, no XIX, e Wittgenstein, no XX. Em vez disso falam-nos dos três níveis de conhecimento, a saber: imaginação, razão e intuição. O ouvir dizer passa a ser uma subdivisão do nível de imaginação, que é o segundo item da classificação anterior. A razão e a intuição correspondem aos dois últimos itens da primeira classificação.

À semelhança de Descartes e Locke, Spinoza descreve o conhecimento em termos de ideias em nossas mentes e, como eles, inclui sob o termo "ideia" tanto os conceitos (a ideia *de* um triângulo) como as proposições (a ideia de *que* um triângulo tem três lados). Conceitos e proposições desse tipo, ele confirma, são inseparáveis. Eu não posso afirmar que um triângulo tem três lados sem possuir o conceito de um triângulo, e não posso ter o conceito de um triângulo sem afirmar que ele tem três lados (*E*, 63).

Há sempre uma ambiguidade quando Spinoza fala da "ideia de X": podemos nos perguntar se o "de" é um subjetivo ou um autêntico objetivo; vale dizer, é a ideia de X uma ideia pertencente a X ou é ela uma ideia cujo conteúdo é X? Quando Spinoza nos diz que a ideia de Deus inclui

A geometria, para Spinoza, era o paradigma do conhecimento. Sua apresentação de seu próprio sistema é modelada sobre os *Elementos* de Euclides.

a essência de Deus e tudo o que necessariamente se segue disso, ele está claramente falando da ideia que Deus tem, a ideia de Deus, antes que da ideia que eu e você possamos ter de Deus (*E*, 33). Mas nem toda referência à "ideia de Deus" é similarmente desprovida de ambiguidades. E uma correspondente ambiguidade se cola à afirmação de Spinoza que a mente humana é a ideia do corpo humano[3].

Contudo, Spinoza exclui expressamente uma ambiguidade presente no termo "ideia" que com frequência nos causa problemas quando lemos Descartes e Locke:

> Uma ideia verdadeira — pois possuímos de fato tal coisa — é algo diferente de seu objeto (*ideatum*). Assim, um círculo é uma coisa, e a ideia de um círculo é outra. A ideia de um círculo não é uma coisa que tenha uma circunferência e um centro, como os tem um círculo. De novo, a ideia de um corpo é algo outro que o corpo em si. (*E*, II. 12)

Um homem Pedro é algo real; a ideia de Pedro é também uma coisa real, mas de tipo diferente. Podemos também ter uma ideia da ideia de Pedro, e assim sucessiva e indefinidamente.

Se sabemos algo, confirma Spinoza, sabemos que sabemos isso, e sabemos que sabemos que sabemos isso. Os filósofos perguntam como sabemos quando temos conhecimento, e buscam algum critério para distinguir o conhecimento da simples crença; sem isso, pensam, jamais poderemos alcançar a certeza. Mas isso, diz Spinoza, é começar do fim errado. Para sabermos o que sabemos, devemos primeiro conhecer; e para adquirir certeza não precisamos de nenhum signo especial além da posse de uma ideia adequada. Aquele que possui uma ideia verdadeira sabe *eo ipso* que tem uma ideia verdadeira, e não pode duvidar de sua verdade (*E*, 58). "Como pode um homem estar seguro de que sua ideia corresponde a seu objeto?", perguntam os filósofos. Spinoza responde: "Seu conhecimento emana simplesmente de ele possuir uma ideia que de fato corresponde a seu objeto; em outras palavras, a verdade é seu próprio critério" (*E*, 59).

Os diferentes estágios do conhecimento correspondem a ideias com propriedades diferentes. Uma ideia pode ser verdadeira sem ser adequada, e pode ser adequada sem ser clara e distinta. Da experiência de nosso corpo entrando em contato com outros objetos, reunimos ideias não so-

---

3. Ver o capítulo 7 adiante.

mente de indivíduos como Pedro, mas também ideias gerais como as de homem, cavalo ou cachorro. Spinoza explica a origem dessas ideias gerais da seguinte forma:

> Elas resultam do fato de que tantas imagens, por exemplo, de homens são formadas simultaneamente que elas superam a faculdade de imaginação — não inteiramente, mas na medida em que a mente perde a conta das pequenas diferenças entre indivíduos (cor, tamanho etc.) e o seu número real. Ela imagina distintamente apenas aquilo que os indivíduos têm em comum até o ponto em que o corpo é afetado por elas — pois é esse o ponto em que cada um dos indivíduos é afetado por isso — e isso é expresso pela mente com o nome *homem* e predica isso dos indivíduos infinitos. (*E*, II. 112)

Outras ideias são formadas a partir de símbolos, de termos lido ou ouvido certas palavras. Essas ideias, embora sendo verdadeiras, são confusas e assistemáticas. Nosso repertório de tais noções constitui nosso conhecimento do primeiro tipo, que podemos chamar de "opinião" ou "imaginação".

Há algumas ideias, contudo, que são comuns a todos os seres humanos, que representam adequadamente as propriedades das coisas. Tais são as ideias de extensão e movimento. Spinoza define uma ideia adequada como "uma ideia que, enquanto considerada em si mesma, sem relação com o objeto, tem todas as propriedades ou marcas intrínsecas de uma verdadeira ideia" (*E*, 32). Não é muito claro como isso pode ser reconciliado com sua afirmação de que uma ideia verdadeira não necessita de nenhuma marca de sua verdade. É tentador pensar que Spinoza quer dizer meramente que as ideias adequadas exprimem verdades que são autoevidentes e não são derivadas por dedução de outras verdades. Mas na verdade ideias adequadas são ligadas umas às outras por conexões lógicas, formando um sistema de verdades necessárias. Esse é o campo da razão (*ratio*) e constitui conhecimento do segundo tipo (*E*, 57). O segundo e o terceiro tipos de conhecimento podem então nos dar ideias verdadeiras e adequadas.

O conhecimento do terceiro tipo é chamado por Spinoza de "conhecimento intuitivo", e é claramente a forma de conhecimento que é mais valorizada. Todavia, nos é oferecida pouca ajuda para o entendimento de sua natureza. É claro que a razão opera passo a passo e que a intuição é uma visão mental imediata. Mais importante, a intuição abarca a essência das coisas, vale dizer, ela entende suas características universais e seu lugar na ordem causal geral do universo. A razão pode nos dizer que o Sol é maior do que parece, mas somente a intuição pode nos dar uma completa percepção sobre por que é assim. Mas a definição formal de Spinoza do conhecimento intuitivo levanta tantas questões quanto as que responde: "Esse tipo de conhecimento procede de uma ideia adequada da essência formal de certos atributos de Deus ao conhecimento adequado da essência das coisas" (E, 57). Talvez somente um completo domínio de todo o sistema filosófico da *Ética* pudesse nos prover com tal conhecimento.

Por duas vezes Spinoza tenta ilustrar os três graus do conhecimento ao nos convidar a considerar o problema de encontrar o número x que tem em relação a um número c a mesma proporção que um dado a tem em relação a um dado b. Mercadores, afirma ele, não teriam a menor dificuldade em aplicar a regra de três que eles adquiriram da experiência ou aprenderam por repetição. Os matemáticos aplicariam a 19ª proposição do sétimo livro de Euclides. Este exemplo distingue o primeiro e o segundo graus de modo suficientemente claro, mas somos deixados no escuro quanto ao método intuitivo para a resolução do problema. Talvez Spinoza tivesse em mente algo como as conquistas dos matemáticos indianos, que podem resolver tais problemas instantaneamente, sem calcular.

A epistemologia de Spinoza deve responder a uma última questão. No conteúdo de qualquer ideia, ele afirma, não há elemento positivo além da verdade (E, 53). Mas se não há elemento positivo nas ideias em razão do qual elas possam ser chamadas de falsas, como é possível o erro afinal? Descartes havia explicado o erro da seguinte maneira: erro é juízo errôneo, e juízo é um ato da vontade, não do intelecto; os erros se dão quando a vontade faz um juízo na ausência da iluminação do intelecto. Spinoza não pode oferecer essa explicação, dado que para ele a vontade e o intelecto não são distintos; portanto, ele não pode dar o conselho de que para evitar o erro se deva suspender o juízo sempre que o intelecto falhe em apresentar uma ideia clara e distinta.

A resposta de Spinoza é dizer que o erro não é algo possitivo. Erro — que ocorre somente no primeiro grau do conhecimento — consiste não na presença de qualquer ideia, mas na ausência de alguma outra ideia que deveria estar presente:

> Assim, quando olhamos para o Sol, e imaginamos que ele está a quase setecentos metros de distância de nós, essa imaginação por si só não resulta em um erro; nosso erro é antes o fato de que enquanto assim imaginamos nós não conhecemos nem a distância verdadeira do Sol e nem a causa de nossa fantasia. (ibid.)

Quanto à suspensão do juízo, isso é de fato possível, mas não por qualquer ato livre da vontade. Quando dizemos que alguém suspende o juízo, queremos apenas dizer que ela vê que não possui uma adequada percepção sobre a questão. Mesmo nos sonhos suspendemos nosso juízo, ao sonharmos que sonhamos (*E*, 66).

A epistemologia de Leibniz

A epistemologia de Spinoza consiste numa série de tentativas de reconciliar o que naturalmente dizemos e pensamos sobre o conhecimento e a experiência com a sua tese metafísica de que as ideias da mente e os movimentos no corpo são apenas dois aspectos dos itens individuais na vida da substância simples que é Deus e natureza. A epistemologia de Leibniz é, de modo semelhante, uma tentativa de combinar discurso e pensamentos comuns em um sistema metafísico — mas um sistema diametralmente oposto ao de Spinoza, em que ideias e movimentos, bem longe de serem substancialmente idênticos entre si, não possuem sequer interação e pertencem a duas séries de eventos diferentes e totalmente independentes, ligadas somente pela harmonia preestabelecida pela mente de Deus.

Se se considera a teoria oficial de Leibniz das mônadas, é difícil ver como ele pode ter, no sentido normal, qualquer tipo de epistemologia afinal. Como, por exemplo, pode ele oferecer qualquer sentido da percepção sensorial, uma vez que não há transações entre a mente e o mundo exterior? Como ele pode se interessar pelo debate sobre quais de nossas ideias são inatas e quais são adquiridas se para ele toda ideia simples é um produto interno da mente apenas? E de fato, apesar disso, uma das obras mais substanciais de Leibniz é um escrito sobre epistemologia, os *Novos ensaios sobre o entendimento humano*, em que ele oferece uma crítica detalhada da teoria empírica do conhecimento de Locke. O *Novos ensaios* é um longo debate de quinhentas páginas entre Filaleto, um porta-voz para Locke, e Teófilo, a voz de Leibniz. Cada capítulo da obra corresponde a um capítulo do *Ensaio* de Locke, e o responde ponto por ponto.

Muitas das posições defendidas por Leibniz no *Novos ensaios*, e muitos dos argumentos de que faz uso, poderiam na verdade ser adotados por um filósofo adepto de uma metafísica muito mais do senso comum. Leibniz está consciente disso, e se defende dizendo que em razão de objetivos didáticos ele tem o direito de falar de corpos agindo sobre mentes assim como um filósofo copernicano segue falando do Sol nascendo e se pondo (G V.67). É na realidade difícil tornar tudo no *Novos ensaios* consistente com o sistema metafísico oficial, mas isso torna o livro mais, e não menos, interessante aos que estão mais interessados em epistemologia que em monadologia.

Os empiristas afirmam que não há nada no intelecto que não esteja nos sentidos. Leibniz responde acrescentando: "exceto o próprio intelecto". Nossa alma é um ente, uma substância, uma unidade, idêntica a si própria, uma causa e o lócus das ideias e do raciocínio. Consequentemente, as ideias de ente, substância e outras podem ser adquiridas pela reflexão da alma sobre si. Ainda mais, elas jamais podem ser adquiridas a partir dos sentidos (G V. 45, 100-101). Essas ideias, então, são inatas no sentido integral. Isso não significa que um recém-nascido já de pronto pense sobre elas, mas ele tem mais que uma capacidade para aprendê-las, possui uma predisposição para assimilá-las. Se quisermos pensar na mente inicialmente como uma tela ainda não pintada, podemos fazê-lo, mas trata-se de uma tela que já vem pré-marcada para a pintura por números (G V.45, 132).

Entre as ideias que são inatas neste sentido, Leibniz inclui os princípios da lógica, da aritmética e da geometria. Mas que dizer de verdades como "vermelho não é verde" e "doce não é amargo"? Leibniz está pronto a dizer que "doce não é amargo" não é inata no sentido em que "um quadrado não é um círculo" é inata. As sensações de doce e amargo, ele diz, vêm dos sentidos (G V.79). Como se pode reconciliar isso com a negação de que o mundo externo age na mente e com a tese de que todos os pensamentos e ações da alma se originam internamente?

Para responder a isso devemos recordar que para Leibniz a alma humana é uma mônada dominante, situada no topo de uma pirâmide de mônadas, que são entidades animadas correspondentes às diferentes partes e órgãos do corpo humano. Traduzida para o monadês, a afirmação de que algumas sensações se apresentam à mente pelos sentidos parece significar que algumas das ideias da mônada dominante se originam das mônadas inferiores. Percepções de mônadas inferiores são trazidas à baila pela apercepção, a consciência autoconsciente da mônada dominante. Mônadas são desprovidas de janelas, diz Leibniz, e não deixam entrar nada do mundo exterior; mas talvez a mônada possa falar por algum tipo de telepatia[4].

Leibniz expõe isso em um estudo sobre os níveis de consciência, que é uma das mais interessantes partes de sua epistemologia. "Há um milhar

---
4. A respeito da percepção e da apercepção, ver adiante, p. 266.

Leibniz como lembrado por seus admiradores na época do Renascimento.

de indicações que nos levam a pensar que constantemente há inúmeras percepções em nós, mas sem apercepção e sem reflexão" (*G* V.46). Um homem vivendo em um moinho ou próximo de uma cachoeira logo deixa de notar o ruído que faz. Caminhando à beira-mar ouvimos o barulho da maré chegando, mas não distinguimos o choque de cada onda individual. Grande parte de nossa experiência consciente é desse modo composta de minúsculas percepções das quais não possuímos uma ideia distinta. As percepções características das mônadas inferiores são ideias confusas; a apercepção da mônada dominante traz clareza e distinção a nossas ideias. É em razão das percepções sensoriais serem confusas que elas parecem vir de fora.

Leibniz faz uso de sua distinção entre os níveis de consciência para responder a uma objeção padrão às ideias inatas, a saber, que aprendemos verdades individuais bem antes de estarmos cônscios das leis fundamentais da lógica. "Princípios gerais", ele diz, "entram em nossos pensamentos e formam a alma de cada um deles e a ligação entre eles. Eles são tão necessários como os músculos e tendões são necessários para caminhar, mesmo que não pensemos neles". A mente depende da lógica todo o tempo, mas leva tempo para identificar suas leis e as tornar específicas. Os chineses falam em sons articulados assim como o fazem os europeus, mas eles não inventaram um alfabeto para expressar o reconhecimento disso (*G* V.69-70).

Para Locke, os tijolos básicos do conhecimento eram simples ideias apresentadas aos sentidos. Leibniz considera uma ilusão a noção de uma ideia simples:

> Acredito que alguém pode dizer que as ideias dos sentidos parecem ser simples porque elas são confusas: elas não dão à mente espaço para distinguir seu conteúdo. É como o modo em que objetos distantes parecem ser redondos, porque não podemos distinguir seus ângulos, mesmo que tenhamos alguma confusa impressão sobre eles. É óbvio, por exemplo, que o verde é composto de azul e amarelo, misturados — de modo que você pode muito bem pensar que a ideia de verde é composta dessas duas ideias. E mesmo assim a ideia de verde aparece para nós como tão simples quanto aquelas de azul e morno. Assim, devemos acreditar que as ideias de azul e morno são apenas em aparência simples. (*G* V.109)

Leibniz também rejeitava a distinção lockiana entre qualidades secundárias — como as cores, que eram subjetivas — e qualidades primárias — como a forma, que eram objetivas —, considerando as duas qualidades, primárias e secundárias, fenômenos. Sua posição sobre este assunto seria desenvolvida integralmente por Berkeley (cujas primeiras obras foram lidas e aprovadas por Leibniz).

Berkeley sobre as qualidades e as ideias

No primeiro de seus *Diálogos entre Hilas e Filonous*, Berkeley defende a subjetividade das qualidades secundárias, utilizando Locke como um aliado; então ele vira a mesa contra Locke ao produzir argumentos paralelos em defesa da subjetividade das qualidades primárias. Sua conclusão é de que nenhuma ideia, nem mesmo aquelas das qualidades primárias, são atributos de objetos.

No diálogo, Hilas, o materialista, é esmagado em sua defesa da matéria por sua aceitação sem questionamento da premissa lockiana de que não percebemos as coisas materiais em si, mas somente suas qualidades sensíveis. "Por coisas sensíveis", ele diz, "implico somente aquelas que são percebidas pelos sentidos; e que na verdade os sentidos não percebem nada que não percebam de imediato, pois não fazem inferências" (*BPW*, 138). As coisas materiais podem ser deduzidas, mas não são percebidas. As coisas sensíveis, na verdade, são nada mais que muitas qualidades sensíveis. Mas essas qualidades são independentes da mente.

Filonous, o idealista no diálogo, para minar a crença de Hilas na objetividade das qualidades sensíveis, submete-o aos argumentos lockianos para demonstrar a subjetividade do calor. Todos os graus de calor são percebidos pelos sentidos, e quanto maior o calor de modo mais sensível ele é percebido. Mas um elevado grau de calor é uma elevada dor; a substância material é incapaz de sentir dor, e portanto o calor elevado não pode estar na substância material. Todos os graus de calor são igualmente reais; assim, se um elevado calor não é algo em um objeto externo, assim também não o é qualquer calor.

O argumento é repleto de falácias que são engenhosamente ocultas por Berkeley. Os falsos movimentos são colocados na boca de Hilas, não na de Filonous, que simplesmente faz perguntas condutoras, que Hilas então responde com um "sim" ou com um "não", quando deveria estabelecer distinções. Vejamos alguns exemplos:

Filonous — O *calor*, então, é uma coisa sensível?
Hilas — Claro.

Filonous — Deve a realidade das coisas consistir em ser percebida? Ou é ela algo distinto de ser percebido, e que não guarda nenhuma relação com a mente?

Hilas — Existir é uma coisa, ser percebido é outra.

Aceitemos que estamos falando de calor como uma qualidade perceptível, e não como uma forma de energia definível em termos físicos. Hilas está certo em dizer que existir não é o mesmo que ser percebido: o fogo na lareira pode ser quente quando ninguém está parado perto o suficiente para sentir o calor. Mas ele não deveria ter aceitado — como vai fazer — a equação filônica entre "distinto de ser percebido" e "não guardando nenhuma relação com a mente". Um defensor malicioso da objetividade das qualidades poderia ter admitido que elas possuem uma relação com a percepção e ao mesmo tempo insistir em que sua existência é distinta de sua realidade ser percebida. Outro exemplo:

Filonous — Não é o mais veemente e intenso grau de calor uma dor muito grande?
Hilas — Ninguém o poderia negar.
Filonous — E algo imperceptível é capaz de causar dor ou prazer?
Hilas — Certamente que não.
Filonous — É a sua substância material um ser insensível, ou um ser que possui sentidos e percepção?
Hilas — É insensível, com certeza.
Filonous — Ele não pode, portanto, ser o sujeito de dor?
Hilas — De modo algum.

À primeira questão, Hilas deveria ter replicado com uma distinção: o grau máximo de calor *causa* grande dor?: sem dúvida; o calor é em si uma grande dor?: não. Quando perguntado se as coisas insensíveis seriam capazes de dor, ele deveria ter feito uma distinção correspondente: capazes de *sentir* dor?: não; capazes de *causar* dor?: sim. E ele jamais deveria ter admitido que as substâncias materiais são insensíveis: algumas são (por exemplo, as pedras) e algumas não (por exemplo, os gatos). Mas é claro que aqui a culpa recai sobre Locke e seu argumento de que uma substância material não pode ter sensação porque ela é o que *tem* sensação.

Seria tedioso acompanhar, linha a linha, o artifício pelo qual Hilas é induzido a negar a objetividade não somente do calor, mas dos gostos, odores, sons e cores. A meio do diálogo, Hilas concede que as qualidades secundárias não possuem existência fora da mente. Mas ele tenta defender a posição de Locke de que as qualidades primárias existem de fato nos corpos. Filonous encontra-se agora em uma posição firme para demonstrar que os argumentos utilizados por Locke para minar a objetividade das qualidades secundárias podem também ser assestados contra as qualidades primárias.

Locke havia argumentado que os odores não eram propriedades reais porque as coisas que cheiram mal para nós cheiram bem para os animais. Não poderia alguém igualmente argumentar que o tamanho não é uma propriedade real porque o que um de nós mal pode enxergar pareceria uma enorme montanha para algum minúsculo animal (*BWP*, 152)? Se argumentamos que nem o calor nem o frio estão na água, porque ela pode parecer morna a uma mão e fria para outra, podemos do mesmo modo argumentar que não existem formas ou tamanhos reais no mundo, porque o que parece grande e angular a alguém que está próximo parecerá pequeno e redondo a um olho distante (*BWP*, 153).

Ao final do primeiro diálogo, Hilas, aceitando que os objetos materiais são em si imperceptíveis, ainda assim mantém que eles são percebidos por intermédio de nossas ideias. Mas Filonous zomba disso: como pode uma coisa real, em si invisível, ser como uma cor? Hilas tem de concordar que nada senão uma ideia pode ser como uma ideia, e que nenhuma ideia pode existir sem a mente; daí ele ser incapaz de defender a afirmação de que as ideias nos dão informação sobre qualquer coisa fora da mente.

No próximo capítulo iremos seguir a trilha do argumento no segundo e no terceiro diálogos, nos quais Berkeley busca estabelecer seu imaterialismo metafísico. Mas para completar nosso relato de sua epistemologia temos de considerar o que ele tem a dizer não somente a respeito das ideias dos sentidos, mas também sobre as ideias universais que tradicionalmente foram consideradas jurisdição do intelecto. Locke havia dito que a capacidade de formar ideias gerais era a mais importante diferença entre os seres humanos e os animais. Ao contrário dos animais, os seres humanos fazem uso da linguagem, e as palavras da linguagem têm significado como substitutas das ideias, e palavras em geral, como os predicados, correspondem às ideias abstratas. Em seu *Princípios do conhecimento humano* Berkeley organizou um ataque destruidor à teoria da abstração lockiana. As ideias abstratas, diz-se, são obtidas da seguinte maneira:

> Tendo a mente observado que Pedro, Tiago e João se assemelham uns aos outros em certos aspectos comuns de forma e outras qualidades, retira ela da

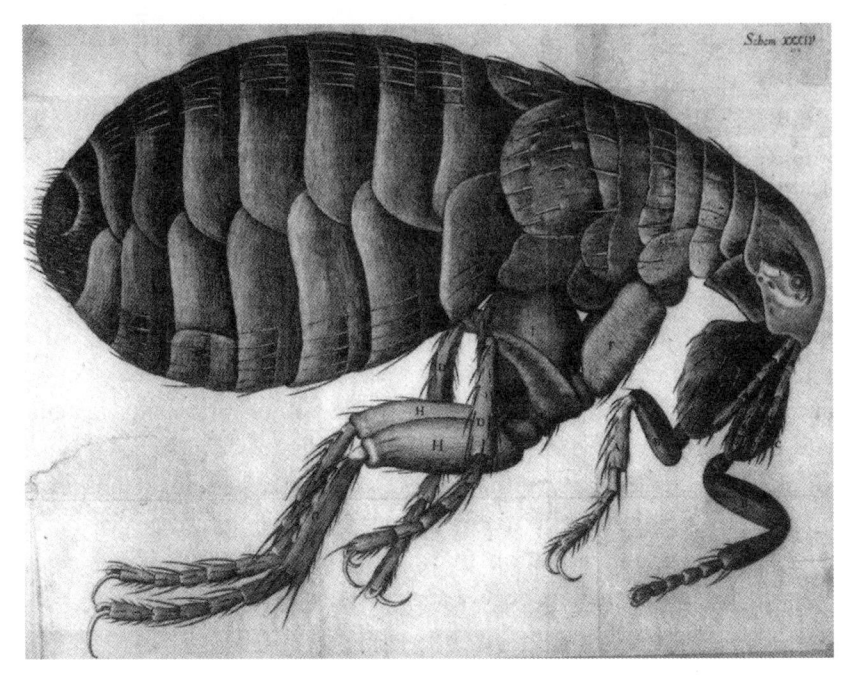

Berkeley utilizou as descobertas do microscópio (tais como a representação que Hooke fez de uma pulga) para levantar dúvidas quanto à objetividade das qualidades primárias.

complexa ou composta ideia que tem de Pedro, Tiago e qualquer outro homem aquilo que lhes é peculiar, retendo somente o que é comum a todos, e faz assim uma ideia abstrata, na qual todos os particulares têm igual peso; abstraindo dela inteiramente, e eliminando todas aquelas circunstâncias e diferenças que poderiam determiná-la a qualquer existência particular. E seguindo essa receita diz-se que chegamos à ideia abstrata de *Homem*. (*BWP*, 48)

Assim, a ideia abstrata de homem contém cor, mas nenhuma cor específica; estatura, mas nenhuma estatura específica, e assim por diante.

Berkeley pensa ser isso absurdo: "A ideia de homem em que eu mesmo me enquadro deve ser ou branco, ou preto ou amarelo; ou honesto ou desonesto; ou alto, ou baixo, ou um homem de meia estatura. Não posso, por nenhum esforço do pensamento, conceber a ideia abstrata". Ele com certeza errava quanto a isso. Se por "ideia" significamos um conceito, então não resta dúvida de que o conceito de homem se aplica aos seres humanos independentemente de sua cor ou seu tamanho, e qualquer um que possua o conceito sabe disso. Se, como parece mais provável, Berkeley julga que uma ideia seja uma imagem, ainda assim ele se equivoca: as imagens mentais não precisam conter todas as propriedades daquilo de que são imagens. Minha imagem mental de Abraão não o faz alto ou baixo; não tenho a mínima ideia de como ele era. Berkeley concebe as imagens mentais muito próximas ao padrão das imagens reais, mas mesmo aceitando isso ele está equivocado. Um retrato numa tela não necessita especificar todas as características de um modelo, e um padrão de um vestido não precisa especificar uma cor, mesmo se qualquer vestido real deva ter alguma cor em particular.

A certa altura, Locke escreve que é preciso talento para formar uma ideia geral de um triângulo, "pois ele não deve ser nem oblíquo nem retângulo, nem isósceles nem escaleno, mas todas e nenhuma dessas [características] ao mesmo tempo". Berkeley está certo ao dizer que isso é uma peça de puro *nonsense*, mas ele deveria atacar Locke de fato por este acreditar que a posse de imagens de qualquer tipo era suficiente para explicar nossa aquisição de conceitos. É isso o que está realmente errado na teoria da linguagem de Locke, e não que ele tenha escolhido as imagens erradas ou as tenha descrito em termos autocontraditórios.

Para fazer uso de uma imagem, ou de uma figura, para representar um X, deve-se já possuir um conceito de um X. Uma imagem não carrega em seu rosto qualquer determinação daquilo que ela representa. Uma imagem de uma folha de carvalho, como um desenho de uma folha de carvalho, pode representar uma folha, um carvalho, uma árvore, uma comenda de escoteiro, um cargo militar ou muitas outras coisas. E conceitos não podem ser adquiridos simplesmente pela retirada de características das imagens. O que alguém deveria retirar de uma imagem de azul de modo a utilizar como uma imagem de cor? Em qualquer caso há conceitos aos quais nenhuma imagem corresponde: os conceitos lógicos, por exemplo, como os correspondentes a "algum" ou "não" ou "se". Há outros conceitos que não podem jamais ser sem ambiguidade derivados de imagens — por exemplo: os conceitos aritméticos. Uma e a mesma imagem pode representar quatro patas e um cavalo, ou sete árvores e uma aleia.

Berkeley acertava, contra Locke, ao separar o domínio da linguagem da posse de imagens gerais abstratas. Mas ele mantinha a ideia de que as imagens mentais eram a chave para a linguagem. Para ele, um nome geral significava não uma única imagem abstrata, mas "indiferentemente um grande número de imagens particulares". Mas assim que a posse-do-conceito fosse separada da imagem-mediadora, as imagens mentais tornam-se desimportantes para a filosofia da linguagem e da mente. A imagística não é mais essencial para o pensamento do que as ilustrações para um livro. Não são nossas imagens que explicam nossa posse de conceitos, mas nossos conceitos que conferem significado a nossas imagens.

Hume sobre ideias e impressões

A identificação empirista entre pensamento e imagística é conduzida a um ponto extremo na filosofia de Hume. Ele tenta, de fato, aperfeiçoar Locke e Berkeley ao fazer uma distinção entre duas classes de percepções — impressões e ideias — em vez de chamar todas de "ideias". Todo mundo, diz Hume, sabe a diferença entre sentimento e pensamento. Sentimento diz respeito a impressões: sensações e emoções. Pensamento lida com ideias: o tipo de coisas que vêm à mente enquanto se está lendo o *Tratado*, por exemplo (*T*, 1).

Fica bem claro que as "ideias" de Hume são imagens mentais. Elas são, ele afirma, como impressões, a não ser pelo fato de que são menos vigorosas e vívidas. Além disso, as ideias simples são cópias de impressões. Isso parece a princípio uma definição de "ideia", mas Hume apela à experiência para sua defesa. De quando em quando ele convida o leitor a olhar para dentro de si a fim de testar o princípio, e o desafia a produzir um contraexemplo. Ele defende o princípio dizendo-nos que um homem que nasce cego não tem ideia de cores. No caso de ideias de cor, contudo, ele próprio está disposto a produzir um contraexemplo. Suponha que um homem encontrou todas as cores, exceto um específico matiz de azul:

> Coloquem-se diante dele todos os diferentes matizes de azul, menos esse, em ordem gradualmente descendente, do mais carregado ao mais claro; é evidente que ele perceberá um vazio no lugar onde falta esse matiz, e sentirá uma distância maior entre as cores contíguas nesse lugar do que em todos os outros. Pergunto agora se lhe será possível suprir essa falha com a sua imaginação e formar por si mesmo a ideia desse matiz particular, embora nunca lhe tenha sido apresentado pelos sentidos. Creio que poucos negarão essa possibilidade. (*I*, 135-136)

Hume está preparado para aceitar esse experimento do pensamento como fornecedor de uma exceção a seu princípio de que todas as ideias são derivadas de impressões. "Se bem que este exemplo seja tão singular", ele continua, "que mal merece que nos detenhamos nele e alteremos, por sua causa, o nosso princípio geral". Essa galante recusa a um contraexemplo deve pôr em dúvida a sinceridade da dedicação de Hume ao "método experimental" no estudo da mente. Determinado, ele faz uso vigoroso do princípio "nenhuma ideia sem impressão antecedente" sempre que deseja atacar a metafísica.

Tendo feito uso da vivacidade como o critério de diferenciação entre ideias e impressões, Hume estabelece uma distinção a mais sobre a base da vivacidade entre dois diferentes tipos de ideias: ideias de memória e ideias de imaginação. "Sendo evidente à primeira vista", ele nos diz, "que as ideias da memória são muito mais vívidas e fortes que as da imaginação, e que a primeira faculdade pinta seus objetos em cores mais distintas que qualquer uma que possa ser empregada pela última". Segundo esse princípio geral, Hume diz que os dois tipos de ideias devem ser precedidos pela correspondente impressão, mas ele também nota uma diferença entre elas: as ideias da imaginação, à diferença das ideias da memória, não são constritas à ordem no tempo e no espaço das impressões originais.

Então nos são dados dois critérios para distinguirmos a memória da imaginação: vivacidade e regularidade. Não fica claro, contudo, como esses critérios devam ser utilizados. É, sem dúvida, para nos permitir fazer a distinção entre as memórias autêntica e ilusória ("Lembro de fato que postei a carta ou estou apenas imaginando que o fiz?"). O segundo critério estabeleceria a distinção, mas jamais poderia ser aplicado em caso de dúvida; o primeiro critério poderia ser utilizado por um cético, mas não seria confiável, já que as fantasias podem ser mais intensas e vigorosas que as memórias.

Hume pensa a memória como revivendo na mente uma série de eventos do passado; mas é claro que recordar a data da batalha de Hastings, lembrar como se faz um omelete ou relembrar o caminho para Oxford partindo de Londres são coisas muito diferentes entre si. Do mesmo modo há muitos outros tipos de memória. Similarmente, a palavra "imaginação" cobre muito mais que o livre jogo da imagética mental, incluindo a confusão ("Seria uma batida na porta ou estaria eu imaginando isso?"), a conjectura ("Imagine o que seria o mundo se todo mundo se comportasse daquela maneira!") e originalidade criativa ("*O senhor dos anéis* é uma obra de extraordinária imaginação"). A abordagem de Hume da memória e da imaginação tenta juntar uma grande variedade de eventos mentais, capacidades, atividades e erros em uma única camisa-de-força empirista.

Há casos que parecem se adequar confortavelmente à descrição de Hume. Eu ouço um pássaro cantar e então tento recapitular mentalmente a melodia; contemplo um padrão de papel de parede e vejo uma impressão retiniana após ter fechado meus olhos. Mas mesmo nesses casos Hume dá uma impressão errônea da situação. Segundo tais exemplos, a diferença entre as impressões e as ideias é que, se o pássaro e o papel de parede são exteriores a mim, a impressão retiniana e o murmúrio subvocal são eventos interiores. Mas Hume aceita a tese empirista de que tudo o que sempre conhecemos são nossas próprias percepções. Minha audição do canto do pássaro não é uma transação entre mim e o pássaro, mas meu encontro com um vívido som de pássaro. Para Hume, toda a vida das pessoas é apenas uma introspecção após outra.

Tem que ser por introspecção, então, que estabelecemos a diferença entre nossas memórias e nossa imagística. A diferença entre as duas, pode-se pensar, poderia ser mais bem colocada em termos de *crença*. Se eu me ponho a recordar que p, então eu acredito que p; mas eu posso imaginar que p é o caso sem qualquer crença desse tipo. Como o próprio Hume diz, concebemos muitas coisas nas quais não acreditamos. Mas a sua classificação dos estados mentais torna difícil para ele encontrar um lugar adequado para a crença.

A diferença entre meramente ter o pensamento que p e realmente acreditar que p não pode ser uma diferença de conteúdo. Como Hume expõe, a crença consiste na adição de uma ideia extra à ideia ou ideias que constituem *aquilo* em que se acredita. Um argumento em defesa disso é que somos livres para acrescentar quaisquer ideias que quisermos, mas não podemos escolher acreditar em qualquer coisa que nos agrade. Uma razão mais convincente seria que se a crença consiste em uma ideia extra alguém que acredite que César morreu em sua cama e alguém que não acredite que César morreu em sua cama não estariam em conflito entre si porque não estariam considerando a mesma proposição (T, 95).

Na *Investigação*, Hume diz que a crença é uma concepção "acompanhada de uma sensação ou de um sentimento, diferente dos livres delírios da fantasia". Mas esse tipo de sensação seria por certo uma impressão; e em um apêndice ao *Tratado* Hume argumenta vigorosamente que isso seria diretamente contrário à experiência — a crença consiste apenas de ideias. Mas ele ainda insiste que "uma ideia conforme a [algo] *sente* diversamente de uma ideia fictícia", e ele oferece vários nomes para descrever a sensação: "força, vivacidade, solidez, firmeza, estabilidade". Ele termina por confessar que "é impossível explicar perfeitamente essa sensação ou modo de concepção" (T, 629). Mas ele insiste que aceitemos seu relato baseado no implausível ponto de partida de que os livros de história (que acreditamos serem factuais) são muito mais vívidos à leitura que os romances (os quais sabemos muito bem serem ficção) (*T*, 97).

Algumas das dificuldades no relato de Hume sobre a vivacidade como um índice da crença são internas a seu sistema. Observamos seu embaraço ao descobrir uma percepção que não é nem totalmente uma ideia nem totalmente uma impressão. Podemos perguntar como poderíamos distinguir a crença de que César morreu em sua cama de uma memória de César morrendo em sua cama, uma vez que a vivacidade é a marca de cada uma delas. Mas outras dificuldades não são meramente internas. O problema crucial é que a crença não necessita nem mesmo fazer uso da imagística (quando sento, acredito que a cadeira irá aguentar meu peso; mas nenhuma imagem ou pensamento sobre a questão entra em minha mente). E quando uma crença utiliza a imagística, uma fantasia obssessiva (da infidelidade de uma esposa, por exemplo) pode ser mais vívida que uma crença autêntica.

Há algo digno de pena na ilusão de Hume de que ao apresentar seus poucos e desorganizados comentários sobre a associação de ideias ele estivesse fazendo pela epistemologia o que Newton havia feito pela física. Mas é injusto culpá-lo por sua filosofia psicológica ser tão pálida: ele herdou de seus antecessores do século XVII uma empobrecida filosofia da mente, e é não raro mais ingênuo que eles na admissão dos furos e incoerências da tradição empírica. As percepções que fazem dele um grande filósofo podem ser desentranhadas de seu invólucro psicológico e continuar a provocar reflexões. O tratamento que dá à causação, ao eu, à moralidade e à religião serão abordados nos capítulos apropriados. Sua principal contribuição à epistemologia foi a apresentação de uma nova forma de ceticismo.

Isso começa a partir da distinção, que encontramos em diversos filósofos, entre proposições que expressam relações de ideias e proposições que expressam questões de fato. O contrário de toda questão de fato é possível, diz Hume, porque não pode jamais implicar uma contradição. Que o sol não nascerá amanhã é [uma proposição] tão inteligível e coerente como a de que irá nascer. Por que então acreditamos na última mas não na primeira? (*I* II, 138).

Todos os nossos raciocínios concernentes às questões de fato, Hume argumenta, são fundados na relação de causa e efeito. Mas como chegamos a nosso conhecimento das relações causais? As propriedades sensíveis dos objetos não revelam a nós nem as causas que as produzem, nem os

Folha de rosto da primeira edição do *Tratado* de Hume, que "já saiu natimorto da impressora".

efeitos que delas irão resultar. Apenas olhar para a pólvora jamais irá revelar que ela é explosiva; a experiência é necessária para aprender que o fogo consome as coisas. Mesmo as mais simples regularidades da natureza não podem ser estabelecidas *a priori*, porque uma causa e um efeito são dois eventos totalmente diferentes e um não pode ser inferido de outro.

Observamos uma bola de bilhar movimentando-se na direção de outra e esperamos que ela irá comunicar seu movimento para a outra. Mas por quê? "Não seria possível que ambas as bolas ficassem em absoluto repouso? Não poderia a primeira bola voltar em linha reta ou ressaltar da segunda em qualquer linha ou direção? Todas essas suposições são coerentes e concebíveis" (*I* II, 139).

A resposta, suficientemente óbvia, é que aprendemos as regularidades da natureza pela experiência. Mas Hume leva adiante sua prova. Mesmo depois de termos tido a experiência das operações de causa e efeito, ele pergunta, que base há na razão para extrair conclusões daquela experiência? A experiência nos fornece informação somente sobre os objetos e acontecimentos do passado: porque deveria isso ser extensivo a tempos e objetos futuros, que a partir de tudo o que sabemos se assemelham aos objetos do passado somente em aparência? O pão me alimentou no passado, mas que razão isso me fornece para acreditar que irá fazê-lo no futuro?

> Estas duas proposições estão longe de serem a mesma: *Tenho verificado que tal objeto é sempre acompanhado de tal efeito* e *Prevejo que outros objetos, que em aparência são semelhantes, serão acompanhados de efeitos semelhantes*. Admitirei, se assim quiserdes, que uma proposição pode justamente ser inferida da outra; e sei, de resto, que essa inferência é feita de qualquer maneira. Mas, se insistis em que ela é feita mediante uma sequência de raciocínios, peço que esses raciocínios me sejam apresentados. (*I* II, 141)

Nenhum argumento demonstrativo é possível: não há nada de fato contraditório na suposição de que na próxima vez em que eu colocar o bule no fogo a água irá se recusar a ferver. Mas nenhum argumento a partir da experiência é possível; pois se contássemos com a possibilidade de que o curso da natureza pudesse mudar não poderíamos nos apoiar na experiência como um guia confiável. Qualquer argumento da experiência para provar que o futuro irá se assemelhar ao passado deve ser manifestamente circular. De modo claro, portanto, não é o raciocínio que nos faz acreditar que será.

No nível do argumento, portanto, o ceticismo é o vitorioso. Mas Hume nos diz para que não nos desolemos em razão dessa descoberta: somos levados a acreditar na regularidade da natureza por um princípio mais forte que o raciocínio. Esse princípio é o costume, ou hábito. Ninguém pode inferir uma relação causal de uma única experiência, pois os poderes causais não são algo observável pelos sentidos. Mas após termos observado objetos ou eventos semelhantes ocorrendo conjuntamente, imediatamente inferimos um tipo de evento do outro. E mesmo assim uma centena de ocorrências não nos fornecem maior razão para extrair conclusões que aquela única forneceu. "Após a conjunção constante de dois objetos — por exemplo, calor e chama, peso e solidez — somos levados tão somente pelo costume a esperar, após um deles, o aparecimento do outro" (*I* II, 145). É o costume, não a razão, que é o grande guia da vida humana.

O *a priori* sintético de Kant

Muitos leitores viram as conclusões de Hume como um pequeno paliativo para a sua devastadora demolição de qualquer ordenamento racional de nossa experiência no tempo. Nenhum ficou mais perturbado pelo desafio cético de Hume que Immanuel Kant, e nenhum trabalhou mais duro para enfrentar o desafio e restabelecer a função do intelecto no ordenamento de nossas percepções.

Da mesma forma que Hume inicia seu argumento contrastando as questões de fato e as relações de ideias, Kant inicia sua resposta fazendo distinções entre diferentes tipos de proposições. Mas em vez de uma única distinção ele tem um par delas para fazer, uma epistemológica e uma lógica. Primeiro ele distingue dois modos de conhecimento: o conhecimento derivado da experiência, que ele chama de conhecimento *a posteriori*, e o conhecimento independente de toda a experiência, que ele chama de conhecimento *a priori*. A seguir ele faz uma distinção entre dois tipos de juízo, analítico e sintético. Ele explica como decidir a que tipo um juízo da forma "A é B" pertence:

> Ou o predicado B pertence ao sujeito A como algo contido (ocultamente) neste conceito A; ou B jaz completamente fora do conceito A, embora esteja em conexão com ele. No primeiro caso denomino o juízo analítico, no outro sintético. (*A*, 6)

Ele dá como exemplo de um julgamento analítico que "todos os corpos são extensos", e como exemplo de um julgamento sintético que "todos os corpos são pesados". Extensão, ele explica, é parte do conceito "corpo", mas pesado não é.

A distinção kantiana entre proposições analíticas e sintéticas não é totalmente satisfatória. Ela é claramente planejada para ser universalmente aplicada a proposições de todos os tipos, porém nem todas as proposições são estruturadas na forma simples sujeito-predicado que ele usa em sua definição. A noção de "contendo" é metafórica e, embora a distinção seja claramente tencionada para ser do tipo lógico, Kant às vezes fala dela como se fosse uma questão de psicologia. Alguns filósofos posteriores tentaram fortalecer a distinção, enquanto outros tentaram destruí-la; mas ela mantém um lugar permanente na discussão filosófica subsequente.

Qual é a relação entre a distinção epistemológica *a priori/a posteriori* e a distinção lógica *analítica/sintética*? As duas distinções são feitas sobre diferentes bases, e, segundo Kant, não coincidem em sua aplicação. Todas as proposições analíticas são *a priori*, mas nem todas proposições *a priori* são analíticas. Não há contradição na noção de uma proposição sintética *a priori*, e há de fato muitos exemplos de tais proposições. Nosso conhecimento da matemática é *a priori* porque as verdades matemáticas são universais e necessárias, enquanto nenhuma generalização a partir da experiência pode ter essas propriedades. E no entanto muitas verdades da aritmética e da geometria são sintéticas e não analíticas. "Que uma linha reta entre dois pontos é a mais curta [entre eles] é uma proposição sintética. Pois meu conceito de *retidão* não contém nenhuma noção de tamanho, mas somente de qualidade" (B, 16). Também a física contém princípios sintéticos *a priori*, como o da lei de conservação da matéria. Finalmente, uma autêntica metafísica não é possível a não ser que possamos ter conhecimento *a priori* das verdades sintéticas.

Como são possíveis tais julgamentos sintéticos *a priori* é o principal problema para a filosofia. Sua solução será encontrada pela reflexão sobre o modo como o conhecimento humano resulta da operação combinada dos sentidos e do entendimento que torna os objetos pensáveis. Nossos sentidos determinam o conteúdo de nossa experiência; nosso entendimento determina sua estrutura. Para marcar o contraste entre conteúdo e estrutura, Kant utiliza os termos aristotélicos "matéria" e "forma". A questão da sensação incluiria o que faz a diferença entre um pedaço de azul e um pedaço de verde, ou o som de um violino e o som de uma corneta. Se isolarmos a sensação de tudo o que de fato pertence ao entendimento, descobriremos que há duas formas de pura consciência sensorial, espaço e tempo: a estrutura comum em que nossas percepções são encaixadas. Mas na vida real os seres humanos jamais possuem consciência sensorial pura.

Para o conhecimento humano, são necessários os sentidos e o entendimento:

> Nenhuma dessas faculdades tem prioridade sobre a outra. Sem os sentidos, nenhum objeto nos seria dado, e sem o entendimento nenhum objeto poderia ser pensado. Pensamentos sem conteúdo são vazios, consciência sem conceitos é cega. [...] O entendimento não possui consciência de nada, os sentidos nada podem pensar. Somente pela sua união o conhecimento pode aflorar. (A, 51)

Na experiência humana, qualquer objeto do sentido é também um objeto do pensamento: o que é experimentado é classificado e codificado; vale dizer, é submetido pelo entendimento a um ou mais conceitos.

Em adição ao entendimento, Kant nos diz, os seres humanos possuem a faculdade do juízo. O entendimento é o poder de formar conceitos, o juízo é o poder de aplicá-los. As operações do entendimento encontram sua expressão nas palavras individuais, já os juízos são expressos em sentenças inteiras. Um conceito não é nada além de um poder de fazer juízos sobre certas coisas. (Possuir o conceito de "planta", por exemplo, é ter o poder de fazer juízos exprimíveis por meio de sentenças contendo a palavra "planta" ou sua equivalente.)

Há muitos diferentes tipos de juízo: eles podem, por exemplo, ser universais ou particulares; afirmativos ou negativos. Mais importante, como ilustra Kant por exemplo, eles podem ser categóricos ("existe uma justiça perfeita"), ou hipotéticos ("se existir uma justiça perfeita, os obstinadamente maus serão punidos"), ou disjuntivos ("o mundo existe ou por cego acaso, ou por necessidade interna, ou por uma causa exterior"). Correspondendo aos diferentes tipos de juízo há diferentes tipos fundamentais de conceitos.

Conceitos e juízos podem ser empíricos ou *a priori*: juízos *a priori* são chamados princípios; conceitos *a priori* são chamados categorias. Em uma elaborada e não totalmente convincente "dedução das categorias", Kant relaciona cada categoria a um tipo diferente de juízo. Por exemplo, ele relaciona a categoria de substância aos juízos categóricos, juízos hipotéticos à categoria de causa, e juízos disjuntivos à categoria de interação. Estejamos convencidos ou não dessas ligações específicas, não podemos negar a importância da afirmação geral de Kant de que há alguns conceitos que são indispensáveis se se quer considerar algo como a operação do entendimento. É essa afirmação verdadeira?

Será mais fácil respondermos essa questão se a apresentarmos em forma linguística. Haverá quaisquer conceitos que devem encontrar expressão em qualquer linguagem totalmente desenvolvida? A resposta parece ser que quaisquer autênticos utilizadores de linguagem, não importando quão distantes possam ser de nós, precisam possuir um conceito de negação, e a capacidade de fazer uso de quantificadores tais como "todos" e "alguns". Esses são os conceitos correspondentes à distinção kantiana entre os juízos afirmativos e negativos, e sua distinção entre juízos particulares e universais. Novamente, qualquer utilizador de linguagem racional necessitará da capacidade de extrair conclusões a partir de premissas, e essa capacidade é expressa na mestria no uso de palavras como "se", "então" e "portanto", que estão relacionadas à classe kantiana dos juízos hipotéticos. Assim, o que quer que pensemos dos detalhes particulares da dedução transcendental das categorias, parece certo estabelecer a ligação entre conceitos e juízos, e afirmar que certos conceitos devem ser fundamentais para todo entendimento.

Kant prossegue argumentando que não somente há conceitos *a priori* que são essenciais se queremos extrair um sentido da experiência, mas que há também juízos *a priori*, a que ele chama "princípios". Alguns desses são analíticos, mas os princípios que são realmente interessantes são aqueles que subjazem aos juízos sintéticos.

Um desses princípios é que todas as experiências possuem extensão. O que quer que experimentemos é estendido — vale dizer, possui partes distintas de outras partes, seja no tempo, seja no espaço. É esse princípio que corrobora os axiomas sintéticos *a priori* da geometria, como o axioma de que entre dois pontos somente uma linha reta é possível.

Outro princípio é o de que em todas as aparições o objeto da sensação tem magnitude intensiva. Por exemplo, se você sente uma certa intensidade de calor, você tem a consciência de que poderia estar sentindo mais ou menos calor: o que você está sentindo é um ponto em uma escala que se estende em duas direções. Uma cor, também, está por sua natureza localizada em um espectro. Quando eu tenho uma sensação conheço *a priori* a possibilidade de sensações semelhantes em outro ponto de uma escala comum. Kant chama a isso "uma antecipação da percepção", mas o termo é infeliz — ele não significa que você pode dizer que sentimento virá em seguida; como o próprio Kant diz, "a sensação é apenas aquele elemento que não pode ser antecipado". Uma palavra melhor que "antecipação" poderia ser "projeção".

Realismo *versus* idealismo

Nos últimos capítulos iremos explorar em grande detalhe outras categorias e outros princípios que Kant deduz no curso de sua analítica transcendental. Mas a questão epistemológica levantada por sua brilhante exposição dos elementos *a priori* de nossa experiência é esta: se grande parte daquilo que percebemos é a criação de nossa própria mente, podemos afinal obter conhecimento autêntico do mundo real, extramental? Um leitor da primeira *Crítica* começa a se preocupar a esse respeito bem antes da analítica transcendental, quando lhe é dito, ao final da estética transcendental, que espaço e tempo são empiricamente reais, mas transcendentalmente ideais. "Se removemos o sujeito", Kant nos diz, ali "espaço e tempo desaparecem: estes, como fenômenos, não podem existir em si, mas somente em nós".

Se espaço e tempo são subjetivos desse modo, pode algo ser mais que mera aparência? Nós comumente distinguimos na experiência, Kant explica em sua resposta, aquilo que vale para todos os seres humanos daquilo que pertence a apenas um único ponto de vista. O arco-íris em um temporal ensolarado pode ser chamado de mera aparência, enquanto a chuva é considerada uma coisa-em-si. Nesse sentido, podemos garantir que nem tudo é mera experiência. Mas essa distinção entre aparência e realidade, Kant continua, é algo meramente empírico. Ao observar mais de perto, percebemos que "não apenas as gotas de chuva são meras aparências, mas que mesmo seu formato arredondado, para não falar do espaço em que caem, nada são em si mesmos, mas meramente modificações de formas fundamentais de nossa consciência sensível, e que o objeto transcendental permanece para nós desconhecido" (A, 46).

Passagens como essa fazem parecer que Kant é um idealista, que não acredita em nada que é real, com exceção das ideias em nossa mente. Na verdade, Kant anseia por se distanciar dos idealistas anteriores, sejam eles, como Descartes, "idealistas problemáticos" ("Eu existo" é a única asserção empírica indubitável) ou, como Berkeley, "idealistas dogmáticos" (o mundo exterior é ilusório). Kant ressalta o ponto que é comum às duas versões do idealismo, a saber, que o mundo interior é mais bem conhecido que o mundo exterior, e que substâncias externas são inferidas (correta ou incorretamente) de experiências interiores.

Na verdade, Kant argumenta, nossa experiência interior só é possível se se admite a experiência exterior. Estou cônscio dos estados mentais cambiantes, e desse modo estou cônscio de minha existência no tempo, o que equivale a dizer como tendo experiências primeiro em um momento e depois em outro. Mas a percepção da mudança implica a percepção de algo permanente: se é para haver mudança, em oposição à mera sucessão, tem de haver algo que é primeiro uma coisa e depois outra. Mas essa coisa permanente não sou eu: o sujeito unificador de minha experiência não é um objeto da experiência. Logo, somente se eu tiver experiência exterior me será possível fazer juízos sobre o passado — até mesmo sobre minha própria experiência interna do passado (B, 275-276).

Filósofos, diz Kant, fazem uma distinção entre fenômenos (aparências) e númenos (objetos do pensamento). Eles dividem o mundo em um mundo dos sentidos e um mundo do intelecto. Mas, como demonstrou a analítica transcendental, não pode haver um mundo de meras aparências, meros dados dos sentidos que não caiam sob quaisquer categorias ou exemplifiquem quaisquer regras. Nem pode haver, em qualquer sentido positivo, puros númenos, vale dizer, objetos de intuição intelectual independentes de consciência sensorial. Contudo, se devemos no fim das contas falar de aparências, devemos pensar que elas são aparências de *algo*, um algo que Kant chama de "o objeto transcendental", que é, todavia, somente um X desconhecido, "do qual não sabemos, e com a presente constituição de nosso entendimento não podemos saber, absolutamente nada". Não podemos dizer nada sobre ele: para fazê-lo, teríamos de submetê-lo a uma categoria, e as categorias são aplicáveis somente à consciência sensorial. O conceito de númeno pode ser compreendido apenas em um sentido negativo, como um conceito limitante cuja função é demarcar as fronteiras da sensibilidade (A, 255-256; B, 307-310). Mas trata-se de conceito fundamental para a afirmação de Kant de que, enquanto ele é um idealista transcendental, no nível empírico ele é um realista, e não um idealista como Berkeley.

Kant se esforçou bastante para distinguir sua própria posição da de outros filósofos no início do período moderno. Pode ser instrutivo, afinal, comparar sua posição com a de um filósofo anterior de quem ele parece mais próximo que de Berkeley ou Descartes: Santo Tomás de Aquino. Kant e Aquino concordam que o conhecimento é possível somente por meio de uma cooperação entre os sentidos e o intelecto. Segundo Aquino, para não somente adquirir, mas também exercitar conceitos, o intelecto deve operar sobre o que ele chama de *"phantasmata"*, o que corresponde aos "dados sensoriais" de Kant — as entregas dos sentidos internos e externos. Para Aquino, como para Kant, conceitos sem experiência são vazios, e fantasmas sem conceitos são ininteligíveis.

Podemos perguntar se, em última análise, Kant e Aquino são idealistas: acreditam eles que jamais conheceremos ou entenderemos o mundo real, mas tão só as ideias da mente? É fácil dar uma resposta direta no caso de Aquino. Para ele, ideias eram universais, e universais, como tais, eram criações da mente; não há tal coisa como um universal no mundo real. Mas isso não significa que ele era um idealista no sentido definido. Os conceitos universais não são objetos de conhecimento intelectual, mas as ferramentas com o uso das quais o intelecto adquire conhecimento da natureza das substâncias materiais do mundo ao nosso redor. Todo pensamento, portanto, faz uso de ideias, mas nem todo pensamento é sobre ideias. Os objetos naturais têm uma realidade que lhes é própria, de que, por via da experiência, podemos adquirir um pedaço e conhecimento parcial, embora as essências de grande parte do mundo natural permaneçam desconhecidas para nós[5].

Kant, contudo, pode separar sua posição da de Berkeley somente se afirmar que existe de fato um número, uma coisa-em-si sob as aparências, a que não temos acesso seja pelo sentido, seja pelo intelecto, e que não pode ser descrita sob pena de *nonsense* explícito. Ele é enfático sobre ser falso dizer que não há nada senão a aparência; mas para muitos de seus leitores pareceu que um nada cumpriria tão bem o papel quanto um algo sobre o qual nada pode ser dito.

Epistemologia idealista

Nem bem Kant morrera e seu sistema já estava sujeito a uma crítica fundamental. Fichte argumentou que havia uma inconsistência radical na *Crítica da razão pura*. Como poderia ser ao mesmo tempo verdadeiro que nossa experiência era causada pelas coisas em si próprias e que o conceito de causa pudesse somente ser aplicado no interior da esfera dos fenômenos? O modo de evitar essa contradição, Fichte afirmava, era abandonar a ideia de uma desconhecida, independente da mente, causa dos fenômenos e aceitar incondicionalmente a posição idealista de que o mundo da experiência é a criação de um sujeito pensante.

Fichte convenceu poucos da possibilidade de derivar o universo da subjetividade do eu individual, e o idealismo alemão recebeu uma forma

---

5. Ver volume II desta coleção, 265-270.

mais plausível e influente da parte de Hegel, que concordava com a eliminação da coisa-em-si mas via a atividade criativa da mente ocorrendo em uma escala cósmica antes que no nível da consciência individual.

Não obstante, A *fenomenologia do espírito*, embora metafísica em intenção, contém algumas agudas reflexões sobre a natureza do conhecimento e da percepção cotidianos. A seu modo costumeiro, Hegel vê as faculdades cognitivas como um triplo: uma hierarquia ascendente da consciência, da autoconsciência e da razão. A consciência, por sua vez, age por três estágios: há primeiramente a percepção sensorial (*Die sinnliche Gewissheit*), depois vem a percepção (*Wahrnehmung*), e finalmente há o entendimento (*Verstand*).

A imediata percepção sensorial, a recepção de dados crus dos sentidos, tem parecido a muitos filósofos, antes e depois de Hegel, a mais rica e primordial forma de conhecimento. Hegel mostra que ela é na verdade o mais frágil e vazio nível de consciência. Se tentamos exprimir o que experimentamos despidos das categorias do entendimento, somos reduzidos a um impotente silêncio. Não podemos sequer estabelecer nosso dado dos sentidos como "isto, aqui, agora"; todas essas expressões indicativas são de fato universais, capazes de ser utilizadas em diferentes ocasiões para experiências, tempos e lugares bem diferentes.

É no nível da percepção que a consciência pode primeiro afirmar ser conhecimento. Nesse estágio, consideramos os objetos do sentido como coisas que possuem propriedades. Mas isso também é uma forma ilusória de conhecimento. Hegel continua, em estilo kantiano, a demonstrar que se queremos reconciliar a multiplicidade da experiência sensorial com a unidade das propriedades em uma substância temos de elevar o nível de entendimento, o que exige categorias científicas, não sensíveis, para conferir ordem aos fenômenos sensoriais. Assim, apelamos à noção de força, e construímos leis naturais para regular sua operação. Mas a reflexão demonstra que essas leis são a criação do próprio entendimento, antes que algum sistema objetivo superfenomênico. A consciência deve assim retornar sobre si própria e tornar-se autoconsciência.

Consciência e autoconsciência, por sua vez, dobram-se à mais elevada faculdade da razão, que vê a natureza, que é o objeto da consciência, e a mente, que é o objeto da autoconsciência, como manifestações de um único e infinito espírito. A esse ponto, a epistemologia se torna metafísica. A tarefa da razão não é mais observar ou conhecer o mundo, mas criá-lo e moldá-lo. Pois a razão é em si um episódio na vida do espírito que a tudo abrange.

Durante o período que vimos analisando, a epistemologia era a disciplina que ocupava o centro das atenções filosóficas: "O que podemos saber e como podemos saber?" tornou-se a questão-chave da filosofia. De fato, as maiores escolas filosóficas recebem nomes — "empirista", "racionalista" — que as definem em termos epistemológicos. Isso representa uma importante diferença entre o início do período moderno e a era pós-hegeliana. Na tradição hegeliana, a epistemologia fundiu-se com a metafísica; em outra tradição, que estava destinada a tornar-se dominante em muitas partes do mundo no século XX, o estudo da lógica e da linguagem superou a epistemologia como a disciplina filosófica mestra. É o que veremos no próximo e último volume de nossa coleção.

5

Física

Filosofia natural

O período que abrange o fim do século XVI e o começo do século XVII foi de grande importância para a filosofia do mundo natural. O que havia sido, até então, uma simples disciplina da "filosofia natural" gradualmente dividiu-se em duas diferentes empresas: a filosofia da ciência natural e a ciência da física. As duas disciplinas partilhavam um comum objeto de estudos, mas tinham objetivos diferentes e operavam de modos diversos. A filosofia da natureza busca um entendimento dos conceitos que empregamos na descrição e no relato dos fenômenos naturais: conceitos como "espaço", "tempo", "movimento" e "mudança". A ciência da física busca estabelecer e explicar os fenômenos em si, não por um raciocínio *a priori* ou por análise conceitual, mas por observação, experimento e hipótese. As duas disciplinas não estão em competição, e de fato necessitam-se mutuamente: mas é de importância primordial manter em mente a diferença entre seus objetivos e métodos.

A separação das duas foi alcançada, nesse início do período moderno, no curso de uma batalha sobre a autoridade da filosofia natural de Aristóteles, que contém elementos das duas disciplinas entrelaçados indiscriminadamente. Aquela filosofia permaneceu dominante nas universidades

Retrato de Galileu envelhecido, de Susterman.

católicas e protestantes por todo o período, e sua influência sem sombra de dúvida agiu como um freio ao desenvolvimento de ciências como mecânica e astronomia. Essas ciências ganharam ímpeto somente na medida em que o arreio aristotélico foi arrancado, e isso se deveu acima de tudo a três filósofos que atacaram o sistema de fora do ambiente acadêmico: Galileu, Bacon e Descartes. Tristemente, a liberação da física foi acompanhada de um empobrecimento da filosofia. Embora se tenha demonstrado que a física científica de Aristóteles era largamente incorreta, seu esquema conceitual reteve muito de seu valor. Com muita frequência, tanto as coisas boas como as coisas más foram descartadas conjuntamente.

O *establishment* que perseguiu Galileu tem sido há muito denunciado pelos historiadores como preconceituoso, protecionista e obscurantista. Em particular, os professores escolásticos têm sido condenados por terem preferido a especulação *a priori* em detrimento da observação e do experimento. Não somente teriam sido relutantes quanto a eles mesmos conduzirem pesquisas, a acusação prossegue, mas relutavam em prosseguir a pesquisa de outros. Eles rejeitavam a observação, mesmo quando ela era passada a eles, como quando um professor de Pádua se recusou a olhar pelo telescópio de Galileu.

A acusação é basicamente justa, embora exagerada. Alguns dos adversários jesuítas de Galileu eram astrônomos respeitáveis por mérito próprio. Mais importante, devemos recordar que o preconceito antiempirista desses últimos aristotélicos não era típico do próprio Aristóteles. Em uma famosa passagem, Aristóteles havia afirmado a primazia do fato sobre a especulação: "Deveremos confiar na observação antes que na teoria, e confiar nas teorias somente se os seus resultados se adequarem à observação dos fenômenos"[1]. Na verdade, esta passagem foi frequentemente citada pelos críticos de Galileu: o heliocentrismo era apenas uma teoria, mas o movimento do Sol era algo que podíamos ver com nossos próprios olhos.

As obras do próprio Aristóteles são repletas de observações originais e ponderadas, e não é motivo de vergonha para ele se foi demonstrado que sua física estava equivocada depois de terem se passado dezoito séculos. É um paradoxo que um dos maiores cientistas da Antiguidade fosse tornar-se o maior obstáculo ao progresso científico nos primórdios da Modernidade. A explicação, contudo, é simples. Quando as obras de Aristóteles foram redescobertas no Ocidente latino, elas foram apresentadas a uma sociedade que era predominantemente literata. O cristianismo, à semelhança do judaísmo e do islamismo, era uma "religião do livro". A autoridade suprema repousava na Bíblia: a função da Igreja era preservar, proclamar e interpretar as mensagens contidas naquele livro, além de promover os ideais e práticas que nele eram apresentados. Tão logo os textos de Aristóteles asseguraram sua aceitação na academia latina, em vez de serem lidos como estímulos para novas investigações, foram tratados com a reverência apropriada a um livro sagrado. Daí as autênticas contradições de Galileu a Aristóteles terem causado tanto escândalo quanto as suas imaginadas contradições à Bíblia.

O método científico, como tem sido comumente entendido em séculos recentes, consiste de quatro estágios principais. Primeiro, procede-se a uma observação sistemática dos fenômenos a ser explicados. Segundo, propõe-se uma teoria que deve providenciar uma explicação desses fenô-

---

1. Ver volume I desta coleção, 101.

menos. Terceiro, a partir dessa teoria deriva-se uma previsão de alguns fenômenos que não aqueles já incluídos na investigação. Quarto, a previsão é testada empiricamente: se a previsão prova-se falsa, então a teoria deve ser rejeitada; se se prova verdadeira, então a teoria está até aí confirmada, e deve ser submetida a outros testes. A cada um desses estágios, a matemática desempenha um papel crucial: na precisa medição dos fenômenos a ser explicados e do resultado do experimento verificador; e na formulação das hipóteses apropriadas e da derivação de suas esperadas consequências.

Durante o período aqui analisado, quatro filósofos, em seus escritos, contribuíram com exemplos do eventual consenso: Aristóteles, Galileu, Bacon e Descartes. Cada um deles, contudo, foi culpado de uma falha em apreciar um ou outro elemento que era necessário para a síntese, e para a maioria deles uma deficiência vital era uma confusão sobre a relação entre a ciência e a matemática.

Aristóteles, embora um admirável investigador empírico na prática, apresentou em seus *Segundos analíticos* um modelo irreal de ciência baseado na geometria, o mais avançado ramo da matemática em seus dias. Ele acreditava que uma ciência completa poderia ser apresentada como um sistema axiomático *a priori*, semelhante ao que seria posteriormente desenvolvido por Euclides. Descartes, ele mesmo um matemático renomado, pensava que a ciência deveria imitar a matemática não pela adoção de seus métodos de raciocínio e cálculo, mas buscando por verdades que tivessem o imediato apelo intuitivo das proposições da aritmética simples e da geometria básica.

Bacon, ao mesmo tempo em que dedicava mais cuidado que cada um desses filósofos na descrição dos procedimentos para a coleta sistemática de dados empíricos e para a formação de hipóteses apropriadas, tinha pouca noção da importância da matemática nessas duas tarefas. Ele considerava a matemática um mero apêndice à ciência, e reclamava dos "escrúpulos e [do] orgulho dos matemáticos, que desejariam que essa ciência tivesse domínio quase completo sobre a física" (*De Augmentis*, 476).

Desse nosso quarteto, somente Galileu apreciava de forma completa o papel essencial da matemática. O livro do universo, ele afirmou para a posteridade, "é escrito na linguagem da matemática, e seus caracteres são triângulos, círculos e outras figuras geométricas, sem as quais é humanamente impossível entender uma única palavra dele" (*Il Saggiatore*, 6). Seu ponto mais fraco era precisamente aquele ressaltado por seus oponentes aristotélicos: ele falhou totalmente em reconhecer que uma hipótese somente é confirmada, não provada com certeza, pelo sucesso de uma previsão. Foi este ponto que foi assumido pelos filósofos da ciência do século XX, tais como Pierre Duhem e Karl Popper, que consideravam ter sido Belarmino o vencedor no debate sobre o heliocentrismo. Eles foram talvez excessivamente generosos ao atribuir ao cardeal um domínio total do método hipotético-dedutivo.

A física cartesiana

Como Galileu e diferentemente de Bacon, Descartes pensava que a matemática fosse a chave para a física, embora ele não tivesse o domínio de Galileu do uso da matemática na construção e na verificação dos experimentos. No *Princípios de filosofia* ele escreve:

> Não reconheço nenhum tipo de matéria nos objetos corpóreos com exceção daquela matéria suscetível a todo tipo de divisão, forma e movimento que os geômetras chamam quantidade, e que eles pressupõem como o fundamento de suas provas. Mais, as únicas propriedades que eu considero neles são aquelas divisões, formas e movimentos; e sobre estes eu aceito apenas que eles podem ser derivados de indubitáveis axiomas verdadeiros com o tipo de autoevidência que pertence a uma prova matemática. Todos os fenômenos naturais, como irei demonstrar, podem ser explicados desse modo: eu portanto não penso que sejam necessários ou desejáveis quaisquer outros princípios na física. (*AT* VIII, 78; *CSMK* I, 247)

O sistema da física cartesiana é mecânico, ou seja, ele assume que todos os fenômenos naturais podem ser explicados pelo movimento de material geométrico. Não é apenas uma questão de enxergar tudo, fora da mente, como sendo apenas um mecanismo de relógio. Mesmo a mais simples forma de relógio, como naturalmente explicado, não é um sistema mecânico, dado que implica a noção de *peso*, e para Descartes o peso, sendo distinto do movimento e da extensão, é apenas uma de muitas propriedades que têm de ser descartadas como subjetivas ou secundárias:

> Eu observei [...] que cores, odores, sabores e o restante das coisas desse tipo eram não mais que sensações existindo em meu pensamento, e não sendo mais diferentes dos corpos do que difere a dor da forma e do movimento

do instrumento que a inflige. Por fim, vi que o peso, a dureza, o poder de esquentar, atrair e de purgar, e todas as outras qualidades que experimentamos nos corpos, consistem unicamente de movimento ou sua ausência, e da configuração e posição de suas partes. (*AT* VII, 440; *CSMK* II, 397)

Para provar que a essência da matéria é constituída de extensão, Descartes argumenta que um corpo, sem deixar de ser um corpo, pode perder qualquer uma de suas propriedades menos a extensão. Considere-se nossa ideia de uma pedra. A dureza não é essencial a ela: ela pode ser reduzida a fino pó. A cor não é essencial: algumas pedras são transparentes. O peso não é essencial a um corpo: o fogo é corpóreo, e no entanto leve. Uma pedra pode mudar, passando de quente para fria, e ainda permanecer pedra. "Podemos agora observar que absolutamente nenhum elemento de nossa ideia permanece, com exceção da extensão em largura, comprimento e profundidade."

Alguém pode concordar que propriedades como cor e mornidão não são essenciais para um corpo, e mesmo assim afirmar que são propriedades objetivas autênticas. Tal era a posição dos predecessores escolásticos de Descartes, que consideravam tais coisas "acidentes reais" das substâncias — "reais" porque eram objetivos, e "acidentes" porque não eram essenciais. Descartes oferece vários argumentos contra essa posição.

Primeiro ele salienta que tais propriedades são percebidas somente por um único sentido, ao contrário da forma e do movimento, que são percebidas por vários deles — mornidão e cor são, no jargão aristotélico, "sensíveis próprios" e não "sensíveis comuns". Este parece ser um argumento pobre. É verdade que juízos, se querem ser objetivos, devem ser capazes de avaliação e correção, e que um juízo de um único sentido não pode ser corrigido pela operação de qualquer outro sentido. Mas qualquer juízo dos sentidos do indivíduo pode ser corrigido por sua própria investigação posterior mais cerrada, feita pelo mesmo sentido, ou pela cooperação de outros observadores fazendo uso da mesma faculdade.

O principal argumento de Descartes para a subjetividade dos sensíveis próprios é do tipo negativo: a noção escolástica de "acidentes reais" é incoerente. Se algo é real, deve ser uma substância; se é um acidente, não pode ser uma substância. Se, *per impossible*, houver coisas tais como acidentes reais, elas devem ter sido especialmente criadas por Deus de tempos em tempos (*AT* III, 505; VII, 441; *CSMK* II, 298; III, 208).

Possivelmente, alguns dos contemporâneos escolásticos de Descartes eram suscetíveis a esse argumento. Mas Tomás de Aquino, séculos antes, havia indicado que a ideia de que as formas acidentais devem ser substâncias repousava em uma incompreensão da linguagem:

> Muitas pessoas fazem confusão a respeito das formas ao considerá-las como se fossem substâncias. Isso parece ocorrer porque as formas são ditas em abstrato, como se fossem substâncias, como quando falamos da brancura ou da virtude ou de algo assim. Portanto, algumas pessoas, iludidas pelo uso corriqueiro, consideram-nas como se fossem substâncias. Disso proveio o erro daqueles que pensam que as formas devem ser ocultas e daqueles que pensam que as formas devem ser criadas. (*Q. D. de Virt* in *Com.*, ed. R. Pession, Torino, Marietti, 1949,11)

Descartes não via nenhuma necessidade dos acidentes e formas da teoria escolástica, porque ele afirmava ser capaz de explicar o todo da natureza apenas em termos de movimento e extensão. Em razão de a matéria e a extensão serem idênticas, ele argumentava, não pode haver qualquer espaço vazio, ou vácuo, e o único movimento possível para os corpos é em última instância circular, com A empurrando B para fora de seu lugar, B empurrando C, e assim sucessivamente, até que Z se mova para ocupar o lugar deixado vago por A. No princípio, Deus criou a matéria simultaneamente ao movimento e ao repouso: ele preserva a quantidade total de movimento no universo como constante, mas varia sua distribuição em conformidade às leis da natureza. Descartes afirma ter deduzido essas leis *a priori* da imutabilidade de Deus. A primeira lei diz que todo corpo, se não for afetado por causas externas, persevera no mesmo estado de movimento ou repouso; a segunda diz que uma noção simples ou elementar está sempre em uma linha reta. Com base nessas leis, Descartes construiu um elaborado sistema de vórtices, quer dizer, remoinhos de partículas materiais variando em tamanho e velocidade. Esse sistema, ele afirmava, era adequado para explicar todos os fenômenos do mundo natural (*AT* VIII, 42-54, 61-68; *CSMK* I, 224-33, 240-245).

O sistema da física cartesiana desfrutou de limitada popularidade por certo período, mas no espaço de um século tinha sido totalmente superado. Era, na verdade, um sistema incoerente, como pode ser demonstrado de vários modos. A inércia oferece o mais simples exemplo. Segundo a primeira lei de Descartes, tudo tende, na medida em que puder, a permanecer no mesmo estado de movimento ou repouso em que já se encontra. Mas, se uma tendência de um corpo a continuar em movimento não é uma propriedade autêntica de um corpo, então como ela pode explicar os efeitos físicos? Se, por outro lado, é uma propriedade autêntica do corpo, então não é verdade que os corpos não possuam propriedades que não as propriedades de movimento e geométricas. Pois uma tendência ao movimento não pode ser identificada com o movimento real; uma pode ocorrer sem a presença do outro. Descartes é aqui mal servido por seu desprezo pelas categorias aristotélicas de potencialidade e atividade.

Uma observação experimental durante o período em que ainda vivia expôs as fraquezas do sistema cartesiano. Descartes incorporou em sua descrição do corpo humano a circulação sanguínea então recém-descoberta por William Harvey, mas tentou explicá-la de forma puramente mecânica, em termos de rarefação e expansão. Isso o envolveu em uma descrição do movimento do coração que conflitava de maneira absoluta com os resultados do próprio Harvey, porque, à diferença deste, Descartes acreditava que era a expansão do coração, antes que sua contração, a responsável pela expulsão do sangue.

Uma vez mais, por identificar a matéria com a extensão, Descartes negou a possibilidade de um vácuo. Se Deus recolhesse toda a matéria no interior de um recipiente sem permitir que ela fosse substituída, afirmou, então os extremos do vaso iriam tocar um ao outro (*AT* VIII, 51; *CSMK* I, 231). Devido à sua rejeição do vácuo, ele também se opôs à hipótese atômica. A matéria, sendo idêntica à extensão, deve ser infinitamente divisível, e não há algo tal como um vácuo para os átomos se movimentarem. Descartes buscava aqui refutar a prova da existência de um vácuo que havia sido oferecida em 1643 pela invenção do barômetro por Evangelista Torricelli.

O atomismo de Gassendi

Quando Descartes publicou seus *Princípios*, o atomismo estava sendo revivido por Pierre Gassendi, que tomou como modelo as teorias da Antiguidade de Demócrito e Epicuro, cujas ideias haviam recentemente se tornado familiares ao mundo letrado por intermédio da descoberta e da ampla disseminação do grande poema epicurista de Lucrécio, o *De rerum natura*[2]. Padre católico que ocupava uma cadeira de matemática e o posto de deão em uma

---

2. Ver volume I desta coleção, 131-133.

catedral, Gassendi buscava demonstrar que a filosofia do pagão Epicuro não era mais difícil de reconciliar com o cristianismo do que o fora a filosofia do pagão Aristóteles. Os dois filósofos pagãos haviam se equivocado ao ensinar que o mundo era eterno e incriado, mas de um ponto de vista filosófico a explicação dos fenômenos físicos em termos do comportamento dos átomos era preferível a uma descrição em termos de formas substanciais e acidentes reais. Gassendi atacou Aristóteles em seu primeiro tratado, e em uma série de obras escritas entre 1647 e sua morte, em 1655, defendeu não somente o atomismo, mas também a ética e o caráter de Epicuro.

Os corpos naturais, diz Gassendi, nisso seguindo Epicuro, são agregados de pequenas unidades de matéria. Essas unidades são os átomos, ou seja, são indivisíveis. Elas possuem tamanho, forma, peso, solidez e impenetrabilidade. Esses átomos, segundo Gassendi, possuem movimento sob a constante influência do divino primeiro movente: eles se movimentam em uma linha reta a não ser que colidam com outros átomos ou sejam incorporados em uma unidade maior (a que ele chamou de "molécula"). Todos os corpos, independentemente de seu tamanho, são compostos de moléculas de átomos, e os movimentos dos átomos são a origem e a causa de todos os movimentos da natureza.

Objeções filosóficas contra o atomismo, afirmava Gassendi, resultam de uma confusão entre a física e a metafísica. Pode-se aceitar que qualquer magnitude deva ser teoricamente capaz de sucessiva divisão — não importa quão curta possa ser uma linha, sempre faz sentido falar de uma linha com apenas a metade do tamanho — e apesar disso assegurar que há alguns corpos físicos que não podem ser divididos por nenhum poder menor que a onipotência de Deus. Uma distinção entre os dois tipos de divisibilidade é inválida somente se se aceita a identificação cartesiana da matéria com a extensão. Mas Gassendi rejeitava essa identificação, e estava disposto a aceitar o termo aristotélico "matéria prima" para descrever os definitivos constituintes de seus átomos.

Novamente em oposição a Aristóteles e Descartes, e uma vez mais seguindo Epicuro, Gassendi mantinha que não pode haver movimento, seja de átomos ou de corpos compostos, a não ser que exista um vazio ou vácuo para que eles se movam por ele. Quando o ar é comprimido, por exemplo, os átomos de ar movem-se para dentro dos espaços vazios que até então se encontravam entre eles. O espaço vazio, Gassendi acreditava, existiria mesmo se não existissem corpos; ele existiu antes da Criação, e também assim o tempo:

Mesmo se não houvesse corpos, ainda restaria um lugar fixo e um tempo passando, pois tempo e lugar não parecem depender de corpos ou ser acidentes dos corpos. [...] Lugar e tempo devem ser considerados coisas reais, ou entidades de fato, pois, embora eles não sejam o tipo de coisa que a substância e o acidente são comumente considerados, eles existem de fato e não dependem da mente, como uma quimera, pois, pense neles a mente ou não, o lugar permanece e o tempo passa. (1658, 182-183)

O espaço, segundo Gassendi, é imenso e inamovível, e as regiões espaciais são também incorpóreas — não no sentido de serem espirituais, mas no sentido de serem penetráveis de um modo que os corpos sólidos não são.

Newton

Pensadores posteriores concordavam mais frequentemente com Gassendi que com Descartes a respeito da natureza da matéria e da possibilidade de um vácuo. Apesar disso, em meados do século XVII o sistema de Gassendi não era um competidor sério das teorias de Descartes. O golpe de misericórdia para a física cartesiana foi dado pela publicação, em 1687, por *sir* Isaac Newton, dos *Principia mathematica*. Newton estabeleceu uma lei universal da gravitação, demonstrando que os corpos são atraídos uns pelos outros por uma força em direta proporção a suas massas e em inversa proporção ao quadrado da distância entre elas. A força da gravidade era algo acima e abaixo do mero movimento da matéria estendida que era tudo o que era permitido na física cartesiana. Descartes havia considerado a noção da atração entre corpos, mas a rejeitara como muito semelhante às causas finais aristotélicas, e como implicando a atribuição de consciência a massas inertes.

O que vem a ser isto, perguntava Newton, que mantém juntas as partes de corpos sólidos e homogêneos? Descartes nos diz que não é nada senão a ausência de movimento; Gassendi fala de ganchos e olhos dos átomos. A primeira resposta não explica nada; a segunda simplesmente desconsidera a questão. "Eu infiro antes de sua coesão", disse Newton, "que suas partículas atraem umas às outras por alguma força, que, em contato imediato, é excessivamente forte". Era esse mesmo poder de atração que, operando sobre corpos que não estavam em contato imediato, constituía a força da gravidade. Era esse então um caso de ação a distância? Em princípio Newton negou esta hipótese, mas quando de sua *Óptica* (1706) ele parecia disposto a aceitar que a gravidade, o magnetismo e a eletricidade eram de fato forças ou poderes por intermédio dos quais as partículas de corpos poderiam agir a distância. Ele parece ter permanecido agnóstico, embora as leis que descobriu pudessem eventualmente ser explicadas sem apelar a uma ação através do vácuo — por exemplo, pela postulação de algum meio como um éter[3].

Ao aceitar a existência de forças na natureza que podem, por tudo o que sabemos, não ter explicação em termos de matéria ou movimento, a física newtoniana realizou uma ruptura completa com o mecanismo de Descartes. E, ao submeter a uma única lei não apenas o movimento dos corpos em queda na Terra, mas também o movimento da Lua em redor da Terra e dos planetas em torno do Sol, Newton rejeitou para sempre a ideia aristotélica de que os corpos terrenos e celestes seriam totalmente diferentes uns dos outros. Sua física era bem diferente dos sistemas competidores que ele substituiu, e pelos dois séculos que se seguiram a física *foi* a física newtoniana.

O labirinto do *continuum*

A separação da física da filosofia da natureza, posta em curso por Galileu, estava agora completa. Contudo, Newton deixou um problema para os filósofos ruminarem por um século ou mais: a natureza do espaço. Com base nos experimentos com um vácuo, Newton acreditava que o espaço era uma entidade absoluta, não um mero conjunto de relações entre os corpos. Nisso ele lembrava Gassendi, mas foi mais longe que ele ao descrever o espaço como o "sensório de Deus". Não fica muito claro o que quis dizer com isso — provavelmente não desejava atribuir órgãos a Deus —, mas sem dúvida ele pensou no espaço como algum tipo de atributo divino. "Deus permanece para sempre e está presente em todo lugar", escreveu, "e ao existir sempre e em todo lugar ele constitui o espaço, a eternidade e o infinito" (NEWTON, 1723, 483).

Essas visões de Newton foram criticadas por Leibniz em 1715 numa carta a Carolina, a princesa de Gales, o que levou a uma famosa troca de cartas com Samuel Clarke, um admirador de Newton. Leibniz afirmava que o espaço não era real, mas simplesmente ideal: "Sustento ser o espaço

---
3. Ver Steven NADLER, Doctrines of explanation, in *CHSCP*, 342-346.

algo meramente relativo, como o é o tempo; sustento ser ele uma ordem de coexistências assim como o tempo é uma ordem de sucessões. Pois o espaço denota, em termos de possibilidade, uma ordem de coisas que existem ao mesmo tempo, consideradas como existindo conjuntamente" (A, 25-26). Um espaço vazio, ele confirmava, seria um atributo sem um sujeito, e ele ofereceu muitos argumentos contrários à ideia de que o espaço era uma substância ou qualquer tipo de ser absoluto.

Clarke replicou reafirmando a ideia de Newton do tempo e do espaço como pertencendo a Deus:

> O Espaço não é uma Substância, mas uma Propriedade. [...] O Espaço é imenso, imutável e eterno: e assim também o é a Duração. E no entanto não se segue daqui que tudo é eterno *hors de Dieu*. Pois o Espaço e a Duração não são *hors de Dieu*, mas causados por, e são imediatas e necessárias consequências de sua existência: e sem eles sua Eternidade e sua Ubiquidade (ou onipresença) seriam retiradas.

A identificação do espaço com a imensidade de Deus não é plausível, uma vez que Deus não tem partes e é essencial à noção de espaço que uma parte é distinta da outra. Por outro lado, a própria visão de Leibniz contradiz não apenas uma noção absoluta de espaço, mas nega mesmo qualquer realidade ao espaço. Pois as únicas substâncias reais em seu sistema são as mônadas, e estas não estão em qualquer relação espacial entre si, mas são cada uma um mundo exclusivo. Ele adotou esta posição porque não conseguia enxergar um meio coerente de aceitar a realidade do *continuum*. "Os geômetras", escreveu, "demonstram que a extensão não consiste de pontos, mas os metafísicos afirmam que a matéria deve ser composta de unidades ou simples substâncias" (G II, 278).

O problema parecia ser este. Uma vez que o espaço é infinitamente indivisível, os corpos que ocupam o espaço devem ser infinitamente indivisíveis também. Eles devem, portanto, conter um infinito número de partes. Quão grandes são essas partes? Se carecem de qualquer tamanho, como um ponto, então mesmo um infinito número delas irá carecer de tamanho também, e nenhum corpo irá possuir extensão alguma. Por outro lado, se elas possuírem algum tamanho, então todo corpo contendo um infinito número delas será ele mesmo infinito em extensão.

Aristóteles demonstrara havia muito tempo que o modo de evitar esse problema era fazer uma distinção entre dois sentidos da divisibilidade infinita. "Divisível ao infinito", ele insistia, significa "divisível sem fim" e não "divisível infinitamente em muitas partes". Não importa o quão frequentemente uma magnitude tenha sido dividida, ela pode sempre ser dividida um pouco mais — não há fim para a sua divisibilidade. Mas isso não significa que o *continuum* tem infinitamente muitas partes: a infinitude é sempre em potência, nunca em ato[4]. Gassendi havia demonstrado que essa infinita divisibilidade metafísica não necessitava conflitar com a teoria atomística de que alguns objetos físicos são indivisíveis por qualquer poder físico.

O "labirinto do *continuum*", como Leibniz o chamou, é uma ilusão que repousa em duas bases: a rejeição da metafísica aristotélica da atualidade e da potencialidade; e a aceitação da identificação cartesiana da matéria com a extensão. Sem a primeira, não há razão para ver qualquer contradição na noção da divisibilidade infinita. Sem a última, não há razão para acreditar que os corpos possam ser infinitamente indivisíveis porque o espaço é infinitamente indivisível. A matéria pode ser atômica sem que a extensão seja grumosa.

Por todo o século XVIII, contudo, o *continuum* foi considerado um dos grandes enigmas da filosofia. David Hume encontrou uma robusta saída: ele simplesmente negou a infinita divisibilidade do espaço e do tempo, ridicularizando-a como uma das mais estranhas e injustificáveis opiniões, apoiada apenas por "meras ninharias escolásticas". Ele baseou seu argumento contra a divisibilidade infinita na natureza finita da mente humana:

> Qualquer coisa que possa ser dividida *in infinitum* deve consistir de um infinito número de partes, e é impossível estabelecer qualquer limite ao número de partes sem ao mesmo tempo estabelecer limites à divisão. Não é necessária qualquer indução para disso concluir que a *ideia*, que formamos de qualquer qualidade finita, não é infinitamente divisível, mas que por adequadas distinções e separações podemos conduzir essa ideia às ideias inferiores, que serão perfeitamente simples e indivisíveis. Ao rejeitarmos a infinita capacidade da mente, supomos que ela pode chegar a um fim na divisão de suas ideias; não há quaisquer meios possíveis de fugir à evidência dessa conclusão. É portanto certo que a imaginação atinja um ponto mínimo, e possa levantar para si própria uma ideia da qual não pode conceber qualquer subdivisão, e que não pode ser diminuída sem uma total aniquilação. (*T*, 27)

---

4. Ver volume I desta coleção, 216-219.

O que vale para as ideias vale também para as impressões: "Aplique uma mancha de tinta sobre um papel, fixe seu olhar sobre aquela mancha e tome certa distância, de tal forma que você a perca de vista; é claro que no momento antes de desaparecer a imagem ou impressão era perfeitamente indivisível" (T, 27).

Antinomias de Kant

Kant tinha um novo meio de lidar com os problemas do *continuum*. Ele reuniu os argumentos de seus predecessores (contra e a favor da infinita extensão do tempo, contra e a favor da infinita divisibilidade da matéria), e em vez de se posicionar por um deles declarou então que a impossibilidade de resolver o debate demonstrava que era um erro falar do universo como um todo ou abordar o espaço e o tempo como se eles possuíssem realidade em si. Essa é a tática que ele adotou na parte da dialética transcendental chamada "as antinomias da razão pura".

A primeira antinomia se ocupa da extensão de tempo e espaço. Se deixamos o espaço de lado por enquanto, a tese é "O mundo teve um princípio no tempo" e a antítese é "O mundo não teve um princípio no tempo". As duas proposições foram longamente discutidas por filósofos. Aristóteles pensava que a antítese pudesse ser provada, Agostinho pensou que a tese podia, e Aquino pensou que nenhuma delas poderia ser. Kant propõe agora que as duas podem ser provadas: não, claro, para demonstrar que são duas verdades contraditórias, mas para demonstrar a impotência da razão para falar sobre "o mundo" como um todo (A, 426-434).

O argumento para a tese é este: uma série infinita é uma que jamais pode ser completada, e assim não é possível que uma série infinita de estados temporais já tenha terminado. Esse argumento falha devido a uma ambiguidade da palavra "completada". É verdade que qualquer série separada que tenha dois términos não pode ser infinita; mas uma série desse tipo pode estar fechada em um fim e continuar para sempre no outro. O tempo passado será então "completado" por possuir um término no presente, ao mesmo tempo em que busca sempre alcançar a retaguarda.

O argumento para a antítese é igualmente inconvincente. Se o mundo teve um princípio, ele diz, então houve um tempo quando o mundo não existia. Não há nada para diferenciar qualquer momento desse "tempo vazio" de outro qualquer; segue-se que não pode haver resposta à questão "por que o mundo começou quando começou?". Pode-se concordar que não é possível datar o princípio do mundo de fora ("em algum ponto no vazio do tempo") e ao mesmo tempo afirmar que se pode localizá-lo de dentro ("tantas unidades de tempo a partir de agora"). Agostinho e Aquino teriam concordado em rejeitar a noção de vazio de tempo: para eles, o tempo começou quando começou o mundo.

A segunda antinomia se concentra não no tempo, mas no espaço — ou, antes, na divisão espacial das substâncias. A tese é: "Toda substância composta no mundo é feita de partes simples"; a antítese é: "Nenhuma coisa composta no mundo é feita de partes simples". A tese é a afirmação, e a antítese, a negação do atomismo. Uma vez mais os argumentos apresentados por Kant de cada lado da antinomia são inconclusivos: eles falham em apreender de forma completa a distinção aristotélica entre algo sendo divisível em infinitas partes e algo sendo infinitamente divisível em partes.

As antinomias são concebidas para revelar a falta de sentido geral em perguntar ou responder a questões sobre o mundo como um todo, mas no caso particular do tempo e do espaço Kant já havia argumentado a respeito de sua irrealidade no começo da primeira *Crítica*, na estética transcendental. Ele partiu de uma distinção herdada entre os sentidos interior e exterior. Espaço, afirmava, é a forma do sentido exterior; é a condição subjetiva de nossa consciência dos objetos fora de nós mesmos (A, 26). Tempo, por outro lado, é a forma do sentido interior, por meio do qual a mente experimenta seus próprios estados interiores, que não possuem extensão no espaço mas são todos ordenados no tempo:

> O que, então, são o espaço e o tempo? São eles existências reais? São eles apenas determinações ou relações de coisas, de forma tal que pertenceriam às coisas mesmo se não fossem intuídos? Ou são espaço e tempo tais que pertencem apenas à forma da consciência, e portanto à constituição subjetiva de nossa mente, sem a qual não podem ser atribuídos a seja o que for?

Um metafísico dogmático, Kant nos informa, diria que espaço infinito e tempo infinito são pressupostos pela experiência, e que podemos imaginar espaço e tempo sem objetos, mas não objetos sem espaço e tempo. Mas podemos perguntar como é que podemos conhecer verdades sobre o espaço e o tempo que são baseadas na consciência (porque não são analíticas) e ainda são *a priori* (porque são necessárias e universais). A resposta de Kant é que o conhecimento das verdades sintéticas *a priori* sobre o

Há séculos os filósofos têm debatido a realidade ou não do tempo. A visão de Kant do tempo como um fenômeno subjetivo contrasta com esta personificação do tempo como um agente causal em uma xilogravura francesa do século XVI.

espaço e o tempo somente é explicável se eles são elementos formais da experiência sensorial em vez de propriedades das coisas em si.

Significa isso que eles são irreais? Empiricamente, responde Kant, eles são reais, mas transcendentalmente são ideais. "Se nos livramos do sujeito, espaço e tempo desaparecem: como fenômenos eles não podem existir em si mas somente em nós." O que as coisas são em si, além de fenômenos, é algo que permanece desconhecido para nós.

Durante o período coberto por este volume, como vimos, o estudo filosófico do mundo material passou por dois estágios. Na primeira fase, o século XVII presenciou a gradual separação da velha disciplina da filosofia natural na ciência da física, cujo papel era a investigação empírica das reais leis da natureza, e na filosofia da física, cuja tarefa era analisar os conceitos pressupostos por qualquer investigação filosófica. Na segunda fase, os filósofos examinaram uma ampla gama de possíveis concepções de espaço e tempo, exame que abrange do extremo realismo de Newton e Clarke ao idealismo subjetivo de Kant. Em nosso próximo e derradeiro volume, não haverá um capítulo temático dedicado à filosofia da física. A partir do século XIX a física era já uma ciência empírica totalmente madura, operando independentemente da filosofia; a história da física é agora bem separada da história da filosofia. Para ser preciso, a filosofia da física continua seu caminho, como uma análise das implicações conceituais das novas teorias físicas. Tal disciplina, contudo, pode ser perseguida apenas por aqueles com mais conhecimento da moderna ciência da física em si do que o que pode ser presumido na leitura de uma história introdutória à filosofia.

6

Metafísica

A metafísica de Suárez

Foi por intermédio das *Disputationes metaphysicae*, de Francisco Suárez, de forma direta ou indireta, que a metafísica da escolástica medieval se tornou conhecida dos filósofos da era moderna. Suárez era bem familiarizado com seus predecessores medievais, tendo resumido suas visões, sistematizado suas posições e construído seu próprio sistema pela escolha de opções entre o cardápio que eles ofereciam. Um resumo das principais posições das *Disputationes* produz respectivamente um bom ponto de partida para uma consideração sobre a metafísica do período que ora estudamos.

Suárez parte da definição de Aristóteles da metafísica como a disciplina que estuda o ser-como-ser. Isso ele amplia ao oferecer uma classificação dos diferentes tipos de ser, procedendo por uma série de dicotomias. Primeiro, há a divisão entre o ser infinito e o ser finito, ou, como ele diz com frequência, entre o *ens a se* (aquilo que é ser de si) e o *ens ab alio* (aquilo que é ser de algo). O mundo criatural do ser finito é então antes de qualquer coisa dividido em substância e acidente. Substâncias são coisas como estrelas, cachorros e rochas, que subsistem por si; acidentes são entidades como o brilho, a ferocidade e a dureza, que existem somente por inerência nas substâncias e não possuem história independente. Podemos ir além se quisermos e dividir as substâncias em animais e vegetais, e assim sucessivamente; podemos também identificar no mínimo nove diferentes tipos de acidentes correspondentes às categorias aristotélicas. Mas tais divisões adicionais nos conduziriam para além do campo da metafísica geral, que opera no nível mais abstrato. Todos esses itens são seres, mas o interesse da metafísica é estudá-los somente *qua seres*. O estudo dos seres vivos *qua vivos*, por exemplo, é para as disciplinas da física antes que da metafísica — biologia, digamos, e zoologia ou psicologia.

À definição de Aristóteles Suárez acrescenta uma qualificação. A matéria temática da metafísica, estritamente falando, não é qualquer ser antigo, mas seres *reais*. Todos os itens que consideramos no parágrafo anterior, inclusos aí itens como a ferocidade e a dureza, contam como seres reais. Se for assim, pode-se perguntar, que outros seres há? Além desses, diz Suárez, há as criações da razão (*entia rationis*), que possuem ser somente na mente e não na realidade. A cegueira é um *ens rationis*, o que não significa que seja algo irreal ou fictício, mas que não é uma realidade positiva, como o é o poder da visão, mas uma ausência desse poder. Certos tipos de relação formam outra classe de *entia rationis*: quando me torno tio-avô, adquiro um novo relacionamento, mas não há mudança de fato em mim. Finalmente, há as criaturas da imaginação: quimeras e hipogrifos. Há então três tipos de *entia rationis*: negações, relações e ficções. Esses são pontos de adorno para o metafísico e não seu principal interesse.

Voltemos então ao centro: o ser real. Haveria um único, unívoco conceito de ser que se aplica no mesmo sentido a todos os vários tipos de ser? Aquino disse que não: "ser" era um termo análogo, e Deus não é um ser no mesmo sentido em que são seres as formigas. Scotus disse que sim: "ser" pode ser utilizado para falar de Deus exatamente no mesmo sentido que o é para falar das criaturas. Suárez oferece uma resposta sutil que, acredita ele, o capacita a aceitar tanto Aquino como Scotus. Há um único conceito abstrato de ser que se aplica a tudo o mais, e até aí Scotus está correto; mas esse não é um conceito que nos diga nada de real ou novo sobre os objetos aos quais se aplica, e nesse sentido Aquino está correto. Sentenças como "este animal é um cão" ou "este cão é branco" podem ser instrutivas, porque o predicado carrega informação que não está de fato implícita no sujeito. Mas o predicado "... é um ser" não pode jamais ser instrutivo do mesmo modo: *ser* não é uma atividade ou atributo distinto de *ser um animal* ou *ser um cachorro* (*DM* 2.1, 9; 2.3, 7).

Ao dizer isso, Suárez está adentrando numa disputa muito ventilada na Idade Média, a saber, se nas criaturas há uma real distinção entre a essência e o *esse*. O tema não é dos mais claros, e sua importância depende de duas decisões. Primeiro, importa se tomamos "essência" como uma essência genérica ou como uma essência individual (por exemplo, como "humanidade" ou como "a humanidade de Pedro"). Segundo, importa se concebemos *esse* como equivalente à "existência" ou como o totalmente abrangente predicado "ser". Há uma opção que fornece uma resposta cristalina. Se concebemos a essência no sentido geral e o *esse* como existência, então há uma diferença inegável entre essência e existência: essência é o que responde à questão "O que é um X?"; existência é o que responde à questão "Existem Xs?". A diferença entre as questões é tão enorme que falar de uma "real distinção" parece ser possível somente por subentendimento.

Na verdade, Suárez nega que haja uma real distinção entre a essência e o *esse*; a distinção, diz ele, é somente mental (*tantum ratione*). Temos de observar bem de perto para ver qual das opções ele toma. Fica claro que com "essência" ele quer dizer essência individual; a essência de uma pessoa individual, Pedro, e não algo como a humanidade em abstrato. E com *esse* ele quer dizer o totalmente abrangente predicado que delineia o tema da metafísica. Ao negar a distinção real ele está negando que há qualquer diferença em Pedro entre *ser* e *ser Pedro*. Esses são predicados diferentes que podemos aplicar a Pedro: podemos dizer "Pedro é Pedro" e (em latim) "Pedro é". Mas ao usar essas duas formas de discurso não estamos nos referindo a dois diferentes itens reais em Pedro, como quando dizemos "Pedro é alto" e "Pedro é sábio".

Alguns dos primeiros escolásticos, notavelmente Tomás de Aquino, diriam que a sentença que nos diz a essência de Pedro não é "Pedro é Pedro" mas, antes, "Pedro é humano". Isso porque Aquino acreditava que o princípio de individuação era a matéria: o que faz de duas ervilhas duas e não uma não é qualquer diferença entre suas propriedades, mas o fato de que são duas diferentes porções de matéria. Segundo Aquino, em um humano individual como Pedro não há nenhum elemento formal extra em adição à humanidade que deu a ele sua individualidade. Para Duns Scotus e sua escola, por outro lado, Pedro possui, em adição a sua humanidade, outra característica individualizadora, sua *haecceitas*, ou "heceidade". Uma vez mais, Suárez quer ladear a seus dois grandes predecessores. "O princípio adequado de individuação é esta matéria e esta forma de união, a forma sendo o princípio mais importante e suficiente em si para o compósito, como uma coisa individual de certas espécies, para ser considerada numericamente uma" (*DM* 5.6,15). Com efeito, Suárez passa em definitivo para o lado de Scotus. Há em Pedro um elemento formal real, uma *differentia individualis*, em acréscimo à natureza específica da humanidade, que é o que faz dele Pedro e não Paulo (*DM* 5.2, 8-9).

Scotus, como acabamos de ver, acrescenta um item metafísico extra ao aparato empregado por Aquino. Suárez, por sua vez, acrescenta um item extra de sua própria lavra. Em Pedro temos não apenas a matéria e a forma que todos os seguidores de Aristóteles aceitaram, e não apenas o elemento individualizador que os escotistas aceitaram, mas um algo a mais que faz de Pedro uma substância e não um acidente. A subsistência, forma de existência peculiar à substância como oposta ao acidente, acrescenta a uma essência individualizada um *modo*, e há aí uma forma especial de composição que é aquela de modo-mais-coisa-modificada. Suárez empregou essa noção de modo em uma tentativa de iluminar a diferença entre uma alma existindo corporificada e uma alma existindo separada após a morte. Mas sua nova terminologia seria amplamente empregada, e tornada popular, especialmente por Descartes.

Descartes e as verdades eternas

Descartes assumiu muitos dos termos técnicos da metafísica escolástica — substância, modo, forma, essência etc. —, mas utilizou muitos deles de novos modos. Sua inovação mais importante na metafísica não foi integralmente exposta em suas obras publicadas e somente se tornou inteligível quando sua copiosa correspondência tornou-se pública após sua morte. Falamos aqui de sua doutrina da criação das verdades eternas.

Em 1630, quando estava completando seu tratado *O mundo*, Descartes escreveu a Mersenne:

> As verdades matemáticas, que você denomina eternas, foram estabelecidas por Deus e dele dependem inteiramente tanto quanto todas as outras criaturas. [...] Por favor, não hesite em assegurar e proclamar em todo lugar que é Deus que estabelece essas leis na natureza, do mesmo modo que um rei estabelece as leis em seu reino. (*AT* I, 135; *CSMK* III, 23)

> Quanto às verdades eternas, eu digo uma vez mais que elas são verdadeiras ou possíveis somente porque Deus as reconhece como verdadeiras ou possíveis. Elas não são conhecidas como verdadeiras por Deus de qualquer modo

que possa implicar que elas são verdadeiras independentemente Dele. [...] Em Deus, vontade e conhecimento são uma única coisa, de modo tal que pelo fato mesmo de desejar algo Ele conhece esse algo, e é somente por essa razão que tal coisa é verdadeira. (*AT* I, 147; *CSMK* III, 13)

Era um novo modo de dizer que as verdades da lógica e da matemática dependiam da vontade de Deus. Os filósofos escolásticos concordavam que elas eram dependentes de Deus, mas dependentes quanto a sua essência, não quanto a sua vontade: eles não acreditavam, como Descartes, que Deus era livre para fazer que não fosse verdade que os três ângulos de um triângulo euclidiano são iguais aos dois ângulos retos (*AT* IV, 110; *CSMK* III, 151; Aquino, *ScG* II, 25). Além disso, os escolásticos acreditavam que antes da criação do mundo as verdades lógicas e matemáticas não possuíam realidade independente de Deus; já para Descartes essas verdades eram criaturas, distintas de Deus, trazidas à existência a partir de toda a eternidade por meio de Seu poder criador. "É certo que Ele não é menos o autor da essência das criaturas do que o é de sua existência; e esta essência nada mais é que as verdades eternas. [...] Eu sei que Deus é o autor de tudo, que essas verdades são algo e que Ele, em consequência, é o seu autor" (*AT* I, 151; *CSMK* III, 25).

Para Descartes, as verdades da lógica e da matemática têm seu ser no mundo material, não na mente de quem quer que seja, divino ou humano. As verdades eternas não são verdades sobre objetos materiais: teoremas sobre triângulos podem ser provados mesmo se não houver um único objeto triangular na existência, e a geometria permanece verdadeira mesmo se o mundo exterior for uma completa ilusão. As verdades eternas são anteriores a e independentes de quaisquer mentes humanas, e, embora elas sejam dependentes da mente de Deus, são dela distintas. As verdades eternas pertencem a um terceiro reino que lhes é todo particular, similar ao domínio em que, na Antiguidade, Platão localizou suas Ideias. Santo Agostinho relocara as Ideias platônicas na mente de Deus, e isso tem sido desde então a posição padrão entre os filósofos cristãos até Suárez. A nova doutrina de Descartes faz dele o fundador do moderno platonismo[1].

A teoria da criação de verdades eternas desempenha um papel fundamental na metafísica e na física de Descartes. Na ocasião em que estava

---

1. Para Platão, ver volume I desta coleção, 75-83. Entre os escolásticos, Henrique de Gant (que é pouco provável ter sido lido por Descartes) chegou perto de antecipar esta posição (ver volume II, 108).

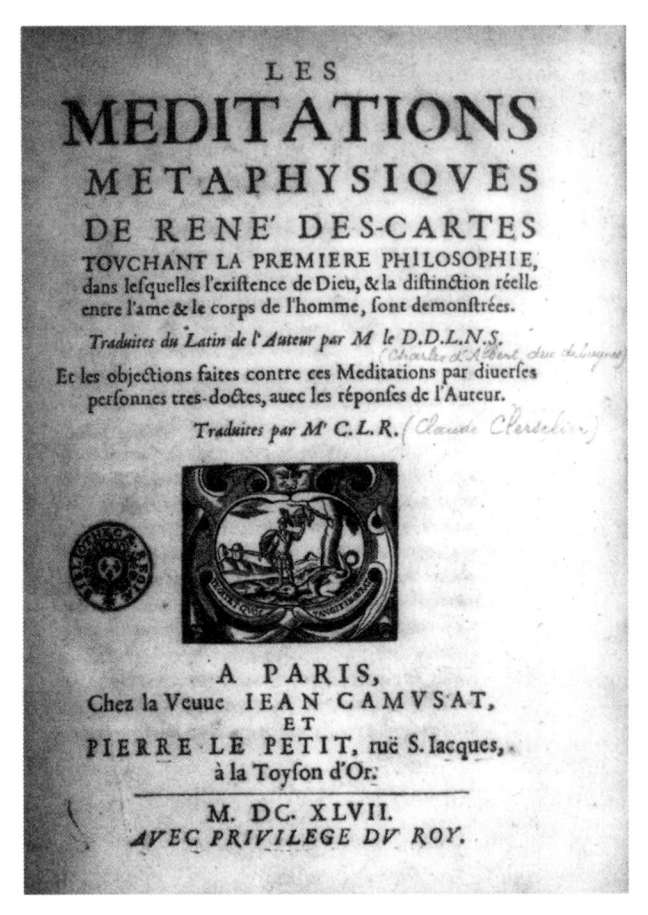

Folha de rosto da primeira edição francesa
das *Meditações* de Descartes.

explicando essa teoria a Mersenne, Descartes escrevia um ataque sem tréguas à metafísica aristotélica das qualidades reais e formas substanciais. A rejeição das formas substanciais estabelece a rejeição também das essências, dado que as duas são estreitamente conectadas no sistema aristotélico — a essência sendo idêntica à forma no caso dos seres imateriais, e no caso dos seres materiais consistindo de forma mais a matéria apropriada. Descartes não rejeitava a terminologia da essência de modo tão firme como rejeitara a de forma e qualidade, mas ele a reinterpretou de maneira drástica. Essências, como disse a Mersenne, não passam de verdades eternas.

No sistema aristotélico eram as formas e as essências que forneciam o elemento de estabilidade no fluxo dos fenômenos — a estabilidade necessária para que houvesse o conhecimento científico universalmente válido. Havendo rejeitado as essências e formas, Descartes necessitava de uma nova fundação para a física, e ele a encontrou nas verdades eternas. Se não há formas substanciais, então o que conecta um momento da história de uma coisa a um outro não é senão a imutável vontade de Deus (*AT* VII, 80; *AT* XI, 37).

Deus estabeleceu as leis da natureza, situadas nas verdades eternas. Isso inclui não apenas as leis de lógica e matemática, mas também a lei da inércia e outras leis do movimento. Consequentemente, elas fornecem as fundações da física mecânica. Mas, se elas dependem da vontade irrestrita de Deus, como sabemos que não irão mudar? Não pode haver, claro, dúvida quanto a Deus alterar sua mente; mas não decretou Ele de toda a eternidade que em certo ponto no tempo as leis deveriam mudar? Para descartar essa possibilidade, uma vez mais Descartes apela à noção de que Deus não é um enganador. A veracidade de Deus, em seu sistema pós-aristotélico, é necessária para estabelecer a permanente validade dessas verdades percebidas clara e distintamente.

A doutrina da criação das verdades eternas era, como dissemos, de um ponto de vista, uma enorme inovação. Mas pode também ser vista como a culminação de uma evolução filosófica que vinha tomando lugar por toda a Idade Média — a gradual extensão do escopo da divina onipotência. No que respeita à determinação das verdades morais, por exemplo, Scotus e Ockham haviam concedido à divina vontade um alcance bem maior que o que Aquino lhes havia dado. Na esfera religiosa essa tendência havia sido levada a um extremo pela doutrina de João Calvino da soberania absoluta de Deus, que livre e sem prestar contas predestina os homens à salvação ou à danação. A extensão cartesiana da liberdade divina ao reino da lógica e da matemática pode ser vista como a contraparte filosófica do absolutismo calvinista.

Três noções de substância

No sistema aristotélico, a noção de substância é extremamente importante: todas as qualidades e outras propriedades são acidentes pertencentes às substâncias, e somente as substâncias são reais e independentes. Descartes também concedeu à substância um papel fundamental. "Nada tem nenhum tipo de qualidades ou propriedades", escreve, "que, assim que percebemos algumas, deva necessariamente haver uma coisa ou substância da qual dependam". Isso foi um passo no argumento do *cogito* ao *sum*, à existência da primeira substância passível de descoberta, o próprio eu cartesiano. Em seus *Princípios* ele oferece uma definição de substância como "uma coisa que existe de tal forma que não necessita de nenhuma outra coisa para que exista". Estritamente falando, ele observou, somente Deus conta como uma substância para essa definição, mas das substâncias criadas pode-se dizer que são coisas que necessitam somente do concurso de Deus para que venham a existir (*AT* VIII, 24; *CSMK* I, 210).

Para os aristotélicos há muitos diferentes tipos de substâncias, cada um especificado por uma forma substancial específica — humanos pela forma do humanismo e assim por diante. Segundo Descartes, não há coisas tais como as formas substanciais, e há apenas dois tipos de substância: a mente, ou a substância pensante, e o corpo, ou a substância estendida. Essas não possuem formas substanciais, mas possuem essências: a essência da mente é o pensamento, e a essência do corpo é a extensão. A forma pela qual as substâncias particulares desses dois tipos são individuadas é algo que permanece não esclarecido no sistema cartesiano, e no caso do corpo Descartes algumas vezes escreve como se houvesse apenas uma única, cósmica, substância, de que os objetos que encontramos são simplesmente fragmentos locais engajados em transações locais (*AT* VIII, 54,61; *CSMK* I, 233, 240).

Os aristotélicos acreditavam que as substâncias eram entidades visíveis e tangíveis, acessíveis aos sentidos, mesmo se fosse necessário ao intelecto intuir a natureza de cada substância. Ao olhar para uma peça de ouro, estou genuinamente vendo uma substância, embora somente a ciência possa dizer-me o que o ouro é de fato. Descartes assumiu uma visão diferente: "Não temos uma percepção imediata das substâncias", escreveu na *Quarta resposta*, "antes, do mero fato de que percebemos certas formas ou atributos, que devem ser inerentes a algo para que tenham existência, nós nomeamos a coisa em que elas existem como uma substância" (*AT* VII, 222; *CSMK* II, 156). Assim, as substâncias não são perceptíveis pelos sentidos — não somente sua natureza oculta, mas sua própria existência é algo a ser estabelecido somente por inferência intelectual.

Locke levou bem mais adiante a tese de que as substâncias são imperceptíves. A noção de substância, afirma, vem de nossa observação de que certas ideias constantemente caminham juntas. Se a alguma ideia de substância em geral acrescentamos "a ideia simples de certa cor opaca e esbranquiçada, com certo peso, dureza, ductilidade e fusibilidade, obtemos a ideia de chumbo" (*E*, 190). A ideia de qualquer tipo particular de substância contém sempre a noção de substância em geral, mas essa não é uma ideia real, não por certo uma ideia clara e distinta, mas "apenas uma suposição de não saber o que sustenta tais qualidades que são capazes de ocasionar em nós ideias simples, cujas qualidades são geralmente denominadas acidentes" (*E*, 212).

A parte operativa de nossa ideia de um tipo distinto de substância será então uma ideia complexa feita a partir de uma quantidade de ideias simples. A ideia do Sol, por exemplo, é "um agregado daquelas ideias simples, brilhante, quente, esférico, possuindo movimento constante e regular, a certa distância de nós, e talvez alguma outra" (*EHU*, 299). As ideias de tipos de substâncias como *cavalo* ou *ouro* são chamadas de "típicas": coleções de simples ideias coocorrentes mais a ideia confusa do desconhecido substrato. As substâncias particulares são individuais concretos pertencendo a esses diferentes tipos de espécies.

As substâncias de diferentes tipos possuem essências: para ser um homem, ou para ser um carvalho, é preciso ter a essência de um homem ou a essência de um carvalho. Mas há, para Locke, dois tipos de essência: real e nominal. A essência real é "A constituição interna real das coisas, embora geralmente desconhecida nas substâncias, às quais suas qualidades [finalidades] descobríveis estão subordinadas" (*EHU*, 299). A essência nominal é a coleção de simples ideias que têm sido reunidas e relacionadas a nomes de modo a classificar coisas em tipos ou espécies. A essência nominal dá direito a portar um nome particular, e as essências nominais são largamente a criação arbitrária da linguagem humana.

No caso de um triângulo, a essência real e a essência nominal (*figura de três lados*) são a mesma. Isso não se dá no caso das substâncias. Locke avalia o anel dourado em seu dedo:

> É a real constituição de suas partes insensíveis, da qual dependem todas as propriedades de cor, peso, fusibilidade, fixidez etc., que deve ser encontrada nela. Que constituição, não sabemos, e assim, não possuindo qualquer ideia particular dela, não possuímos nenhum nome que seja dela o signo. Mas ainda assim [são] sua cor, peso, fusibilidade, fixidez etc. que o tornam ouro, ou lhe dão o direito a este nome, que é portanto sua essência nominal. Uma vez que nada pode ser chamado de ouro, mas apenas o que tenha uma conformidade de qualidades àquela ideia abstrata complexa, à qual aquele nome é anexado. (*EHU*, 419)

As essências reais das coisas, como a constituição oculta do ouro, são geralmente desconhecidas para nós. Mesmo no caso de um ser humano não temos mais ideia de sua essência real que um camponês tem das roldanas e correntes que fazem o relógio da igreja bater (*E*, 246-247).

As essências pertencem a tipos, não a individuais. "Nada que eu tenha", diz Locke, "me é essencial. Um acidente ou doença pode muito bem modificar minha cor ou forma; uma febre ou queda pode tirar minha razão e minha memória, ou ambas; e uma apoplexia não perdoa nem os sentidos nem o entendimento, nem a vida" (*E*, 247). O Locke real, parece seguir-se disso, é o oculto, impenetrável substrato de várias propriedades; algo bem diverso de outro ser humano.

Locke mantém que a substância em si é indescritível em razão de sua ausência de propriedades. Mas parece incrível que alguém deva argumentar que a substância não tenha propriedades porque é o que *tem* propriedades. A tese de que os individuais não possuem essência nominal significa que se pode identificar um indivíduo, A, e então partir para inquirir se aquele indivíduo tem ou não tem as propriedades que o qualificariam a ser chamado de "homem" ou "montanha" ou "lua". Mas, em primeiro lugar, como identificar um indivíduo desprovido de propriedades?

Na tradição aristotélica não havia algo como uma substância desprovida de propriedades, um algo que pudesse ser identificado como um indivíduo particular sem referência a qualquer típico. Fido é um indivíduo identificável somente na medida em que ele permanece um cão, enquanto o tipo "cão" puder ser aplicado a ele. Não podemos perguntar se A é o mesmo indivíduo que B sem perguntar se A é o mesmo indivíduo F que B, em que "F" mantém um lugar para algum típico: "homem", "montanha" ou o que for. A confusa doutrina da substância de Locke o levou a dificuldades insolúveis sobre identidade e individuação: deveremos nos encontrar com elas novamente quando formos, no capítulo 8, considerar o tópico da identidade pessoal.

A única substância necessária

Enquanto Locke, na Inglaterra, privava a noção de substância de qualquer conteúdo significativo, Spinoza, na Holanda, fazia dela a base de seu sistema metafísico. Uma das primeiras definições da *Ética* estabelece: "Por substância entendo o que existe em si e por si é concebido, isto é, aquilo cujo conceito não carece do conceito de outra coisa do qual deva ser formado" (*E*, 1). Descartes definira a substância como "aquilo que não requer nada senão a si para existir". Uma definição como essa, pensava Spinoza, poderia ser aplicada no máximo a Deus; mentes e corpos finitos, que Descartes contava como substâncias, necessitavam ser criados e conservados por Deus de modo a existir.

Spinoza, à semelhança de Descartes, une a noção de substância às noções de atributo e de modo. Um atributo é uma propriedade concebida para ser essencial a uma substância; um modo é uma propriedade concebida somente em referência a uma substância. Armado dessas definições, Spinoza prova que deve haver no máximo uma substância de um dado tipo. Se houver duas ou mais substâncias distintas, elas deverão ser distinguidas uma da outra seja por seus atributos, seja por seus modos. Elas não podem ser distinguidas por seus modos, porque a substância é anterior ao modo, e portanto qualquer distinção entre os modos deve seguir, não podendo criar, uma distinção entre substâncias. Elas devem portanto ser distinguidas por seus atributos, o que não poderiam ser se houvesse duas substâncias possuindo um atributo em comum. Além disso, nenhuma substância pode causar outra substância qualquer, porque um efeito deve ter algo em comum com sua causa, e acabamos de demonstrar que duas substâncias têm de ser totalmente diferentes em espécie.

A sétima proposição do Livro Um da *Ética* é "À natureza da substância pertence o existir", e sua demonstração é dada da seguinte maneira:

> Uma substância não pode ser produzida por outra coisa que não por si; por conseguinte, será causa de si mesma, isto é, a sua essência envolve necessariamente a existência, ou, por outras palavras, o existir pertence à sua natureza. (*E*, 4)

Até então, a palavra Deus não foi mencionada na *Ética*, a não ser na definição introdutória em que se diz significar substância infinita. Agora, contudo, cada leitor deve suspeitar de para onde Spinoza o está conduzindo. Exatamente na proposição seguinte nos é dito que "Toda substância é necessariamente infinita". A essa altura, alguém pode se sentir inclinado a objetar que agora que à substância foram dadas tais augustas propriedades não podemos tomar por certo que há de fato quaisquer substâncias na existência. Spinoza concordaria: as primeiras poucas proposições da *Ética* são concebidas para mostrar que no máximo uma substância existe. So-

Esta gravura de Spinoza faz que ele pareça um estudioso
da Bíblia mais constante do que realmente era.

mente na proposição 11 Spinoza parte para a demonstração de que no fim das contas apenas uma substância existe, a saber, Deus.

O tratamento de Spinoza da existência de Deus e da natureza será considerado de forma detalhada no capítulo 10 deste volume. Aqui nos ocuparemos das consequências que ele retira para a metafísica dos seres finitos. Mente e matéria não são substâncias, porque se o fossem iriam apresentar limitações a Deus e Deus não seria, como o é, infinito. Tudo o que é o é em Deus, e sem Deus nada mais pode existir ou ser concebido. O pensamento e a extensão, as características definidoras da mente e da matéria, são na verdade atributos do próprio Deus, de forma que Deus é ao mesmo tempo uma coisa pensante e extensa: ele é mental e ele é corpóreo. Corpos e mentes individuais são modos, ou configurações particulares, dos atributos divinos pensamento e extensão. É assim portanto que a ideia de qualquer coisa individual implica o pensamento da eterna e infinita essência de Deus.

Todos os contemporâneos de Spinoza concordavam que as substâncias finitas dependiam de Deus como sua causa primeira. O que Spinoza faz é representar a relação entre Deus e as substâncias finitas não em termos de causa e efeito físicos, mas nos termos lógicos de sujeito e predicado. Qualquer afirmação aparente sobre uma substância finita é na realidade uma predicação sobre Deus: o modo apropriado de referência a criaturas como nós é fazer uso não de um nome, mas de um adjetivo. De fato, a palavra "criatura" não está em questão, por sugerir uma distinção entre um criador e aquilo que ele cria, quando para Spinoza não há tal distinção entre Deus e a natureza.

O elemento-chave no monismo spinozano não é a doutrina de que há somente uma substância, mas sim o colapso de qualquer distinção entre estabelecimento e causação. Há apenas uma única relação de consequência: e é esta que une um efeito a suas causas e uma conclusão a sua premissa. A fumaça segue-se ao fogo exatamente do mesmo modo como um teorema segue-se dos axiomas. As leis da natureza, portanto, são tão necessárias e sem exceção quanto as leis da lógica. De qualquer causa dada segue-se necessariamente seu efeito, e tudo é regulado por absoluta necessidade lógica. Para muitos outros pensadores, as causas têm de ser distintas de seus efeitos. Não para Spinoza, considerada sua identificação entre causa e estabelecimento. Assim como uma proposição estabelece a si mesma, Deus é sua própria causa e Ele é a causa imanente, e não transiente, de todas as coisas.

Este sistema é extremamente difícil de entender, e pode mesmo ser em última instância incompreensível. É mais auspicioso seguir outra linha de pensamento oferecida por Spinoza para explicar a estrutura do universo. Nossos corpos, ele ressalta, são compostos de muitas partes diferentes, que variam em espécie de uma para outra; as partes podem se alterar e variar, e ainda assim cada indivíduo mantém sua natureza e sua identidade. "E, se continuarmos assim até o infinito, conceberemos facilmente que a Natureza inteira é um só indivíduo cujas partes, isto é, todos os corpos, variam de infinitas maneiras, sem qualquer mudança do indivíduo na sua totalidade" (*E*, 43). Isso nos convida a encarar a relação entre os seres finitos e Deus não em termos de efeito e causa mas em termos de parte e todo.

Não raro falamos de partes de nosso corpo como executando ações e sofrendo mudanças — mas não é muito difícil perceber que se trata de um modo impróprio de falar. Não são meus olhos que veem, ou meu fígado que purifica meu sangue. Meus olhos e meu fígado não possuem uma vida por si sós, e tais atividades são atividades de todo o meu organismo. Filósofos de Aristóteles em diante têm mostrado que é mais correto dizer que eu vi com meus olhos e que meu corpo faz uso de meu fígado para purificar meu sangue. Se seguirmos a pista de Spinoza veremos que ele está nos convidando a enxergar a natureza como um único todo orgânico, de que cada um de nós é uma partícula e um instrumento.

Essa visão da natureza como um único todo, um sistema unificado contendo em si a explicação de tudo de si, é considerada atraente por muitas pessoas. Muitas também estão dispostas a acompanhar Spinoza em sua conclusão de que se o universo contém sua própria explicação então tudo o que acontece é determinado, e não há possibilidade de qualquer sequência de eventos diferente da presente. "Na natureza", afirma Spinoza, "não há nada contingente; tudo é determinado, por necessidade da natureza divina, a existir e operar de certa maneira" (*E*, 20).

Abrindo espaço para a contingência

Entre todos os contemporâneos de Spinoza, o filósofo mais próximo a ele era Malebranche. Como Spinoza, Malebranche pensava que a conexão entre uma causa e seu efeito deveria ser uma causa necessária. "Uma causa verdadeira, como a entendo ser", escreveu, "é uma do tipo em que a mente apreende uma conexão necessária entre ela e seus efeitos" (*R de V* 6.2,3). Muitas pessoas, tendo lido Hume sobre a causação, creem que antes do tempo deste era uma opinião filosófica unânime que devia haver uma conexão necessária entre causa e efeito. Na verdade, porém, Spinoza e Malebranche surpreenderam por seu tratamento da consequência de um efeito a partir de uma causa como equivalente ao seguimento de uma conclusão a partir de uma premissa. Aquino, por exemplo, havia insistido que a relação a uma causa não é parte da definição daquilo que é causado. Ele avalia um argumento com o objetivo de demonstrar que há coisas que podem passar a existir sem uma causa. O argumento é exposto da seguinte forma:

> Nada impede que se encontre uma coisa sem aquilo que não é de sua razão. Por exemplo, um homem sem a brancura. Ora, a relação do efeito à causa não parece pertencer à relação dos entes, porque sem essa relação podem ser compreendidos alguns entes. Podem portanto existir sem ela. (*Suma teológica*, I, q. 44, a. 1)

Aquino não aceita que as coisas possam vir a existir sem uma causa, mas ele não encontra falha na premissa menor do argumento.

Para Spinoza e Malebranche, por outro lado, a conexão necessária entre causa e efeito era de fato uma conexão de tipo conceitual. Ao expor isso como uma condição para uma verdadeira relação causal, ambos perceberam que estavam tornando mais difícil que se encontrasse no mundo exemplos de autênticas relações causais. Partes da matéria em movimento podem não ser causas autênticas. Um corpo pode não mover a si próprio, porque o conceito de corpo não inclui o de movimento, e nenhum corpo pode mover outro, pois não existe relação lógica entre o movimento em um corpo e o movimento em outro corpo. Tanto Spinoza como Malebranche chegaram de fato à conclusão de que há somente uma causa autêntica operando no mundo físico, e que essa é Deus.

A posição de Malebranche, contudo, era mais complicada que a de Spinoza. Para Spinoza, Deus era a causa única não apenas no mundo físico, mas no universo como um todo (pois para ele a mente e a extensão são dois aspectos da mesma entidade). Novamente, para Spinoza, Deus não é somente a causa única no universo, mas também a substância única, e sua existência e sua operação são todas questões de necessidade lógica.

Malebranche, por seu turno, permite que em adição a Deus e ao mundo material haja espíritos finitos, que são agentes autênticos e desfrutam de um grau de liberdade. Os seres humanos, por exemplo, podem voltar seus pensamentos e desejos para uma direção em vez de para outra. Mas espíritos criados são incapazes de causar qualquer efeito no mundo natural. Eu não posso sequer mover meu próprio braço. É verdade que ele se move quando eu quero, contudo, não sou eu, diz Malebranche, a causa natural desse movimento, mas tão só sua causa ocasional, vale dizer, minha ação interior de querer propiciar a ocasião para Deus causar o movimento de meu braço no mundo exterior. O que vale para as partes de meu corpo vale *a fortiori* para outros objetos materiais: "Há uma contradição em afirmar que você pode mover sua poltrona. [...] Nenhum poder pode transportá-la para onde Deus não a transporte ou colocá-la onde Deus não a coloque" (*EM* 7,15).

Para Malebranche, à diferença de Spinoza, há portanto contingência no universo físico, mas ela deriva somente do eterno decreto livre de Deus. Deus deseja sem qualquer mudança ou sucessão tudo o que irá ter lugar no curso do tempo. Ele não é (diferente do Deus de Spinoza) necessitado para desejar o curso da história natural, mas além dele não há outros agentes causais para introduzir a contingência no mundo material.

Leibniz discute aqui com Malebranche e Spinoza: para permitir a liberdade divina e humana, era necessário abrir espaço para a contingência por todo o universo. Na *Monadologia* Leibniz faz uma distinção entre as verdades da razão e as verdades de fato. As verdades da razão são necessárias e seu oposto é impossível; as verdades de fato são contingentes e seu oposto é possível. As verdades da razão são asseguradas por uma análise lógica paralela à derivação matemática dos teoremas dos axiomas e definições; sua base suprema é o princípio da não contradição. As verdades de fato são baseadas em um princípio diferente: o princípio de que nada ocorre sem haver existido uma razão suficiente para dever ser assim e não de outro modo (*G* 6, 612-613).

Leibniz concedia grande importância ao princípio da razão suficiente, que foi sua própria inovação. Não é óbvio de pronto como reconciliar a afirmação de que as verdades de fato são contingentes com a afirmação de que repousam sobre o princípio da razão suficiente. Descobrimos que a consistência é adquirida pelo preço de um novo, e minimalista, relato da contingência.

Em face disso, os seres humanos parecem ter algumas propriedades que são necessárias e outras que são contingentes. Antônio é necessariamente humano, mas é uma questão contingente ser ele solteiro ou casado. Foi assim que os filósofos escolásticos distinguiram as propriedades essenciais das propriedades acidentais de uma substância. Mas não era bem assim que Leibniz via a questão. Ele acreditava que todo predicado que era, como realidade, verdadeiro sobre um sujeito particular era de algum modo parte de sua essência, "de modo que quem quer que compreendesse perfeitamente a noção de sujeito iria também concluir que o predicado pertenceria a ele" (*D* VIII).

Considere-se a história de Alexandre, o Grande, que consiste de uma série de verdades de fato. Deus, vendo a noção individual de Alexandre, via nela contidos todos os predicados verdadeiramente atribuídos a ele: seja quando ele venceu Dario, seja quando morreu de morte natural etc. O predicado "vencedor de Dario" deve fazer parte de uma completa e perfeita ideia de Alexandre. Uma pessoa de quem aquele predicado não fosse verdadeiro não seria nosso Alexandre, mas outro alguém (*D* VIII).

Leibniz nos diz que as verdades necessárias, como as verdades da geometria e da aritmética, são analíticas: "quando uma verdade é necessária, a razão para tal pode ser descoberta pela análise, isto é, resolvendo-a em ideias e verdades cada vez mais simples até que as ideias primárias sejam atingidas". Como exemplo da forma como isso pode ser feito, podemos tomar a prova de Leibniz de que 2 + 2 = 4. Começamos com três definições: (i) 2 = 1 + 1; (ii) 3 = 2 + 1; (iii) 4 = 3 + 1; e o axioma de que se iguais forem substituídos por iguais a igualdade permanece. Passamos então à demonstração seguinte:

$$2 + 2 = 2 + 1 + 1 \text{(df i)}$$
$$= 3 + 1 \text{(df ii)}$$
$$= 4 \text{ (df iii)}^2$$

O fato é que verdades de fato não são capazes de demonstração dessa espécie; os seres humanos, aparentemente, podem descobri-las somente por investigação empírica. Mas o relato de Leibniz das noções individuais não quer dizer que em toda afirmação de fato o predicado esteja secretamente incluso no sujeito. Segue daí que as afirmações de fato são em certo sentido analíticas. Mas a análise necessária para demonstrar isso seria uma análise infinita, que somente Deus pode completar.

Mas se as afirmações de fato são analíticas do ponto de vista divino como podem ser elas contingentes? Leibniz responde que a demonstração de que seus predicados pertencem a seus sujeitos "não é tão absoluta como aquelas dos números ou da geometria, mas supõe a sequência de coisas que Deus escolheu livremente e que é baseada no primeiro decreto de Deus, cuja essência diz para sempre fazer o que é mais perfeito" (*D* XIII). Há dois elementos nessa resposta: primeiro, não há contradição interna na noção de um Alexandre que derrotou Dario, como há na noção de um triângulo com quatro lados. Segundo, a inclusão do predicado na noção de *nosso* Alexandre é o resultado de um livre decreto de Deus de criar tal pessoa. Sem dúvida, isso transforma a conquista de Alexandre em um sentido necessária, mas somente por necessidade moral, não metafísica. Deus não pode não escolher o melhor, mas isso se dá em razão de sua divindade, não por qualquer limitação de sua onipotência (*T*, 367).

A contingência que nos coube parece muito frágil. Não há nada contingente sobre a real posse por Alexandre de cada uma de suas propriedades e da passagem de cada evento de sua vida. O que é contingente é a existência desse particular Alexandre, com essa particular história, em

---

2. Como Frege apontaria depois, há um salto nesta prova: Leibniz assumiu tacitamente que 2 + (1 + 1) = (2 + 1) + 1, o que depende da lei associativa de adição.

lugar de qualquer dos outros possíveis Alexandres que Deus possa haver criado. Isso é algo que é contingente mesmo do ponto de vista divino: a única existência necessária é a existência do próprio Deus.

Há aqui claramente operando uma notável noção de identidade. Se eu imagino a mim mesmo com mais barba no meu queixo do que o que realmente tenho, então, em termos leibnizianos, estou imaginando uma pessoa totalmente diferente. Leibniz concedeu reflexão considerável à lógica da identidade, tendo enunciado dois teoremas a esse respeito. Um é o de que, se A é idêntico a B, então o que é verdadeiro de A o é também de B, e o que é verdadeiro de B é verdadeiro de A. O segundo é o de que, se o que é verdadeiro de A o é de B, e vice-versa, então A é idêntico a B. O primeiro princípio, embora comumente conhecido como "Lei de Leibniz", foi amplamente aceito antes e depois de seu tempo. O segundo, comumente chamado de princípio da identidade dos indiscerníveis, foi sempre mais controverso: esta é a tese de que não há dois indivíduos que possuam todas suas propriedades em comum. O próprio Leibniz, ao afirmar no *Discurso* (IX) que não era possível para duas substâncias assemelhar-se inteiramente uma à outra e que diferiam apenas numericamente, descreveu isso como um "notável paradoxo".

Ele poderia, contudo, ter citado autoridades em seu benefício. Os escolásticos aristotélicos haviam mantido que o princípio da individuação, vale dizer, o que distingue um indivíduo de outro, era a matéria: duas ervilhas, não importando quanto se pareçam, são duas ervilhas, e não uma, porque são duas peças de matéria diferente[3]. Como consequência disso, pensadores como Aquino argumentaram que se houvesse duas substâncias que fossem imateriais — anjos, digamos — então poderia haver somente uma de cada tipo, dado que não haveria meio de distinguir um membro de uma espécie de outro de outra. A doutrina leibniziana das noções individuais, ou essências, forçaram-no a fazer a seguinte generalização: todas as substâncias, e não apenas os anjos de Aquino, eram espécimes únicos de seu tipo. Ele afirmou que se houvesse na natureza dois entes indiscerníveis um do outro então Deus agiria sem razão suficiente quando tratasse um diferentemente do outro (*G* VII, 393).

É o princípio da identidade dos indiscerníveis em si necessário ou contingente? Leibniz parece não ter concluído nada a esse respeito. Uma vez que, para o estabelecer, ele apela ao princípio da razão suficiente, e não ao

---

3. Ver volume II desta coleção, 235-237.

Leibniz ilustra a identidade dos indiscerníveis mostrando a
duas damas da corte que não há duas folhas exatamente iguais.

da não contradição, ele parece ser contingente; e numa carta ele escreveu que era possível conceber duas substâncias indiscerníveis, mesmo que fosse falso supor que elas existissem (G VII, 394). Em seus *Novos ensaios*, contudo, ele afirma que se dois indivíduos fossem perfeitamente semelhantes e indistinguíveis não haveria distinção entre eles; e Leibniz prossegue para extrair a conclusão de que a teoria atômica deve ser falsa. Não era o bastante dizer que um átomo estava em um tempo e um lugar diferentes um do outro: deve haver algum princípio de distinção interno, caso contrário haveria apenas um átomo, não dois (G V, 214).

O idealismo de Berkeley

A filosofia de Leibniz é a primeira apresentação sistemática do idealismo desde a Antiguidade, a teoria segundo a qual a realidade consiste no limite de entidades mentais, vale dizer, percebedores imateriais acompanhados de suas percepções. Durante seu ciclo de vida, outra versão do idealismo foi proposta pelo bispo Berkeley. Os dois sistemas se parecem, mas há importantes diferenças entre eles: o idealismo leibniziano é um idealismo racionalista; Berkeley é um idealista empírico. As diferenças surgem dos diferentes pontos de partida dos dois filósofos. Antes de comparar os sistemas de forma detalhada devemos portanto seguir a trilha do argumento a partir do qual Berkeley chega a seu destino.

No segundo dos *Diálogos* de Berkeley, Hilas, tendo anteriormente sido forçado a concordar que as qualidades primária e secundária são ambas somente mentais, tenta não obstante defender o conceito de substância material. Seus argumentos para a existência da matéria são suavemente expressados. A matéria não é percebida, porque se concordou que somente as ideias são percebidas. Ela deve portanto ser algo descoberto pela razão, não pelo sentido. Poderíamos dizer então que ela é a causa das ideias? Mas a matéria é inerte e sem pensamento; não pode portanto ser causa do pensamento. Mas talvez, contesta Hilas, os movimentos da matéria possam ser um instrumento da causa suprema, Deus. Mas a matéria, não possuindo qualidades sensíveis, não pode ter movimento ou extensão; e por certo Deus, que pode agir por mera vontade, não tem necessidade de ferramentas inertes. Poderíamos dizer, como fez Malebranche, que a matéria propicia a oportunidade para Deus agir? Por certo o onisciente não necessita de nenhum impulso! "Caístes na conta, enfim", pergunta Filonous, "de que em todas as acepções da palavra matéria vos limitastes a supor uma não se sabe que coisa, sem nenhuma espécie de razão para isso, sem utilidade alguma?" (*HF*, 93), e resume seu argumento de modo triunfante:

> De duas uma: percepcionais a existência da dita matéria — ou imediatamente, ou mediatamente. Se imediatamente, informai-me, Hilas, por qual dos sentidos a percepcionais. Se mediatamente, dai-me a saber por qual raciocínio é que vós inferis a sua existência daquilo que percepcionais imediatamente. Eis pelo que concerne à percepção da matéria. Pelo que à própria matéria diz respeito, pergunto se é ela objeto, ou se é substrato, ou se é causa, ou se é instrumento, ou se é ocasião? Já tendes pleiteado por cada uma destas, mudando de contínuo as vossas noções e fazendo aparecer a tal matéria ora de uma maneira e ora de outra. E tudo que sucessivamente apresentastes foi sendo desaprovado por vós próprio, e por vós próprio rejeitado. (*HF*, 94)

Se Hilas continua a defender a existência da matéria, ele não sabe o que quer dizer com "matéria" ou o que quer dizer com "existência" (*HF*, 97).

Penso que devemos concordar que Berkeley explorou de forma bem-sucedida a noção lockiana de substância, com a qual o pobre Hilas foi atormentado. Mas suponhamos que Filonous fosse debater não com Hilas, mas com Aristóteles. Que respostas poderia receber? As substâncias materiais, ser-lhe-ia dito, são de fato percebidas pelos sentidos. Tome um gato: eu posso vê-lo, ouvi-lo, senti-lo, cheirá-lo e, se me sentir a isso inclinado, saboreá-lo. É verdade que não é pelo sentido, mas pelo intelecto, que eu sei que *tipo* de substância ele é — sei que é um gato por ter aprendido a classificar os animais —, mas isso não significa que eu infira por raciocínio que se trata de um gato. Isso basta para a substância material; o que dizer da própria matéria? Esta também eu a percebo pelos sentidos, já que nas substâncias que encontramos há porções de matéria, a matéria neste caso vindo sob a forma de gatidade. A primeira matéria, a matéria desprovida de qualquer forma, não é de fato percebida por qualquer dos sentidos, mas isso porque não há tal tipo de coisa na realidade; a primeira matéria é uma abstração filosófica visando à análise da mudança substancial[4].

Não se pode, claro, assumir como garantido que o relato aristotélico da substância e da matéria possa ser reconciliado com o, ou adaptado ao progresso feito pelos cientistas do século XVII na análise e na explicação

---
4. Ver volume I desta coleção, 230.

do movimento e da mudança. O ponto que desejo estabelecer aqui é simplesmente que a tradicional noção de substância não é considerada pela demolição de Berkeley da bem diversa, internamente incoerente, noção propagada por Locke.

A crítica da matéria não é um fato essencial para a construção do idealismo de Berkeley, mas tão somente remove um obstáculo à sua aceitação. A matéria é fantasiada de forma a ser a base de nossas ideias, papel que no sistema de Berkeley não pertence à matéria, mas a Deus. A primeira premissa do argumento para aquela conclusão é que os seres humanos nada sabem que não sejam ideias, e tal premissa é afirmada bem antes do massacre sobre a noção de substância material. O primeiro livro dos *Princípios* começa assim:

> É evidente a quem investiga o objeto do conhecimento humano haver ideias atualmente impressas nos sentidos, ou percebidas considerando as paixões e operações da mente, ou finalmente formadas com auxílio da memória e da imaginação. (*P*, 19)

Por certo isso *não* é de fato evidente. Faça uso da palavra "ideia", se assim o desejar, em tal amplo sentido de forma a tornar verdadeiro que sempre que eu perceba, recorde ou pense algo sobre X eu tenha uma ideia de X, e que sempre que eu aprenda, acredite ou saiba que *p* eu tenha uma ideia correspondente. Ainda assim não se segue daí que os objetos de todo o conhecimento sejam ideias. A partir da própria natureza abrangente da definição, segue-se que qualquer ato ou estado cognitivo é *sobre* aquelas ideias, ou as tem como seu *objeto*. Se eu vejo uma girafa, irei, dada essa terminologia, ter uma ideia de uma girafa; mas o que eu vejo é uma girafa, não uma ideia. Se eu penso no lárix situado no fim do meu jardim, terei, novamente, uma ideia daquela árvore, mas no que penso é naquela árvore, e não na ideia. Sem dúvida, eu também posso pensar naquela ideia; por exemplo, eu posso pensar que ela é bem vaga. Mas esse é um tipo diferente de pensamento, um pensamento sobre uma ideia, não um pensamento sobre uma árvore. Ao pensá-lo, eu não estou pensando que a árvore é bem vaga. Ideias, se se tiver de falar de ideias desse modo, são as coisas que pensamos *com*; elas não são, em geral, as coisas *sobre* as quais pensamos.

O trecho de abertura dos *Princípios* acima citado assume prontamente o idealismo que é suposto ser a conclusão de um longo argumento. O idealismo está implícito na confusão inicial entre os atos mentais e seus objetos.

Não se pode dizer que Berkeley não soubesse que essa crítica pudesse ser levantada. Hilas, perto do fim do primeiro *Diálogo*, faz uma distinção entre objeto e sensação:

> Sensação, quanto a mim, é um ato da mente percepcionante; além dele, há qualquer coisa percepcionada: e a esta qualquer coisa chamo eu o *objeto*. Por exemplo, há vermelho e amarelo nesta tulipa. E o ato de percepcionar estas duas cores existe em mim unicamente, e não na tulipa. (*HF*, 72-73)

A rejeição que Filonous apresenta a isto toma uma rota deveras oblíqua. Ele se concentra na palavra "ato" e segue daí para argumentar que uma sensação — a saber, sentir o cheiro da tulipa — é algo passivo e não ativo.

Por duvidosa que seja a afirmação, não é preciso que Hilas a conteste para defender sua distinção. Tudo o que ele tem de fazer é substituir a expressão "evento na mente" por "ação da mente". Mas Filonous desliza para sua conclusão substituindo a ambígua palavra "percepção" pela ambígua palavra "ideia", e casualmente assumindo como fato que o objeto de uma percepção é uma *parte* da percepção (*HF*, 74).

Se não há nada que possamos conhecer com exceção das ideias, e se as ideias podem existir somente em uma mente, então não é difícil para Berkeley chegar à sua conclusão de que tudo o que podemos conhecer da existência está na mente de Deus:

> Quando nego que os sensíveis existam sem ser na mente, não entendo em particular a minha mente, senão toda e qualquer mente. As coisas têm — é bem manifesto — existência anterior à minha mente, pois acho pela experiência que não dependem dela. Há portanto outra mente na qual existem nos intervalos das percepções que tenho delas — assim como existiam antes de ser eu nascido e hão de continuar a existir, ainda, depois do meu suposto aniquilamento. E como a proposição é também verdadeira naquilo que diz respeito a todos os outros espíritos criados e finitos, segue-se necessariamente que há uma *Mente onipresente e eterna*, que conhece e compreende todas as coisas[5]. (*HF*, 103-104)

No último diálogo, Berkeley dá a Filonous a tarefa de mostrar que a tese de que nada existe com exceção das ideias em uma mente finita

---

5. A prova que Berkeley oferece da existência de Deus será considerada em detalhes no capítulo 10 deste volume.

ou infinita é algo perfeitamente compatível com nossas crenças do senso comum sobre o mundo. Isso implica uma heroica reinterpretação da linguagem comum. Afirmações sobre as substâncias materiais têm de ser traduzidas para declarações sobre coleções de ideias: uma cereja, por exemplo, não é nada senão uma coleção de impressões sensíveis, ou de ideias percebidas pelos vários sentidos (*HF*, 106). É muito mais fácil fazer isso, argumenta Filonous, que as interpretar como afirmações sobre os inertes substratos lockianos. "As coisas reais são aquelas mesmo que vejo e palpo, aquelas que percepciono pelos meus sentidos. [...] Um bom pedaço de pão sensível, por exemplo, daria ao meu estômago muito maior regalo do que dez mil vezes essa mesma porção daquele pão insensível, ininteligível, mas real, de que me tendes falado" (*HF*, 102-103). Somente seu próprio sistema fenomenalista, crê Berkeley, habilita alguém a dizer verdadeiramente que a neve é branca e o fogo é quente.

Uma substância material, então, é uma coleção de ideias sensíveis de vários sentidos tratadas como uma unidade pela mente em razão de sua constante conjunção umas com as outras. Essa tese, segundo Berkeley, é perfeitamente consistente com o uso dos instrumentos científicos e com o enquadramento das leis naturais. Essas leis determinam relações não entre as coisas, mas entre os fenômenos, isto é, entre as ideias; o que os instrumentos científicos fazem é nos trazer um novo fenômeno para relacionarmos com os antigos. Se fazemos uma distinção entre aparência e realidade, o que estamos fazendo na verdade é contrastar ideias mais vívidas com ideias menos vívidas, e comparando os diferentes graus de controle voluntário que acompanha nossas ideias. Não há realidade oculta: tudo é aparência. Essa é a doutrina do "fenomenalismo", para fazer uso de uma palavra que só seria inventada no século XIX.

Leibniz e Berkeley são ambos fenomenalistas, no sentido em que concordam que o mundo material é uma questão de aparência antes que de realidade. Mas eles fornecem diferentes relatos da natureza dos fenômenos e diferentes explicações de suas causas subjacentes. Para o empirista Berkeley, as ideias não são infinitamente divisíveis, dado existir um limite finito para a capacidade da mente de discriminar por intermédio dos sentidos. O racionalista Leibniz, por sua vez, rejeita esse atomismo: o mundo fenomênico tem as propriedades exibidas pela geometria e pela aritmética. Com essa diferença na natureza dos fenômenos vem uma diferença em suas causas de sustentação. Para Leibniz, a realidade subjacente é a infinidade de mônadas animadas; para Berkeley, é o único onipresente Deus.

Hume e a causação

Se ao final nenhuma dessas filosofias torna-se crível, isso não é devido a qualquer ausência de engenho por parte de seus inventores. Antes, os defeitos de cada sistema podem ser retroagidos a uma única raiz: a confusa epistemologia das ideias, que foi legada aos racionalistas por Descartes e aos empiristas por Locke. O filósofo em cuja obra podemos enxergar mais completamente as consequências de tal epistemologia é David Hume. Seu sistema oficial, segundo o qual tudo o que há é uma mera coleção de ideias e impressões, é nada menos que absurdo. Todavia, o gênio de Hume é tamanho que, apesar das distorções e dos limites a ele impostos por seu próprio sistema, ele foi capaz de fazer importantíssimas contribuições para a filosofia. Em nenhum lugar isso fica mais evidente que em sua abordagem da causalidade.

Antes de Hume, as seguintes proposições sobre as causas eram amplamente assumidas pelos filósofos:

1. Todo ser contingente deve ter uma causa.
2. Causa e efeito devem assemelhar-se uma ao outro.
3. Dada uma causa, seu efeito deve seguir-se necessariamente

As duas primeiras proposições eram solo partilhado entre os filósofos aristotélicos e seus oponentes. Exemplos paradigmáticos de causas eficientes aristotélicas eram a geração dos seres vivos e a operação dos quatro elementos. Todo animal tem pais, e os pais e a geração se assemelham uns aos outros: cães geram cães e gatos geram gatos, e em geral um semelhante gera um semelhante. O fogo queima e a água encharca: vale dizer, uma coisa quente torna quentes outras coisas e uma coisa molhada torna molhadas outras coisas; uma vez mais, o semelhante causa o semelhante. Os primeiros filósofos modernos ofereceram exemplos mais sutis das relações causais, mas continuaram a subscrever as proposições (1) e (2).

A terceira proposição não foi tão simples assim. Spinoza declarou que "De uma dada causa determinada segue-se necessariamente um efeito" (*E*, 86), e Hobbes afirmava que quando todos os elementos causais de uma situação estão presentes "não se pode admitir senão que o efeito é produzido". Aristóteles, contudo, não era tão determinista quanto Spinoza e Hobbes, e fez uma distinção entre causas naturais e causas racionais. Uma causa natural, como o fogo, estaria "determinada a uma coisa"; uma causa racional, como um ser humano, teria um poder de mão dupla, um poder que poderia ser exercido ou não conforme o desejasse. Mesmo em um caso desse tipo, Aristóteles estava disposto a unir as noções de causa e necessidade: o possuidor de um poder racional, se tem o desejo de exercê-lo, o faz por necessidade[6].

Hume se dispõe a demolir todas as três teses estabelecidas acima, o que faz ao alterar os exemplos padrão de causação. Para ele, uma causa típica não é um agente (como um cachorro ou um fogão), mas um evento (como o deslizar de uma bola de bilhar sobre uma mesa). A mudança no paradigma é mascarada por sua fala das causas e dos efeitos como "objetos". Estritamente falando, os únicos eventos possíveis em um mundo humano são ocorrências de ideias e ocorrências de impressões, mas essa regra, felizmente, não é observada uniformemente na discussão. Uma regra que permanece firme é esta: causa e efeito devem ser dois eventos identificáveis independentes um do outro.

Ao atacar a descrição tradicional da causação, Hume primeiro nega que o que quer que comece a existir deva ter uma causa de existência:

> Como todas as ideias distintas são separáveis umas das outras, e como as ideias de causa e efeito são evidentemente distintas, será fácil para nós concebermos qualquer objeto como não existente neste momento e existente no momento seguinte, sem anexar a ele a ideia distinta de uma causa ou um princípio produtivo. (*THN*, 79)

Se as ideias podem ser separadas, assim também os objetos; então não há contradição em ter existido de fato um princípio para a existência sem uma causa. Sem dúvida, "efeito" e "causa" são termos correlativos, como "esposo" e "esposa". Todo efeito deve ter uma causa, assim como todo esposo deve ter uma esposa. Mas isso não significa que todo evento deve ser causado, da mesma forma que nem todo homem deve ser casado.

Se não há nada de absurdo em conceber algo vindo à existência sem nenhuma causa sequer, não há também, *a fortiori*, nenhum absurdo em conceber esse algo vindo à existência sem uma causa de tipo particular. Tudo, diz Hume, pode produzir algo. Não há razão lógica para se acreditar que o semelhante deva ser causado pelo semelhante. "Onde os objetos

---

6. Ver G. E. M. ANSCOMBE, Causality and Determination, in ID., *Metaphysics and the Philosophy of Mind*, Oxford, Blackwell, 1981, 133-147.

não são contrários, nada os impede de ter aquela constante conjunção da qual a relação de causa e efeito depende totalmente" (*THN*, 173). Porque muitos efeitos diferentes são logicamente concebíveis como resultando de uma causa particular, somente a experiência nos leva a esperar a real. Mas baseados em quê?

Hume oferece três regras por meio das quais avaliar as causas e os efeitos:

1. A causa e o efeito devem ser contíguos no espaço e no tempo.
2. A causa deve ser anterior ao efeito.
3. Deve haver uma constante união entre a causa e o efeito. (*THN*, 173)

A terceira regra é a mais importante: "Contiguidade e sucessão não são suficientes para nos fazer declarar dois objetos como causa e efeito a não ser que percebamos que essas duas relações são preservadas em várias instâncias". Mas como isso nos faz avançar? Se a relação causal não puder ser detectada em uma simples instância, como poderá ser detectada em repetidas instâncias?

A resposta de Hume é que a observação da constante conjunção produz uma nova impressão *na mente*. Assim que tenhamos observado um número suficiente de instâncias de um B seguindo-se a um A, sentimos uma determinação, na próxima vez em que encontramos A, a passar a B. Isso está na origem da ideia de conexão necessária expressa no terceiro dos axiomas tradicionais. A necessidade "não é senão uma impressão interna da mente, ou uma determinação de passar nossos pensamentos de um objeto a outro". Essa descrição permite a Hume afirmar que uma vez mais se confirma a tese de que não há ideia sem uma impressão que a anteceda. A expectativa do efeito sentida quando a causa apresenta a si mesma, uma impressão produzida por conjunção habitual, é a impressão da qual a ideia de conexão necessária é derivada.

Hume resume sua discussão oferecendo duas definições de causação. A primeira é esta: uma causa é "um objeto precedente e contíguo a outro, e onde todos os objetos semelhantes ao anterior são colocados em uma relação semelhante de prioridade e contiguidade aos objetos que se parecem com o último". Nessa definição nada é dito sobre a conexão necessária, e não é feita nenhuma referência à atividade da mente. Correspondentemente, nos é oferecida uma segunda definição que torna a análise filosófica mais explícita. Uma causa é "um objeto precedente e contíguo a outro, e tão unido a ele na imaginação, que a ideia de um induz a mente a formar a ideia do outro, e a impressão de um a formar uma ideia mais viva do outro" (*THN*, 170-172).

Essas duas definições apresentam problemas. Analisemos primeiro a segunda. A mente, nos é dito, é "determinada" a formar uma ideia pela presença de outra ideia. Não há aqui uma circularidade, uma vez que "determinação" não é muito diferente de "causação"? Recorde-se que a teoria humiana da causação necessária é suposta aplicar-se à necessidade moral assim como à necessidade natural, à causação mental assim como à causação física. Se voltarmos à primeira definição, precisaremos observar mais de perto a noção de *semelhança*. Se tomarmos a definição de Hume literalmente, teremos que negar coisas tais como que o camundongo branco de meu filho mais novo foi a causa do desaparecimento daquele pedaço de queijo em sua gaiola; pois todas as coisas brancas se assemelham ao meu rato, mas nem todas as coisas brancas são causa de desaparecimento de queijos. É duvidoso se a noção de *semelhança* poderia ser apropriadamente refinada (por exemplo, em referência aos tipos naturais) sem alguma referência tácita aos conceitos causais.

A resposta de Kant

A descrição de Hume da causação merece, e tem recebido, intenso escrutínio filosófico. Kant atacou a ideia de que a sucessão temporal poderia ser utilizada para definir a causalidade; ao contrário, fazemos uso das noções causais de modo a determinar a sequência temporal. Mais recentemente questionou-se se um princípio incausado da existência é concebível: aqui, também, é defensável que façamos uso das noções causais de modo a determinar quando as coisas começam[7]. Não obstante, Hume introduziu uma nova aproximação completamente inédita à discussão filosófica da causação, e a agenda para aquela discussão permanece até hoje a que ele estabeleceu.

A resposta de Kant a Hume ocorre no sistema de princípios da *Crítica da razão pura*, em uma seção não esclarecedoramente intitulada "Analogias da experiência". Essa seção busca estabelecer a seguinte tese: a experiência somente é possível se as conexões necessárias puderem ser encontradas entre as nossas percepções. Há três etapas na prova, chama-

---

7. Ver G. E. M. ANSCOMBE, Times, Beginning and Causes, in ID., *Metaphysics*..., 148-162.

das por Kant de primeira, segunda e terceira analogias. As duas primeiras são: (a) Se de fato eu tiver que ter experiência, devo ter experiência de um domínio objetivo, e esse deve conter substâncias; (b) Se eu tiver de ter experiência de um domínio objetivo, devo ter experiência de substâncias ordenadas causadas. Cada um desses estágios parte da reflexão sobre nossa percepção do tempo: tempo considerado primeiro como duração, e então como sucessão. A terceira analogia, que surge como uma espécie de apêndice ao argumento oferecido nas duas primeiras, emana de uma consideração da coexistência no tempo. Objetos distintos que existem no mesmo tempo que o outro devem coexistir no espaço, e se o fazem devem formar um sistema de interação mútua.

Kant começa por apontar que o tempo em si não pode ser percebido. Em uma sensação momentânea considerada um átomo independente da experiência, não há nada a mostrar quando ele ocorre, ou se ele ocorre antes ou depois de qualquer outro dado evento interior. Podemos somente perceber o tempo, então, se podemos relacionar tais fenômenos a algum substrato permanente. Além disso, se tiver de haver mudança autêntica, como oposta à mera sucessão, deverá haver algo que é primeiro uma coisa e depois outra. Mas esse elemento permanente não pode ser fornecido pela nossa experiência, que está ela própria em fluxo constante; ele deve portanto ser fornecido por algo objetivo, a que podemos chamar "substância". "Toda a existência no tempo e toda a mudança no tempo devem ser encaradas simplesmente como um modo da existência de algo que permanece e persiste" (A, 184).

A conclusão da primeira analogia não é também muito clara. Pensaria Kant ter demonstrado que deve haver uma única coisa permanente por trás do fluxo da experiência — algo como uma perene quantidade de matéria conservada? Ou sua conclusão é apenas que deve haver no mínimo algumas coisas permanentes, entidades objetivas com duração não momentânea, do tipo que comumente julgamos sejam as pedras e as árvores? Somente a última, mais frágil, conclusão é necessária de modo a refutar o atomismo empirista.

A segunda analogia é baseada numa simples observação, cuja importância Kant foi o primeiro filósofo a perceber. Se permaneço imóvel e observo um barco movendo-se no rio em frente, tenho uma sucessão de diferentes visões: primeiro do barco rio acima, depois do barco rio abaixo, e assim sucessivamente. Mas, do mesmo modo, se observo uma casa, haverá certa sucessão nas minhas experiências: primeiro, talvez, eu olhe para

Neste quadro do século XVIII, de Fort William, Calcutá, podemos facilmente identificar o que está em repouso e o que está em movimento. Mas o que é, diz Kant, que nos indica isso?

o telhado, então para os andares superiores e inferiores, e finalmente para o piso. O que vem a ser aquilo que distingue uma meramente subjetiva sucessão de fenômenos (os vários vislumbres da casa) de uma observação objetiva de uma mudança (o movimento do barco rio abaixo)? No primeiro caso, mas não no segundo, seria possível para mim, segundo o desejasse, reverter a ordem das percepções. Mas não há base para fazer a distinção, com exceção de alguma necessária regularidade causal:

> Suponhamos que haja um evento que não tenha nada que o preceda do qual se siga conforme uma regra. Toda a sucessão na percepção se dará então somente na apreensão, ou seja, será meramente subjetiva, e não haverá meio de determinar quais percepções vêm de fato primeiro e quais vêm depois. Teremos então somente um jogo de impressões sem relação a objeto algum, e será impossível em nossas percepções fazer distinções temporais entre um fenômeno e outro. (A, 194)

Isso demonstra que há algo profundamente errado com a ideia humiana de que percebemos primeiro a sucessão temporal de eventos, e então passamos a considerar um como causa e outro como efeito. As coisas se passam exatamente de modo oposto: sem relações entre causa e efeito não podemos estabelecer ordem no tempo. Mesmo se pudéssemos, prossegue Kant, apenas a sucessão temporal é insuficiente para justificar a causalidade, porque causa e efeito podem ser simultâneos. Agostinho disse há muito tempo que um pé causa uma pegada, não o contrário, e Kant o repete ao dizer que uma bola em repouso sobre uma almofada produz nesta uma depressão tão logo seja colocada ali; assim, a bola é a causa e a depressão é o efeito. Sabemos disso porque toda bola faz uma incisão, mas nem toda depressão contém uma bola.

A terceira analogia começa do mesmo ponto que a segunda, mas move-se na direção oposta:

> Posso dirigir minha percepção primeiro para a Lua e então para a Terra, ou, inversamente, primeiro para a Terra e então para a Lua; e porque nossas percepções desses objetos podem seguir uma à outra em qualquer ordem, afirmo que são coexistentes. (B, 258)

Mas nada em nenhuma das percepções me diz que a ordem entre elas pode ser revertida, isto é, que elas coexistem uma com a outra. "Assim", Kant conclui, talvez muito rapidamente, "a coexistência das substâncias no espaço não pode ser conhecida na experiência a não ser assumindo-se sua recíproca interação" (B, 258).

Sejam quais forem as críticas que se possa fazer aos detalhes das analogias kantianas, não há dúvida de que elas estabelecem que a relação entre tempo e causação é muito mais complicada do que Hume imaginara, e que a abolição por Berkeley da noção de substância demole também a sequência ordenada dos fenômenos, assumida, em virtude de seu idealismo, como a realidade do mundo.

Se na *Crítica da razão pura* Kant tentou demonstrar a futilidade das afirmações de conhecimento divorciadas do mundo condicionado da experiência, Hegel, especialmente na *Fenomenologia do Espírito*, tentou estabelecer a autenticidade de uma metafísica que iria fornecer conhecimento incondicionado do absoluto. Em certo sentido, o idealismo hegeliano assinala o mais alto ponto da especulação metafísica, e adversários da metafísica têm amiúde escolhido partes de seu texto como exemplos para ilustrar a obscuridade e a futilidade inevitáveis desse tipo de empresa. E no entanto é surpreendentemente difícil selecionar e apresentar trechos de seus escritos que apresentem percepções relevantes para os tópicos que têm sido as preocupações deste capítulo. Isso não se dá porque faltava gênio a Hegel, mas em razão do holismo que é a característica dominante de seu pensamento. Em todo nível, Hegel assegurava, as partes somente podem ser entendidas como partes de um todo. Não podemos ter conhecimento real nem mesmo do menor dos itens, a não ser que compreendamos a relação que mantém com o universo inteiro. Não há verdade senão a verdade integral. Alguns de seus escritos podem ser esquadrinhados em busca de parcelas de intuições brilhantes, mas seu sistema metafísico deve ou ser aceito integralmente ou deixado de lado.

O período entre Descartes e Hegel foi a grande era da construção do sistema metafísico. No período medieval havia muitos metafísicos dotados, mas eles não viam a si mesmos como criadores de um novo sistema; antes, ofereciam porções de aperfeiçoamento a um sistema já dado pelos ensinamentos da Igreja e pelo gênio de Aristóteles. Descartes, Spinoza, Kant e Hegel, por sua vez, viam a si próprios como estabelecendo, pela primeira vez, um sistema completo para harmonizar todas as verdades fundamentais que poderiam ser conhecidas. Não se pode afirmar que algum deles tenha sido bem-sucedido nessa enorme tarefa, mas há muito que aprender de suas heroicas falhas.

Nos séculos XIX e XX, quando a filosofia ocidental dividiu-se entre as tradições conflituosas do continente europeu e do mundo anglófono, uma tradição adotou o padrão medieval e a outra seguiu os primeiros metafísicos modernos. Na Alemanha e na França, os filósofos continuaram a encarar como sua tarefa a criação de um novo sistema que iria superar o de seus predecessores. Na Inglaterra e nos Estados Unidos, a maioria dos filósofos se contentou em buscar esclarecer ou emendar elementos definidos de um pano de fundo dado a nós pela obra dos cientistas da natureza e da linguagem de nossas vidas cotidianas. Mas muitos filósofos têm resistido a ser enquadrados em um ou outro paradigma, e o melhor modo de evitar tornar-se obcecado por um ou outro é um estudo da história da filosofia a longo prazo.

7

Mente e alma

Descartes e a mente

A área da filosofia que sofreu a mais significativa evolução no primeiro período moderno foi a filosofia da mente. Isso se deveu acima de tudo à obra de Descartes. Se a física cartesiana teve uma curta e inglória existência, a psicologia cartesiana foi amplamente adotada e até nossos dias sua influência permanece poderosa no pensamento de muitos que nem mesmo leram sua obra ou que rejeitam seu sistema de forma explícita.

Descartes retraçou as fronteiras entre mente e corpo e apresentou um novo modo de caracterizar o mental. A partir de sua época tem sido natural para os filósofos e cientistas estruturar a psicologia em um modo bem diferente daquele empregado por seus predecessores aristotélicos da Idade Média e da Renascença[1]. Isso afetou até mesmo o pensamento cotidiano sobre a natureza humana e o mundo natural.

Os aristotélicos viam a mente como a faculdade ou o conjunto de faculdades que diferenciam os homens dos demais animais. Animais sem inteligência partilham conosco certas capacidades e atividades: cães, vacas e porcos podem todos, como nós, ver, ouvir e sentir. Mas somente os seres

---

1. Ver o capítulo 8 do volume II desta coleção.

humanos podem pensar pensamentos abstratos e tomar decisões racionais: eles são postos à parte dos outros animais devido à posse de intelecto e vontade. Eram essas duas faculdades que, para os aristotélicos, constituíam em essência a mente. A atividade intelectual era, em certo sentido, imaterial, assim como a sensação era impossível sem um corpo material.

Para Descartes e seus seguidores, a fronteira entre a mente e a matéria encontrava-se em outro lugar. Era a consciência, e não a inteligência ou a racionalidade, o critério definidor do mental: a mente é o domínio do que quer que seja acessível pela introspecção. Portanto, a mente inclui não apenas o entendimento e a vontade humanos, mas também a visão, a audição, a sensação, a dor e o prazer humanos. Toda forma de experiência humana, segundo Descartes, inclui um elemento que seria antes espiritual que mortal, um componente fenomênico que não mais era conectado contingencialmente às causas, às expressões e aos mecanismos corporais.

Descartes, à semelhança de seus predecessores aristotélicos, acreditava que a mente era o que distinguia os seres humanos dos outros animais; mas suas razões para tal eram bem diferentes. Para os aristotélicos, a mente era restrita à alma intelectual, e isso era algo que somente os homens possuíam. Para Descartes, a mente é extensiva também à sensação, mas somente os homens possuem sensação autêntica. A maquinaria corporal que acompanha a sensação nos seres humanos pode se dar também nos corpos animais, mas um fenômeno como a dor é em um animal um evento puramente mecânico, desacompanhado de qualquer consciência.

Não foram muitos os que acompanharam Descartes na consideração de animais como meras máquinas, mas houve larga aceitação de sua substituição da consciência, em lugar da racionalidade, como a característica definidora do mental. Isso resultou em fazer a mente aparecer como um lugar especialmente exclusivo. As capacidades intelectuais características de quem utiliza a linguagem não são marcadas por qualquer particularismo especial: outra pessoa pode saber melhor do que eu mesmo se entendo física quântica ou se sou movido pela ambição. Por outro lado, se quero saber que experiências alguém está tendo, devo conceder a suas expressões um estatuto especial. Se você me diz o que parece estar vendo ou ouvindo, ou o que está imaginando ou dizendo para si mesmo, não há como não entender o que você diz. Naturalmente, não é preciso que seja verdade — você pode estar mentindo ou não compreender as palavras que está utilizando —, mas sua expressão não pode ser errônea. Experiências, assim, possuem certa propriedade de indubitabilidade, e foi essa propriedade que Descartes assumiu como uma característica essencial do pensamento, fazendo uso dela como a base de seu sistema epistemológico[2].

Para apreciar o modo pelo qual Descartes efetua essa mudança revolucionária, precisamos voltar à segunda *Meditação*. Tendo provado para sua própria satisfação que ele existe, Descartes segue em frente, perguntando: "Mas *que* sou eu, este eu que sei existir?". A resposta imediata é que eu sou uma coisa que pensa (*res cogitans*). "Que é uma coisa que pensa? É uma coisa que duvida, que concebe, que afirma, que nega, que quer, que não quer, que imagina também e que sente" (*Med.* 103). Como sempre em Descartes, o "pensamento" é algo a ser compreendido amplamente: pensar não é sempre pensar *aquele* algo ou outro, e não apenas meditação intelectual, mas volição, sensação e emoção contam como pensamento. Nenhum autor anterior havia usado a palavra com tão ampla extensão, mas Descartes não acreditou que estivesse alterando o sentido da palavra. Ele a aplicou a itens não comuns porque acreditava que eles possuíssem a que era a característica mais importante dos itens de praxe, a saber, a consciência imediata. "Eu uso esse termo para abranger tudo que está em nosso interior de tal modo que somos imediatamente conscientes disso" (*AT* VII, 160; *CSMK* II, 113).

Examinemos agora as atividades que Descartes apresenta como características de uma *res cogitans*. Entendimento e concepção — a mestria dos conceitos e a formulação de pensamentos articulados — são para ele, como para os aristotélicos, operações do intelecto. Pensamentos e percepções que são ao mesmo tempo claras e distintas são para ele operações do intelecto *par excellence*. Os próximos itens, afirmação e negação, seriam considerados por Descartes atos do intelecto; mas para Descartes a elaboração de juízos é tarefa não do intelecto, mas da vontade. Por exemplo, entender a proposição "115 + 28 = 143" é uma percepção do intelecto, mas julgar que a proposição é verdadeira, afirmando que de fato 115 mais 28 são 143, é um ato da vontade. O intelecto apenas propicia as ideias que são o conteúdo sobre o qual a vontade deve emitir um juízo (*AT* VII, 50; *CSMK* II, 34). A consciência da mente de seus próprios pensamentos não é um exemplo de juízo: apenas acalentar uma ideia ou conjunto de ideias, sem afirmar ou negar qualquer relação entre elas e o mundo real, não é emitir um juízo. "Afirmação e negação", então, não fazem parte dos itens anteriores da lista de Descartes, "entendimento e concepção", mas sim dos itens

---

2. Ver capítulo 4 deste volume.

seguintes, "vontade e recusa". A vontade é a faculdade de dizer "sim" ou "não" a proposições (sobre o que é o caso) e projetos (sobre o que fazer).

O intelecto, então, é a faculdade de conhecer (*facultas cognoscenda*) e a vontade é a faculdade de escolher (*facultas eligendi*). Em muitos casos a vontade pode escolher abster-se de emitir um juízo sobre as ideias que o intelecto apresenta. A dúvida (que vem em primeiro na lista de Descartes, por estar ele precisamente emergindo de sua dúvida universal) é também um ato da vontade, não do intelecto. Contudo, quando a percepção intelectual é clara e distinta a dúvida não é possível. Uma percepção clara e distinta é a que força a vontade, uma percepção que não pode ser posta em dúvida não importa quão intensamente se o tente. Assim é a percepção da própria existência produzida pelo *Cogito*. É possível, mas errado, para a vontade fazer um juízo na ausência de uma percepção clara e distinta. Para evitar o erro deve-se suspender o juízo até que a percepção adquira a clareza e a distinção apropriadas (*AT* VII, 50; *CSMK* II, 34).

Descartes acreditava na liberdade da vontade; mas para entender sua doutrina temos de recordar a distinção entre a liberdade da indiferença (a capacidade de escolher entre alternativas) e a liberdade da espontaneidade (a capacidade de seguir o próprio desejo). Descartes não atribui grande valor à liberdade da indiferença, que seria possível somente quando houvesse um equilíbrio de razões a favor e contra uma escolha particular. A percepção clara e distinta, que deixa a vontade sem alternativa para assentir, descarta a liberdade de indiferença mas não a liberdade de espontaneidade: "Se percebemos claramente que algo é bom para nós, fica muito difícil — e para mim impossível, enquanto se continue no mesmo pensamento — refrear o curso de nossos desejos". A mente humana está em seu ápice quando assente, espontânea mas não indiferentemente, aos dados da percepção clara e distinta.

É o suficiente, então, para as faculdades do intelecto e da vontade. Mas entre as atividades de uma *res cogitans* contam-se também a imaginação e a sensação, e é aqui que Descartes faz sua mais chocante inovação. Para os aristotélicos, a sensação é impossível sem um corpo, porque envolve a operação dos órgãos corpóreos. Descartes usa algumas vezes o verbo *sentire* de modo similar, enquanto ainda não libertou seus leitores de seus preconceitos aristotélicos. Mas no sistema cartesiano a sensação não é estritamente senão um modo do pensamento. Já tivemos a oportunidade de nos deparar com o trecho em que, lutando para emergir de sua dúvida, Descartes diz: "Vejo a luz, ouço o ruído, sinto o calor. Mas dir-me-ão que essas aparências são falsas e que eu durmo. Que assim seja;

todavia, ao menos, é muito certo que me parece que vejo, que ouço e que me aqueço; e é propriamente aquilo que em mim se chama sentir [...]" (*Med.* 103). Aqui ele busca isolar uma indubitável experiência imediata, o parecer-ver-uma-luz que não pode ser confundida, o item que é comum tanto à experiência verídica como à alucinatória. Isso não implica qualquer juízo: é um pensamento que eu posso ter, enquanto me abstendo, como parte da disciplina da dúvida cartesiana, de fazer quaisquer juízos afinal. Mas é claro que o pensamento *pode* ser acompanhado pelo juízo, e uma pessoa ainda não purgada do aristotelismo irá de fato acompanhá-lo do juízo errôneo de que há coisas reais no mundo que se assemelham totalmente a minhas percepções (*AT* VII, 437; *CSMK* II, 295).

A sensação humana é acompanhada e ocasionada por movimentos no corpo: a visão, por exemplo, por movimentos nas extremidades dos nervos ópticos. Mas esses eventos mecânicos são conectados apenas contingencialmente ao pensamento puramente mental, e Descartes pode confiar em suas sensações num estágio em que ainda duvida se tem um corpo e se há um mundo externo. É somente após a meditação sobre a veracidade de Deus, e a natureza das faculdades que Deus lhe deu, que Descartes encontra-se em posição de anunciar o elemento mecânico envolvido nas sensações que ocorrem em uma mente encarnada.

Os mesmos movimentos mecânicos podem se dar no corpo de um animal não humano. Se quisermos, poderemos chamar a estes movimentos sensações em um sentido amplo. Mas um animal não pode ter pensamentos, e a sensação, assim estritamente denominada, consiste no pensamento. Segue-se que, para Descartes, um animal não pode sofrer dor, embora a maquinaria de seu corpo possa fazer que reaja de um modo que, em um homem, seria a expressão de uma dor:

> Não vejo razão para os animais possuírem pensamentos com exceção do fato de que, desde que possuem olhos, orelhas, línguas e outros órgãos sensoriais semelhantes aos nossos, parece apropriado que tenham sensações como nós; e uma vez que o pensamento é incluído em nosso modo de sensação, um pensamento correlato parece ser atribuível a eles. Esse argumento, que é demasiado óbvio, tomou posse das mentes de todos os homens desde os primórdios. Mas há outros argumentos, mais fortes e mais numerosos, embora não tão óbvios para todo mundo, que com firmeza defendem o oposto.

A doutrina de que os animais não têm sentimentos ou consciência não pareceu tão chocante aos contemporâneos de Descartes como parece para muitas pessoas hoje em dia. Mas as pessoas reagem horrorizadas quando alguns dos seguidores de Descartes afirmam que os seres humanos, não menos que os animais, são apenas máquinas mais complexas.

O dualismo e seus descontentes

Nos seres humanos Descartes defende uma aguda distinção entre mente e corpo. Na sexta *Meditação* ele afirma que se puder entender de forma clara e distinta uma coisa sem a outra, isso demonstrará que as duas são distintas, porque pelo menos Deus pode separá-las. Dado que sabe que existe, mas não observa nada mais como pertencente à sua natureza que não o fato de ser uma coisa pensante, Descartes conclui que sua natureza ou essência consiste simplesmente em ser uma coisa pensante; ele é realmente distinto de seu corpo e pode existir sem ele. Ao considerar este argumento, é difícil evitar a conclusão de que Descartes confunde "Eu posso clara e distintamente perceber A sem clara e distintamente perceber B" com "Eu posso clara e distintamente perceber A sem B".

Considerados como questão contingente, os seres humanos desse mundo são, Descartes concorda, compostos de mente e corpo. Mas a natureza dessa composição, essa "íntima união" entre corpo e mente, é uma das mais enigmáticas características do sistema cartesiano. A matéria é tornada bem mais obscura quando nos é dito (*AT* XI, 353; *CSMK* I, 340) que a mente não é afetada diretamente por qualquer parte do corpo que não a glândula pineal no cérebro. Todas as sensações e emoções consistem de movimentos no corpo que viajam através dos nervos até essa glândula e ali emitem um sinal para a mente, o que provoca certa experiência.

Descartes explica o mecanismo da visão da seguinte maneira:

> Se vemos algum animal aproximar-se de nós, a luz refletida de seu corpo delineia duas imagens de si, uma em cada um de nossos olhos, e essas duas imagens formam outras duas, por meio dos nervos ópticos, na superfície interna do cérebro que está diante de suas cavidades; dali então, por meio dos fluidos vitais que preenchem suas cavidades, essas imagens são de tal forma irradiadas para a pequena glândula que é rodeada desses fluidos que o movimento que forma cada ponto de uma das imagens tende ao mesmo ponto da glândula para o qual tende o movimento que forma o ponto das outras imagens que representam a mesma parte desse animal. Por esse recurso as

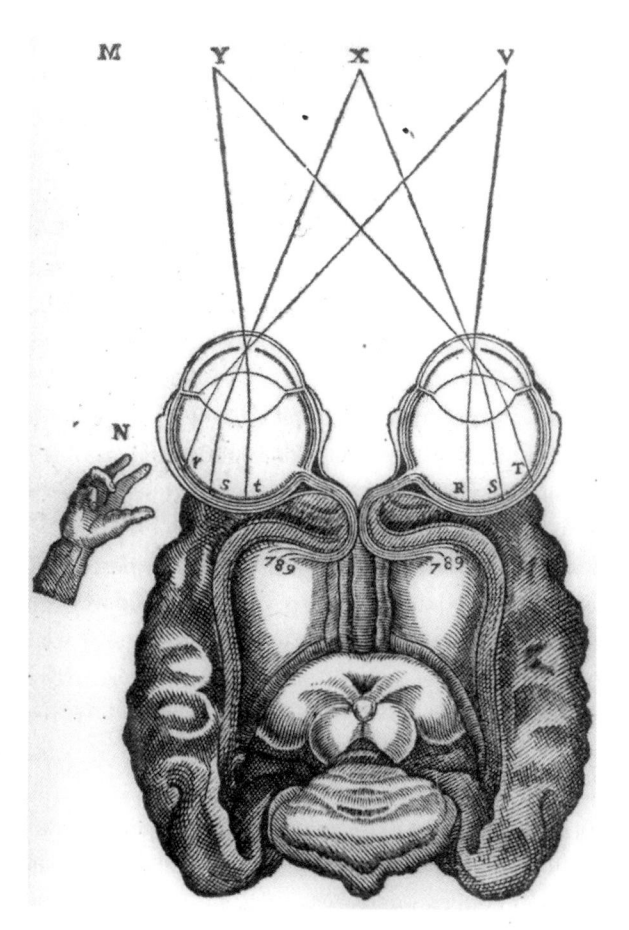

Diagrama de Descartes, no *Discurso do método*, do mecanismo da visão.

duas imagens que estão no cérebro formam apenas uma na glândula, que, agindo imediatamente sobre a alma, é causa de que ela veja a forma desse animal. (*AT* IX, 355; *CSMK* I, 341)

Falar da alma como vendo, ou lendo, imagens no cérebro é imaginar a alma como um pequeno ser humano, ou homúnculo, uma falácia contra a qual o próprio Descartes alertou em sua *Dióptrica* ao descrever a formação das imagens retinianas. Essas imagens, ele informa ao leitor, são parte do processo de levar informação do mundo ao cérebro, e elas retêm um grau de semelhança aos objetos de que se originaram. "Não devemos pensar", ele alerta, "que é por tal semelhança que a imagem nos torna cônscios dos objetos — como se tivéssemos outro par de olhos para os enxergar dentro de nosso cérebro".

Mas a falácia do homúnculo não está menos envolvida no tratamento da transação entre a alma e a glândula pineal do que estaria se se tratasse da visão ou da leitura. A interação entre mente e matéria é filosoficamente enigmática tanto quando situada alguns centímetros atrás do olho quanto quando localizada no olho em si. O problema mente-corpo não é resolvido, mas tão somente miniaturizado, pela introdução da glândula pineal.

A interação entre mente e matéria na forma concebida por Descartes é altamente misteriosa. A única forma de causação material no sistema físico cartesiano é a comunicação do movimento, e a mente não é o tipo de coisa que se move pelo espaço. "Como pode a alma mover o corpo?", perguntou a princesa Elizabeth. Naturalmente, o movimento implica contato, contato implica extensão, e a alma não possui extensão. Em resposta, Descartes instou a princesa a pensar em termos de peso, do peso de um corpo que é empurrado para baixo sem que haja nenhum contato de superfícies envolvido. Mas essa concepção de peso, como Elizabeth foi célere em apontar, era uma concepção que o próprio Descartes considerava uma confusão escolástica. Após mais algumas trocas de correspondência, Descartes não teve opção senão dizer à princesa que não ocupasse mais a sua linda cabeça com esse problema.

Elizabeth havia de fato localizado a fraqueza fundamental da filosofia da mente de Descartes. O sistema cartesiano era dualista, ou seja, era equivalente à crença em dois mundos separados — o mundo físico contendo a matéria e um mundo psíquico contendo os eventos mentais privados. Os dois mundos são definidos e descritos em tais sistematicamente diferentes modos que as realidades mental e física podem interagir, quando muito, somente de um modo misterioso que transcende as regras normais da causalidade e da evidência. Tal dualismo é uma filosofia fundamentalmente confusa. A incoerência identificada pela princesa Elizabeth seria destacada com paciência incansável nos séculos posteriores por Kant e Wittgenstein. Mas o dualismo cartesiano ainda está vivo e bem no século XXI.

Determinismo, liberdade e compatibilismo

Já na época de Descartes, o crítico mais feroz do dualismo era o materialista Thomas Hobbes, que negou a existência de quaisquer entidades espirituais inextensas como a mente cartesiana. Se Descartes exagerava a diferença entre homens e animais, Hobbes a minimizava, descrevendo a ação humana como uma forma particular de comportamento animal. Há dois tipos de movimento nos animais, ele diz, um denominado vital, outro denominado secundário. Os movimentos vitais incluem respiração, digestão e o curso do sangue. O movimento voluntário é "andar, falar, mover qualquer dos membros, da maneira como anteriormente foi imaginada pela mente" (*L*, 36). As operações que Descartes (e os aristotélicos antes dele) atribuíam à razão são para Hobbes consignadas à imaginação, uma faculdade comum a todos os animais, que é puramente material, todos os pensamentos de qualquer espécie sendo pequenos movimentos na cabeça. Se uma imaginação específica for causada por palavras ou outros signos, será chamada "entendimento". Mas também isso é comum aos animais, "pois um cão treinado entenderá o chamamento ou a reprimenda do dono, e o mesmo acontece com outros animais" (*L*, 19).

A diferença entre animais e homens aqui é simplesmente que quando um homem imagina uma coisa ele se põe a pensar no que poderia fazer com ela. Mas aí se trata de uma questão da vontade, não do intelecto. Não que a vontade seja uma faculdade peculiar aos humanos: uma vontade é simplesmente um desejo, o desejo que se apresenta ao fim de um curso de deliberação, e "animais, dado que são capazes de deliberações, devem necessariamente ter também vontade" (*L*, 41). Os desejos humanos e animais são igualmente consequências de forças mecânicas. A diferença é simplesmente que os humanos possuem um amplo repertório de desejos, a serviço dos quais empregam sua imaginação. O livre-arbítrio não é maior nos humanos que nos animais.

Essa tese foi considerada muito ofensiva, e conduziu a um célebre debate com John Bramhall, um bispo monarquista de Derry que fora exilado como Hobbes[3]. Hobbes insistia: "Esse tipo de liberdade como livre da necessidade não será encontrado na vontade, seja dos homens seja dos animais". Ele afirmava, contudo, que a liberdade e a necessidade não são necessariamente incompatíveis:

> A liberdade e a necessidade são compatíveis: tal como as águas não tinham apenas a liberdade, mas também a necessidade de descer pelo canal, assim

---

3. Publicado em 1663 como *Questões referentes à liberdade, necessidade e acaso*, do qual são extraídas as citações que se seguem.

também as ações que os homens voluntariamente praticam, dado que derivam de sua vontade, derivam da liberdade; ao mesmo tempo que, dado que os atos da vontade de todo homem, assim como todo desejo e inclinação, derivam de alguma causa, e essa de uma outra causa, numa cadeia contínua (cujo primeiro elo está na mão de Deus, a primeira de todas as causas), elas derivam também da necessidade. (*L*, 134)

"Trata-se de uma liberdade bruta", contestou Bramhall, "o tipo de liberdade que um pássaro tem de voar quando suas asas foram cortadas. Não é essa uma liberdade ridícula?". Hobbes respondeu que um homem era livre para seguir sua vontade, mas não era livre para querer. A vontade de escrever, por exemplo, ou a vontade de se abster de escrever não vêm à pessoa como o resultado de alguma vontade anterior. "Aquele que não pode entender a diferença entre *livre para fazer se o quiser* e *livre para querer* não é digno", Hobbes desprezou, "de ouvir o debate dessa controvérsia, muito menos de ser nela um escritor".

A descrição de Hobbes da liberdade o habilita a afirmar ser o fundador da doutrina denominada "compatibilismo", a tese de que a liberdade e o determinismo são compatíveis entre si. Ele apresenta essa tese em um formato cru, que, como apontou Bramhall, não contempla as diferenças óbvias entre os modos de ação dos agentes inanimados e dos agentes racionais como os seres humanos. Sua versão depende de um modelo linear de causação como uma série de eventos seguindo uma sequência, cada um ligado ao próximo por uma relação causal. Assim, minha ação é precedida e causada por minha vontade, que é precedida e causada pela minha deliberação, que é precedida e causada por uma série de movimentos fora de meu controle que se encerram por fim na causação primeira por Deus. Minha ação é livre, porque o evento que a precede imediatamente é um ato da vontade; ela é necessitada, porque vem ao fim de uma série, cada um de seus itens sendo uma consequência necessária de seu predecessor.

Existem problemas com a noção de uma série que alterna desse modo entre eventos físicos e mentais. É verdade que para Hobbes os eventos mentais (um pensamento ou uma vontade) não ocorrem, como é o caso para Descartes, em um reino espiritual fora do espaço material; para ele, todos os movimentos da mente são na verdade movimentos do corpo. Mas há problemas adicionais, que os filósofos posteriores iriam explorar, em simplesmente identificar os eventos físicos e mentais dessa maneira. Além disso, em muitos casos de comportamento voluntário não há no avanço da ação qualquer evento mental identificável que possa preencher o papel causal que a versão hobbesiana do compatibilismo requer da vontade. Os prós e contras do compatibilismo são mais bem avaliados nas versões desenvolvidas por pensadores posteriores e mais sofisticados, como Immanuel Kant[4].

A abordagem lockiana da vontade já é um aperfeiçoamento da de Hobbes. Descobrimos em nós mesmos, ele afirma, um poder de começar ou postergar ações de nossas mentes e nossos corpos "simplesmente pelo pensamento ou segundo a preferência da mente que ordena, ou como se estivesse comandando, para fazer esta ou aquela ação particular" (*E*, 207). Esse poder é aquilo a que chamamos a vontade, e o exercício de tal poder — a efetivação de tal ordem — é a volição, ou desejo. Uma ação em obediência a tal ordem é a que é chamada de voluntária. Sempre que um homem tem o poder de pensar ou de não pensar, de mover ou de não mover, segundo a orientação de sua mente, ele é então livre (*E*, 209-210).

Liberdade exige duas coisas: uma volição para agir e um poder para agir ou postergar. Uma bola de tênis não é livre, porque ela não possui nenhum deles. Um homem que cai de uma ponte quebrada tem a volição de parar de cair, mas nenhum poder para o impedir; sua queda não é uma ação livre. Mesmo se eu tiver uma volição para fazer algo, e de fato o estiver fazendo, isso pode não ser suficiente para fazer de minha ação uma ação livre:

> Imaginemos um homem sendo carregado, enquanto dorme, para um quarto onde se encontra uma pessoa que ele há muito deseja ver e com quem deseja conversar; e ele é rapidamente trancado ali, sem poderes de sair: ele acorda, e fica feliz por descobrir-se em companhia tão desejável, com quem ele voluntariamente permanece, isto é, prefere ficar a partir. Pergunto: não é esse ficar voluntário? Penso que nenhum corpo poderia pôr isso em dúvida: e no entanto, tendo sido rapidamente ali trancado, é evidente que ele não tem liberdade de ficar, pois não é livre para partir. (*EHU*, 238)

Isso demonstra que uma ação pode ser voluntária sem que seja livre. A liberdade é o oposto da necessidade, mas o voluntarismo é compatível com a necessidade. Um homem pode preferir o estado em que está e não sua ausência ou sua mudança, mesmo se a necessidade o tenha feito inalte-

---

4. Veja adiante, p. 276. Ver também meu *Will, Freedom and Power*, Oxford, Blackwell, 1975, 145-161.

rável. Mas, embora o voluntarismo não seja uma condição suficiente para a liberdade, é um seu pré-requisito essencial. Agentes que não possuem pensamento ou volição de fato são todos agentes necessários.

O que devemos fazer da questão sobre se a vontade humana é livre ou não? Locke nos diz que a questão é tão inapropriada quanto perguntar se o sono é leve ou se a virtude é quadrada. A vontade é um poder, não um agente, e a liberdade pertence somente aos agentes. Ao falarmos da vontade como uma faculdade, deveríamos evitar personificá-la. Podemos, se quisermos, falar de uma faculdade canora ou de uma faculdade dançante, mas seria absurdo dizer que a faculdade canora cante ou que a faculdade dançante dance. Não é menos tolice dizer que a vontade escolhe, ou é livre.

Locke parece aqui evitar a questão que preocupava Hobbes. Na descrição de Locke, uma volição é um ato da mente direcionando ou restringindo uma ação particular. Podemos afirmar que o agente é livre para desempenhar ou evitar um ato particular da mente? Locke estabelece como proposição geral que se um pensamento particular é tal que tenhamos o poder de pegá-lo ou largá-lo a nosso bel-prazer então desfrutamos de liberdade. Mas a volição, diz ele, não é tal pensamento. "Um homem, com referência à vontade ou ao ato de volição, supõe que, quando certa ação em seu poder é proposta a seus pensamentos, sendo atualmente realizada, não pode ser livre" (E, 245).

Não se dá simplesmente que não possamos, durante a vigília, evitar desejar alguma coisa ou outra; não podemos, diz Locke, auxiliar as volições particulares que temos: "Perguntar se um homem é livre para escolher entre o movimento ou o repouso, a fala ou o silêncio, aquele que lhe agradar, é perguntar se um homem pode querer o que ele quer" — e essa é uma questão que não demanda resposta. Locke parece aqui culpado de uma falácia que apanhou outros grandes filósofos: o argumento inválido a partir da premissa verdadeira "Necessariamente, se eu prefiro X, eu prefiro X", à duvidosa conclusão "Se eu prefiro X, eu prefiro X por necessidade".

Mas Locke tem uma razão positiva para negar liberdade às escolhas da vontade. Toda escolha de praticar uma ação, ele afirma, é determinada por um estado mental anterior: um estado de desconforto no presente estado de coisas. O desconforto por si só age sobre a vontade e determina suas escolhas. Estamos constantemente cercados por desconfortos cotidianos, e o mais urgente entre os que são removíveis "determina a vontade sucessivamente naquele curso de ações voluntárias que marcam nossas vidas". O máximo que podemos fazer é suspender a execução de um desejo particular enquanto decidimos se executá-lo nos faria felizes a longo prazo. Isso, afirma Locke, é a fonte de toda liberdade, e é o que se denomina (impropriamente) livre-arbítrio. Mas, uma vez pesados os prós e os contras, o desejo resultante irá determinar a vontade (*EHU*, 250-263).

Locke está consciente de que a objeção que se pode fazer a seu sistema é que um homem não é livre, afinal, se não for tão livre para desejar como para agir para conseguir o que deseja. Ele não oferece uma resposta direta a essa objeção, considerando detidamente, em vez disso, quais são os fatores que levam as pessoas a fazer escolhas erradas. Sua principal explicação é a mesma dada por Platão no *Protágoras*, a saber, que devido ao equivalente intelectual de uma ilusão de óptica nós confundimos a proporção entre as dores e prazeres do presente e as dores e prazeres do futuro. Ele ilustra isso com o exemplo de uma dor de cabeça:

> Fosse o prazer de beber acompanhado, no exato momento em que um homem repousa seu copo, de um desconforto estomacal e uma dor de cabeça, que em alguns homens podemos ter certeza que dura muitas horas, penso que nenhum corpo, não importando a intensidade do prazer que retirasse de seus tragos, jamais deixaria, nessas condições, que o vinho tocasse seus lábios; mas ele o engole diariamente, e o lado ruim vem a ser escolhido somente devido à falácia de uma pequena diferença temporal.

Locke e a identidade pessoal

A contribuição mais influente de Locke ao estudo filosófico dos seres humanos não concerne à liberdade da vontade, mas à natureza da identidade pessoal. Ao discutir a identidade e a diversidade, Locke aceita que a identidade é relativa antes que absoluta: A pode ser o mesmo F que B, mas não o mesmo G que B. O critério para a identidade de uma massa de matéria (sem partículas acrescentadas ou retiradas) não é o mesmo critério para a identidade de um ser vivo:

> No estado de criaturas viventes, sua identidade depende não de uma massa das mesmas partículas, mas de algo mais. Pois nelas a variação de grandes porções de matéria não altera a identidade: um carvalho, crescendo de uma planta até tornar-se uma grande árvore e depois cair, é ainda o mesmo carvalho; e um pônei que cresce e se torna um cavalo, algumas vezes gordo, algumas vezes

esguio, é todo o tempo o mesmo cavalo; embora nesses dois casos possa haver uma manifesta mudança das partes, de modo a que verdadeiramente cada um deles não seja a mesma massa de matéria, embora eles sejam cada um verdadeiramente um o mesmo carvalho e o outro o mesmo cavalo. (*EHU*, 330)

A identidade das plantas e dos animais consiste em viver continuamente de acordo com o metabolismo característico do organismo. Os seres humanos são organismos animais, e Locke oferece uma descrição semelhante "da identidade do mesmo *homem*" (por "homem", naturalmente, ele quer dizer um ser humano de cada sexo). A identidade de um ser humano consiste em "nada senão uma participação da mesma vida continuada por constantemente transitórias partículas de matéria, vitalmente unidas em sucessão ao mesmo corpo organizado". Somente esse tipo de definição, ele diz, irá nos capacitar a aceitar que um embrião e "um entrado em anos, louco e sóbrio" possam ser um e o mesmo homem, sem ter de aceitar delirantemente improváveis casos de identidade.

Até aqui, a definição de Locke da identidade humana parece firme e honesta, mas ela fica prejudicada por ele ter de se posicionar a respeito de antigas teorias da reencarnação e da transmigração das almas, e das doutrinas cristãs da sobrevivência de almas desencarnadas e da eventual ressurreição de corpos há muito mortos. Não podemos, afirma Locke, basear nossa descrição da identidade de um ser humano na identidade de uma alma humana. Porque se as almas puderem passar de um corpo para outro não poderemos estar certos de que Sócrates, Pôncio Pilatos e César Bórgia não sejam o mesmo homem. Alguns supuseram que as almas dos homens maus — como a do imperador romano Heliogabalo — foram colocadas, como forma de punição, em corpos de animais. "Mas eu penso que ninguém, estivesse ele certo de que Heliogabalo estivesse em um de seus porcos, poderia dizer se o porco era um homem ou Heliogabalo" (*EHU*, 332). Um homem é um animal de certo tipo, na verdade de certa forma. Não importa quão inteligente um papagaio possa vir a ser, ainda assim ele não será um homem.

Contudo, resolver a questão da identidade humana não resolve a natureza da identidade pessoal. Locke estabelece uma distinção entre os conceitos de *homem* e *pessoa*. Uma pessoa é "um ser pensante inteligente, que possui razão e reflexão e pode considerar seu eu como si mesmo, a mesma coisa pensante em diferentes tempos e lugares". A autoconsciência é a marca de uma pessoa, e a identidade de uma pessoa é a identidade da

Retrato de John Locke, de autoria de Kneller, em Christ Church.

autoconsciência. "Tão longe quanto essa consciência pode ser estendida retroativamente, a qualquer ação ou pensamento passados, tão longe chega a identidade daquela pessoa; é o mesmo *eu* agora que era então; e é pelo mesmo *eu* com esse presente que agora reflete sobre ele que aquela ação foi realizada" (*EHU*, 335).

De modo que se queremos saber se A (neste momento) é a mesma pessoa que B (algum tempo atrás) perguntamos se a consciência de A se estende de volta às ações de B. Se é assim, A é a mesma pessoa que B; se não, não. Mas o que significa para uma consciência voltar no tempo? Parece não ser objetável afirmar que minha consciência se estende para trás por tanto tempo quanto essa consciência teve uma história contínua. Mas o que faz *dessa* consciência a consciência individual que ela é? Locke não pode responder que *essa* consciência é a consciência *desse* ser humano, por conta da distinção que ele fez entre *homem* e *pessoa*.

Parece assim que Locke deve dizer que minha presente consciência se estende retroativamente até o limite, e somente até o limite, que eu possa recordar. Ele aceita que isso significa que se eu recordo as experiências de um ser humano que viveu antes de meu nascimento então eu sou a mesma pessoa que aquele homem:

> Quem quer que tenha a consciência das ações presentes e passadas é a mesma pessoa a quem elas pertencem. Tivesse eu a mesma consciência de ter visto a Arca e a inundação de Noé como vi um transbordamento do Tâmisa no último inverno, ou de que escrevo agora, eu não poderia mais duvidar que eu, que escrevo isto agora, que viu o Tâmisa transbordar no inverno anterior, e que viu a inundação no Dilúvio geral, era o mesmo eu [...] que aquele eu que escreve isto sou o mesmo *eu mesmo* agora enquanto eu escrevo [...] que eu era ontem. (*EHU*, 341)

O contrário disso é que o meu passado não é mais o meu passado se eu o esqueço, e eu posso renunciar às ações que não mais recordo. Eu não sou a mesma pessoa, mas tão somente o mesmo homem, que fez as ações que eu esqueci.

Locke acredita que a punição e a recompensa estão vinculadas não ao homem, mas à pessoa: disso parece resultar que eu não devo ser punido pelas ações que esqueci. Locke parece disposto a aceitar isso, embora o exemplo que ele escolhe para ilustrar sua aceitação seja um caso muito particular, tendenciosamente selecionado. Se um homem tem tendência à loucura, diz Locke, as leis dos homens não punem "o homem louco pelas ações do homem são; nem o homem são pelo que o homem louco fez, fazendo deles portanto duas pessoas". Mas Locke parece relutar em contemplar as outras consequências de sua tese de que, se eu penso erroneamente que me recordo ter sido o rei Herodes ordenando o massacre de inocentes, então eu posso ser justamente punido pelo seu assassinato. Uma consequência que pode ser retirada da definição de Locke de uma pessoa é a de que crianças muito novas, que ainda não adquiriram a autoconsciência, não são ainda pessoas e, portanto, não desfrutam os direitos humanos e as proteções legais a que as pessoas têm direito. Os filósofos de épocas posteriores extraíram essa consequência — alguns a tratando como uma *reductio ad absurdum* da distinção lockiana entre pessoas e humanos, outros como uma legitimação do infanticídio.

Não são apenas considerações éticas, contudo, que podem fazer que se hesite em aceitar a identificação que Locke faz da personalidade com a autoconsciência. A principal dificuldade — habilmente apresentada no século XVIII pelo bispo Joseph Butler — surge em conexão com o papel que Locke destina à memória. Se uma pessoa, chamemo-la Titia, afirma recordar ter feito algo, ou estar em algum lugar, podemos conferir se sua memória é acurada investigando se ela de fato realizou o feito ou estava presente na ocasião devida. Fazemos isso ao traçar a história de seu corpo. Mas se Locke estiver certo, isso não irá nos dizer nada sobre a pessoa Titia, mas somente sobre o ser humano Titia. Nem pode a própria Titia, a partir de seu interior, distinguir memórias autênticas de imagens presentes de eventos do passado que oferecem a si próprios, ilusoriamente, como memórias. A descrição de Locke da autoconsciência torna mesmo difícil estabelecer a distinção entre memórias verazes e enganadoras. A distinção poderá ser feita somente se estivermos dispostos a juntar novamente o que Locke pôs de lado e reconhecer que as pessoas são seres humanos.

Sejam quais forem os méritos da distinção lockiana entre pessoas e humanos, ela não esgota a complicação de sua descrição da identidade pessoal, porque inclui uma terceira categoria, a dos espíritos. Segundo Locke, sou ao mesmo tempo um homem (um animal humano), um espírito (uma alma ou substância imaterial) e uma pessoa (um centro de autoconsciência). Essas três entidades são todas distinguíveis, e Locke ressalta as mudanças de várias combinações entre elas. A alma de Heliogabalo transmutada para um de seus porcos nos oferece um caso de um espírito em dois corpos. Um espírito pode ser unido a duas pessoas: Locke tinha um amigo que pensava ter herdado a alma de Sócrates, embora ele não tivesse memória de nenhuma das experiências socráticas. Por outro lado, se o atual prefeito de Queensborough tivesse uma lembrança consciente real da vida de Sócrates, teríamos dois espíritos em uma só pessoa. Locke explora combinações ainda mais complicadas, que não temos necessidade de explorar. Há muitas dificuldades, de modo algum peculiares ao sistema lockiano, em toda a noção de uma alma considerada como uma substância imaterial, espiritual, e poucos dos admiradores modernos de Locke desejam preservar essa parte de sua teoria da identidade pessoal.

A alma como a ideia do corpo em Spinoza

A relação entre a alma e o corpo, que era problemática em Descartes e Locke, torna-se mais obscura ainda quando nos voltamos para Spinoza. O modo pelo qual Spinoza fala dela, todavia, soa de modo maravilhosamente simples: a alma é a ideia do corpo. O que isso quer dizer não é óbvio, mas é pelo menos claro que Spinoza pensa que para entender a alma temos primeiro de entender o corpo (E, 152). Os seres humanos são corpos, relacionados a e limitados por outros corpos; todos esses corpos são modos do atributo divino da extensão. Todo corpo, e toda parte de todo corpo, é representado por uma ideia na mente de Deus, vale dizer, para cada item no atributo divino da extensão há um item correspondente no atributo divino do pensamento. O item do pensamento divino que corresponde ao item da extensão divina que é o corpo de Pedro é o que constitui a mente de Pedro. Segue-se daí, diz Spinoza, que a mente humana é parte do infinito intelecto de Deus (E, 151).

O que exatamente é a "correspondência" que constitui a relação entre uma alma individual e um corpo individual? Para Spinoza não é outra coisa senão a identidade. A alma de Pedro e o corpo de Pedro são uma e a mesma coisa, observados de pontos de vista distintos. A substância pensante e a substância estendida, ele nos disse, são uma e a mesma substância — a saber: Deus — observada ora sob um atributo ora sobre outro (Et, 146). O mesmo vale para os modos desses atributos. A alma de Pedro é um modo do atributo da extensão: elas são ambas uma e a mesma coisa, expressas de duas maneiras. Essa doutrina pretende excluir o problema que atormentou Descartes, a saber, como explicar a maneira pela qual a alma e o corpo interagem. Eles não interagem absolutamente, responde Spinoza: eles são exatamente a mesma coisa[5].

O corpo humano é composto de um grande número de partes, cada uma delas complexa e capaz de modificação de vários meios por outros corpos. A ideia que constitui a mente é igualmente complexa, composta de um grande número de ideias (E, 156). A mente, diz Spinoza, percebe absolutamente tudo o que tem lugar no corpo (E, 151). Essa de outro modo surpreendente afirmação é qualificada por uma proposição posterior (E, 159) que afirma que a mente humana não tem conhecimento do

---

5. Não fica claro como essa tese metafísica pode ser reconciliada com a tese epistemológica de que a ideia de X é algo bem distinto de X. Talvez tenhamos aqui um caso da ambiguidade da "ideia de X" identificada acima na página 232.

corpo, e não sabe que este existe, senão pelas ideias das afecções de que o corpo é afetado. Somos deixados nos perguntando por que não pode haver — como sugerido pelo senso comum — processos no corpo dos quais a mente não esteja a par. Por que deve haver uma ideia correspondente a cada evento corpóreo?

Spinoza não concorda na verdade que há muito que não conhecemos sobre os corpos. A mente, ele diz, é capaz de perceber muitas coisas diferentes de seu próprio corpo, em proporção aos muitos meios pelos quais o corpo é capaz de receber impressões. As ideias que passam pela minha mente quando eu percebo envolvem a natureza tanto de meu próprio corpo como a de outros corpos. Segue-se daí, diz Spinoza, que as ideias que temos dos corpos externos indicam antes a constituição de nosso próprio corpo que a natureza dos corpos externos (*E*, 158). Em seguida, a mente somente conhece a si própria na medida em que ela percebe as ideias das modificações do corpo. Essas ideias não são claras e distintas, e a soma de nossas ideias não nos dá um conhecimento adequado de outros corpos, ou de nossos próprios corpos, ou de nossas próprias almas (*Et*, 163-164). "A [mente humana] não tem um conhecimento adequado, mas apenas um conhecimento confuso e mutilado de si mesma e do seu corpo e dos corpos exteriores, todas as vezes que ela percebe as coisas segundo a ordem comum da natureza" (*E*, 164).

A descrição de Spinoza da alma como uma ideia do corpo deu origem a uma questão que deixou perplexo mais de um leitor. O que, podemos indagar, é suposto individuar a alma de Pedro, e fazer dela a alma de Pedro e não de Paulo? Ideias são naturalmente pensadas como sendo individuadas por pertencerem a, ou serem inerentes a, pensadores particulares: minha ideia de Sol é distinta de sua ideia de Sol, simplesmente por ser minha e não sua. Mas Spinoza não pode dizer isso, uma vez que todas as ideias pertencem apenas a Deus. Deve, então, ser o conteúdo, não quem o possui, da ideia o que a individualiza. Mas há ideias do corpo de Pedro em várias mentes diferentes da mente de Pedro: como então pode a ideia do corpo de Pedro ser a alma de Pedro?

Spinoza responde:

> Além disso, conhecemos claramente a diferença que existe, por exemplo, entre a ideia de Pedro, que constitui a essência da alma de Pedro, e a ideia do mesmo Pedro que existe num outro homem, por exemplo em Paulo. A primeira, com efeito, exprime diretamente a essência do corpo de Pedro, e não envolve a existência, senão enquanto Pedro existe; a segunda indica antes a constituição

do corpo de Paulo que a natureza de Pedro, e, por consequência, enquanto durar a constituição do corpo de Paulo, a alma de Paulo considera Pedro como se ele estivesse presente, mesmo que Pedro já não exista. (*E*, 158)

A passagem crucial aqui é a afirmação de que a ideia de Pedro que é a alma de Pedro "não envolve a existência, senão enquanto Pedro existe". Significaria isso que a alma de Pedro sai da existência quando Pedro também sai? Isso parece seguir-se da afirmação de Spinoza de que um ser humano consiste em corpo e alma, e que corpo e alma são a mesma coisa sob dois diferentes aspectos. Pedro, a alma de Pedro e o corpo de Pedro devem, segundo essa descrição, vir e sair da existência juntos. Mas se perguntamos se a alma é imortal, Spinoza não dá uma resposta completamente inequívoca. Por um lado, ele diz, nossa mente "dura [...] só na medida em que envolve a existência atual do corpo" — mas esse comentário aparece em um escólio a uma proposição que diz que a mente "humana não pode ser absolutamente destruída juntamente com o corpo, mas alguma coisa dela permanece, que é eterna" (*E*, 297-298). Mas isso vem a significar realmente apenas que uma vez que nossa alma é uma ideia, e todas as ideias situam-se em última instância na mente de Deus, e que Deus é eterno, nunca houve ou haverá um tempo em que nossa alma foi totalmente não existente. Nossa vida não é senão um episódio na vida eterna de Deus, e ao morrermos essa vida persiste. Isso é algo muito diferente da sobrevivência pessoal na vida depois da vida que era a aspiração da fé popular.

Ao proclamar que o corpo e a mente são uma única coisa, Spinoza pode talvez ser apontado como o fundador de uma escola que persiste até nossos dias: a escola que afirma que a relação entre mente e corpo é uma relação de identidade. Mas seu ensinamento é tão entrelaçado com sua tese mais geral da identidade entre Deus e a natureza que é difícil fazer comparações exatas entre sua tese e a dos últimos teóricos da identidade. É muito mais fácil situar Spinoza em conexão com outra tese fundamental de sua filosofia da mente, a saber, o determinismo psicológico.

Como Hobbes, Spinoza acredita que cada um de nossos pensamentos e ações é predeterminado por uma necessidade tão rígida quanto a necessidade da consequência lógica. Spinoza acreditava de fato que a necessidade de nossas vidas *era* a necessidade da consequência lógica, em virtude de sua teoria geral de que a ordem das coisas e a ordem das ideias são uma e a mesma. "Todas as coisas resultam do decreto eterno de Deus, com a mesma necessidade que, da essência do triângulo, resulta que os seus três ângulos sejam iguais a dois retos" (*E*, 179). Mas o resultado é o mesmo para os dois filósofos: a liberdade da vontade é uma ilusão originária da ignorância:

> Os homens enganam-se quando se julgam livres, e esta opinião consiste apenas em que eles têm consciência das suas ações e são ignorantes das causas pelas quais são determinadas. O que constitui, portanto, a ideia da sua liberdade é que eles não conhecem nenhuma causa das suas ações. (*E*, 166)

Hobbes, e muitos dos que iriam posteriormente segui-lo quanto a isso, argumentava que, embora sejamos livres para fazer o que quisermos, não somos livres para querer o que queremos. Aqui, uma vez mais, Spinoza vai além: não há algo como a vontade:

> Com efeito, quando dizem que as ações humanas dependem da vontade, dizem meras palavras das quais não têm nenhuma ideia. Efetivamente, todos ignoram o que seja a vontade e como é que ela move o corpo. Aqueles que se vangloriam do contrário e inventam uma sede e habitáculos para a alma provocam o riso ou então a náusea. (*E*, 166)

O alvo de Spinoza aqui é Descartes, que localizou a alma na glândula pineal e concedeu grande importância à distinção entre o intelecto e a vontade. Para Spinoza, não há faculdade da vontade. Há, de fato, volições individuais, mas estas não passam de ideias, causadas por ideias anteriores, que por seu turno foram determinadas por outras ideias, e assim sucessivamente ao infinito. As atividades que Descartes atribui à vontade — como emitir ou suspender juízos — são parte e parcela das séries de ideias, são percepções ou sua ausência. Uma volição particular e uma ideia particular são uma e a mesma coisa, a vontade e o entendimento sendo portanto uma e a mesma coisa (*E*, 176).

A monadologia de Leibniz

A amalgamação de Spinoza do intelecto e da vontade e sua identificação da alma e do corpo como aspectos de uma única substância estavam entre os elementos de sua filosofia que não foram selecionados por Leibniz. Mas Leibniz não retornou ao sistema cartesiano em que a mente e a matéria eram os dois elementos contrastantes de um universo dualista. Antes, ele concedeu à mente um *status* de privilégio sem precedentes. Na parceria cartesiana de mente e matéria, a mente, naturalmente, sempre manteve a posição principal; mas a matéria, para Leibniz, não é nada senão um parceiro adormecido.

No *Discurso*, Leibniz contesta a afirmação fundamental de Descartes de que a matéria é extensão:

> A natureza do corpo não consiste apenas na extensão, isto é, em tamanho, forma e movimento, mas é preciso necessariamente reconhecer no corpo algo relacionado às almas, algo que comumente denominamos forma substancial, mesmo se esta nada modifique nos fenômenos, não mais do que o fazem as almas dos animais, se possuem estes alguma. (*D*, 12)

As noções de extensão e movimento, prossegue Leibniz, não seriam tão distintas quanto pensava Descartes: as noções dessas qualidades primárias continham um elemento subjetivo não menor que o das qualidades secundárias como as de cor e calor. Este tema seria desenvolvido posteriormente por Berkeley[6].

Leibniz tinha dois argumentos contra a identificação da matéria com a extensão. Primeiro, se nada houvesse na matéria senão tamanho e forma, os corpos não ofereceriam resistência uns aos outros. Uma pedrinha esférica que colidisse com uma pedra esférica de maior tamanho iria colocar esta em movimento sem perder nada de sua própria força. Segundo, se a matéria fosse mera extensão, jamais poderíamos identificar nenhum corpo individual, já que a extensão é infinitamente divisível. A qualquer ponto que parássemos em nossa divisão, teríamos apenas um agregado — e um agregado (por exemplo, o par formado pelo diamante do grão-mogol e o diamante do grão-duque) é somente um objeto imaginário, e não um ente real. Somente algo assemelhado a uma alma pode conferir unidade individual a um corpo e dar a ele um poder de atividade (*D*, 27; *G* II, 97).

Por essas razões, Leibniz se sentiu compelido a readmitir na filosofia as formas substanciais que haviam sido tão desprezadas por filósofos da época, tendo adotado para elas um nome que sinalizava suas origens aristotélicas, a saber, "entelequia". Mas ele diferia dos contemporâneos de Aristóteles de dois modos. Primeiro, por julgar que, embora as formas substanciais fossem necessárias para explicar o comportamento dos corpos, elas não eram su-

---

6. Ver acima, p. 173-174.

ficientes, pois para a explicação de fenômenos particulares deve-se apelar para as teorias matemática e mecânica da então corrente ciência corpuscular. Se perguntado como um relógio marca o tempo, ele diz, seria fútil afirmar que relógios possuem uma qualidade horodítica em vez de explicar como os pesos e engrenagens funcionam (*D*, 10; *GV*, 61). Segundo, ele julgava que em um ser humano não há apenas uma forma substancial, mas um número infinito delas: cada órgão do corpo tem sua própria entelequia, e cada órgão era, disse ele a Arnauld, "cheio de um número infinito de outras substâncias corpóreas agraciadas com suas próprias entelequias" (*G* II, 120).

A grande falha que Leibniz viu no sistema de Descartes foi a ausência da noção de *força*. "A ideia de energia ou virtude", escreveu ele em 1691, "chamada de *Kraft* pelos alemães e de *la force* pelos franceses, para explicar o que projetei como uma ciência especial da dinâmica, ilumina consideravelmente o entendimento da substância" (*G* IV, 469). Foi por essa razão que a noção de forma substancial teve de ser reabilitada. Uma vez apreciado o papel da força, seria a matéria, e não a forma, que surgiria como ilusória. A extensão cartesiana era puro fenômeno, disse ele a Arnauld, como um arco-íris[7].

Todavia, Leibniz estava ainda à mercê da falsa dicotomia cartesiana de mente e matéria. Em razão de a força não poder encontrar um lugar num mundo de mera extensão, ele a situou no domínio do mental, concebendo-a como uma forma de apetite análoga ao desejo e à volição humanos. Isso é percebido mais claramente na forma madura de sua filosofia apresentada em sua *Monadologia*. As mônadas, ou entelequias, base de seu sistema, têm somente as propriedades da mente. Os corpos inertes que vemos e sentimos ao nosso redor são apenas fenômenos, agregados de mônadas invisíveis e intangíveis. Eles não são entidades ilusórias, mas sim, no dialeto leibniziano, fenômenos bem-fundados. Mas as únicas substâncias verdadeiras são as mônadas.

Mônadas são independentes, indivisíveis e irrepetíveis. Não possuindo partes, não podem crescer ou decair; elas podem somente ser criadas ou aniquiladas. Podem mudar, mas somente do jeito que as almas podem mudar. Em razão de não possuírem propriedades físicas para alterar, suas mudanças devem ser mudanças de estados mentais. A vida de uma mônada, Leibniz nos diz, é uma série de percepções. Uma percepção é um estado interno que é uma representação de outros itens no universo. Esse

---

7. Sou grato aqui a Daniel GARBER, Leibniz on Body, Matter and Extension, *PASS* (2004) 23-40.

estado interior irá se alterar como o meio ambiente se altera, não devido a uma mudança ambiental, mas em razão do impulso interno, ou "apetite", que foi nelas programado por Deus.

As mônadas são autômatos incorpóreos. Elas estão em toda parte e há vários milhões delas.

> Há um mundo de seres criados — coisas vivas, animais, entelequias e almas — na mais ínfima porção de matéria. Cada porção de matéria pode ser concebida como um jardim cheio de plantas e um lago cheio de peixes. Mas cada ramo de cada planta, cada membro de cada animal e cada gota de suas partes líquidas é em si igualmente um similar jardim ou lago. (G VI, 66)

A ideia de que o corpo humano é um amontoado de células, cada uma vivendo uma vida individual, era então uma ideia nova, embora naturalmente atípica em Leibniz. As mônadas que correspondem a um corpo humano no sistema leibniziano são como células pelo fato de possuírem uma história de vida individual, mas delas diferentes por serem imateriais e imortais.

Percorreu-se aqui um longo caminho desde o ponto de partida cartesiano. Para Descartes, as mentes humanas eram as únicas almas no universo criado; tudo o mais era maquinaria sem vida. Para Leibniz, a menor parte do menor inseto é repleta de alma — e não possui apenas uma, mas uma miríade de almas. Foi-se de fato além de Aristóteles, para quem somente as coisas vivas possuíam almas. Há agora abundância de almas por trás de cada pau e cada pedra. O que, nesse repleto remoinho de mônadas, faz da mente humana algo único?

Para Leibniz, a diferença entre corpos vivos e não vivos é esta: corpos orgânicos não são meros agregados de mônadas, mas possuem uma única mônada dominante, que dá a eles uma substancial unidade individual. A mônada dominante em um ser humano é a alma humana. Todas as mônadas possuem percepção e apetite, mas a mônada dominante em um ser humano tem uma vida mental mais vívida e um apetite mais imperioso. Ela possui não apenas percepção, mas "apercepção", que é autoconsciência, conhecimento reflexivo dos estados internos que constituem a percepção. E se sabemos da existência de outras mônadas somente pelo raciocínio filosófico temos consciência de nossa própria substancialidade por intermédio dessa autoconsciência. "Temos uma ideia clara, mas não distinta, de substância", escreveu Leibniz em uma carta, "o que resulta, em minha opinião, do fato de que temos o sentimento interno dela em nós mesmos" (G III, 247).

O bem da alma é a meta, ou causa final, não apenas de sua própria atividade, mas também de todas as outras mônadas que ela domina. Todavia, a alma não exerce qualquer causalidade eficiente sobre qualquer uma das outras mônadas, nem nenhuma delas em outra qualquer: o bem é alcançado em virtude da harmonia preestabelecida por Deus no corpo e em seu ambiente e por todo o universo. Uma vez mais, a reabilitação de Aristóteles por Leibniz vai além do próprio Aristóteles. As causas finais eram apenas uma entre as quatro causas de Aristóteles; Descartes as havia expulsado da ciência, mas elas eram agora readmitidas e entronizadas como as *únicas* causas finitas operativas na biologia.

Em tudo isso, deixou-se algum espaço para o livre-arbítrio? Em teoria, Leibniz defende uma doutrina completamente libertária:

> Falando de modo absoluto, nossa vontade, considerada em contraste com a necessidade, está em um estado de indiferença, e tem o poder de reverter ou suspender sua ação inteiramente, uma ou outra das alternativas sendo e permanecendo possível. (*D*, 30)

Mas os seres humanos, como todos os agentes, finitos ou infinitos, precisam de uma razão para agir, e essa se segue do princípio da razão suficiente. No caso dos agentes livres, Leibniz confirma, os motivos que propiciam a razão suficiente para a ação "inclinam mas não tornam necessário". Mas é difícil perceber como ele pode de fato abrir espaço a um tipo especial de liberdade para os seres humanos. Certo, em seu sistema nenhum agente de qualquer tipo sofre ação do exterior; todos são completamente autodeterminantes. Mas nenhum agente, seja ou não racional, pode abandonar a história de vida estabelecida para si na harmonia preestabelecida. Daí parecer que Leibniz não pode consistentemente aceitar que desfrutemos a liberdade de indiferença que ele descreveu no *Discurso*. Tudo o que resta é a "liberdade da espontaneidade", a capacidade de agir a partir das próprias motivações. Mas isso, como Bramhall argumentou contra Hobbes, é uma liberdade ilusória se não é acompanhada pela liberdade de indiferença.

Berkeley e Hume sobre espíritos e eus

No universo de Berkeley há apenas dois tipos de coisas: espíritos e ideias. "Os primeiros", ele diz, "são *substâncias invisíveis e ativas*; os segundos

Este retrato de Berkeley como bispo de Cloyne
alude também a suas ambições transatlânticas.

são seres *inertes*, evanescentes, dependentes, que subsistem não em si, mas são mantidos por ou existem em mentes ou substâncias espirituais" (*BWP*, 98). Dado que o sistema metafísico de Berkeley põe mais peso na noção de *espírito* que qualquer outra filosofia, poder-se-ia esperar que ele nos desse uma descrição completa do conceito; mas sua filosofia da mente é notavelmente jejuna. Na verdade, ele nos diz que não temos ideia do que seja um espírito.

Isso se revela menos agnóstico do que parece, porque Berkeley faz uso aqui, como é nele frequente, de "ideia" significando imagem. Ele aceita que temos de fato uma noção do espírito no sentido de que entendemos o significado da palavra. Um espírito é uma coisa real, que não é nem uma ideia e nem se parece com uma, mas "aquilo que percebe ideias, e as deseja e raciocina sobre elas" (*BWP*, 120). Talvez, em nome da consistência, Berkeley devesse ter dito que um espírito era uma conjura de ideias, o mesmo que disse que um corpo era; mas no caso do espírito, à diferença do corpo, ele está disposto a aceitar a noção de uma substância subjacente, distinta das ideias, na qual as ideias são inerentes. Não há distinção, na filosofia de Berkeley, entre "espírito" e "mente"; ele apenas prefere o primeiro termo porque este enfatiza a imaterialidade da mente.

Como sabemos que há coisas tais como os espíritos? "Compreendemos nossa própria existência por sensação ou reflexão interior, e a de outros espíritos pela razão", nos diz Berkeley, mas é difícil perceber como ele pode dizer de forma consistente tanto uma como outra dessas coisas. As únicas coisas que posso perceber ou refletir sobre são as ideias; e Berkeley nos diz que nada pode ser mais absurdo que dizer "Eu sou uma ideia ou noção". E a linha de raciocínio pela qual ele busca estabelecer a existência de outras mentes é prejudicada.

Segundo Berkeley, quando olho para minha esposa, eu não a vejo de fato. Tudo o que vejo é uma coleção de minhas próprias ideias que tenho constantemente observado em conjunção umas com as outras. Sei de sua existência e da de outras pessoas, ele nos diz, porque "eu percebo vários movimentos, mudanças e combinações de ideias, que me informam haver certos agentes particulares semelhantes a mim mesmo, que as acompanham e colaboram para a sua produção". Mas as ideias que vejo são minhas ideias, e não as ideias de minha esposa; e as ideias para as quais ela providencia o substrato são suas ideias, a que não tenho nenhum acesso possível. Berkeley não pode afirmar que ela "concorre para a produção" de minhas ideias. Ninguém além de mim ou de Deus pode causar em mim o ter uma ideia.

A descrição de Berkeley da causação é minimalista. Quando falamos de uma coisa como a causa e de outra como o efeito, estamos falando de relações entre as ideias. "A conexão de ideias não implica a relação de causa e efeito, mas somente de uma marca ou signo com a coisa significada. O fogo que vejo não é a causa da dor que sofro ao me aproximar dele, mas a marca que me alerta disso." Mas como podem as ideias que constituem minha percepção de minha esposa informar-me seja de suas ideias, as quais eu nunca percebo, seja de seu espírito, o qual nem mesmo ela percebe? O problema de outras mentes foi uma *damnosa hereditas* que Berkeley transmitiu aos fenomenalistas posteriores.

Hume, contudo, iria demonstrar que o empirismo nos apresenta um problema não somente sobre as mentes dos outros, mas também sobre nossas próprias mentes. O solipsismo — a crença de que somente o próprio eu exista de fato — foi sempre a conclusão lógica do empirismo, implícita na tese de que a mente nada sabe com exceção de suas próprias percepções. Hume retirou essa implicação de forma mais cândida que os empiristas que o precederam, mas foi além e chegou à conclusão de que mesmo o eu do solipsismo é uma ilusão.

Desde Descartes e Locke, os filósofos têm concebido a sensação não como uma transação entre um percebedor e um objeto no mundo externo, mas como a percepção particular pela mente de alguma percepção, impressão ou ideia interior. Ver um cavalo é observar realmente um dado do sentido na forma cavalo; sentir um ursinho de pelúcia é observar realmente um dado do sentido na forma urso de pelúcia. A relação entre um pensador e seus pensamentos é aquela de um olho interno a uma galeria de arte interna. Hume segue dedicadamente essa tradição e busca oferecer descrições puramente internas das diferenças entre as diferentes atividades mentais, eventos e estados. Isso se torna particularmente claro em sua descrição das paixões.

A relação entre uma paixão e a mente à qual pertence é concebida por Hume como a relação do percebido àquele que percebe. "Nada", ele escreve, "está sempre presente na mente senão suas percepções, ou impressões e ideias. [...] Odiar, amar, pensar, sentir, enxergar, tudo isso não é senão perceber" (*THN*, 67). Pode-se extrair desse trecho a ideia de que amar uma mulher é um modo de perceber uma mulher, assim como enxergar uma mulher é um modo de perceber uma mulher, mas não é isso o que Hume quer dizer no fim das contas. O que é percebido quando uma paixão é sentida é a paixão em si. A mente é representada como um observador que percebe as paixões que se apresentam a ele.

O eu assim concebido é essencialmente o sujeito dessa observação interior: é o olho da visão interior, o ouvido da audição interior; ou, antes, é suposto ser o possuidor seja do olho seja do ouvido interiores, e de quaisquer outros órgãos interiores da sensação que possam ser solicitados pela epistemologia empirista. Foi Hume que teve a coragem de demonstrar que o eu concebido dessa maneira era uma quimera. O empirismo ensina que nada é real a não ser o que possa ser descoberto pelos sentidos, interiores ou exteriores. O eu, em sua condição de sujeito interior, não pode ser claramente percebido pelos sentidos exteriores. Mas poderia ele ser descoberto por uma observação interna? Hume, após a mais diligente investigação, falha em localizar o eu:

> Sempre que entro mais intimamente naquilo que chamo de *meu eu*, sempre tropeço em uma ou outra percepção particular, de calor ou frio, luz ou sombra, amor ou ódio, dor ou prazer. Nunca apanho esse *meu eu* em nenhum momento sem uma percepção, e nunca posso perceber nada senão a percepção. [...] Se alguém, depois de refletir de forma séria e sem preconceitos, pensar que possui uma diferente noção de *si próprio*, eu devo confessar não ter condições de discutir mais com ele. Tudo o que posso lhe conceder é que ele possa muito bem estar tão certo quanto eu, e que nós somos essencialmente diferentes quanto a esse particular. Ele pode, talvez, perceber algo simples e contínuo, que ele chama *ele mesmo*; embora eu esteja certo de não haver tal princípio em mim. (*THN*, 252)

A imperceptibilidade do eu é uma consequência do conceito que se tem dele como um sensor interior. Não podemos saborear nossa língua, ou ver nossos olhos; o eu é um observador inobservável, do mesmo modo que o olho é um órgão invisível. Mas, como Hume demonstra, o eu empirista desaparece quando submetido a um sistemático escrutínio empirista. Ele não é descoberto por qualquer sentido, seja interior ou exterior, e portanto deverá ser rejeitado como um monstro metafísico. Berkeley afirmava que as ideias não são inerentes em nada que não esteja na mente; Hume demonstra que não há nada na mente para que elas possam ser ali inerentes. Não há impressão do eu e nenhuma ideia do eu, há apenas aglomerados de impressões e ideias.

Hume mostrou que o sujeito interior era ilusório, mas ele não expôs o erro subjacente que levou os empiristas a esposar o mito do eu. A saída real para o impasse é rejeitar a tese de que a mente nada conhece senão suas próprias ideias, e aceitar que um pensador não é um solitário percebedor interior, mas uma pessoa encarnada vivendo em um mundo público. Hume estava certo quanto a não ter outro eu que não a si mesmo, mas ele mesmo não era um aglomerado de impressões, mas um digno ser humano no meio da sociedade do século XVIII.

Pode-se pensar que um aglomerado de impressões era tão diferente de qualquer tipo de agente ativo que seria inútil discutir se ele desfrutaria ou não de livre-arbítrio. Todavia, Hume segue em frente para abordar os tópicos da liberdade e da necessidade, quase se esquecendo de sua própria filosofia da mente. (Era esse o seu costume quando na trilha de um difícil plano filosófico — uma agradável inconsistência à qual podemos ser gratos.) Sua tese geral é que as decisões e ações humanas são necessitadas por leis causais não menos que as operações de agentes inanimados naturais, sendo igualmente previsíveis:

> Se um homem que eu sei honesto e opulento e com o qual tenho relações de íntima amizade entrar em minha casa, onde estou rodeado pelos meus criados, tenho certeza de que ele não me apunhalará para roubar-me o meu tinteiro de prata. [...] Um homem que ao meio-dia deixa a sua bolsa cheia de ouro no passeio de Charing Cross tão facilmente pode esperar que ela crie asas e levante voo dali como que a encontrará intacta uma hora depois. (I, 166)

O que fazemos, Hume confirma, é necessitado por ligações causais entre motivo, circunstância e ação. A classe, entre outras coisas, é um grande determinante do caráter e do comportamento: "A pele, os poros, os músculos e os nervos de um trabalhador diarista são diferentes dos de um homem de qualidade. Assim também seus sentimentos, ações e maneiras". A insistência de Hume no determinismo o conduz a algumas conclusões implausíveis: que um grupo de trabalhadores possa fazer uma greve é para ele tão impensável quanto o fato de que um corpo pesado não seguro não cairá.

Embora acredite que as ações humanas são determinadas, Hume está pronto a aceitar que desfrutamos certa liberdade. Como alguns de seus sucessores, ele era um "compatibilista", alguém que afirma que a liberdade e o determinismo são compatíveis entre si se corretamente entendidos. Nossa natural relutância em aceitar que nossas ações são necessitadas, acredita Hume, resultam de uma confusão entre a necessidade e o impedimento:

> Poucos são capazes de distinguir entre a liberdade de *espontaneidade*, como é chamada nas escolas, e a liberdade de *indiferença*; entre aquilo que é oposto à violência e aquilo que significa uma negação de necessidade e causas. A primeira é mesmo o mais partilhado senso comum do mundo; e como o são somente aquelas espécies de liberdade, que a nós cabe preservar, nossos pensamentos têm sido principalmente voltados para isso, e têm quase que universalmente confundido isso. (*THN*, 408)

A experiência expõe nossa liberdade de espontaneidade: não raro fazemos, sem constrangimentos, o que queremos fazer. Mas a experiência não pode fornecer evidência autêntica da liberdade de indiferença, isto é, da capacidade de fazer o inverso do que na verdade fazemos. Podemos imaginar que sentimos essa liberdade em nós mesmos,

> mas um espectador pode comumente deduzir nossas ações de nossos motivos e caráter; e mesmo quando não pode, ele conclui em geral que pode, como se fosse ele perfeitamente ciente de toda circunstância de nossa situação e temperamento, e dos mais secretos fluxos de nossa compleição e disposição. (*THN*, 408)

Essa conversa de "fluxos secretos" de ação é um índice de que ao discutir esse tópico Hume esqueceu sua teoria oficial da mente e sua teoria oficial da causação. De fato, sua própra definição da vontade humana parece incompatível com elas. "Por *vontade* quero dizer nada senão a *impressão interna que sentimos e da qual somos cônscios quando informadamente damos origem a qualquer novo movimento de nosso corpo, ou a uma nova percepção de nossa mente*" (*THN*, 399). Dada sua visão da causação, podemos nos perguntar que direito tem Hume de falar de "darmos origem" aos movimentos e percepções. Mas se substituímos "informadamente damos origem a qualquer novo movimento" por "qualquer novo movimento é observado em sua origem" a definição não mais parece inapropriada.

A anatomia kantiana da mente

A anatomia da mente, na forma descrita por Kant, contém muitos elementos tradicionais. Ele fez uma distinção entre o intelecto e os sentidos, e entre o sentido interior e os cinco sentidos exteriores. Essas distinções, embora rejeitadas por alguns filósofos, permanecem lugares-comuns desde a Idade Média. A única inovação de Kant até então foi dar novas funções epistemológicas a faculdades tradicionais, mas ele seguiu adiante para extrair novas distinções e para trazer novas percepções em apoio à filosofia da mente.

Na *Crítica do juízo* Kant divide as faculdades da mente humana em: (a) poderes cognitivos; (b) poderes de sentir prazer e dor; e (c) poderes de desejar. Com "poderes cognitivos" ele quer dizer, nesse contexto, poderes intelectuais, e aqui Kant faz uma tríplice distinção entre o entendimento

(*Verstand*), a razão (*Vernunft*) e o juízo (*Urteil*). O entendimento é a operação legítima do intelecto na conceitualização da experiência. Isso é algo que sabemos da primeira crítica, em que também a "razão" é usada como um termo técnico para a operação ilegítima do intelecto na especulação transcendental. Na segunda crítica é dado um papel positivo à razão, como árbitro do comportamento ético. A função do juízo, contudo, não é clara nas primeiras críticas. Filósofos anteriores haviam feito uso da palavra (como o próprio Kant faz com frequência) para significar um assentimento a uma proposição de qualquer tipo. Na terceira crítica Kant se concentra nos juízos do gosto estético. Chegamos assim a uma trindade de faculdades: uma (o entendimento) que tem a verdade como seu objeto; uma (a razão prática) que tem a bondade como seu objeto; e uma (o juízo) que tem como seus objetos o belo e o sublime (*M*, 31 ss.).

Todas as operações do intelecto são acompanhadas pela autoconsciência. Kant expõe isso mais completamente no caso do entendimento. A conceitualização da experiência implica a união de todos os itens da percepção em uma simples consciência. Em uma seção difícil, mas original e densa, da primeira crítica intitulada "A unidade sintética original da apercepção", Kant analisa o que é significado ao se falar de unidade da autoconsciência (*B*, 132-143).

Não me é possível *descobrir* que algo é um item de *minha* consciência. É absurdo pensar a meu respeito como sendo confrontado com um item da consciência, depois passando a perguntar a quem pertence, para então concluir por investigação que ele pertence a ninguém que não eu mesmo. Por meio de reflexão eu posso passar a perceber várias características de minha experiência consciente (dói? é clara? etc.), mas não posso tornar-me consciente de que é *minha*. As descobertas autoconscientes que alguém pode fazer a respeito da própria percepção são chamadas por Kant de "apercepções". A observação de que não é preciso confiar na experiência para reconhecer uma consciência como a própria consciência é assim afirmada por Kant: a propriedade da própria consciência não é uma apercepção empírica, mas uma "apercepção transcendental".

O que une minha experiência em uma única consciência não é a experiência em si; em si próprias, minhas experiências são, como diz Kant, "muito coloridas e variadas". A unidade é criada por uma atividade *a priori* do entendimento realizando uma síntese de intuições, combinando-as naquilo a que Kant chama "a unidade transcendental da apercepção". Mas isso não significa que eu tenha algum autoconhecimento transcendental.

A unidade original da apercepção me concede apenas o conceito de mim mesmo; para qualquer autopercepção real é necessária a experiência.

Kant concorda com Descartes que o pensamento "Eu penso" deve acompanhar qualquer outro pensamento possível. A autoconsciência é inseparável do pensamento em razão de ser necessária para pensar o pensamento, e antes da experiência nós atribuímos às coisas aquelas propriedades que são as condições necessárias de nossos pensamentos sobre elas. Contudo, Kant discorda agudamente das conclusões que Descartes extrai de seu *Cogito*. Na seção da dialética transcendental intitulada "Os paralogismos da razão pura", ele faz um ataque sustentado à psicologia cartesiana, e na verdade à psicologia *a priori* e racional em geral.

Se a psicologia empírica lida com a alma como o objeto do sentido interior, a psicologia racional trata a alma como o sujeito pensante. A psicologia racional, diz Kant, "professa ser uma ciência construída sobre a singular proposição *eu penso*". Ela visa ser um estudo de um X desconhecido, o sujeito transcendental do pensamento, "o eu ou ele ou isso (a coisa) que pensa" (A, 343-345).

Nossa tendência natural a ultrapassar os limites da psicologia meramente empírica nos conduz a falácias — que Kant chama de "paralogismos" ou falsos silogismos. Ele enumera quatro paralogismos da razão pura que podem ser cruamente sumarizados como se segue: (1) de "Necessariamente o sujeito pensante é um sujeito" concluímos que "O sujeito pensante é um sujeito necessário"; (2) de "Dividir o ego não faz sentido" concluímos que "O ego é uma substância indivisível"; (3) de "Sempre que estou consciente é o mesmo eu que sou consciente" concluímos que "Sempre que estou consciente estou consciente do mesmo eu"; (4) de "Posso pensar sobre mim sem meu corpo" concluímos que "Sem meu corpo eu posso pensar a meu respeito".

Em cada paralogismo, uma proposição analítica inofensiva é convertida, por um lógico truque de mãos, em uma contenciosa proposição sintética *a priori*. Baseada nos paralogismos, a psicologia racional conclui que o eu é uma entidade imaterial, incorruptível, pessoal e imortal.

A prova racional da imortalidade da alma não é senão ilusão. Mas isso não significa que não possamos acreditar em uma vida futura como um postulado da razão prática. Na vida presente a felicidade é claramente desproporcional à virtude; assim, para sermos motivados a nos comportar bem, devemos acreditar que a balança será novamente reorientada em uma outra vida em outro lugar. A refutação da psicologia racional, afirma Kant, é um auxílio, não um obstáculo, à fé em uma vida depois da vida. "Porquanto, a prova simplesmente especulativa nunca pôde ter qualquer influência sobre a razão comum dos homens. Esta prova está suspensa por um fio de cabelo, de tal maneira que a própria escola só a pôde manter no tempo, fazendo-a girar sem cessar sobre si mesmo, como um pião e nem a seus olhos mesmo constitui uma base estável sobre a qual algo se possa construir" (B, 424).

O elemento positivo na filosofia da mente que teve a mais duradoura influência é sua abordagem da liberdade e do determinismo. Sua contribuição a esse tópico é colocada não na seção da primeira crítica dedicada à psicologia racional e empírica, mas entre as antinomias que buscam demonstrar a incoerência das tentativas de abranger o cosmos como um todo. A terceira antinomia relaciona a ideia do mundo como um único sistema determinista à crença na possibilidade da ação livremente causada. O tópico dessa antinomia foi posteriormente eloquentemente apresentado por Tolstói no final de *Guerra e paz*:

> O problema do livre-arbítrio tem ocupado, desde os mais remotos tempos, as melhores inteligências humanas, e desde esses recuados tempos se apresenta em toda a sua colossal importância. Este problema consiste em que, ao tomar o homem como objeto de observação de um ponto de vista qualquer, seja teológico, histórico, ético ou filosófico, nos encontramos com a lei universal da necessidade a que ele (como tudo o mais que existe) está submetido. Mas se o consideramos do nosso próprio ponto de vista, o ponto de vista de nossa consciência interior, sentimo-nos livres.

As leis da necessidade ensinadas a nós pela razão, pensava Tolstói, forçam-nos a renunciar a uma liberdade ilusória e reconhecer nossa dependência inconsciente da lei universal.

Kant, por outro lado, pensava que o determinismo e a liberdade poderiam ser reconciliados. Na terceira antinomia, ao contrário das primeiras duas, tanto a tese como a antítese, se propriamente interpretadas, são verdadeiras. A tese é que a causalidade natural não é suficiente para explicar os fenômenos do mundo; além das causas determinantes temos de levar em conta a liberdade e a espontaneidade. A antítese argumenta que postular a liberdade transcendental é conformar-se a uma cega ausência de lei. Como dito por Tolstói: "Se um homem entre milhões tiver uma vez a cada mil anos o poder de agir livremente, isto é, como escolher, é óbvio que aquele único ato livre daquele homem em violação das leis será suficiente para provar que leis governando a ação humana não podem possivelmente existir".

Kant, como Tolstói, era um determinista, embora não um determinista radical, mas um determinista leve. Vale dizer, ele acreditava que o determinismo era compatível com a liberdade e a espontaneidade humanas. A vontade humana, dizia, é sensual, mas livre, isto é, é afetada pela paixão, mas não é necessitada pela paixão. "Há no homem um poder de autodeterminação independente de qualquer coerção dos impulsos sensuais." Mas o exercício desse poder de autodeterminação tem dois aspectos: empírico (percebível na experiência); e inteligível (apreendido somente pelo intelecto). Nossa ação livre é a causa inteligível dos efeitos sensíveis, e esses fenômenos sensíveis são também parte de uma inquebrantável série que se desenrola em acordo com leis imutáveis. Para reconciliar a liberdade humana com a natureza determinista, Kant diz que a natureza opera no tempo, enquanto a vontade humana pertence a um eu não fenomênico que transcende o tempo.

Ao longo dos séculos os teólogos buscaram reconciliar a liberdade humana com a onisciência de Deus ao afirmar que o conhecimento de Deus estava fora do tempo. Constituía novidade para um filósofo buscar reconciliar a liberdade humana com a onipotência da Natureza pela afirmação de que a liberdade humana estava fora do tempo. É de fato difícil reconciliar a afirmação de Kant de que a vontade humana é atemporal com os exemplos da ação livre que ele mesmo oferece, tais como o seu ato de levantar-se da cadeira à sua mesa. Mas uma impressionante linhagem de filósofos até os dias presentes tem buscado, como Kant, demonstrar que a liberdade e o determinismo são compatíveis entre si. É por certo correto que a explicação causal ("Eu o soquei porque fui empurrado") e a explicação por razões ("Eu o soquei para lhe dar uma lição") são dois tipos radicalmente diferentes de explicação, cada um irredutível ao outro. Kant estava seguramente certo ao enfatizar essa diferença e em acreditar que ela deve ser a base de qualquer projeto de reconciliação.

A reconciliação entre a liberdade e o determinismo assume uma forma barroca na metafísica de Hegel. Escolhas humanas individuais, como a decisão de César de atravessar o Rubicão, são na verdade determinadas pelo espírito do mundo, que usa "a astúcia da razão" para realizar seus objetivos. Mas a necessidade que opera no nível do individual é uma expressão da mais alta forma de liberdade, porque a liberdade é o atributo essencial do espírito, e sua expressão sempre crescente é a força guia da história.

Quando Hegel fala do espírito do mundo, suas referências a isso não são simples metáforas para a operação das forças históricas impessoais. O espírito hegeliano assemelha-se à unidade de apercepção transcendental kantiana como o sujeito de toda a experiência, que não pode em si ser um centro separado da vida de cada mente individual. Mas, Hegel pode perguntar, qual a base para essa assunção? Por trás do eu transcendental kantiano repousa o ego cartesiano, e um dos primeiros críticos do *cogito* de Descartes colocou a pertinente questão: como você sabe que é você que está pensando, e não a alma do mundo que pensa em você? O espírito hegeliano é concebido para ser um centro da consciência anterior a qualquer consciência individual. Um espírito pensa seriamente nos pensamentos de Descartes e nos pensamentos de Kant, talvez antes como um eu, como uma única pessoa, pode ao mesmo tempo sentir dor de dente e gota em diferentes partes de si. Mas é difícil acomodar no interior de cada psicologia empírica ou analítica um espírito cuja expressão comportamental é o universo inteiro. Antes que uma filosofia da mente, Hegel nos oferece uma Filosofia do Espírito.

No que concerne à filosofia da mente humana, o pensador que fez a mais significativa contribuição em nosso período foi sem dúvida Kant. Pelos séculos XVII e XVIII a filosofia da mente foi tornada subordinada à epistemologia, como resultado da busca da certeza cartesiana. No curso dessa busca, Descartes e os racionalistas desvalorizaram o papel dos sentidos e os empiristas britânicos eliminaram o papel do intelecto. Foi necessário o abrangente gênio de Kant para juntar novamente o que as energias partidárias de seus predecessores haviam trincado e fornecer uma descrição da mente humana que fez justiça a suas várias faculdades. Em sua obra, a epistemologia e a psicologia filosófica uma vez mais se reuniram, como haviam feito na melhor obra da Idade Média.

8

Ética

Histórias da ética frequentemente abordam ligeiramente o século XVI. Na Alta Idade Média, a filosofia moral era apresentada nos comentários sobre a *Ética a Nicômaco*, de Aristóteles, e em tratados sobre a lei natural, ou revelada, de Deus. Na *Suma teológica* de Tomás de Aquino os dois elementos se combinam, mas o sistema é estruturado ao redor do conceito de lei. Foram os sucessores de Aquino, a partir de Duns Scotus, que deram à teoria da lei divina um lugar central nas apresentações da moralidade cristã[1]. Mas a tradição medieval na ética sofreu um abalo, do qual jamais se recuperou, provocado pelo impacto da Reforma e da Contrarreforma.

Tanto Lutero como Calvino enfatizaram a depravação da natureza humana na ausência da graça divina que era oferecida somente por intermédio da cristandade. Para eles, o caminho para a salvação e a felicidade humanas repousava na fé, não na via do fim moral, e havia reduzido espaço para qualquer sistema filosófico ético. Aristóteles era o inimigo, não o amigo, da única boa vida possível. Quanto aos outros sábios da Antiguidade, sua doutrina não podia levar à virtude; como insistira Agostinho, o melhor que ela poderia fazer seria adicionar certo esplendor ao vício.

---

1. Ver volume II desta obra, p. 297-311.

Os católicos não concordavam que as possibilidades humanas para o bem tivessem sido totalmente extintas pela Queda, e o Concílio de Trento declarara ser heresia dizer que todos os atos dos não cristãos fossem pecado. Mas as regulações disciplinadoras daquele concílio deram à teologia moral católica uma nova direção que se distanciou muito da síntese de Aquino da ética aristotélica e agostiniana. Um decreto de 1551, endurecendo uma regra do Concílio Laterano de 1215, determinou que todos os católicos deveriam confessar-se com regularidade a um padre. O decreto fazia distinção entre duas classes de pecado: mortal e venial. Os pecados mortais eram mais sérios, e deles não se arrepender tornava o pecador passível das eternas punições do inferno. Sob a nova regra, um penitente era forçado a confessar todos os pecados mortais classificados segundo tipo, quantidade e circunstâncias. Daí por diante os moralistas católicos se concentraram menos na consideração das virtudes que na especificação e na individuação dos diferentes tipos de pecado e na enumeração das circunstâncias agravantes ou mitigadoras.

Casuística

O decreto de Trento abrigava toda uma nova disciplina ética: a ciência da casuística. A casuística é em geral a aplicação do princípio moral a decisões privadas, particularmente a "casos de consciência" em que tais princípios podem parecer estar em conflito entre si. Em sentido amplo, qualquer conselho técnico dado a um dilema moral específico pode ser contado como um exercício de casuística: por exemplo, a orientação dada ao imperador Carlos V por um grupo de teólogos sobre como tratar seus novos súditos americanos, ou o conselho dado ao rei Carlos I pelo arcebispo Laud sobre a legalidade do impedimento do conde de Strafford. Mas quando os contemporâneos e historiadores falam de casuística normalmente têm em mente os livros de texto e manuais, produzidos em abundância nos séculos XVI e XVII, que lidam não com decisões reais, mas com casos imaginários, servindo de guia para confessores e orientadores espirituais em suas discussões com o penitente e o devoto.

Embora manuais de casuística fossem escritos por teólogos de muitas ordens religiosas diferentes, a casuística tornou-se e permaneceu especialmente associada à recém-fundada ordem contrarreformada dos jesuítas, a Companhia de Jesus. Enquanto o sistema jesuíta de treinamento cuida para que estudantes mais acadêmicos estudem o sistema moral de Tomás

Essa ilustração do Códice Azcatitla mostra um índio sendo batizado em meio a uma assembleia de frades tonsurados.

de Aquino, aqueles destinados para o trabalho não acadêmico aprendem sua ética por meio do estudo de casos de consciência, lendo manuais de casuística, ouvindo conferências de casuístas e praticando o cuidado pastoral por intermédio de conferências práticas. Os jesuítas eram muito solicitados como confessores, particularmente para os nobres. Em 1602, o geral da ordem sentiu-se obrigado a editar uma instrução especial *Sobre a confissão de príncipes*. Desse modo, a casuística adquiriu importância tanto política quanto ética.

Durante o século XVI, os casuístas tiveram de enfrentar vários novos problemas morais. Um dos mais importantes era o da relação dos cristãos com os habitantes originais do novíssimo recém-descoberto continente, a América. Estariam os colonos espanhóis e portugueses autorizados a anexar as terras dos povos indígenas e fazer deles escravos? O imperador Carlos V convocou uma conferência de teólogos a Valladolid, em 1550, para discutir a questão. Seu historiador imperial, Sepúlveda, baseando suas teorias no ensinamento de Aristóteles de que alguns homens seriam mais bem capacitados a servir que a governar, e seriam portanto escravos por natureza, argumentou que os índios americanos, que viviam uma vida de rudeza e inferioridade, e ignoravam a cristandade, podiam ser justamente escravizados e convertidos à força. Essa posição foi combatida pelo missionário Bartolomeu de Las Casas, e atacada vigorosamente em duas publicações por dois dos mais influentes teólogos espanhóis da época, o dominicano Francisco de Vitória e o jesuíta Francisco Suárez.

Em seus tratados publicados postumamente, *De Indis* (1557), De Vitória defende antes de tudo o ensinamento de Santo Tomás de que a conversão forçada dos gentios era injusta, e prossegue para negar que o papa ou o imperador possuam alguma jurisdição sobre os índios. Os índios, De Vitória mantinha, possuíam direitos de posse e de propriedade da mesma forma que se fossem cristãos: eles constituíam uma autêntica sociedade política, e seus arranjos civis demonstravam que desfrutavam do uso integral da razão:

> Há certo método em seus afazeres, pois eles têm instituições civis que são ordeiramente constituídas, e possuem casamentos definidos e juízes, senhores, leis, oficinas e um sistema de trocas, os quais todos exigem o uso da razão[2].

Ele concluiu que não havia justificativa para o confisco da terra e das possessões desses povos gentios sob o pretexto de que eles não possuíam a posse genuína de sua propriedade. O jesuíta Suárez assumiu uma linha semelhante em sua discussão dos acertos e erros da guerra[3].

A expansão da exploração de além-mar e o comércio internacional no século XVII forçaram os casuístas a examinar a ética dos métodos pelos quais as empresas marítimas eram financiadas. Baseando-se em certos textos bíblicos e numa análise aristotélica da natureza do dinheiro, Tomás de Aquino emitiu uma severa condenação dos juros obtidos por meio de empréstimos[4]. Havia, contudo, reconhecida por Aquino, uma diferença importante entre duas maneiras de financiar um projeto. Uma era emprestar a um empreendedor (que pagaria ao credor fosse a empresa bem-sucedida ou não); outra era comprar uma parte da empreitada (em que o financiador assumia parte dos riscos de insucesso). A primeira era usura, sendo má. A segunda era sociedade, e era honrada (*ST* 2.2. 78. 2 ad 5).

---

2. *De Indis Recenter Inventis*, 1.23; citado por BULL et al., *Hugo Grotius and International Relations*, Oxford, Oxford University Press, 1990, 46.
3. Ver adiante, p. 316. Infelizmente as visões de Las Casas, De Vitória e Suárez não tiveram qualquer efeito sobre a prática real dos colonizadores cristãos.
4. Ver volume II desta coleção, p. 305.

A proibição da usura foi mantida por toda a Idade Média. Foi repetida por Santo Antonino, que no século XV era o arcebispo de Florença, uma cidade que abrigava então casas bancárias como a dos Médici. Antonino permitia, contudo, a cobrança de uma taxa sobre o empréstimo em um caso específico: se o atraso no pagamento de um empréstimo tivesse conduzido o financiador a uma perda sensível (a que se dava o nome técnico de *damnum emergens*). Isso era visto como uma compensação pelo dano infligido, e não como lucro sobre o empréstimo em si. Mas essa relaxação mínima da proibição levou, durante o século posterior, à sua total emasculação pelas mãos dos casuístas.

O primeiro passo foi a introdução da noção de custo de oportunidade. Uma das coisas de que se abdica ao fazer um empréstimo é a possibilidade de lucrar por um uso alternativo do dinheiro. Assim, ao *damnum emergens* veio se juntar o *lucrum cessans* (cessação de ganhos) como um nome para o retorno. A expansão do capitalismo durante o século XVI multiplicou as oportunidades para o investimento alternativo, e assim os casuístas foram capazes de argumentar que em quase todos os casos se faria presente uma ou outra dessas justificativas para a cobrança de interesse.

A lógica dos casuístas era por certo, em seus próprios termos, muito dúbia. O dinheiro que empresto a você poderia na verdade ser por mim aplicado de outras maneiras: eu poderia emprestar isso a outra pessoa ou poderia investir numa sociedade. Mas na primeira suposição o único ganho que eu perco emprestando a você é um ganho que seria em si contrário à lei, a saber, o ganho de usura. E na segunda suposição não está de todo certo que eu perco algo ao fazer o empréstimo a você. Minha empreitada alternativa pode dar errado e, bem longe de lucrar, eu perderia até mesmo o meu capital. Você pode acabar por fazer um bem para mim ao tomar meu dinheiro emprestado.

Não obstante, os casuístas — alguns deles contratados como consultores por casas bancárias — apresentavam esquemas cada vez mais complicados para contornar a proibição da usura. O duque da Baváría, em cujos domínios tais esquemas eram grandemente populares, propôs o seguinte caso para a consideração de uma comissão de jesuítas em 1580. Vale a pena citá-los em seus próprios termos, pois se enquadra ao típico formato de um "caso de consciência":

> Tito, um alemão, empresta a Sinfrônio uma quantia em dinheiro. Sinfrônio é
> uma pessoa de posses, e o dinheiro é-lhe emprestado sem nenhum propósito

específico. As condições são de que Tito deve receber anualmente cinco florins para cada cem emprestados, e depois disso ter seu capital integralmente devolvido. Não há perigo para o capital, e Tito receberá seus 5% lucre ou não Sinfrônio sobre o empréstimo[5].

A questão proposta era: este contrato é legal? Os comissários retornaram uma réplica altamente qualificada, mas baseada nela a ordem jesuíta declarou o contrato moralmente lícito. Daí em diante a proibição da usura passou a ser letra morta entre os católicos romanos.

Misticismo e estoicismo

O apogeu da casuística foi o centenário de 1550 a 1650. Durante esse período as obras casuísticas não eram, naturalmente, os únicos guias para a vida a serem publicados. Por um lado, havia muitos manuais de devoção que incluíam conselhos morais práticos; por outro, alguns escritores chamavam a atenção para os méritos dos textos éticos da Antiguidade. Como exemplos dessas duas tendências podemos considerar São João da Cruz e René Descartes.

São João da Cruz (1542-1591), diretor espiritual de Santa Teresa de Ávila e reformador da ordem carmelita, foi poeta e místico. Sua obra *A noite escura da alma* descreve a longa e dolorosa ascensão que conduz à união com Deus. Ele descreve o êxtase da meta em termos de incompreensível arrebatamento, mas deixa claro que o caminho para isso se dá pelo sofrimento e pela autodisciplina. Primeiro tem-se de entrar na noite escura dos sentidos; mas isso é apenas uma preparação inicial para a noite escura da alma, que é ela mesma apenas o primeiro estágio da ascese mística. É da seguinte forma que ele estabelece os primeiros passos da vida espiritual:

> Buscai sempre preferir não o que é mais fácil, mas o que é mais difícil;
> Não o que é mais deleitável, mas o que é mais desagradável;
> Não o que dá mais prazer, mas o que dá menos;
> Não o que é agitado, mas o que é tedioso. [...]
> Para obter prazer em tudo,
> Desejai não ter prazer em nada.

---

5. Citado por JONSEN, TOULMIN, *The Abuse of Casuistry*, Berkeley, University of California Press, 1988, 189.

> Para chegar a possuir tudo,
> Desejai não possuir nada.
> Para chegar a ser tudo,
> Desejai ser nada.

O tratado de São João da Cruz foi o mais severo dos guias devocionais do século XVI, claramente dirigido a uma minoria enclausurada. Mas um ensinamento similar, em uma forma mais suavizada, foi apresentado pelo bispo francês São Francisco de Sales em sua *Introdução à vida devota* (1608), o primeiro manual de piedade dirigido ao povo leigo vivendo uma vida secular no mundo.

Descartes, embora fosse católico praticante, buscou a inspiração para sua moralidade em fontes bem diversas. Quando estava para embarcar em seu projeto da dúvida totalmente abrangente, ele garantiu a si mesmo ao elaborar um código de moralidade provisório, consistindo de três máximas principais: primeiro, obedecer às leis e aos costumes de seu país; segundo, ser firme na ação tão logo tivesse tomado uma decisão; terceiro, "tentar sempre conquistar a mim mesmo em vez da fortuna; mudar meus desejos antes que à ordem do mundo". Isso, diz ele, "era o segredo dos filósofos antigos que desejavam escapar ao domínio da fortuna e, em meio ao sofrimento e à pobreza, podiam debater se os seus deuses eram tão felizes quanto eles" (*AT* VI, 26; *CSMK* I, 124).

Observar a prática católica surge apenas como uma subdivisão de "obedecer às leis e aos costumes do meu país": é para o estoicismo antigo que o jovem Descartes se volta em busca de orientação ética. O mesmo se daria dez anos depois, quando ele manteve correspondência com a princesa Elizabeth. Ele repetiu suas três máximas e, para instruí-la a respeito da natureza da verdadeira felicidade, recomendou a ela uma leitura de *De vita beata*, de Sêneca. Em suas cartas de aconselhamento moral, ele constantemente ressalta o papel da razão na moderação das paixões, o que nos faz acreditar que determinados bens são mais desejáveis do que de fato são. "A verdadeira função da razão", ele escreveu, "na conduta da vida é examinar e considerar sem paixão o valor de todas as perfeições do corpo e da alma que podem ser adquiridas por nossa conduta, de forma que, uma vez que estamos comumente obrigados a privar-nos de alguns bens de modo a adquirir outros, nós sempre escolheremos o melhor" (*AT* IV, 286; *CSMK* III, 265).

Descartes trabalhou algumas das ideias de sua correspondência com Elizabeth em um *Tratado das paixões*, que é mais um exercício de fisiologia especulativa que de filosofia moral. Uma compreensão das causas corporais de nossas paixões, acreditava Descartes, era uma ajuda valiosa para que as colocássemos sob controle racional. O exame detalhado das paixões, ele acreditava, era a única área em que sua própria filosofia moral era superior à dos antigos (*AT* XI, 327-328; *CSMK* I, 328-329).

A paixão cuja descrição revela mais completamente os ideais morais de Descartes é a paixão da *générosité*. O *généreux* é sem dúvida generoso, mas é muito mais que isso: ele é, poderíamos dizer com uma pitada de anacronismo, o perfeito cavalheiro. Tais pessoas, nos diz Descartes,

> são levadas naturalmente a grandes feitos, e ao mesmo tempo a não assumir nada do que não se sintam capazes. E porque nada têm em mais alta conta que fazer o bem aos outros e desconsiderar seu próprio autointeresse, elas são sempre perfeitamente corteses, graciosas e dispostas a todo mundo. Além disso, elas possuem completo controle sobre suas paixões. Particularmente, possuem domínio sobre seus desejos, e sobre o ciúme e a inveja, porque tudo o que consideram suficientemente valioso para valer a pena possuir é aquilo cuja obtenção depende somente delas mesmas. (*AT* XI, 448; *CSMK* I, 385)

Pascal contra os jesuítas

O *généreux*, tranquilo, isolado e autossuficiente descrito por Descartes vive em um mundo diferente dos penitentes dos casuístas, à deriva num mar de pecado e mendigando aconselhamento e absolvição de seus confessores. Mas por ocasião da publicação de *As paixões da alma*, os casuístas haviam provocado seu próprio descrédito, que atingiu seu ápice com a publicação das *Cartas provinciais*, de Pascal, em 1655. Havia três práticas recomendadas pelos casuístas que Pascal não era o único a considerar escandalosas: equivocalismo, probabilismo e a direção de consciência. Consideraremos uma a uma.

O tradicional ensinamento cristão proíbe estritamente mentir. Agostinho e Aquino concordavam que afirmar deliberadamente uma falsidade era sempre pecado. Não era sempre obrigatório contar toda a verdade, mas mesmo para salvar a vida de um inocente ninguém poderia dizer uma mentira. Essa doutrina pareceu ofensiva a muitos no século XVI. Na Inglaterra da rainha Elizabeth era um crime capital para um padre ou um jesuíta entrar no país, e os missionários católicos tinham de se deslocar em segredo, não raro se escondendo em abrigos secretos em mansões no interior. Se oficiais do governo invadissem uma casa em busca de padres, seria legítimo de parte de seu anfitrião negar que houvesse um padre na casa?

Em 1595, o líder dos jesuítas ingleses, o padre Henry Garnet, em um panfleto anônimo intitulado *Um tratado sobre o equívoco ou contra a mentira e a dissimulação fraudulentas*, respondeu a essa questão afirmativamente. O senhor ou senhora da casa deveria dizer "Não há padre na casa", com o significado "Não há padre na casa sobre o qual alguém esteja obrigado a dizer a vocês". Isso não era uma mentira, argumentava Garnet, porque uma mentira era um caso de dizer uma coisa enquanto se acreditava em outra. No caso em questão, a proposição falada correspondia à proposição na mente de seu emissor; o que ocorria era simplesmente que a emissão revelava apenas parte da proposição toda. Mas era consenso entre teólogos que não era preciso dizer *toda a verdade* quando isso fosse prejudicar uma terceira parte inocente. Daí, uma equivocação desse tipo era perfeitamente legal.

A versão de Garnet da equivocação chocou muitos de seus companheiros casuístas. Outros haviam se preparado para defender a equivocação no sentido de dar uma resposta que continha palavras que eram autenticamente ambíguas. Mas era uma coisa diferente alterar completamente o sentido natural de uma sentença falada por uma adição ou subtração de palavras totalmente privada ("reserva mental", como veio a ser chamada). Equivocação desse tipo, muitos o sentiam, era pior que mentir, acrescentando hipocrisia ao engano. Após ter sido julgado e executado por cumplicidade no Complô da Pólvora de 1605, Garnet se tornou para os protestantes ingleses o paradigma do jesuíta falaz. No *Macbeth* de Shakespeare, após a morte de Duncan, um porteiro bêbado imagina ser o guardião dos portões do inferno. Entre os que batem para ser admitidos:

> Fé, temos aqui um equivocador, o qual poderia jurar tanto pela escala quanto contra a escala, que cometeu traição suficiente para o benefício de Deus, mas que não pode equivocar o Céu: ei, equivocador, entrai. (II, iii)

A defesa da reserva mental feita por Garnet era uma opinião minoritária mesmo entre os casuístas. Mas havia um princípio moral de segunda ordem, amplamente sustentado pelos casuístas, que concedia especial importância a opiniões minoritárias. Suponha-se que os moralistas discordem entre si a respeito de se uma ação em particular é pecaminosa ou não: é legítimo que se a realize? Uma escola de pensamento respondeu que se

Padre Henry Garnet, SJ, no cadafalso antes de ser
executado por cumplicidade no Complô da Pólvora.

deveria tomar o caminho menos perigoso e se abster; a isso se chamava "rigorismo" (*tutiorism*), do latim *tutior*, significando "mais seguro". Outra escola de pensamento afirmou que se devia proceder à ação somente se uma maioria de autoridades a considerasse legítima. Era o "probabiliorismo", que afirmava que se deve seguir a mais provável opinião. Mas havia uma terceira teoria, popular entre muitos casuístas, que sustentava que mesmo uma menos provável opinião poderia ser legitimamente seguida, contanto que fosse no mínimo provável. Para ser "provável" bastava que a opinião fosse mantida por alguém em posição de autoridade, mesmo se este tivesse a maioria dos especialistas contra si. Essa era a doutrina do "probabilismo", que fora proposta primeiramente em 1557 por um comentador dominicano de Santo Tomás, Bartolomeu Medina de Salamanca, que escreveu que "se uma opinião é provável é lícito segui-la, mesmo se a opinião contrária for mais provável"[6].

O uso do probabilismo foi talvez não muito diverso da prática comum nos negócios e na política de nosso tempo de escolher entre advogados até que se encontre um que esteja disposto a aconselhar que determinado curso de ação que alguém decidiu seguir é perfeitamente legal. Mas para pensadores como Pascal isso parecia devorar a base de toda a moralidade religiosa. A variedade de opiniões entre os moralistas a respeito de importantes questões, que os pios podem bem considerar escandalosas, revelou-se, segundo a assunção probabilista, ser um grande bem. "Agora vejo o motivo", diz Pascal a um jesuíta fictício, "dos conflitos de opiniões entre seus Doutores sobre cada tópico. Um deles irá sempre servir a sua causa, o outro a ela mal não fará" (*LP* V, 51). Alguns casuístas chegaram até mesmo a afirmar que uma opinião podia ser tornada provável ao ser proposta mesmo por um único moralista, contanto que ele fosse uma pessoa de importância. Isso significava, da forma como o via Pascal, que qualquer novato que obtivesse uma cátedra em teologia moral poderia rejeitar o ensinamento de todos os Padres da Igreja.

Em seu ataque ao laxismo que, ele alegava, os confessores jesuítas encorajavam em seus clientes, um dos alvos que Pascal selecionou para atacar foi a prática da "direção de consciência". O jesuíta imaginário em seu livro diz: "Nosso método de direção consiste em propor a alguém como fim de suas ações um objeto permitido. No máximo desviaremos os homens das coisas proibidas, mas quando não pudermos prevenir a ação ao menos purificaremos a intenção". Assim, por exemplo, é permitido matar um homem em resposta a um insulto, mesmo se a Bíblia nos diz para não retribuir o mal com mal. "Tudo o que se deve fazer é desviar sua intenção do desejo de vingança, que é criminoso, para o desejo de defender a própria honra, o que é permitido." Duelar é proibido, mas se se é desafiado deve-se apresentar

---
6. Ibid, 164.

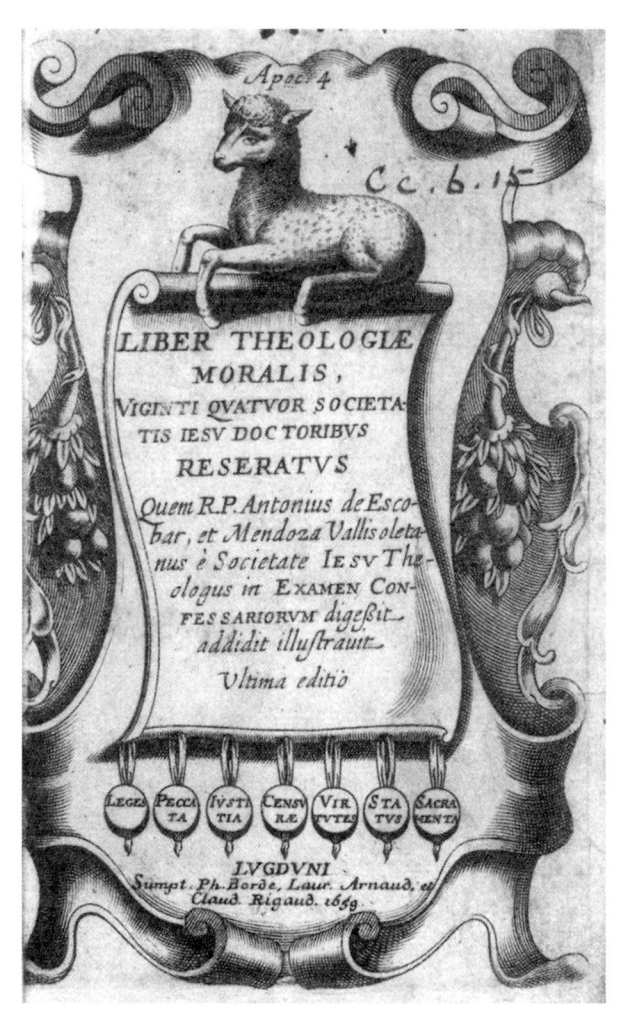

Folha de rosto da *Teologia moral* de Escobar,
um exemplo notório de casuística.

ao local designado não com a intenção de disputar em um duelo, mas para evitar que pensem que você é um covarde; e então, se se é ameaçado por algum oponente, é claro que se o pode matar em legítima defesa.

Essa direção de consciência, bastante obviamente, é simplesmente uma representação da imaginação que bem pouco tem a ver com uma genuína consciência, a qual é expressa nos meios que se escolhe para atingir os fins. Foi essa doutrina, e o ataque a ela por parte de Pascal, que levou ao descrédito a doutrina do duplo efeito, segundo a qual há uma importante distinção moral entre os efeitos pretendidos e os não pretendidos de qualquer ação pessoal. Se a teoria do duplo efeito é combinada com a prática da direção de consciência, torna-se não mais do que um manto hipócrita para a justificação dos meios pelo fim.

Havia todavia hipocrisia nos dois lados dessa controvérsia sobre a casuística. Pascal, em suas *Cartas provinciais*, se apresenta como um homem do mundo chocado pela excessiva laxidão dos confessores jesuítas. Na verdade, como jansenista, ele via não apenas os jesuítas mas quaisquer moralistas que quisessem fazer a mínima concessão às fraquezas humanas como ferramentas de Satã. Ele e seus amigos de Port Royal viam a si próprios como um pequeno grupo de privilegiados eleitos, escolhidos para trilhar o difícil caminho da salvação enquanto a grande massa da humanidade claudicava no rumo da danação.

Há uma estranha similaridade entre a Port Royal do século XVII e a Bloomsbury do século XX. Em cada caso, um pequeno grupo de intelectuais da alta classe — ascéticos em um caso, hedonistas no outro — viam a si mesmos como os únicos iluminados em um mundo de filisteus. Cada grupo possuía escritores de grande habilidade literária, e cada grupo abrigava artistas de talento. Na ponta de cada grupo firmava-se um grande filósofo-matemático: Bertrand Russell no caso de Bloomsbury; Blaise Pascal no caso de Port Royal. Cada grupo brilhou por um tempo na ribalta e depois gradualmente caiu na obscuridade, deixando atrás de si um odor azedo de um calculado esnobismo intelectual.

O sistema ético de Spinoza

Ninguém jamais pôde acusar Spinoza de ter pertencido a uma panelinha. Pensador solitário de grande coragem intelectual, ele concebeu um elaborado, elegante e autorizado sistema ético. À semelhança de Descartes, concedeu um importante papel na ética ao exame detalhado das paixões, que ocupa o terceiro livro da *Ética*. Mas tanto a estrutura filosófica como as conclusões práticas de sua análise das emoções são muito diferentes das de Descartes, de modo que o sistema ético resultante é como nenhum outro dos tempos modernos.

A base metafísica do sistema ético de Spinoza é um princípio da inércia existencial. Tudo, na medida em que o possa por seu próprio poder, busca perseverar em seu próprio ser. Esse esforço de autoperpetuação em cada coisa constitui sua própria essência (*E*, 189). Aplicado aos homens e mulheres, esse princípio geral significa que o motivo fundamental da ação humana é a autopreservação. O desejo é definido por Spinoza como o esforço da autoconsciência em preservar a existência da alma e do corpo. Somos cônscios não apenas desse apetite para a existência, mas também de qualquer acréscimo ou diminuição em nossos poderes de ação: a consciência de tal acréscimo constitui prazer; a consciência da diminuição constitui dor (*E*, 190). Desejo, prazer e dor são três motores humanos fundamentais: todas as outras emoções, como amor, ódio, esperança e medo, são deles derivadas.

Há, contudo, dois diferentes tipos de emoções, passivas e ativas. Há emoções passivas, ou paixões, em que, "como as ondas do mar agitadas por ventos contrários, somos sacudidos" (*E*, 219). Nas emoções passivas, as modificações do corpo geram as ideias correspondentes na mente — ideias que serão inadequadas e confusas. Mas há também emoções ativas brotando dos esforços da própria mente para aumentar seu entendimento pela concepção de ideias claras e distintas. As emoções ativas são deriváveis somente do desejo e do prazer; a dor, que é a marca de uma redução no poder humano, físico e mental, não pode gerar uma emoção ativa. Ações brotando de emoções ativas são expressões de firmeza de caráter (*fortitudo*). Quando expressa nas ações autopreservativas, a firmeza de caráter é chamada de "coragem" (*animositas*); quando expressa nas ações que buscam o bem de outros é chamada de "nobreza" (*generositas*).

A noção de nobreza, introduzida no final do Livro III da *Ética*, à primeira vista parece conflitar com a análise rudemente egoísta das paixões que ocupa grande parte do livro. Ali nos é dito, por exemplo, "Aquele que imagina aquilo a que tem ódio como afetado de tristeza experimentará alegria" (*E*, 197), e que "se imaginarmos que alguém se alegra com uma coisa que não pode ser possuída senão por um só esforçar-nos-emos por fazer de maneira que ele não possua essa coisa" (*E*, 202). Comentários aparentemente cínicos desse tipo são frequentemente sagazes, por exemplo: "se alguém começar a odiar a coisa amada de tal maneira que o amor seja completamente destruído, terá por ela, por um motivo igual, um ódio maior do que se nunca a tivesse amado" (*E*, 205). Mas somente um raro comentário prepara o caminho para a noção de nobreza, por exemplo: "O ódio é aumentado por um ódio recíproco e pode, ao contrário, ser destruído pelo amor" (*E*, 208).

A reconciliação de egoísmo e altruísmo é levada a efeito por Spinoza no quarto e no quinto livros da *Ética*: *Da servidão humana* e *Da liberdade humana*. O abrangente tema desses livros é este: servimos na medida em que sentimos emoções passivas, e somos livres na medida em que sentimos emoções ativas. Uma emoção deixa de ser uma paixão tão logo adquirimos uma ideia clara e distinta dela, o que significa um entendimento de suas causas. Paradoxalmente, a chave para a libertação é a apreciação da necessidade de todas as coisas. Não podemos evitar ser determinados, mas o progresso moral consiste na substituição da determinação externa pela determinação interna. O que necessitamos é de uma visão divina de todo o necessário esquema natural das coisas, enxergando-o "na luz da eternidade".

Nem todas as paixões podem ser transformadas em emoções, mas as que não podem podem ser eliminadas. O ódio, por exemplo, é uma emoção passiva, sendo uma forma de dor. Mas, assim que entender que as ações dos outros são determinadas, deixarei de sentir ódio contra aqueles que me fazem mal. As paixões de diferentes pessoas podem conflitar umas com as outras, mas as pessoas que são guiadas pela razão e sentem emoção em lugar de paixão irão descobrir-se em concórdia (*E*, 252). A autopreservação permanece o motor subjacente, anterior a qualquer virtude (*E*, 246). Não obstante, devemos querer a virtude por si só, pois não há nada mais útil a nós que possa servir como sua meta. É assim que o egoísmo e o altruísmo serão reconciliados. Há espaço para a nobreza quando a autopreservação é iluminada pela realização do próprio lugar como uma parte do grande todo que é a Natureza:

> Nada mais útil ao homem que o homem. Os homens — digo — não podem desejar nada mais vantajoso para conservar o seu ser do que estarem todos de tal maneira de acordo em tudo que as almas e os corpos de todos formem como que uma só alma e um só corpo, e que todos, em conjunto, na medida das suas possibilidades, se esforcem por conservar o seu ser; e que todos, em conjunto, procurem a utilidade comum de todos. Do que se segue que os homens que se governam pela Razão, isto é, os homens que procuram o que lhes é útil sob a direção da Razão, não desejam nada para si que não desejem para os outros homens, e, por conseguinte, eles são justos, fiéis e honestos. (*E*, 245)

Em *Da servidão humana*, Spinoza explora as emoções, dizendo-nos quais são boas e quais são más (naturalmente, "boa" e "má" significam para ele apenas o que é condutivo ou não condutivo à autopreservação). A hilaridade, por exemplo, é uma boa coisa que não podemos ter em excesso; a melancolia, por sua vez, é sempre má (*E*, 258). (Spinoza recomenda a música como uma cura para a melancolia [*E*, 234].) Desejos por bens não competitivos deveriam ser preferidos aos desejos por bens que não podem ser possuídos por uma pessoa somente. O mais alto bem é um que é comum a todos que sigam a virtude, um no qual todos possam igualmente exultar. "O bem supremo da alma é o conhecimento de Deus, e a suprema virtude da alma é conhecer a Deus" (*E*, 248). Deus, naturalmente, é para Spinoza o mesmo que Natureza, e quanto mais aumentarmos nosso conhecimento da Natureza mais exultaremos. Este êxtase, acompanhado pelo pensamento de Deus como causa, é chamado por Spinoza de "o amor intelectual de Deus" (*E*, 301).

O homem ideal spinozano, uma pessoa livre absorvida no amor intelectual de Deus, não é menos sujeito ao determinismo que alguém que esteja em servidão às paixões baixas. A diferença é que o homem livre é determinado por causas que são internas, não externas, e que elas são claras e distintamente percebidas. Um dos efeitos da clara e distinta percepção da condição humana é que o tempo deixa de ter importância. Passado, presente e futuro são todos iguais entre si. Nós naturalmente pensamos no passado como algo que não pode ser modificado, e no futuro como aberto a alternativas. Mas no universo determinista de Spinoza o futuro não é menos imóvel que o passado. A diferença, contudo, entre o passado e o futuro não deveria desempenhar nenhum papel nas reflexões de um homem sábio: não deveríamos nos preocupar com o futuro e nem sentir remorso quanto ao passado.

Uma paixão que também deve desaparecer em um homem livre é a paixão do medo. O medo não pode jamais ser uma emoção racional; seu objeto é o mal futuro, e para Spinoza tanto o futuro como o mal são supremamente irreais. O homem livre tem somente motivações positivas: ele se alimenta bem e faz exercícios saudáveis porque gosta de proceder assim, não para adiar a morte. "O homem livre em nada pensa menos que na morte; e a sua sabedoria não é uma meditação da morte, mas da vida" (*E*, 272).

É difícil não admirar a beleza da escrita ética de Spinoza; é igualmente difícil aceitá-la como a oferta de um guia real para a vida. Spinoza é uma vítima de seu próprio sucesso: ele enlaçou sua ética tão fortemente à sua metafísica que é difícil absorver uma sem a outra. Bertrand Russell, que rejeitava completamente a metafísica de Spinoza, mas o considerava o único humano realmente admirável na história da filosofia, fez um elegante esforço para extrair uma moral prática da *Ética*:

> O princípio spinozano de pensar sobre o todo, ou, de qualquer modo, sobre questões maiores que a sua própria dor, é um conceito útil. Há mesmo tem-

pos em que é mais confortante refletir que a vida humana, com tudo o que contém de mal e sofrimento, é uma parte infinitesimal da vida do universo. Tais reflexões podem não bastar para constituir uma religião, mas em um mundo dolorido elas são um auxílio à sanidade e um antídoto à paralisia do desespero extremo. (*HWP*, 562)

Hume sobre razão, paixão e virtude

Para Spinoza, como para Sócrates na Antiguidade, todo erro é resultado da ignorância: a conduta viciosa é sobretudo uma falha da razão. No polo oposto se situa David Hume, para quem a razão nada de fato tem a ver com a distinção entre o certo e o errado, entre a virtude e o vício. A única função da razão é técnica: nos auxiliar na realização das metas estabelecidas por nossas paixões. Na avaliação de nossas metas a razão não tem lugar. "Não é contrário à razão que eu escolha minha total ruína para evitar o mínimo desconforto para um índio ou uma pessoa totalmente desconhecida para mim" (*THN*, 416). A razão não pode nem adjudicar nem controlar a paixão: uma paixão pode ser conquistada somente por outra, mais forte, paixão. Por que então as pessoas — e não apenas os filósofos — falam tanto sobre o conflito entre a razão e a paixão? A resposta de Hume é que elas tomam por razão o que é na verdade uma suave e não violenta paixão:

> Há certos desejos e tendências tranquilos que, para serem paixões reais, produzem pouca emoção na mente, e são mais conhecidos por seus efeitos que por um imediato sentimento ou sensação. Esses desejos são de dois tipos: ou certos instintos originalmente implantados em nossas naturezas, como a benevolência e o ressentimento, o amor à vida, o carinho pelas crianças; ou o apetite generalizado pelo bem e a aversão ao mal, considerados apenas como tais. Quando qualquer dessas paixões são calmas e não perturbam a alma, elas são muito prontamente tomadas como determinações da razão. (*THN*, 417)

Os juízos morais são paixões calmas desse tipo: eles não são ideias, mas impressões. A moralidade é mais propriamente sentida que julgada. A virtude nos dá prazer, o vício provoca dor: "Por que uma ação ou sentimento ou caráter são virtuosos ou viciosos? Porque sua visão causa prazer ou desconforto de um tipo particular". Mas é claro que nem toda ação ou pessoa ou coisa que nos dá prazer é virtuosa: vinho, mulheres e canções podem ser agradáveis, mas o prazer que dão não é o prazer especial sentido pelo senso moral. Quais são então as marcas do tipo *particular* de prazer implicado no juízo moral favorável? Hume oferece dois: que deve ser desinteressado e que deve implicar aprovação. Mas esses parecem ser insuficientes para distinguir o juízo moral do juízo estético. Necessitamos por certo distinguir um do outro se a moralidade não é apenas uma questão de gosto.

Hume não nos fornece nenhum critério geral adequado para diferenciar o juízo moral, mas passa a investigar as virtudes individuais. As duas mais importantes são a benevolência e a justiça. A benevolência é universalmente admirada: todos estimamos aqueles que acalmam os desesperados, confortam os aflitos e são generosos mesmo com estranhos. Mas em um estado natural a benevolência estende-se apenas aos que de um modo ou de outro são próximos a nós. "Não há tal paixão por si só nas mentes humanas, como o amor à humanidade, independente de qualidades pessoais, de serviços ou de relação a si mesmo" (*THN*, 481). A benevolência só não pode então ser a base da justiça, de nossa obrigação de saldar nossos débitos mesmo a estranhos e inimigos. Devemos concluir que a justiça não é uma virtude natural, mas artificial.

Os seres humanos são impotentes fora da sociedade, mas a sociedade é instável a não ser que as regras sociais sejam observadas, particularmente os direitos de propriedade. O que precisamos é de uma convenção assumida por todos os membros da sociedade para deixar todos em posse dos bens exteriores adquiridos por sua sorte e seu empenho. A justiça está portanto baseada na utilidade, no autointeresse amplamente interpretado:

> Em lugar de abdicarmos de nosso próprio interesse, ou do de nossos amigos mais próximos, ao nos abster das posses de outros, não podemos melhor conciliar esses dois interesses que por uma tal convenção; porque é por esse meio que mantemos a sociedade, que é tão necessária ao seu bem-estar e sua subsistência, assim como para a nossa própria. (*THN*, 489)

É por ser baseada em uma convenção, adotada em benefício da utilidade, que a justiça é uma "virtude artificial".

As virtudes naturais, como gentileza, caridade, clemência ou generosidade, não são baseadas na utilidade, mas emanam de uma característica mais fundamental da natureza humana: a simpatia. As paixões de cada ser humano são refletidas em outros seres humanos, como ecoam as cordas na harmonia. Uma diferença entre as virtudes naturais e artificiais é que os atos individuais de benevolência fazem bem, enquanto é somente o sistema de justiça como um todo que promove a felicidade. "Juízes tiram de um homem pobre para dar a um rico; eles premiam os dissolutos com o trabalho dos industriosos; e põem nas mãos dos viciosos os meios de ferir tanto a si mesmos como aos outros. Todavia, todo o esquema da lei e da justiça é vantajoso para a sociedade." É por causa dessa vantagem para a sociedade que estimamos a justiça. Mas a justiça é somente um meio para um fim:

> Agora, como os meios para um fim somente podem ser agradáveis se o fim for agradável; e como o bem da sociedade, em que nosso interesse não está em pauta, ou o de nossos amigos, satisfaz apenas pela simpatia; segue-se que a simpatia é a fonte da estima que dedicamos a todas as virtudes artificiais.

Num apêndice à segunda investigação, Hume esforça-se em argumentar contra aqueles que afirmam que a benevolência é somente uma forma disfarçada de amor-próprio. Mesmo os animais demonstram benevolência desinteressada; então por que deveríamos duvidar da autenticidade da gratidão, da amizade e do amor materno humanos? Rejeitando assim a longa tradição filosófica do eudemonismo — a tese de que a meta suprema de todas as ações individuais é a própria felicidade —, Hume estava, provavelmente com relutância, seguindo os passos de seu compatriota Duns Scotus[7]. Mas, se Scotus pensava que o inato motivo independente do amor-próprio era um amor pela justiça, Hume viu o motivo de benevolência como sempre mais profundamente enraizado na natureza humana.

Kant sobre a moralidade, o dever e a lei

Embora tenha apresentado um sistema de ética muito diferente, Kant concordava com Hume na rejeição do eudemonismo. A felicidade, ele argumenta na *Fundamentação*, não pode ser o supremo objetivo da moralidade:

> Ora, se num ser dotado de razão e vontade a verdadeira finalidade da natureza fosse a sua conservação, o seu bem-estar, numa palavra, a sua felicidade, muito mal teria ela tomado as suas disposições ao escolher a razão da criatura para executora destas suas intenções. Pois todas as ações que esse ser tem de

---
7. Ver volume II desta coleção, 306 ss.

realizar nesse propósito, bem como toda a regra do seu comportamento, lhe seriam indicadas com muito maior exatidão pelo instinto, e aquela finalidade obteria por meio dele muito maior segurança do que pela razão. (*F*, 204)

O conceito abrangente na moralidade kantiana não é a felicidade, mas o dever. A função da razão na ética não é orientar a vontade sobre como melhor escolher os meios para fins posteriores, mas produzir uma vontade que é boa em si, e uma vontade somente é boa se motivada pelo dever. A boa vontade, para Kant, é a única coisa que é boa sem qualificação. Fortuna, poder, inteligência, coragem e todas as virtudes tradicionais podem ser usadas para fins maus. Mesmo a felicidade em si pode ser corruptora. Não é o que ela adquire que constitui a bondade de uma boa vontade: a boa vontade é boa em si somente:

> Ainda mesmo que por um desfavor especial do destino, ou pelo apetrechamento avaro duma natureza madrasta, faltasse totalmente a esta boa vontade o poder de fazer vencer as suas intenções, mesmo que nada pudesse alcançar a despeito dos seus maiores esforços, e só afinal restasse a boa vontade [...] [mesmo assim] ela ficaria brilhando por si mesma como uma joia, como alguma coisa que em si mesma tem seu pleno valor. (*F*, 204)

A boa vontade é o mais elevado bem e a causa de todos os outros bens, inclusive a felicidade.

Se uma vontade é boa somente quando motivada pelo dever, devemos perguntar o que vem a ser um ato por dever. Uma primeira resposta é dizer que é agir segundo prescreve a lei moral. Mas isso não basta. Kant distingue agir conforme o dever de agir por dever. Um comerciante que escolhe a honestidade como a melhor política ou um filantropo que tem prazer em ajudar os outros podem fazer ações que estão de acordo com o dever. Tais ações são conformes à lei moral, mas não são motivadas por respeito a ela. Ações desse tipo, embora corretas e amigáveis, não têm, segundo Kant, nenhum valor moral. O valor do caráter é demonstrado somente quando alguém faz o bem não a partir de uma inclinação para tal, mas por dever. Um homem que está totalmente desalentado e deseja morrer, mas preserva sua própria vida apenas por um senso de dever — este é para Kant o paradigma da boa vontade (*F*, 206-207).

A felicidade e o dever, portanto, são para Kant não apenas motivações diferentes, mas conflitantes. Aristóteles ensinara que as pessoas não eram realmente virtuosas enquanto a ação virtuosa fosse contra a corrente. *Seu* paradigma de um homem virtuoso era alguém que apreciasse totalmente executar seus fins virtuosos. Mas para Kant é o incômodo do benfazer que é a real marca da virtude. Se a virtude trouxesse a felicidade, ela não passaria de um produto secundário. "Quanto mais uma razão cultivada se consagra ao gozo da vida e da felicidade, tanto mais o homem se afasta do verdadeiro contentamento" (*F*, 205). Não deveríamos levar a Bíblia a sério quando ela nos diz para amarmos nosso próximo: é somente a assistência caridosa fria e desprovida de sentimentos que pode ser realmente ordenada (*F*, 208).

A maneira de testar se alguém está agindo por um sentimento de dever é perguntar sob que máxima, ou princípio, esse alguém age, vale dizer, qual o imperativo que orienta a ação de alguém. Um imperativo pode assumir uma forma hipotética: "Se você quiser obter isso ou aquilo, aja desse modo". Tal imperativo implica uma ação como um meio para um fim particular. Assim, a máxima do comerciante honesto pode ser o imperativo hipotético: "Se você deseja manter seus fregueses não cobre muito caro deles".

Uma pessoa que age por dever, contudo, obedece não a um imperativo hipotético, mas a um imperativo categórico, que ordena: "Não importa o que você deseja obter, aja desse modo". O imperativo categórico do dever é um imperativo abrangente que discrimina entre os imperativos virtuosos e os viciosos, e é formulado por Kant do seguinte modo: "Proceda sempre de maneira que você possa querer também que a sua máxima se torne uma lei universal" (*F*, 209).

Kant fornece diversos exemplos para ilustrar a operação do imperativo categórico. Suponha que eu seja tentado a sair de uma dificuldade utilizando o expediente de fazer uma promessa que eu não tenha a intenção de cumprir, e que eu então me pergunte se esse tipo de promessa mentirosa pode ser reconciliada com o dever:

> Preciso só perguntar a mim mesmo: "Ficaria eu satisfeito de ver a minha máxima (de me tirar dos apuros por meio de uma promessa não verdadeira) tomar o valor de lei universal (tanto para mim como para os outros)? E poderia eu dizer a mim mesmo: "Toda a gente pode fazer uma promessa mentirosa quando se acha numa dificuldade de que não pode sair de outra maneira"? Em breve reconheço que posso em verdade querer a mentira, mas que não posso querer uma lei universal de mentir; pois, segundo uma tal lei, não poderia propriamente haver já promessa alguma. (*F*, 210)

Um segundo exemplo é o seguinte: uma pessoa que vive na prosperidade é instada a ajudar outras que lutam com grandes dificuldades. Ela é tentada a responder: "Que é que isso me importa? Que cada qual goze da felicidade que o céu lhe concede ou que ele mesmo pode arranjar; eu nada lhe tirarei, [mas também não a ajudarei]". Mas ao considerar o imperativo categórico passa a perceber que não poderá desejar "nada lhe tirar, mas também não a ajudar" como uma máxima universal, porque em muitas situações ela própria irá precisar da ajuda e da simpatia de outros (F, 225).

Esses dois exemplos ilustram os dois diferentes modos em que opera o imperativo categórico. No primeiro caso, a máxima viciosa não pode ser universalizada porque sua universalização leva a uma contradição: se ninguém cumpre promessas, não existe algo como prometer. No segundo caso, não há nada de autocontraditório na ideia de ninguém nunca ajudar a outra pessoa, mas ninguém poderia racionalmente *querer* estabelecer tal situação. Kant diz que os dois diferentes tipos de caso correspondem a dois diferentes tipos de deveres: os deveres estritos (como o de não mentir) e os deveres meritórios (como o de ajudar os necessitados) (F, 225).

Kant argumenta que o imperativo categórico bane o suicídio. Mas não fica claro como o faz na formulação que ele oferece. Não há nada autocontraditório na perspectiva do suicídio universal, e alguém desgostoso com a raça humana pode muito bem aplaudir a perspectiva. Kant tem porém uma formulação diferente do imperativo categórico, que não apela à universabilidade: "Age de tal modo que sempre trates a humanidade, seja em tua própria pessoa ou na pessoa de outrem, nunca simplesmente como um meio, mas sempre simultaneamente como um fim". Essa formulação é mais efetiva em banir o suicídio, pois pode ser argumentado que tirar a própria vida é utilizar uma pessoa como um meio de encerrar o desconforto ou incômodo de alguém. Essa formulação, claro, também bane a escravidão, e em *A paz perpétua* Kant argumenta que bane as guerras agressivas. Contudo, é difícil perceber exatamente o que mais ela exclui, dado que todos os dias fazemos uso, como meios para nossos fins, de outras pessoas, de faxineiros a conselheiros jurídicos. Necessitamos de mais esclarecimento sobre o que é tratar as pessoas "simultaneamente como um fim".

O que Kant nos diz é que, na condição de ser humano, eu não sou apenas um fim em mim mesmo, mas um membro de um reino dos fins. Ao escolher racionalmente minhas máximas, proponho leis universais; mas isso é o que também faz outro ser racional. A lei universal é a lei feita por vontades racionais como a minha. Surge então, nos diz Kant, "a ligação sistemática de vários seres racionais por meio de leis comuns", isto é, um reino. Um ser racional é sujeito somente a leis que são feitas por si mesmo e são ainda universais: a vontade moral é autônoma, dando a si mesma as leis a que obedece. No reino dos fins somos tanto legisladores como súditos. A ideia de autonomia da vontade moral é muito atraente, mas pode-se perguntar como Kant pode confiar tanto que a operação de todas as diferentes escolhas racionais de máximas irão produzir um único sistema de leis universais. Podemos nós, como ele vivamente nos recomenda fazer, abstrair "das diferenças pessoais entre os seres racionais e de todo o conteúdo dos seus fins particulares" (*F*, 233)?

"No reino dos fins", nos diz Kant, "tudo tem um preço ou uma dignidade". Se tem um preço, algo mais pode tomar seu lugar como equivalente; se está acima de todo preço e não possui equivalente, então tem dignidade. Há dois tipos de preço: o preço venal, que tem relação com a satisfação de uma necessidade, e o preço de afeição, que tem relação com a satisfação de um gosto. A moralidade está acima e além de qualquer tipo de preço:

> Portanto, a moralidade e a humanidade enquanto capaz de moralidade são as únicas coisas que têm dignidade. A destreza e a diligência no trabalho têm um preço venal; a argúcia de espírito, a imaginação viva e as fantasias têm um preço de afeição; pelo contrário, a lealdade nas promessas, o bem-querer fundado em princípios (e não no instinto) têm um valor íntimo. (*F*, 234)

Kant abriu espaço, no reino dos fins, para um soberano ou líder que era (como seus membros) um legislador, mas que (à diferença dos membros) não era sujeito à lei e não agia por dever. Esse soberano é sem dúvida Deus, mas a ele não é dado nenhum papel específico na determinação da lei moral. Os sucessores de Kant em séculos posteriores, que foram atraídos pela ideia da vontade autônoma como o legislador moral, descartaram em silêncio o soberano e transformaram o reino dos fins numa república dos fins, em que nenhum legislador tem privilégio sobre outro.

A síntese ética de Hegel

Notamos anteriormente que a ética de Kant situa-se num polo oposto à de Aristóteles. Para Aristóteles, o conceito ético mais abrangente era o de felicidade, que era o supremo objetivo de toda ação racional completamente hu-

Neste retrato, Hegel irradia a autoconfiança
apropriada a um filósofo, cujo pensamento representava
o ponto mais elevado da autoconsciência humana.

mana. Kant destronou a felicidade e colocou em seu lugar o dever, o motivo necessário de qualquer ação de valor moral. Para Aristóteles, a virtude era exibida na alegria que um bom homem tem em suas boas ações; para Kant, a medida da virtude era o custo do esforço doloroso para seu exercício.

Hegel via a ética aristotélica e a ética kantiana como tese e antítese às quais ele oferecia uma síntese. Como Aristóteles, ele considerava a fundação da ética um conceito do florescimento humano; mas ele a definia em termos de uma livre autorrealização, o que concordava com a ênfase de Kant na autonomia da vida moral. À diferença de Kant, contudo, ele concedeu lugar de honra na teoria moral não à noção de dever, mas à noção de direito: em Hegel, como em Aristóteles, a obediência à lei vem depois da livre expressão daquilo que é melhor em cada natureza humana.

A grande inovação de Hegel na filosofia moral foi que ele injetou um elemento social e histórico na noção de "natureza humana". Os objetivos e capacidades que um indivíduo pode perseguir e desenvolver dependem das instituições sociais em que ele vive, e essas instituições irão variar em diferentes lugares e tempos. Os direitos, que são os elementos básicos na ética hegeliana, são chamados ao exercício da escolha individual no interior de uma "esfera externa" — e essa esfera é em larga medida definida pela forma de sociedade à qual se pertence. Hegel demonstra isso em uma famosa passagem da *Fenomenologia do Espírito* que expõe como a autoconsciência individual se desenvolve como uma consciência do papel de um em relação aos outros. O exemplo de uma relação social que ele escolhe para ilustrar isso é o do senhor e do escravo.

Inicialmente, um senhor é totalmente autoconsciente, mas vê seu escravo como uma mera coisa. O escravo é cônscio de seu senhor, mas vê seu próprio eu somente em sua relação com os objetivos do senhor. O senhor reconhece identidade somente em si, e o escravo a reconhece somente em seu senhor. Contudo, assim que o escravo é posto a trabalhar para produzir benefícios para seu senhor, a relação muda. Assim que seu trabalho transforma a matéria em produtos úteis, o escravo torna-se cônscio de seu próprio poder, mas encontra seus objetivos ainda limitados pelos comandos do senhor. O senhor, por outro lado, vê sua própria autoconsciência como limitada por sua incapacidade de descobrir uma autoconsciência responsiva no escravo. A relação nega a cada um deles uma dimensão integral da autoconsciência (*PG*, 178-196).

Hegel identifica durante a história tentativas de remover os obstáculos à autoconsciência estabelecida pela relação senhor–escravo. O estoicismo encorajou as pessoas a aceitar sua posição social como uma questão de necessidade cósmica, para ser aceita com tranquilidade: tanto o escravo Epicteto como o imperador Marco Aurélio abraçaram o estoicismo. Mas olhar para dentro de si e voltar as costas para a sociedade não resolve de fato as contradições implícitas na relação senhor–escravo. Isso conduz à segunda forma da falsa consciência, a atitude cética que se conforma externamente às exigências da sociedade enquanto interiormente nega a realidade das normas que a sociedade proclama. O contraste entre atitudes interiores e exteriores se torna intolerável, e a consciência passa a um terceiro falso estágio, que Hegel chama de "A consciência infeliz", e que ele considera típico da cristandade medieval.

Na consciência infeliz, as contradições da relação senhor–escravo são recriadas no interior de um único eu individual. Uma pessoa é consciente de um vazio entre um eu ideal e seu próprio eu imperfeito, este sendo um falso eu, o primeiro sendo um eu verdadeiro mas ainda irrealizado. O eu ideal é então projetado em outro mundo e identificado a um Deus do qual o eu real não é parte. Assim é dividida a consciência de uma pessoa, e ela se torna alienada dela. Esse conceito de alienação — de tratar como estranho algo que por direito alguém deveria identificar — estava destinado a ter um futuro poderoso entre os discípulos de Hegel.

Todas essas formas de falsa consciência representam uma tentativa de interiorizar um problema que somente pode ser resolvido por uma mudança das instituições sociais. A percepção disso é o que conta para a ênfase que Hegel dá aos direitos. Uma pessoa tem um direito inalienável à vida e à liberdade da escravidão, e a um mínimo de propriedade privada; somente as sociedades que protegem esses direitos podem oferecer um contexto para o indivíduo humano florescer (*PR*, 46).

Os direitos são necessários porque um indivíduo apenas pode se expressar como um espírito livre se concede a si uma esfera externa de liberdade. Um direito é um título de propriedade interpretado em um sentido amplo; para Hegel, o corpo, a vida e a liberdade de uma pessoa são sua propriedade não menos que as coisas materiais. De alguns direitos, como o direito aos produtos do próprio trabalho, pode-se abrir mão; mas ninguém pode recusar sua liberdade integral e aceitar a escravidão.

Além dos direitos à propriedade, Hegel reconhece duas outras formas de direito: direitos contratuais e direitos punitivos. O primeiro é parte da lei civil, o segundo, da lei criminal. A visão hegeliana da punição é retributiva: é uma anulação do erro, implicitamente desejada pelo próprio criminoso, já que seu crime foi em si uma violação da vontade universal (*PR*, 99-100).

A teoria dos direitos, importante como o é para Hegel, é somente uma das três seções de sua ética. As outras duas são a teoria da moralidade (*Moralität*) e da vida ética (*Sittlichkeit*). A moralidade incorpora os elementos kantianos do sistema hegeliano, enquanto a vida ética incorpora os elementos aristotélicos. A moralidade é descrita amplamente em termos formais; a vida ética é descrita em exemplos mais concretos. A moralidade é relacionada ao dever, a vida ética é relacionada à virtude.

Para Hegel, a moralidade se ocupa principalmente dos motivos do agente moral. Hegel distingue objetivo (*Absicht*) de intenção (*Vorsatz*). O objetivo é o motivo abrangente que relaciona uma ação a meu bem-estar; a intenção é o fim imediato para o qual elejo um meio. (Assim, ao tomar um remédio em particular, minha intenção pode ser baixar meu nível de colesterol; meu objetivo é continuar a ter boa saúde.) A intenção, para Hegel, é definida em termos de conhecimento: consequências imprevistas de minhas ações não são intencionais. Um bom objetivo é essencial para que uma ação seja moralmente boa.

Hegel lembra Kant na ênfase que coloca na importância do objetivo, ou motivo supremo. Mas ele não concorda com ele quanto a ser o dever o único objetivo moralmente digno, além de não apelar ao princípio de universabilidade como o critério de aceitabilidade moral. A fórmula kantiana da lei universal, Hegel reclama, permite algumas máximas altamente suspeitas (PR, 148).

A mera crença em que o objetivo de alguém seja bom não basta para tornar uma ação moralmente correta. Seguir a própria consciência é de fato necessário, mas não suficiente, para o comportamento virtuoso. Hegel se mantém distante daqueles subjetivistas, anteriores e posteriores a ele, que afirmavam que a consciência individual é a suprema corte de apelação. Aqui, como em outros lugares, Hegel está perfeitamente cônscio do contexto social do juízo particular.

Quando nos voltamos para a terceira seção do sistema ético de Hegel, vida ética, o elemento social se torna claramente dominante, pois a vida ética consiste de auto-harmonia na vida social do indivíduo; ela diz respeito ao aspecto concreto, externo, do comportamento ético, e isso deve ter lugar em um cenário institucional. Essa seção da *Filosofia do direito* examina a natureza de três estruturas sociais em que os indivíduos encontram a si próprios: a família, a sociedade civil e o Estado. Sua exposição pertence, portanto, antes ao capítulo seguinte deste volume, sobre filosofia política, que a este capítulo sobre ética.

O período coberto por este volume é instrutivo para qualquer um que deseje investigar em que extensão a metafísica é um guia para a ética. Entre os grandes metafísicos do século XVII, Descartes produziu um sistema ético que, a despeito da recente atenção respeitosa dos estudiosos, é geralmente visto como insípido em demasia para se constituir em uma chave para a vida, enquanto Spinoza concebeu uma ética tão densamente entrelaçada com sua metafísica que pode servir de guia apenas aos que partilham sua perspectiva cósmica. Por outro lado, dois grandes filósofos do século XVIII ainda exercem uma influência substancial sobre a filosofia moral justamente por sua ética situar-se distante da metafísica. Hume insistia que as prescrições morais deveriam ser bem separadas de quaisquer juízos de fato, fossem físicos ou (se tal fosse possível) metafísicos: um "deve" nunca se segue de um "é". Kant, por outro lado, embora sendo o grande metafísico de todos eles, criou um sistema moral que não exige nenhum comprometimento com quaisquer outras áreas de sua filosofia. A despeito ou talvez em razão disso, sua contribuição para a filosofia moral foi bem além da de quaisquer outros filósofos que vimos considerando. Sua ética do dever permanece até hoje a principal competidora da ética eudemonista da virtude, de Platão e Aristóteles, e da ética consequencialista utilitarista que se tornou o mais influente sistema moral da maior parte dos séculos XIX e XX.

9

Filosofia política

O príncipe de Maquiavel

Duas obras do decênio 1511-1520 marcam o início da filosofia política moderna: *O príncipe*, de Maquiavel, e a *Utopia*, de Thomas More. Os dois livros são muito diferentes do típico tratado escolástico que busca derivar de primeiros princípios a essência do Estado ideal e as qualidades de um bom governante. Um é um breve, estilizado, manual prático; o outro é uma obra de fantasia romântica. As duas obras situam-se em polos opostos do espectro político. Um príncipe maquiavélico é um autocrata absoluto, enquanto a *Utopia* é um projeto do comunismo democrático. Por essa razão, os dois tratados podem ser vistos como estabelecendo os parâmetros para o debate posterior em filosofia política.

Deve ser dito, contudo, que *O príncipe* não foi a única obra política de Maquiavel. Ele também escreveu discursos sobre Tito Lívio, nos quais dava receitas para um governo republicano paralelas a suas receitas para um governo monárquico. No curso desses discursos ele enuncia o seguinte princípio:

> Quando se deve tomar uma decisão da qual depende toda a segurança de um país, nenhuma atenção deve ser concedida seja à justiça ou à injustiça, à gentileza ou à crueldade, ao orgulho ou à vergonha. Todas as outras con-

siderações devem ser postas de lado, devendo ser adotado o curso de ação que irá salvar a vida e preservar a liberdade desse país[1].

Salus populi suprema lex — o bem-estar do povo é a suprema lei — não era uma doutrina totalmente inédita. Cícero já a havia proclamado em teoria e agido a partir dela na prática. Em *O príncipe*, contudo, não é somente o bem-estar do Estado mas também o bem-estar de seu governante que esmagam todas as outras considerações. O governante autocrático pode, sob circunstâncias apropriadas, ignorar a legalidade, a moralidade e a opinião pública.

Alimentando-se de sua experiência como oficial e diplomata, e de suas leituras sobre história antiga, Maquiavel descreve como territórios são conquistados e perdidos e como podem ser mais bem mantidos sob controle. Se um príncipe está prestes a tomar um Estado que foi livre e autogovernado, ele deve destruí-lo absolutamente, sob pena de a memória da liberdade vir sempre incitar seus súditos a rebelar-se. Alçado ao poder, um príncipe deve buscar parecer, antes que ser, virtuoso. Ele deve desejar ser considerado piedoso antes que cruel, embora na realidade seja mais seguro ser temido que amado.

Mas para ser temido não é necessário tornar-se odiado. Um príncipe deve ser temido sem que seja odiado,

> o que sucederá uma vez que se abstenha de se apoderar dos bens e das mulheres dos seus cidadãos e dos seus súditos, e, mesmo sendo obrigado a derramar o sangue de alguém, poderá fazê-lo quando houver justificativa conveniente e causa manifesta. Deve, sobretudo, abster-se de se aproveitar dos bens dos outros, porque os homens esquecem mais depressa a morte do pai do que a perda de seu patrimônio. (*P*, XVII)

Nada é mais importante para um príncipe que parecer ter as virtudes da misericórdia, da lealdade, da humanidade, da integridade e da fé, e ele não deve nunca deixar que saia de sua boca uma única palavra que não seja repleta daquelas estimáveis qualidades. Mas na realidade, para preservar o Estado, ele será frequentemente constrangido a violar a fé e a pecar contra a caridade, a humanidade e a religião. Mais pessoas verão e ouvirão suas admiráveis profissões do que sentirão a dor de sua

---

1. Citado em Janet COLEMAN, *A History of Political Thought from the Middle Ages to the Renaissance*, 2000, 248.

prática inescrupulosa, e assim ele manterá seu governo e logrará o louvor de seus súditos (*P*, XVIII).

Em particular, um príncipe não precisará manter uma promessa quando isso lhe for prejudicial e quando as razões para a promessa tiverem sido removidas. Ele deve imitar uma raposa, não menos que um leão, e não irá jamais carecer de razões plausíveis para disfarçar uma quebra de promessa. Mas como alguém irá acreditar em príncipes que constantemente não cumprem sua palavra? A história demonstra que é apenas uma questão de habilidade na decepção. Qualquer um que se devotar a enganar não terá problema em encontrar pessoas que queiram ser enganadas.

O frio cinismo da doutrina maquiavélica é impressionante. Não somente ele recomenda aos príncipes que sejam totalmente inescrupulosos; seu conselho é baseado na assunção de que todos os seus súditos são enganáveis e guiados somente pelo egoísmo. Alguns ficaram chocados pela imoralidade do livro, outros consideraram um frescor a sua ausência de fingimento. Poucos, contudo, foram convencidos a admirar os modelos adotados por Maquiavel, como o papa Alexandre VI e seu filho, César Bórgia. Alexandre é louvado como o arqui-hipócrita. "Jamais existiu homem que possuísse maior segurança em asseverar, e que afirmasse com juramentos mais solenes o que, depois, não observaria" (*P*, XVIII). César, que fez uso de suborno e assassinato para tomar posse da Itália central para os Bórgia, tendo falhado em fazê-lo somente por um imprevisível golpe de azar, é saudado como um paradigma de habilidade política: "Revendo assim todas as ações do duque, nada encontro para culpá-lo; pelo contrário, parece apropriado tomá-lo como um exemplo a ser imitado (*P*, XVIII).

A história dos Estados papais sob o papa Bórgia, ou sob seu inimigo e sucessor, o papa guerreiro Júlio II, é de difícil reconciliação com o breve capítulo de *O príncipe* dedicado aos principados eclesiásticos. Príncipes que são homens da Igreja, diz Maquiavel, possuem Estados que não defendem e súditos que não governam; apesar disso, seus indefesos Estados não lhes são tomados e seus ingovernados súditos não querem e não podem pensar em recusar-lhes sua pertença. "Somente esses principados, portanto, são, por natureza, seguros e felizes" (*P*, XI).

A utopia de More

É difícil saber se o comentário de Maquiavel tinha intenção irônica ou não passava de uma vergonhosa medida destinada a garantir emprego em

Roma sob o novo Médici papa, Leão, que havia sucedido Júlio. O trecho encontra um paralelo na *Utopia* de More, em que se observa que os tratados são sempre solenemente observados na Europa, em parte por reverência aos soberanos pontífices:

> Os papas em nada se comprometem que não executem religiosamente; por isso obrigam os outros soberanos a cumprir exatamente as suas promessas, empregando o interdito pastoral e a severidade canônica para forçar os que tergiversam. (U, 276)

Aqui a intenção deve ser certamente irônica. More estava disposto a morrer em defesa da casa papal, mas não estava disposto a iludir-se sobre a perfídia de alguns de seus ocupantes do século XVI.

A crítica direta, oblíqua e irônica das práticas e instituições viciosas é uma característica regular da *Utopia*. A obra — um diálogo entre More, que acabara de regressar de uma missão diplomática a Flandres, Peter Gilles, o clérigo da cidade de Antuérpia, e um navegante fictício, chamado Rafael Hitlodeu — se divide em dois livros. No primeiro deles, a crítica social é direta e dirigida; no segundo, um espelho satírico é levantado para revelar as distorções da sociedade contemporânea.

Hitlodeu, nos é dito no primeiro livro, foi um companheiro português do navegante Américo Vespúcio, de quem o recém-descoberto continente da América tomou seu nome. Deixado para trás por Vespúcio no Brasil, viajou de volta para casa via Índia e visitou muitos países diferentes, dos quais o mais extraordinário foi o de Utopia. More e Gilles estão ansiosos por ouvir sua descrição do país, mas antes disso Hitlodeu faz algumas observações sobre costumes na Inglaterra. A execução de ladrões, ele reclama, é uma pena excessivamente rígida e insuficiente como um dissuasivo para aqueles a quem a fome é a única alternativa ao roubo. É ao mesmo tempo injusto que um homem deva sofrer a perda de sua vida em razão da perda do dinheiro de outra pessoa. O roubo deveria ser combatido pela remoção de sua causa, que é a pobreza, o que se deve à avareza dos nobres, inúteis que vivem do trabalho de outros: eles expulsam pobres fazendeiros e cercam a terra para servir de pasto para ovelhas, o que eleva os preços tanto da lã como da comida.

Hitlodeu apresenta dois argumentos contra a pena de morte para o roubo. Primeiro, é uma violação do mandamento divino "não matarás". Segundo:

Poucas palavras vos farão compreender como esta penalidade é absurda em si mesma e como é perigosa à segurança pública. O celerado vê que não há menos a temer furtando do que assassinando; então, ele mata aquele a quem apenas despojara; e mata-o para sua própria segurança. Assim agindo, ele se descarta do seu principal denunciador, e tem maior probabilidade de esconder o crime. (U, 182)

Esse argumento seria repetido pelos reformadores até que a pena de morte por roubo fosse abolida pelo Parlamento inglês no século XIX[2]. Mas o segundo, e não o primeiro livro da *Utopia*, é que iria tornar More famoso, pois é ali que lemos a descrição da fictícia comunidade.

"Utopia" é uma transliteração para o latim de um nome grego. O "U" latino pode representar um ου grego, caso em que o nome significaria "lugar nenhum". Ou pode representar um ευ grego, caso em que o nome significaria "Terra da felicidade". A ambiguidade é provavelmente intencional.

Utopia é uma ilha com o formato de Lua crescente, com oitocentos quilômetros de comprimento e 320 quilômetros de largura em sua porção mais ampla. É composta por 54 cidades com seis mil residências cada, dispondo todas de um território cultivável. As fazendas são trabalhadas pelos habitantes da cidade que são enviados em rodízio, em grupos de vinte, a períodos limitados de dois anos no campo. A cada ano cada cidade envia três anciãos para um encontro no senado da capital: Amaurota. A descrição de Amaurota lembra a Londres de More, com uma surpreendente diferença: não há privacidade ou propriedade privada. Todas as casas são abertas e nenhuma porta jamais é trancada.

Todo cidadão, macho ou fêmea, além de agricultura, aprende uma técnica, como alfaiataria ou carpintaria. Somente acadêmicos, padres e magistrados eleitos estão liberados do trabalho manual. Não há inúteis, e todo mundo deve trabalhar, mas a jornada de trabalho diária é de apenas seis horas. Como os utopianos satisfazem suas necessidades trabalhando por tão poucas horas? É fácil compreender se se considera como muitas pessoas na Europa vivem ociosas:

> Antes de tudo, são essas quase todas as mulheres, que em si constituem a metade da população, e a maioria dos homens, ali onde as mulheres traba-

---
2. Ver, por exemplo, de MACAULAY, Notes on the Indian Penal Code, in ID., *Collected Works*, London, 1898, 23, vol. XI.

lham. Em seguida, esta imensa multidão de padres e religiosos vagabundos. Somai ainda todos esses ricos proprietários vulgarmente chamados nobres e senhores; acrescentai também as nuvens de lacaios e outro tanto de malandros de libré; e o dilúvio de mendigos robustos e válidos que escondem sua preguiça sob o disfarce de enfermidades. (U, 228)

O trabalho em Utopia torna-se leve não somente em razão das muitas mãos, mas pela simplicidade das necessidades a que serve. Edifícios, sendo coletivos, são bem mantidos e não necessitam de constante alteração ao sabor do capricho de novos proprietários. As roupas não exigem grande trabalho em sua feição, dado que os utopianos preferem vestimentas rudes e comuns feitas de tecido não tingido.

Uma grande diferença entre a Utopia de More e a República de Platão é que a residência familiar é a unidade primária da sociedade. As moças, ao crescer, mudam-se para as casas de seus maridos, mas os filhos e netos pemanecem na mesma residência, sob as ordens do pai mais velho, até estarem prontos para administrá-la. Nenhuma residência pode conter menos que dez ou mais que dezesseis adultos; o excesso é transferido para outras residências que estiverem abaixo da cota. Se o número de residências da cidade excede a seis mil, famílias são transferidas para cidades menores. Se toda cidade da ilha estiver completamente povoada, uma colônia é estabelecida além-mar. Se os nativos do lugar escolhido resistirem ao assentamento, os utopianos irão estabelecer-se pela força das armas, pois, "segundo os seus princípios, a guerra mais justa é aquela que se faz a um povo que possui imensos territórios incultos e que os conserva desertos e estéreis, notadamente quando este mesmo povo interdiz a sua posse e o seu uso aos que vêm para cultivá-los e deles se nutrir, conforme a lei imprescritível da natureza" (U, 234).

Cada residência, como já foi dito, é dedicada a um único afazer. Os produtos que a residência produz são colocados em lojas no centro da cidade de onde qualquer morador pode levar, sem pagar nada por isso, qualquer coisa de que necessite. Os utopianos não usam dinheiro; eles empregam ouro e prata somente para fazer escarradeiras e correntes para criminosos. A viagem interna é regulada por passaportes, mas qualquer viajante não autorizado é calorosamente bem-vindo em outras cidades. Mas ninguém, não importa quem seja, é alimentado se não cumpriu sua cota diária de trabalho.

As mulheres das residências se revezam no preparo das refeições, que são servidas em um salão comum, com os homens sentando-se com

Frontispício da primeira edição da *Utopia* de Thomas More.

suas costas voltadas para a parede e de frente para as mulheres nos bancos externos. As mães lactantes e as crianças com menos de cinco anos fazem suas refeições separadamente, em uma enfermaria; as crianças com mais de cinco anos esperam à mesa. Antes do almoço e do jantar é lido o trecho de um livro edificante; após o jantar há música e incensos são acesos para perfumar o salão. "[Os utopianos] têm por princípio que a volúpia que não engendra nenhum mal é perfeitamente legítima" (U, 239).

Os utopianos não são de fato ascéticos, e consideram a mortificação corporal por si só algo perverso. Todavia, eles honram os que vivem vidas abnegadas, ocupando-se de funções que outros rejeitam como indignas, como a pavimentação de estradas ou o cuidado de doentes. Alguns deles praticam o celibato e são vegetarianos, outros comem carne e vivem vidas familiares normais. Os primeiros, eles dizem, são mais sagrados, mas os últimos são mais sábios.

Os homens se casam aos vinte e dois anos, as mulheres, aos dezoito. Sexo antes do casamento é proibido, mas antes do casamento "uma dama honesta e grave mostra ao prometido sua noiva, donzela ou viúva, em estado de completa nudez; e, reciprocamente, um homem de probidade comprovada mostra à rapariga seu noivo nu" (U, 269). Um homem não compraria um potro sem detalhada inspeção, argumentam os utopianos; seria o cúmulo da tolice escolher um parceiro para o resto da vida sem ter visto mais do que um rosto (U, 270). A princípio, o casamento é para toda a vida, mas o adultério pode anular um casamento, e nesse caso se permite ao esposo inocente, mas não ao adúltero, que se case novamente. O adultério é severamente punido e, se repetido, recebe pena de morte. Em raras ocasiões o divórcio consensual é permitido.

Além das leis familiares, os utopianos têm poucas leis e não dispõem de advogados. Suas leis são expostas de modo simples o suficiente para dispensar interpretação, e eles pensam que é melhor que um homem defenda seu próprio caso e diga diretamente ao juiz a mesma história que iria dizer a seu próprio defensor.

Os utopianos não são pacifistas, mas encaram a guerra como uma questão de necessidade antes que de glória: ela se justifica para rechaçar invasores ou libertar povos oprimidos pela tirania. Se um utopiano é assassinado ou mutilado em qualquer lugar fora de lá, eles enviam um embaixador para apurar os fatos e solicitar a rendição dos malfeitores; se isso é recusado, eles imediatamente declaram guerra. Mas preferem vencer uma guerra fazendo uso de suborno ou de assassinato que por batalhas e banhos de sangue; se uma batalha disputada no exterior não pode ser evitada, eles empregam mercenários estrangeiros para lutar por eles. Nas guerras de defesa em sua terra natal, os maridos e as esposas batalham lado a lado. "A desonra e a infâmia esperam o esposo que volta sem a mulher [ou a mulher que volta sem o esposo]" (*U*, 287).

O capítulo final do relato de Hitlodeu aborda a religião utopiana. Muitos utopianos cultuam um "Deus único, eterno, imenso, desconhecido, inexplicável, acima das percepções do espírito humano" a quem chamam "o pai de todos". Os utopianos não impõem suas crenças religiosas a outros, a tolerância sendo a regra. Um converso cristão que pregava com sermões incandescentes foi preso, julgado e exilado, "não sob a prevenção de ultraje ao culto, mas por ter provocado tumulto entre o povo" (*U*, 294). A tolerância, porém, tem seus limites: qualquer um que professe que a alma morre com o corpo é condenado ao silêncio e proibido de assumir cargo público. Suicídio por iniciativa privada não é permitido, mas os incuráveis e dolorosamente doentes podem, após aconselhamento, tirar suas próprias vidas. A relutância em morrer é tomada como um sinal de consciência culpada, mas os que morrem alegremente são cremados entre cânticos de alegria. Quando um homem bom morre, "nenhuma parte de sua vida é mais frequentemente ou alegremente relatada que a história de sua morte gloriosa".

Há padres em Utopia — pessoas de extraordinária santidade —, "e no entanto muito poucos". Há treze, na verdade, em cada cidade, eleitos por voto popular em eleições secretas. As mulheres, assim como os homens, podem tornar-se padres, mas somente se forem viúvas de certa idade. Os padres homens desposam as viúvas escolhidas. Padres, homens e mulheres, são encarregados da educação das crianças, têm o poder de excomungar por comportamento imoral e servem como capelães no exército. Nos grandes festivais eles vestem roupas feitas de penas de pássaros, como as dos chefes índios americanos. O serviço culmina em uma prece solene em que os fiéis agradecem a Deus por pertencerem à comunidade mais feliz e professarem a mais verdadeira de todas as religiões (*U*, 307-308).

À semelhança da República platônica, Utopia alterna características atraentes com outras repulsivas, e mistura instituições praticáveis com instrumentos lunáticos. Como Platão, More não raro deixa seus leitores adivinharem o quão seriamente ele está propondo reformas políticas e o quanto ele está simplesmente fazendo uso de uma fantasia para condenar as loucuras e a corrupção da sociedade moderna.

Guerras justas e injustas

Ao discutir a posição dos utopianos em relação à guerra, More afirma: "Fazendo a guerra, os utopianos não têm outra finalidade senão obter o que lhes teria evitado declará-la, caso suas reclamações fossem satisfeitas antes da ruptura da paz" (*U*, 282). Tal máxima descartaria todos os apelos por rendição incondicional e outras formas de missão inútil. Mas More, ele mesmo envolvido como político em mais de uma das guerras de Henrique VIII, não desenvolveu sistematicamente os princípios éticos que marcam a diferença entre guerras justas e injustas. Isso foi feito mais tarde, no mesmo século, pelo teólogo jesuíta Francisco Suárez.

Desenvolvendo ideias encontradas em Aquino, Suárez resume a clássica teoria das guerras justas da seguinte maneira:

> Para que a guerra ocorra de forma honrada devem ser observadas várias condições, que podem ser reduzidas a três principais. Primeiro, ela deve ser declarada por uma autoridade legítima; segundo, deve haver justa causa e título; terceiro, os próprios meios e proporção devem ser observados em sua concepção, realização e vitória. (*De Caritate*, 13. 1.4)

A condição de autoridade legítima significa, para Suárez, que as guerras podem ser desencadeadas somente por governos soberanos. Indivíduos e grupos no interior de um Estado não têm direito de resolver suas diferenças pela força das armas. O papa, contudo, como autoridade supranacional, tem o direito de intervir para resolver as disputas entre os soberanos cristãos.

Dois tipos de justa causa são reconhecidos por Suárez. Se o país de alguém é atacado, esse alguém tem o direito de defendê-lo pelas armas. Mas pode também ser legítimo lançar uma guerra ofensiva: um soberano pode ordenar um ataque a outro Estado se esse é o único modo de reparar uma grave injustiça a si ou a um de seus aliados. Mas as hostilidades poderão ser iniciadas somente se houver boas chances de vitória, caso contrário o recurso às armas irá fracassar em remediar a injustiça que forneceu o pretexto inicial para a guerra.

A terceira condição possui três elementos. Antes de começar uma guerra, um soberano deve oferecer ao potencial inimigo a oportunidade de remediar o mal alegado. Somente se ele falhar em fazê-lo poderá então ser atacado. No curso da guerra, somente se deve fazer uso da violência necessária para obter a vitória. Após a guerra, compensações e punições adequadas podem ser infligidas, e os criminosos de guerra podem ser executados.

O segundo desses elementos, diz Suárez, proíbe ataques deliberados a pessoas inocentes. Mas quem são os inocentes? Suárez dá uma definição mais estreita que a de alguns de seus sucessores. Crianças, mulheres e os incapacitados de pegar em armas são declarados inocentes pela lei natural, e a lei positiva proíbe ataques a embaixadores e clérigos. Mas todos os outros, Suárez confirma, são alvos legítimos. "Todas as outras pessoas são consideradas culpadas, pois o juízo humano considera aqueles que são capazes de pegar em armas como já o tendo feito" (13. 7.10). Suárez aceita também que em uma guerra é provável que algumas pessoas inocentes serão mortas como parte do dano colateral infligido no curso de um ataque. O que é proibido é a escolha deliberada de inocentes como alvo.

Suárez encara suas regras como constrangedoras primeiramente aos soberanos: são eles que têm o dever de convencer a si mesmos de que, pesadas as probabilidades, a guerra que estão acalentando é uma guerra justa. Um soldado regular, tendo recebido ordens de combate, pode concluir que a guerra é justa a não ser que seja manifestamente injusta; e mesmo um mercenário voluntário pode deixar o peso da reflexão sobre os ombros do comandante de sua brigada.

A doutrina de Suárez sobre a moralidade da guerra foi assumida sem muito reconhecimento, e submetida a uma circulação bem mais ampla, por Hugo Grotius, um advogado holandês polímata e diplomata que publicou em 1625 um célebre tratado *De iure belli et pacis* (*Sobre os acertos e erros da guerra e da paz*). Esse tratado estabeleceu a doutrina da guerra justa no contexto de uma teoria moral deliberadamente concebida para ser destacada da noção de uma lei divina. Isso não significa que Grotius era um incréu, mas sua experiência das guerras religiosas e a frustração de seus próprios esforços a favor de uma unificação cristã levaram-no a concluir que as crenças religiosas individuais eram uma base inconfiável para uma sólida ordem internacional.

Hobbes sobre o caos e a soberania

Suárez e Grotius viam a guerra como o às vezes necessário desvio de uma ordem natural em que os Estados coexistem harmoniosamente no interior de um consensual pano de fundo moral. O mais famoso filósofo político do século XVII, Thomas Hobbes, possuía uma visão diretamente contrária

Representação de Piero de Cosimo de um estágio da humanidade...

da natureza da política: o estado natural dos homens livres era um estado de guerra perpétua, e a primeira tarefa do filósofo moral seria justificar o consentimento dos indivíduos em viver em livre sujeição a um governo. A isso ele dedicou sua obra-prima, *Leviatã*.

Hobbes desenha um quadro sombrio da condição natural da espécie humana. Homens são dificilmente iguais em seus poderes naturais de corpo e mente. "Desta igualdade quanto à capacidade deriva a igualdade quanto à esperança de atingirmos nossos fins. Portanto, se dois homens desejam a mesma coisa, ao mesmo tempo [em] que é impossível ela ser gozada por ambos, eles tornam-se inimigos" (*L*, 78). Estejam eles em busca de prazer ou visando simplesmente à sua autopreservação, os homens descobrem-se

... em que a vida era sórdida, embrutecida e curta.

em competição uns com os outros. Cada homem desconfia de seus competidores e teme ser atacado, daí buscar superá-los antecipadamente. Cada homem busca o louvor de seus companheiros e ressente-se de qualquer sinal de desprezo. "De modo que na natureza do homem encontramos três causas principais de discórdia. Primeiro, a competição; segundo, a desconfiança; terceiro, a glória" (L, 79).

A não ser que e até que haja um poder comum para manter os homens atemorizados, haverá sempre constantes disputas e competição desregulada por bens, poder e glória. Isso pode ser descrito como um estado de guerra: uma guerra de todo homem contra todo homem. Em tais condições, diz Hobbes, não pode haver indústria, agricultura ou comércio:

não há conhecimento da face da Terra, nem cômputo do tempo, nem artes, nem letras; não há sociedade; e o que é pior do que tudo, um constante temor e perigo de morte violenta. E a vida do homem é solitária, pobre, sórdida, embrutecida e curta. (*L*, 80)

Alguns leitores podem julgar este quadro muito depressivo; certamente jamais houve tal tempo de guerra universal. Talvez não abrangendo o mundo inteiro, Hobbes admite, mas podemos enxergar exemplos disso na América contemporânea; e mesmo em países civilizados os homens estão sempre se precavendo contra seus camaradas. "Que seja portanto ele [o leitor] a considerar-se a si mesmo, que quando empreende uma viagem se arma e procura ir bem acompanhado; que quando vai dormir fecha suas portas; que mesmo quando está em casa tranca seus cofres; e isto mesmo sabendo que existem leis e funcionários públicos armados" (*L*, 80).

Hobbes insiste que ao descrever o estado primevo de guerra ele não está acusando os seres humanos em seu estado natural de qualquer maldade. Na ausência de leis não pode haver pecado, e na ausência de um soberano não pode haver lei. No estado de natureza, as noções de certo e errado, ou de justiça e injustiça, não têm lugar. "Onde não há poder comum não há lei, e onde não há lei não há injustiça. Na guerra, a força e a fraude são as duas virtudes cardeais." Do mesmo modo, "não há propriedade nem domínio, [...] só pertence a cada homem aquilo que ele é capaz de conseguir, e apenas enquanto for capaz de conservá-lo" (*L*, 81).

Os filósofos se acostumaram a falar de uma lei natural (*lex naturalis*) e de um direito natural (*ius naturale*). É importante, Hobbes insiste, distinguir leis de direitos. Um direito é uma liberdade de fazer ou deixar de fazer alguma coisa. Uma lei é uma ordem para fazer ou deixar de fazer alguma coisa. Em um estado de natureza não há, estritamente falando, nem leis nem direitos. Mas há ali "leis da natureza": princípios de autointeresse racional, receitas para maximizar as chances de sobrevivência. E por haver uma necessidade natural de que cada homem deseje seu próprio bem há um direito natural de que cada homem possa preservar sua própria vida e seus órgãos fazendo uso de todos os seus poderes. Uma vez que ele possui um direito a esse fim, ele tem um direito a todos os meios necessários para fazê-lo, incluindo um direito sobre os corpos de outros (*L*, 82).

Enquanto os homens possuírem esse direito, nenhum homem terá garantia de desfrutar sua vida natural. O autointeresse racional, portanto, solicita do homem que abdique de algumas de suas irrestritas liberdades concedidas por esse direito em retorno a igual concessão feita pelos outros. Há assim uma lei da natureza:

> Que um homem concorde, quando outros também o façam, e na medida em que tal considere necessário para a paz e para a defesa de si mesmo, em renunciar a seu direito a todas as coisas, contentando-se, em relação aos outros homens, com a mesma liberdade que aos outros homens permite em relação a si mesmo. (*L*, 83)

Essas e outras leis da natureza levam os homens a transferir todos os seus direitos, exceto o de autodefesa, a um poder central que é capaz de reforçar as leis da natureza fazendo uso de sanções punitivas.

Entre as outras leis da natureza (Hobbes enumera dezenove no total), a mais importante é a terceira ("que os homens cumpram os pactos feitos"). Um pacto, para Hobbes, é uma forma particular de contrato. Um contrato é a transferência de um direito a outrem em consideração a um benefício recíproco. Um pacto é um contrato em que — ao contrário de compra e venda imediatas — existe um elemento de confiança. Ao menos um participante de um pacto permite que a outra parte do pacto faça proveito de sua parte da barganha em um tempo posterior. Sem a terceira lei da natureza, diz Hobbes, "os pactos seriam vãos, e não passariam de palavras vazias; como o direito de todos os homens a todas as coisas continuaria em vigor, permaneceríamos na condição de guerra" (*L*, 90). É essa lei a base das noções de justiça e injustiça; pois a injustiça é precisamente o fracasso em manter um pacto; e o que não é justo é injusto (*L*, 90).

Mas pactos não unem onde há medo de não cumprimento entre as partes, como deve se dar no estado de natureza. "Portanto, para que as palavras 'justo' e 'injusto' possam ter lugar, é necessário alguma espécie de poder coercitivo, capaz de obrigar igualmente os homens ao cumprimento de seus pactos, mediante o terror de algum castigo que seja superior ao benefício que esperam tirar do rompimento do pacto" (*L*, 90). Antes do estabelecimento de um Estado não há tal poder. "E os pactos sem a espada não passam de palavras, sem força para dar qualquer segurança a ninguém" (*L*, 107).

Para os homens, o único meio de estabelecer um poder comum é "conferir toda sua força e poder a um homem, ou a uma assembleia de homens, que possa reduzir suas diversas vontades, por pluralidade de votos, a uma só vontade" (*L*, 109). Cada homem deve dizer a outro homem: "Cedo e transfiro meu direito de governar-me a mim mesmo a este homem, ou a esta assembleia de homens, com a condição de transferires a ele teu direito, autorizando de maneira semelhante todas as suas ações" (*L*, 109). A autoridade central personifica então a inteira multidão, e a multidão unida em uma única pessoa é chamada Estado. "É esta a geração daquele grande Leviatã, ou antes (para falar em termos mais reverentes), daquele deus mortal, ao qual devemos, abaixo do Deus imortal, nossa paz e defesa" (*L*, 109-110). O pacto feito pelos membros do Estado estabelece um soberano e faz de todos os membros estatuintes seus súditos.

Parece haver um círculo vicioso na descrição de Hobbes. Ele diz que não pode haver pactos unificadores se não há um soberano para obrigá-los; e não pode haver um soberano a menos que ele seja posto em seu gabinete por um pacto unificador. Para resolver essa dificuldade, devemos supor que o pacto e o soberano passem a existir simultaneamente. O soberano não é em si uma parte do pacto, e portanto não pode violá-lo. Sua função é fazer cumprir não apenas o pacto original que constitui o Estado, mas os pactos individuais que seus súditos fazem entre si.

Embora não negasse ser um monarquista, Hobbes deixou deliberadamente em aberto em sua teoria política se o soberano deveria ser um indivíduo ou uma assembleia. Se assim não o tivesse feito, dificilmente poderia ter retornado em 1652 a uma Inglaterra governada por um Parlamento. Mas seja a autoridade soberana uma monarquia, uma aristocracia ou uma democracia, o *Leviatã* insiste que seu governo deve ser absoluto. Um soberano não pode perder seu poder, e nenhum súdito pode acusar seu soberano de injustiça. Em razão de o soberano personificar a multidão, todo súdito é o autor de toda ação do soberano, e assim ele não pode fazer qualquer reclamação sobre essas ações. "Aquele que detém o poder soberano não pode justamente ser morto, nem de qualquer outra maneira pode ser punido por seus súditos. Dado que cada súdito é autor dos atos de seu soberano, cada um estaria castigando outrem pelos atos cometidos por si mesmo" (*L*, 113).

O soberano é a fonte da lei e dos direitos de propriedade. Ele possui o direito de definir quais meios são necessários para a defesa do Estado, e é sua prerrogativa fazer guerra e paz com outras nações. Ele é o árbitro de todos os atos legais contestados, e cabe a ele decidir que opiniões e doutrinas podem ser mantidas dentro do Estado. Somente ele tem o poder de apontar, e de recompensar e punir, todos os ministros e magistrados. Se o soberano é um monarca, ele tem o direito de administrar a sucessão ao trono (*L*, 113-115).

Finalmente, o soberano é supremo em questões religiosas. Cabe ao soberano, e não a qualquer presbítero ou bispo, determinar que livros serão aceitos como a Sagrada Escritura e de que modo devem ser interpretados. As interpretações insolentes de fanáticos sectários foram a causa da Guerra Civil na Inglaterra, mas a grande usurpação da soberania em nome da religião encontrava-se em Roma. "E se alguém atentar no original deste grande domínio eclesiástico verá facilmente que o papado nada mais é do que o fantasma do defunto império romano, sentado de coroa na cabeça sobre o túmulo deste" (L, 406).

Sob um soberano hobbesiano, que liberdade resta ao súdito? A liberdade nada mais é que o silêncio da lei; o súdito tem a liberdade de fazer o que quer que o soberano não tenha regulamentado por lei. Assim, um súdito tem a liberdade de comprar e vender, de escolher sua morada, sua comida e seu negócio; os pais têm a liberdade de educar seus filhos como lhes convenha. Mas possui um súdito a liberdade de desobedecer a uma ordem do soberano? Poder-se-ia esperar que Hobbes respondesse "Nunca!" — assim proceder seria desobedecer a si próprio. Mas na verdade ele concede amplo espaço para a desobediência civil:

> Se o soberano ordenar a alguém (mesmo que justamente condenado) que se mate, se fira ou se mutile a si mesmo, ou que não resista aos que o atacarem, ou que se abstenha de usar os alimentos, o ar, os medicamentos, ou qualquer outra coisa sem a qual não poderá viver, esse alguém tem a liberdade de desobedecer. (L, 137)

Um súdito não pode ser forçado a incriminar a si mesmo, nem forçado pela justiça a lutar como soldado sob o comando de seu soberano. Deve ser concedido espaço, diz Hobbes, para o temor natural, não somente nas mulheres, mas nos homens de "coragem feminina". Recusar-se a batalhar pode ser covarde, mas não é injusto. A única ocasião em que o serviço militar é obrigatório é quando a defesa do Estado requer o alistamento de todos que sejam capazes de pegar em armas. Finalmente, "entende-se que a obrigação dos súditos para com o soberano dura enquanto, e apenas enquanto, dura também o poder mediante o qual ele é capaz de protegê-los" (L, 139). Do mesmo modo, se o soberano falha no cumprimento de sua função principal, proteger seus súditos, então a obrigação deles para com ele deixa de existir.

A teoria do Estado apresentada no *Leviatã* é um sistema intelectual original e poderoso cuja estrutura tem se refletido na obra de filósofos políticos dos dias de Hobbes até os nossos. O sistema não é totalitário, a despeito de sua ênfase na soberania absoluta, porque em seu interior o Estado existe para o benefício dos cidadãos, e não o inverso. A despeito de sua lealdade aos soberanos da casa dos Stuart, Hobbes não acreditava na doutrina do direito divino dos reis proposta pelo fundador da dinastia, o rei Jaime I. Para ele, os direitos do soberano derivam não de Deus, mas dos direitos daqueles indivíduos que renunciam a eles para tornar-se seus súditos. O mais próximo precursor de Hobbes nessa doutrina foi Marsílio de Pádua, que insistiu, no século XIV, que as leis emitidas pelos governantes derivavam sua legitimidade não diretamente de Deus, mas somente da intermediação do consentimento dos cidadãos[3]. Mas Hobbes é o primeiro filósofo a derivar a legitimidade de um governante diretamente de um pacto dos cidadãos, sem qualquer autorização de Deus acima e abaixo de seu papel como a causa suprema da natureza humana.

O determinismo político spinozano

A teoria política apresentada por Spinoza em seu *Tractatus theologico-politicus*, de 1670, assemelha-se à de Hobbes no *Leviatã* duas décadas antes. Os dois filósofos eram deterministas e ambos partiram de uma visão da natureza humana como fundamentalmente egoísta. "É a soberana lei do direito e da natureza", nos diz Spinoza, "que cada indivíduo deva buscar preservar a si mesmo do modo como é, sem cuidado de nada que não seja ele mesmo". Quando Spinoza fala de leis naturais, ele não quer dizer um conjunto de mandamentos ou princípios a que os seres humanos são obrigados a obedecer: ele quer dizer antes as regularidades naturais subjacentes que determinam o comportamento de todas as coisas, vivas ou inertes. Os peixes não possuem menos direitos naturais que os homens, e no contexto da ordem eterna da natureza os humanos não passam de uma partícula (E I. 200-213).

Os direitos naturais de um indivíduo não são determinados pela razão, mas pelo desejo e pelo poder; todos, sábios ou tolos, têm direito a tudo o que queiram e possam obter; a natureza proíbe somente aquilo que ninguém quer e ninguém pode obter. Contudo, é melhor para os homens viver conforme as leis e os ditames da razão, pois todos são vítimas fáceis

---

3. Ver volume II desta coleção, p. 115-116.

em meio a inimizade, ódio, raiva e trapaça, mesmo que tudo isso seja legitimado no estado de natureza. Portanto, os homens devem concordar em ser guiados pela razão, reprimir desejos daninhos e fazer o que gostariam que lhes fosse feito.

Mas um acordo entre um indivíduo e outro, afirma Spinoza, só é válido enquanto for útil. Posso quebrar qualquer promessa tão logo deixe de me ser vantajoso continuar a mantê-la. É necessário porém assegurar o cumprimento dos contratos com a ameaça de algum mal maior que o mal que irá tentar os homens a rompê-los. Isso somente pode ser alcançado "se cada mão individual transferir todo o seu poder ao corpo político, que então irá possuir soberania natural sobre todas as coisas". Esse poder, à semelhança da soberania hobbesiana, não será constrito por lei alguma, e todos serão forçados a obedecer a ele em todos os pontos.

Mas os direitos de soberania na sociedade civil, como os direitos do indivíduo em um estado de natureza, se estendem tão longe quanto o seu poder. Se ele carece do poder para aplicar sua vontade, carece também do direito. Por essa razão, a transferência de poder do indivíduo para o Estado jamais pode ser completa: um soberano não pode comandar as afeições internas do súdito (E I. 214). Aqui Spinoza dissocia-se explicitamente de Hobbes: nenhuma mente humana pode permanecer totalmente à disposição de outra, pois ninguém pode deliberadamente transferir seu direito natural a razão e juízo livres ou ser obrigado a fazê-lo. Em uma democracia, que Spinoza acredita ser a forma mais natural de governo, "ninguém transfere seu direito natural de forma tão absoluta que não possua mais direito de escolha sobre seus afazeres, ele apenas transfere isso à maioria da sociedade, da qual ele é uma unidade. Assim, todos os homens permanecem, como já o eram no estado de natureza, iguais" (E II. 368). Além disso, Spinoza oferece uma razão mais positiva que a de Hobbes para alguém se submeter à soberania do Estado. Não é simplesmente para obter segurança contra o ataque de outros, mas também para propiciar o contexto para uma vida de completa autorrealização.

Dessa abstrata teoria do Estado, combinada a outras reflexões sobre a história, especialmente a dos hebreus, Spinoza deriva várias conclusões políticas muito específicas. Uma é a de que sempre haverá problemas se se conceder poder político ao clero. Outra é a de que os bons governos permitirão a liberdade de crença religiosa e de especulação filosófica. Todos deveriam ter a liberdade de escolher para si sua crença básica, porque as leis voltadas contra a mera opinião somente irritam os homens de bem, sem constranger qualquer criminoso. Finalmente, Spinoza alerta que uma vez que se instaure uma monarquia é muito difícil livrar-se dela. Para provar essa afirmação, ele aponta para a então recente história da Inglaterra, em que o destronamento de um rei legítimo foi seguido pelo governo de um tirano muito maior.

Locke e o governo civil

Spinoza escreveu após a restauração do rei Carlos II, em cujo reinado a teoria do direito divino dos reis tornou-se um tema maior para os filósofos ingleses. Em 1680, um ano após a morte de Hobbes, foi publicado um livro chamado *Patriarcha, ou o poder natural dos reis*, escrito anos antes por um latifundiário monarquista, *sir* Robert Filmer, que morrera durante o Estado democrático. O livro comparava o poder do monarca sobre a nação ao de um pai sobre sua família. A autoridade do rei, afirmava, derivava de uma linhagem patriarcal da autoridade real de Adão, e deveria estar livre de todo controle por membros eleitos como um Parlamento. O livro de Filmer apresentava-se como um alvo fácil para o filósofo politicamente mais influente da época: John Locke.

Como Hobbes, Locke, em seus *Dois tratados sobre o governo civil*, inicia com uma análise do estado de natureza. O grande erro de Filmer, afirma Locke, é negar que por natureza os homens são livres e iguais uns aos outros. No estado natural, os homens vivem juntos sem qualquer superior terreno. "Todos os homens", ele afirma, "estão naturalmente naquele estado e nele permanecem até que, pelo próprio consentimento, se tornam membros de alguma sociedade política" (*TG*, II, 15).

A visão lockiana do estado de natureza é muito mais otimista que a de Hobbes. Ele não é um estado de guerra, porque todos têm consciência de uma lei natural que ensina que todos os homens são iguais e independentes, e que nenhum deveria prejudicar a outro em sua vida, sua liberdade ou sua posse. Essa lei é vinculada prioritariamente a qualquer soberano ou sociedade civil terrenos, e confere direitos naturais, notadamente os direitos à vida, à autodefesa e à liberdade. Ninguém pode abolir o direito à vida, seja a sua, seja a de outros, e ninguém pode abolir o direito à liberdade e escravizar a si ou a outro.

E quanto à propriedade no estado de natureza? Será toda a Terra a propriedade comum da humanidade, como os primeiros teóricos políticos haviam argumentado, ou teria Deus concedido diferentes porções dela a diferentes povos e famílias? Ou não há tal coisa como a propriedade privada anterior a toda sociedade organizada?

A resposta de Locke é engenhosa. O que concede um título à propriedade privada, mesmo no estado de natureza, é o trabalho. Meu trabalho é sem dúvida minha posse; e ao misturar meu trabalho aos bens naturais, extraindo água, limpando florestas, arando o solo e colhendo frutos, adquiro um direito àquilo que explorei e ao que fiz disso. Mas meu direito não é ilimitado: tenho direito somente aos frutos de meu labor que posso consumir, e somente à quantidade de terra que posso cultivar e utilizar (*TG*, V, 48). O que adquiri dessa maneira posso contudo legar a meus filhos; o direito de herança é natural e precede qualquer codificação civil.

Para Locke, então, ao contrário de Hobbes, os direitos de propriedade precedem e não são dependentes de qualquer pacto. Contudo, no estado de natureza os homens têm somente uma posse precária de sua propriedade. Outros homens, embora cônscios dos ensinamentos da natureza, podem transgredi-los, e não há autoridade central para os disciplinar. Os indivíduos têm um direito teórico de punir, mas eles podem carecer de poder para o fazer, e é insatisfatório para qualquer pessoa ser o juiz em seu próprio caso. É isso que leva à instituição do Estado, pelos únicos meios possíveis, a saber, por pessoas aceitando em conjunto abrir mão de algo de sua liberdade natural para "juntar-se e unir-se em comunidade para viverem com segurança, conforto e paz umas com as outras, gozando garantidamente das propriedades que tiverem e desfrutando de maior proteção contra quem quer que não faça parte dela" (*TG*, VIII, 95).

Os membros individuais da sociedade transferem, portanto, quaisquer poderes que possuem para conceder a lei da natureza a uma autoridade central. Um governo tem mais poder, e pode se esperar que seja mais imparcial, para assegurar os direitos de propriedade dos indivíduos do que qualquer indivíduo isolado poderia esperar fazer. A existência de um governo central, estabelecido por consenso, concede autoridade a duas instituições cuja legitimidade era dúbia em um mero estado de natureza, a saber, a posse da terra e a instituição do dinheiro. Essas instituições fazem que seja legítimo produzir e desfrutar de mais do que o necessário para a subsistência imediata de cada um, beneficiando por sua vez o todo da sociedade.

Os cidadãos repassam a um legislativo o direito de fazer leis para o bem comum, e a um executivo o direito de reforçar essas leis. (Locke estava a par das boas razões para a separação desses dois ramos do governo.) O legislativo e o executivo podem assumir diferentes formas: cabe a uma maioria de cidadãos (ou em última instância de proprietários) a decisão sobre que forma adotar. Mas surge um problema se — como acreditava Locke — o poder de aplicar as leir inclui o direito de infligir a pena capital. Os contratantes iniciais podem passar adiante somente direitos que possuem, mas ninguém possui, pela lei natural, o direito de cometer suicídio. Como então pode alguém conferir a qualquer outro o direito — mesmo que um direito condicional — de o matar? Certamente, somente Deus pode conferir esse direito, e este era um dos argumentos de Filmer para derivar a autoridade dos soberanos diretamente de Deus.

Essa era todavia apenas uma das objeções que podiam fazer os contemporâneos e sucessores de Locke à sua teoria do contrato social. A mais frequente era de que não havia registros de que quaisquer desses contratos tivesse algum dia sido feitos. Locke ofereceu alguns implausíveis exemplos históricos, mas mais importante foi a distinção que fez entre consentimento explícito e consentimento implícito. A manutenção de qualquer governo, ele insistia, depende do consenso dos cidadãos em cada geração. Esse consentimento, ele admite, raramente é explícito, mas o consentimento implícito é dado por qualquer um que desfrute dos benefícios da sociedade, seja ao aceitar uma herança, seja meramente ao viajar por uma estrada. Ele sempre pode renunciar ao seu consentimento migrando para outro país ou aventurando-se na selva para viver no estado de natureza.

O principal modo pelo qual o pacto social de Locke difere da convenção de Hobbes é que os governantes, à diferença dos soberanos hobbesianos, são eles mesmos partícipes do contrato inicial. Eles exercem seus poderes como depositários da comunidade, e se o governo quebra a confiança nele depositada o povo pode removê-lo ou modificá-lo. As leis precisam preencher três condições: devem ser iguais para todos; devem ser concebidas para o bem do povo; e não devem impor qualquer imposto sem consentimento. "O poder supremo não pode tirar de nenhum homem qualquer pedaço de sua propriedade sem o seu consentimento." Um governante que viole essas regras e governe em seu próprio benefício, antes que pelo bem comum, está então em guerra com seus súditos, e a rebelião é justificada como uma forma de autodefesa. Ao publicar seus *Tratados*, Locke seguramente tinha em mente o governo autocrático dos reis Stuart e a Revolução Gloriosa de 1688.

O sistema de Locke não é original nem consistente, como muitos críticos posteriores iriam apontar. Ele combina desajeitadamente elementos de teorias medievais da lei natural e teorias pós-renascentistas da confederação voluntária. Não obstante, teve grande influência, que perdurou entre as pessoas que haviam deixado de acreditar nas teorias do estado de natureza e da lei natural que as sustentavam. Os pais fundadores dos Estados Unidos fizeram uso intenso do *Segundo tratado* para argumentar que o rei George III, não menos que os monarcas Stuart, havia, em razão de um governo arbitrário e impostos não representativos, abdicado de seu direito de governar e tornado a si próprio o inimigo de seus súditos americanos.

Montesquieu e o direito

A Constituição dos Estados Unidos da América também deve muito ao filósofo francês Montesquieu, quase sessenta anos mais novo que Locke. Montesquieu reuniu uma grande quantidade de dados geográficos, históricos e sociológicos de inegável confiança com base nos quais construiu uma teoria da natureza do Estado. "Homens", ele nos diz, "são governados por muitos fatores: clima, religião, direito, preceitos do governo, exemplos do passado, costumes e maneiras; e da combinação dessas influências surge um espírito geral". O espírito geral de uma sociedade particular encontra sua expressão nas leis apropriadas a ela; ele cria "o espírito das leis", título do tratado político de Montesquieu.

Montesquieu acreditava que havia leis fundamentais de justiça estabelecidas por Deus, que precediam a atual legislação dos homens do mesmo modo que as propriedades dos triângulos precediam sua codificação pelos geômetras. Mas esses princípios universais não são em si suficientes para determinar a estrutura apropriada para sociedades particulares. Não é possível isolar um conjunto específico de instituições sociais como ideal para todas as épocas e todos os lugares: o governo deveria se adequar ao clima, à riqueza e ao caráter nacional de um país.

Aristóteles estudou uma ampla variedade de constituições e as classificou em três tipos: monarquia, aristocracia e democracia[4]. Montesquieu, da mesma maneira, após suas investigações sociológicas, ofereceu uma classificação em três níveis, mas seus tipos eram republicanos, monárquicos e despóticos. (Com uma mesura a Aristóteles, Montesquieu divide as repúblicas em democráticas e aristocráticas [*EL* II, 1].) Cada tipo de Estado é marcado por uma característica dominante: virtude, honra e medo, respectivamente.

---
4. Ver volume I desta coleção, 111 ss.

Tais são os princípios dos três governos: o que não significa que em uma certa república as pessoas sejam virtuosas, mas sim que devam sê-lo. Isso não prova que em uma certa monarquia as pessoas tenham um sentido de honra, e que em um particular estado despótico as pessoas tenham um sentimento de medo, mas sim que deviam tê-los. Sem essas qualidades um governo será imperfeito (*EL* III, 2).

Em um Estado despótico, a regra é dada pelo decreto do governante, fundamentada não pela lei, mas pela religião ou pelos costumes. Em uma monarquia, o governo é exercido por uma hierarquia de oficiais de patentes e *status* variados. Em uma república, todos os cidadãos precisam ser educados nos valores civis e treinados para o exercício de funções públicas.

As repúblicas, nos é dito, são típicas de climas frios e pequenos Estados; o despotismo é comum em grandes Estados e climas quentes. Uma constituição ideal para os sicilianos não serviria para os escoceses, dado que, *inter alia*, ilhas peninsulares diferem de territórios montanhosos continentais. A preferência do próprio Montesquieu, contudo, é pela monarquia, e particularmente pela "monarquia mista" que ele identificava na Inglaterra.

A característica que Montesquieu admirava na Constituição inglesa, e que encontrou sua expressão na Constituição dos Estados Unidos, era o princípio da separação de poderes. Após a revolução de 1688, o Parlamento havia adquirido o poder de único legislador, deixando ao mesmo tempo considerável liberdade de execução aos ministros do rei, e livrando grandemente os juízes da interferência governamental. Não se encontrava — e não se encontra até hoje — na lei constitucional britânica qualquer afirmação explícita de que os ramos executivo, legislativo e judiciário do governo devessem ser combinados em uma única pessoa ou instituição, nem se formulou qualquer teoria de análises e equilíbrio. Não obstante, a interpretação benigna que Montesquieu faz do sistema hannoveriano, em que o poder de ministros soberanos depende essencialmente do consentimento do Parlamento, teve uma duradoura influência nos constituintes de muitas partes do mundo.

A separação de poderes era importante, acreditava Montesquieu, porque oferecia a melhor fortificação contra a tirania e a melhor garantia para a liberdade do súdito. O que, então, é a liberdade? "A liberdade", diz Montesquieu, "é o direito de fazer tudo o que as leis permitem" (*EL* XI, 3). É tudo?, podemos perguntar. Não desfruta o cidadão sob uma tirania de liberdade equivalente? Devemos lembrar em primeiro lugar que para Montesquieu um déspota governa não pela lei, mas por decreto: somente um instrumento criado por uma legislatura independente conta como lei. Segundo, em muitos países, incluindo a França da época de Montesquieu, os cidadãos sempre correram o risco de prisão arbitrária por ações perfeitamente legais mas consideradas ofensivas por aqueles no poder.

Montesquieu ofereceu outra definição, mais substancial, de liberdade. Ela não consiste em liberdade de todo constrangimento, mas "em poder fazer o que se deve querer e em não ser constrangido a fazer o que não se deve desejar" (*EL* XI, 3). Esse laço entre as instituições sociais liberais e uma forma idealizada de vontade individual seria desenvolvido em uma substanciosa teoria política por Jean-Jacques Rousseau no seu *O contrato social*.

Rousseau e a vontade geral

Quando Rousseau começa dizendo "O homem nasce livre, e por toda a parte encontra-se a ferros", aqueles que haviam lido suas obras anteriores sobre o efeito corruptor da civilização deviam assumir que os ferros eram os das instituições sociais, e que estaríamos prestes a ser encorajados a rejeitar a ordem social. Em vez disso, nos é dito que esta é um direito sagrado que é a base de todos os outros direitos. As instituições sociais, pensa agora Rousseau, libertam antes de ser escravizantes.

Como Hobbes e Locke, Rousseau começa por uma consideração dos seres humanos em um estado de natureza. Sua descrição de tal estado é, de acordo com seus pensamentos anteriores sobre o bom selvagem, mais otimista que a de Hobbes. Em um estado de natureza os homens não são necessariamente mais hostis uns aos outros. Eles são motivados pelo amor-próprio, certamente, mas amor-próprio não é o mesmo que egoísmo, podendo ser combinado, tanto em homens como em animais, com simpatia e compaixão por um semelhante. Em um estado de natureza um homem tem apenas desejos simples, animais. "Os únicos bens que ele reconhece no mundo são comida, uma fêmea e o sono; os únicos males que ele teme são a dor e a fome." Esses desejos não são inerentemente competitivos, como a luta por poder em sociedades mais sofisticadas.

Rousseau concorda com Hobbes, contra Locke, que em um estado de natureza não há direitos de propriedade, e portanto não há nem justiça nem injustiça. Mas à medida que a sociedade evolui de seu estado primitivo a ausência de tais direitos começa a se fazer sentir. A cooperação econômica e o progresso técnico tornam necessário formar uma associação para a proteção dos indivíduos e possessões. Como isso poderá ser feito enquanto se permitir a cada membro da associação que permaneça livre como era antes? O *Contrato social* fornece a solução ao apresentar o conceito de vontade geral.

A vontade geral passa a existir quando "cada um de nós põe em comum sua pessoa e todo o seu poder sob a direção suprema da vontade geral, e recebemos, enquanto corpo, cada membro como parte indivisível do todo" (*CS* I, 6). Esse pacto cria uma pessoa pública, um corpo coletivo e moral, o Estado ou povo soberano. Cada indivíduo é ao mesmo tempo um cidadão e um súdito: como cidadão ele partilha a autoridade soberana, como súdito deve obediência às leis do Estado.

A soberania em Rousseau, diferentemente da soberania em Hobbes, não possui existência independente dos cidadãos contratantes que a compuseram. Consequentemente, ela não pode ter interesses independentes dos seus: ela expressa a vontade geral e esta não pode errar em sua busca do bem público. Os homens perdem sua liberdade natural para apanhar o que quer que os seduza, mas ganham a liberdade civil, que permite a posse estável de uma propriedade.

Mas o que é a vontade geral, e como pode ser assegurada? Ela não é o mesmo que a vontade unânime de todos os cidadãos: Rousseau distingue a "vontade geral" da "vontade de todos". Uma vontade individual pode ir contra a vontade geral. "Há comumente muita diferença entre a vontade de todos e a vontade geral. Esta se prende somente ao interesse comum; a outra, ao interesse privado, e não passa de uma soma das vontades particulares" (*CS* II, 3). Deveríamos dizer então que a vontade geral deve ser identificada com a vontade da maioria dos cidadãos? Não, pois as deliberações de uma assembleia popular não são de modo algum infalíveis: os votantes podem padecer de ignorância ou ser guiados por egoísmo individual.

Parece que se pode concluir que a vontade geral não é assegurável nem mesmo por uma votação, e isso parece fazer dela uma abstração sem valor prático. Mas Rousseau acredita que ela pode ser determinada por plebiscito se asseguradas duas condições: primeiro, que todo votante esteja completamente informado; segundo, que nem ao menos dois votantes mantenham qualquer tipo de comunicação entre si. A segunda condição é estabelecida para prevenir a formação de grupos menores que a comunidade. "Importa pois", escreve Rousseau, "para alcançar o verdadeiro enunciado da vontade geral, que não haja no Estado sociedade parcial e

Nesta água-forte da época, Rousseau parece mais orgulhoso de sua ópera, *O adivinho da aldeia*, que de *O contrato social*, que foi jogado ao chão.

que cada cidadão só opine de acordo consigo mesmo" (CS II, 3). Assim, não somente partidos políticos, mas também grupos religiosos deverão ser banidos se a vontade geral quiser encontrar expressão em um referendo. Somente no contexto da comunidade integral as diferenças entre o autointeresse dos indivíduos irão anular e compensar o autointeresse do povo como um todo.

Rousseau não é um adepto em princípio da separação de poderes. A soberania do povo, ele diz, é indivisível: se se separar os poderes dos ramos executivo e legislativo a soberania se tornará uma quimera. Contudo, uma divisão prática de responsabilidade se segue de sua exigência de que a soberania popular deva legislar somente sobre questões gerais, deixando o poder executivo ocupar-se de assuntos particulares nas mãos de um governo que é um intermediário entre os súditos e o soberano. Mas o governo deve sempre agir como um delegado do povo, e uma assembleia popular deve idealmente encontrar-se a intervalos regulares para confirmar a Constituição e renovar ou encerrar o mandato dos detentores de cargos públicos.

O tipo de arranjo aqui proposto por Rousseau parece praticável somente em um cantão da Suíça ou em uma cidade-estado como Genebra. Mas ele insistia, como Montesquieu, que não se pode especificar uma única forma de governo como apropriada para todas as circunstâncias. Contudo, uma questão de muito maior aplicação é levantada pela teoria da vontade geral. Um cidadão em um Estado rousseauniano dá seu consentimento a todas as leis, inclusive àquelas aprovadas a despeito de sua oposição (CS IV, 2). Em tal governo, quais são os direitos das minorias dissidentes?

Rousseau diz que o pacto social inclui tacitamente um compromisso de que seja quem for que se recuse a submeter-se a ele deve ser constrangido por seus companheiros cidadãos a conformar-se a ele. "Isso nada mais significa senão que ele será forçado a ser livre." Se voto contra uma medida que é então vencedora em uma eleição, isso demonstra que estava enganado a respeito de onde encontrar meu verdadeiro bem e minha autêntica liberdade. Mas a liberdade de que desfruta um malfeitor aprisionado é somente a antes rarefeita liberdade de ser uma relutante expressão da vontade geral.

A despeito de sua preocupação com a vontade geral, Rousseau não era um entusiasmado apoiador da democracia na prática. "Se existisse um povo de deuses, governar-se-ia democraticamente. Governo tão perfeito não convém aos homens" (CS III, 4). Em uma democracia direta em que se governa por assembleia popular, é mais provável que o governo seja fracionado e ineficiente. Melhor ter uma aristocracia eleita em que os sábios governem as massas: "não se deve […] fazer com vinte mil homens o que cem homens escolhidos podem fazer ainda melhor" (*CS* III, 5). A aristocracia exige menos virtudes dos cidadãos que a democracia — tudo o que ela requer é um espírito de moderação nos ricos e de satisfação nos pobres. Naturalmente, os ricos farão a maior parte do governo: eles têm mais tempo livre.

Essa parece uma conclusão morna e burguesa para um livro que se inicia convocando a humanidade a livrar-se de suas correntes. Não obstante, o conceito de vontade geral terá um potencial revolucionário explosivo. Examinada de perto, a noção é teoricamente incoerente e praticamente vazia. Não é verdade, como uma questão lógica, que se A deseje o bem de A e B deseje o bem de B que então, conjuntamente, A e B irão desejar o bem de A e B. Isso permanece verdadeiro, não importando o quão informados A e B possam ser, porque pode haver uma autêntica, inevitável incompatibilidade entre os bens de cada um.

É precisamente a dificuldade de determinar o que a vontade geral irá prescrever que torna a noção de vontade geral uma ferramenta tão poderosa nas mãos dos demagogos. Robespierre, no ápice do terror revolucionário francês, poderia afirmar que estava expressando a vontade geral e forçando os cidadãos a serem livres. Quem estaria em posição de contradizê-lo? As condições que Rousseau apresentou como condição da expressão da vontade geral eram que todo cidadão deveria ser totalmente informado e que não se devia permitir que dois cidadãos combinassem algo um com o outro. A primeira condição jamais poderia ser preenchida fora de uma comunidade de deuses, e a segunda condição, por sua natureza, necessita de uma tirania absoluta para fazê-la valer.

Para o bem ou para o mal, o *Contrato social* tornou-se a Bíblia dos revolucionários, e não somente na França. A influência de Rousseau foi enorme. Napoleão, que jamais subestimava sua própria importância, atribuiu a Rousseau uma responsabilidade igual à sua pelas gigantescas mudanças sofridas pela Europa na virada do século XVIII para o XIX. "Quem poderia dizer", perguntou próximo de sua morte, "se o mundo não seria um lugar melhor para viver se eu e Rousseau jamais tivéssemos nascido?".

Hegel sobre o Estado-nação

A noção rousseauniana da vontade geral foi assumida, de diferentes modos, por Kant e Hegel. Kant buscou dar a ela uma forma não mítica, como um consenso universal de agentes morais, cada qual legislando leis universais para si próprios e para todos os outros. Hegel transformou isso na liberdade do espírito do mundo expressando a si mesmo na história da humanidade.

Parece haver uma enorme diferença, concluiu Hegel, entre sua tese da evolução do espírito na direção de uma maior liberdade e autoconsciência e o melancólico espetáculo apresentado pela história real. Ele aceitava que nada parecia acontecer no mundo exceto como resultado das ações auto-interessadas dos indivíduos, e estava disposto a descrever a história como o matadouro em que a felicidade dos povos, a sabedoria dos Estados e as virtudes dos indivíduos eram sacrificadas. Mas o desalento, ele mantinha, não se justificava; pois as ações autointeressadas dos indivíduos são o único meio pelo qual o destino ideal do mundo pode ser concretizado. "O Ideal provê a urdidura e as paixões humanas a trama da teia da história."

As ações humanas são desempenhadas em contextos sociais, e o autointeresse não precisa ser egoísta. Pode-se encontrar a autogratificação no desempenho de papéis sociais: o amor que tenho por minha família e o orgulho que sinto de minha profissão contribuem para minha felicidade sem que sejam formas de egoísmo. Do mesmo modo, as instituições sociais não restringem minha liberdade, mas a ampliam ao oferecer um campo maior para minhas possibilidades de ação. Isso é verdadeiro quanto à família, e é verdadeiro também quanto ao que Hegel chama de "sociedade civil" — organizações voluntárias como clubes e negócios. É verdadeiro também, acima de tudo, no que diz respeito ao Estado, que fornece o mais amplo escopo para a liberdade de ação, enquanto ao mesmo tempo faz avançar os propósitos do espírito do mundo (*Weltgeist*).

Idealmente, um Estado deveria ser tão organizado que os interesses privados dos cidadãos coincidissem com os interesses comuns do Estado. No que respeita à história, Estados e povos contam-se entre os indivíduos que são, inconscientemente, os instrumentos por intermédio dos quais o espírito do mundo atinge o seu objetivo. Há ainda algumas figuras singulares, grandes homens como César ou Napoleão, que têm um papel especial na expressão da vontade do espírito do mundo, e que perceberam os aspectos da história que estavam maduros para o desenvolvimento em seu tempo.

Tais pessoas, contudo, são a exceção, e o desenvolvimento normal do espírito do mundo se dá por meio do espírito de determinados povos ou nações, o *Volksgeist*. O espírito revela-se na cultura, na religião e na filosofia de um povo, assim como em suas instituições sociais. Nações não são necessariamente idênticas aos Estados — na verdade, quando Hegel escreve, a nação alemã não havia se tornado ainda o Estado alemão —, mas somente em um Estado pode uma nação tornar-se consciente de si própria.

A criação do Estado é o mais alto objetivo para o qual o espírito do mundo faz uso dos indivíduos e pessoas como seus instrumentos. Um Estado não é para Hegel apenas um instrumento coercitivo para a manutenção da paz e a proteção da propriedade, mas uma plataforma para novos e mais altos objetivos que ampliam a liberdade dos indivíduos ao dar uma nova dimensão a suas vidas. O Estado como a encarnação da liberdade existe para seu próprio benefício. Todo valor, toda realidade espiritual que o cidadão individual possui, ele os possui somente por intermédio do Estado. Porque somente ao participar da vida social e política ele é plenamente consciente de sua própria racionalidade, e de si mesmo como uma manifestação, por meio do espírito do povo, do espírito do mundo. O Estado, diz Hegel, é a Ideia divina existindo na Terra.

A Ideia divina, contudo, ainda não se realizou plenamente. O espírito alemão, Hegel acreditava, era o espírito de um novo mundo em que a verdade absoluta seria realizada na liberdade ilimitada. Mas mesmo o reino da Prússia não era a última palavra do espírito do mundo. Dada a preferência constante de Hegel por todos em detrimento de suas partes, poder-se-ia esperar que os Estados-nação, em seu esquema das coisas, fossem eventualmente dar lugar a um Estado mundial. Mas Hegel desprezava a ideia de um Estado mundial, porque isso iria encerrar a oportunidade para a guerra, um estágio necessário na dialética da história. A guerra, para Hegel, não era apenas um mal necessário, mas tinha um valor positivo como um lembrete da natureza contingente da existência finita. Era a "condição em que temos de encarar seriamente a vanidade dos bens e coisas temporais" (*PR*, 324). Coerentemente, Hegel atacou a busca de Kant pela paz perpétua. O futuro da humanidade, Hegel predisse, não repousa nem na Alemanha nem em um mundo unido, mas antes na América [Estados Unidos], "onde, nas eras que estão à nossa frente, o peso da história mundial irá revelar a si mesmo" — talvez em um grande conflito entre o Norte e o Sul.

A história da Alemanha por mais de um século após a morte de Hegel trouxe à sua filosofia política uma onda de descrédito. Sua glorificação do Estado como um fim em si, sua crença no papel cósmico do povo alemão e sua avaliação positiva da guerra dificilmente poderiam evitar uma parcela da responsabilidade pelas duas guerras mundiais que desfiguraram o século XX. É fato que o modelo prussiano que ele recomendava era uma monarquia constitucional, e que o nacionalismo que ele pregava estava a certa distância do racismo totalitário dos nazistas. Não obstante, sua carreira filosófica, como a de Rousseau, é um lembrete das consequências desastrosas que podem fluir de uma metafísica defeituosa. Pode-se acreditar que o Estado tem um valor intrínseco próprio somente se se pensa nele como algo de algum modo pessoal, e de fato como uma forma mais elevada de pessoa que um ser humano comum. E pode-se racionalmente acreditar nisso apenas se se aceita alguma versão da doutrina metafísica de Hegel de que há um espírito do mundo cuja vida é vivida por intermédio das trocas entre os espíritos do povo que animam os Estados-nação.

Para aqueles que se interessam pela história da filosofia em razão da luz que ela possa jogar sobre as preocupações contemporâneas, o período que vai de Maquiavel a Hegel é o zênite da filosofia política. As instituições políticas do mundo antigo e medieval são muito distantes das nossas para que as reflexões sobre elas feitas pelos filósofos da Antiguidade e da Idade Média tenham muito a oferecer para a filosofia política contemporânea. Por outro lado, como veremos no próximo volume, as avaliações políticas dos grandes filósofos do século XIX devem tanto às nascentes disciplinas da economia e da sociologia quanto às preocupações conceituais que permanecem como o imorredouro âmago da pura filosofia política.

10

Deus

Molina sobre a onisciência e a liberdade

O problema de reconciliar a liberdade humana com a presciência de Deus das ações humanas derrotou todos os grandes escolásticos da Idade Média. Tomás de Aquino sustentava que Deus antevia o que iríamos fazer porque todas as nossas ações eram para ele presentes no momento único da eternidade. Duns Scotus lamentava que essa solução somente funcionaria se o tempo fosse fundamentalmente irreal. Em vez disso, ele propôs que Deus conhecia as ações das criaturas por conhecer o que ele próprio havia decretado a partir da eternidade. Ockham objetou que tal conhecimento forneceria presciência das ações humanas somente se nossas ações fossem predeterminadas e portanto não livres, mas ele mesmo não ofereceu nenhuma solução para o problema: o conhecimento prévio divino era apenas um dogma para ser crido cegamente. Pedro de Rivo tentou preservar a liberdade ao mesmo tempo em que aceitava a onisciência divina ao negar que as proposições contingentes futuras tivessem qualquer valor de verdade para ser conhecidas mesmo por Deus; mas isso era uma solução equivocada e foi condenada pela Igreja. Lorenzo Valla, Erasmo e Lutero não foram mais capazes que seus predecessores em reconciliar a liberdade e a onisciência. Todos se limitavam a citar o texto paulino com o qual cedo ou tarde todo teólogo admite sua rendição quanto a esse tópico: "Ó abismo da riqueza, da sabedoria e da ciência de Deus! Como são insondáveis seus juízos e impenetráveis seus caminhos!" (Rm 11,33)[1].

Uma nova e altamente engenhosa solução para o problema foi proposta no fim do século XVI pelo jesuíta Luís Molina. Molina concordou com Ockham quanto a rejeitar as abordagens de Aquino e Scotus, e aceitou a doutrina da Igreja de que as proposições contingentes futuras possuíam valor de verdade. Sua inovação foi sugerir que o conhecimento do futuro por Deus dependia do conhecimento por Deus dos valores de verdade das proposições contrafactuais. Deus sabe o que toda possível criatura iria fazer livremente em todas as circunstâncias possíveis. Por saber isso e por saber quais criaturas ele irá criar e quais circunstâncias ele próprio irá propiciar, ele sabe o que as criaturas reais irão fazer de fato.

Molina faz uma distinção entre três tipos de conhecimento divino. Primeiro, há o conhecimento natural de Deus, pelo qual ele conhece sua própria natureza e todas as coisas que lhe são possíveis, seja por sua própria ação, seja pela ação das possíveis criaturas livres. Esse conhecimento é anterior a qualquer ação divina sobre a criação. Então há o conhecimento livre de Deus: seu conhecimento do que irá acontecer de fato após a livre decisão divina de criar certas criaturas livres e colocá-las sob certas circunstâncias particulares. Entre esses dois tipos de conhecimento há o "conhecimento médio" de Deus, isto é, seu conhecimento do que toda criatura possível irá fazer em todas as circunstâncias possíveis. Por basear-se o conhecimento médio nas decisões hipotéticas das próprias criaturas, a autonomia humana é mantida; por ser o conhecimento médio anterior à decisão de Deus de criar, a onisciência de Deus sobre o mundo real é preservada.

O que Molina chamava de "circunstâncias" ou "ordens dos eventos", os filósofos posteriores chamaram de "mundos possíveis". Então, a teoria de Molina é essencialmente que o conhecimento por Deus do que irá acontecer no mundo real é baseado em seu conhecimento de todos os mundos possíveis acrescentado ao seu conhecimento de qual possível mundo ele tenha decidido tornar real. Antes de criar Adão e Eva, Deus soube que Eva iria ceder à serpente e Adão iria ceder a Eva. Ele sabia isso porque sabia de todos os contrafactuais relativos a Adão e Eva: ele sabia o que eles iriam fazer em todo mundo possível. Ele sabia, por exemplo, se Adão, tentado pela serpente diretamente e não por intermédio de Eva, ainda assim iria

---

1. Ver volume II desta coleção, 333-338.

comer o fruto proibido. O ponto fraco da solução de Molina é sua assunção de que todas as proposições contrafactuais — proposições no formato "Se A acontecer, B acontecerá" — possuem valor de verdade. Sem dúvida, algumas dessas proposições, por exemplo "se a Terra colidir com o Sol a vida humana deixará de existir", são verdadeiras; outras, no entanto, são falsas, como: "se a Grande Pirâmide fosse hexagonal teria tido dezessete lados". Mas ao conceder valor de verdade a tais proposições nós o fazemos com base em leis lógicas ou naturais. As coisas são diferentes quando construímos contrafactuais sobre agentes livres. Não há princípio geral de condicional médio excluído que afirme "Ou (se A acontecer, B acontecerá) ou (se A acontecer, B não acontecerá)".

Descartes, em resposta a uma indagação da princesa Elizabeth, ofereceu uma reconciliação entre a presciência divina e a liberdade humana que, em alguns pontos, lembra a de Molina. Eis o que ele escreveu:

> Suponha que um rei tenha proibido duelos, e que saiba com certeza que dois cavalheiros de seu reino que habitam em diferentes cidades têm uma disputa, e são tão hostis um ao outro que se se encontrarem nada os impedirá de lutar. Se esse rei ordenar a um deles que em um certo dia se dirija à cidade onde vive o outro, e ordenar ao outro que no mesmo dia se dirija à cidade onde vive o primeiro, ele sabe com certeza que os dois irão se encontrar e lutar, e assim desobedecer a seu veto: não obstante porém, ele não os obriga a isso, e seu conhecimento, e mesmo sua vontade de os provocar a assim agir, não impede que o combate deles, quando se encontrarem, seja tão voluntário e livre como se os dois tivessem se encontrado em alguma outra ocasião e nada soubessem sobre isso. E eles não podem ser menos justamente punidos por desobedecerem ao interdito. Portanto, o que um rei pode fazer em tal caso, no que respeita a certas ações livres de seus súditos, Deus, com sua infinita presciência e poder, pode infalivelmente no que diz respeito a todas as ações livres de todos os homens. (AT IV, 393; *CSMK* III, 282)

Descartes contudo não diz, como Molina, que Deus sabe quais serão nossas ações porque ele já viu antecipadamente o que iríamos fazer em todos os mundos possíveis; ele prossegue para afirmar que Deus sabe o que faremos porque determinou que desejos ele nos daria e em que circunstâncias ele nos poria. Mas isso anula o paralelo com o rei de sua parábola. É somente porque são independentes dos desejos e controles do rei todas as outras ações dos duelistas que formaram seus caracteres que ele pode plausivelmente não ser apontado como responsável por seu duelo final, além de ser autorizado a puni-los por desobedecerem à sua proibição. Se toda ação de todo ser humano é ensaiada por Deus ao modo do ato final do drama dos duelistas, é difícil perceber como o próprio Deus possa evitar ser responsabilizado pelo pecado.

A teologia racional de Descartes

As principais contribuições de Descartes para a teologia natural filosófica estão em duas áreas diferentes. Primeiro, ele remodelou o conceito tradicional da criação. Segundo, ele ressuscitou uma versão do argumento ontológico da existência de Deus.

Os teólogos faziam normalmente uma distinção entre criação e conservação. No princípio, Deus criou o céu e a terra, e dia após dia ele mantém o céu e a terra na existência. Mas sua conservação do universo não envolve atos recentes de criação: os seres, uma vez criados, têm por si só uma tendência a continuar existindo, a não ser que sofram interferência externa. Eles possuem um tipo de inércia existencial.

Descartes rejeitou isso quando, na terceira *Meditação*, investigava sua própria origem:

> Pois todo o tempo de minha vida pode ser dividido em uma infinidade de partes, cada uma das quais não depende de maneira alguma das outras; e assim do fato de ter sido um pouco antes não se segue que eu deva ser atualmente, a não ser que neste momento alguma causa me produza e me crie, por assim dizer, novamente, isto é, me conserve. (*Med*, 118)

Uma vida não é uma contínua duração, antes é constituída de instantes, do modo como no cinema o movimento é constituído a partir de uma série de quadros. A causa que Descartes tem em mente nesse trecho é, claro, Deus. Assim, para ele não há distinção entre criação e conservação: a cada momento eu sou criado novamente por Deus. Na física, Descartes se opunha ao atomismo: uma vez que a matéria era idêntica à extensão, e a extensão era infinitamente divisível, não poderia haver indivisíveis partes de matéria. Mas a doutrina da criação contínua parece envolver certo atomismo metafísico: a história é construída de um infinito número de fatias de tempo, cada uma das quais é bem independente da que a precedeu e da que a sucederá.

O trecho que vimos considerando é parte da terceira *Meditação*, quando Descartes estava oferecendo uma prova da existência de Deus a partir da ocorrência em sua própria mente de uma ideia de Deus[2]. Mas na quinta *Meditação* ele oferece uma diferente prova da existência de Deus, que desde a época de Kant ficou famosa sob o título "argumento ontológico". O argumento já havia sido delineado no *Discurso do método*:

> Eu via muito bem que, supondo um triângulo, cumpria que seus três ângulos fossem iguais a dois retos; mas, apesar disso, nada via que garantisse haver no mundo qualquer triângulo. Ao passo que, voltando a examinar a ideia que tinha de um Ser perfeito, verificava que a existência [de tal Ser] estava aí inclusa, da mesma forma como na de um triângulo está incluso serem seus três ângulos iguais a dois retos, [...] por conseguinte, é pelo menos tão certo que Deus, que é esse Ser perfeito, é ou existe quanto sê-lo-ia qualquer demonstração de geometria. (*DM*, 57)

Ao desenvolver essa reflexão na quinta *Meditação*, Descartes diz que ao refletir sobre a ideia que tem de Deus, um ser soberanamente perfeito, ele percebe clara e distintamente que a existência eterna pertence à natureza de Deus. A existência não pode ser retirada da essência divina mais que a soma dos ângulos de um triângulo euclidiano possa dele ser retirada. "[Não é menos absurdo] conceber um Deus (isto é, um ser soberanamente perfeito) ao qual falte existência (isto é, ao qual falte alguma perfeição) do que em conceber uma montanha que não tenha um vale" (isto é, uma subida sem uma descida) (*Med*, 133).

Para perceber que este argumento não é apenas uma admissão da existência de Deus, temos de recordar que Descartes acreditava em um mundo platônico de essências independente tanto do mundo real como do mundo da mente[3]. "Quando imagino um triângulo, ainda que não haja talvez em nenhum lugar do mundo, fora de meu pensamento, uma tal figura, e que nunca tenha havido alguma, não deixa, entretanto, de haver certa natureza ou forma, ou essência determinada, dessa figura, a qual é imutável e eterna, que eu não inventei absolutamente e que não depende, de maneira alguma, de minha mente" (*Med*, 132). Podem-se provar teoremas sobre triângulos seja ou não algo no mundo triangular; similarmente, portanto, podem-se afirmar teoremas sobre Deus em abstrato, exista ou não tal ente.

---

2. Ver acima, p. 57.
3. Ver acima, p. 215.

Um desses teoremas é o de que Deus é um ser totalmente perfeito, isto é, que ele contém todas as perfeições. Mas a existência em si é uma perfeição; daí que Deus, que contém todas as perfeições, deve existir.

O ponto vulnerável no argumento é a afirmação de que a existência é uma perfeição. Isso foi destacado por Pierre Gassendi, autor do quinto conjunto de objeções às meditações: "Nem em Deus nem em coisa alguma é a existência perfeição, mas antes aquilo em que não há perfeições. [...] Não se pode dizer que a existência exista em uma coisa como uma perfeição; e se uma coisa carece de existência não se diz que está privada de alguma perfeição, mas que é nula ou que ela não é absolutamente". Descartes não ofereceu em última instância nenhuma resposta convincente a essa objeção, e seria depois pressionado conclusivamente por Immanuel Kant e Gottlob Frege[4].

Pascal e Spinoza sobre Deus

Os filósofos do continente europeu no século de Descartes se afastaram de sua abordagem da existência de Deus em duas diferentes direções. Blaise Pascal abandonou a busca de uma demonstração: nossa razão natural era tão limitada e corrupta que qualquer tentativa do tipo seria fútil. Em vez disso, ele defendia considerações informais que nos impulsionariam a acreditar na ausência de prova. Baruch Spinoza, por sua vez, ofereceu sua própria versão do argumento ontológico, dando a ele a mais detalhada apresentação formal que já tinha recebido.

Pascal admite que pela luz natural da razão somos incapazes não apenas de conhecer o que é Deus, mas mesmo de saber se há um Deus afinal. Mas o crente não é abandonado. Ele se dirige assim ao incréu:

> Ou Deus existe ou não. Que partido devemos tomar? A razão nada pode determinar aqui. Um abismo infinito nos separa, e no percurso dessa infinita distância um jogo está sendo jogado, que dará par ou ímpar. Em qual você vai apostar? (P, 680)

Você, o incréu, talvez prefira não apostar afinal. Mas você não tem como escapar: o jogo já começou e todos tomaram posição. As chances, até

---
4. Ver adiante, p. 362-363.

onde a razão pode demonstrar, são iguais para cada lado. Mas os resultados das possíveis apostas são muito diferentes. Suponha que você aposte sua vida em que Deus existe. Se vencer, Deus existe, e você ganha a felicidade infinita; se perder, então Deus não existe e o que você perde é nada. Então a aposta em Deus é uma aposta garantida. Mas quanto devemos apostar? Se lhe fossem oferecidas três vidas de felicidade como pagamento por você apostar sua vida, então faria sentido aceitar a oferta. Mas na verdade o que lhe é oferecido não são apenas três períodos de vida, mas toda uma eternidade de felicidade, o que torna então a aposta infinitamente atraente. Vimos assumindo que as chances de ganhar ou perder uma aposta em Deus são iguais. Mas a proporção de infinita felicidade, em comparação com o que está sendo ofertado na vida presente, é tão grande que a aposta na existência de Deus é uma sólida proposição, mesmo se as chances de perder forem enormes, contanto que sejam apenas finitas.

Será verdade, como Pascal assume, que ninguém pode suspender o juízo sobre a existência de Deus? Na ausência de uma prova convincente seja a favor do teísmo, seja a favor do ateísmo, não é a posição racional a do agnóstico, que se recusa mesmo a fazer uma aposta? Pascal afirma que isso equivale a apostar contra Deus. E pode ser assim, se de fato existir um Deus que tiver ordenado a nós, sob pena de danação, que acreditemos nele. Mas isso deveria ser a conclusão, não o ponto de partida da discussão.

O que significa, de fato, apostar a própria vida na existência de Deus? Para Pascal, significava viver a vida de um austero jansenista. Mas se a razão apenas não pode nos dizer nada sobre Deus, como podemos estar seguros de que esse é o tipo de vida que ele irá recompensar com a felicidade eterna? Talvez estejamos sendo convidados a apostar na existência não apenas de Deus, mas de um Deus jansenista. Mas então não se trata mais de um jogo em que há somente duas apostas possíveis: alguém pode nos pedir para apostar no Deus jesuíta, ou no Deus calvinista, ou no Deus do Islã. A ingênua apologética de Pascal não tem sucesso em sua meta, mas serve para chamar a atenção para o fato de que é possível ter boas razões para acreditar em uma proposição, que são bem distantes das razões que fornecem provas de sua verdade. Essa consideração seria desenvolvida por meios mais elaborados por posteriores filósofos da religião como Søren Kierkegaard e John Henry Newman.

Spinoza, por outro lado, não era afinal um homem de apostar: ele gostava de suas razões tão esquematizadas quanto possível. A existência de Deus, ele acreditava, poderia ser demonstrada como tão acessível quanto

Na época de Pascal, o jogo era extremamente popular.
Teria sido considerado vulgar, todavia, apostar em meio aos acompanhantes
representados nesta pintura de gênero do pintor George de la Tour.

a verdade de qualquer proposição em Euclides. Para demonstrar isso ele apresentou sua própria versão do argumento ontológico, demonstrado em forma geométrica no primeiro livro de sua *Ética*.

A proposição 11 daquele livro afirma: "Deus, ou, por outras palavras, a substância que consta de infinitos atributos, cada um dos quais exprime uma essência eterna e infinita, existe necessariamente" (*E*, 93). A descrição de Deus dada aqui é derivada da sexta da série de definições apresentadas no início do livro.

A prova da proposição 11 é por *reductio ad absurdum*:

> Se negas isto, concebe, se te for possível, que Deus não existe e, portanto (axioma 7), a sua essência não envolve a existência. Ora, isto (proposição 7) é absurdo; por conseguinte, Deus existe. *Q.e.d.* (*E*, 93)

Se consultarmos o axioma 7, descobriremos que ele diz que se uma coisa pode ser concebida como inexistente a sua essência não envolve a existência. A proposição 7 é mais controversa: a existência é parte da natureza de uma substância. Para provar o que diz, Spinoza nos diz que uma substância não pode ser produzida por nada mais, e portanto tem que ser sua própria causa, vale dizer, sua essência deve envolver a existência. Mas por que uma substância não pode ser produzida por alguma outra coisa — por outra substância? Somos enviados à proposição 5 (não pode haver duas ou mais substâncias com o mesmo atributo) e à proposição 3 (se A deve ser causa de B, A deve ter algo em comum com B). Essas, por sua vez, apoiam-se na definição 3, a definição inicial da substância como "o que existe em si e por si é concebido, isto é, aquilo cujo conceito não carece do conceito de outra coisa do qual deva ser formado" (*E*, 84).

Dois elementos na argumentação de Spinoza são contraintuitivos. Não estamos nós cercados na vida por casos de substâncias dando origem a outras substâncias, mais conspicuamente, de coisas vivas gerando outras coisas vivas? E por que deveríamos aceitar a alegação de que se B é a causa de A então o conceito de B deve ser parte do conceito de A? Não é possível saber o que é um câncer de pulmão sem saber o que é um pulmão, mas não é possível saber o que é um câncer de pulmão sem saber o que a causa do câncer de pulmão é? Spinoza está identificando relações causais e relações lógicas de uma maneira que é seguramente sem garantias, mas que não é, claro, negligente: a equivalência de dois tipos de consequência, lógica e causal, é um elemento-chave para seu sistema metafísico. Mas não é solicitada: ela é contrabandeada na definição original de substância.

O conjunto inicial de definições de Spinoza inclui também uma nova definição de Deus como contendo um número infinito de atributos. Uma vez nos tendo sido dito que podemos conhecer somente dois desses atributos, nomeadamente o pensamento e a extensão, esses atributos infinitos desempenham uma pequena parte posteriormente no sistema. Uma vez que Spinoza provou para sua própria satisfação a existência de Deus, ele continua em seu rumo para derivar uma quantidade de propriedades de Deus que pertencem ao tradicional teísmo: Deus é infinito, indivisível, único, eterno e totalmente abrangente; ele é a primeira causa eficiente de tudo o que possa cair sob sua compreensão e é a única entidade em que a essência e a existência são idênticas (*E*, 87-106). Mas ele também descreve Deus de modos altamente ortodoxos. Embora no *Tractatus* ele tenha feito campanha contra os conceitos antropomórficos de Deus, afirma não obstante que Deus é extenso, e portanto é algo corpóreo (*E*, 117-121). Deus não é um criador como divisado na tradição judeu-cristã: ele não escolhe dar existência ao universo, mas tudo o que ali está decorre por necessidade da natureza divina. Ele é livre somente no sentido em que não é determinado por nada externo à sua própria natureza, mas não estava aberto a ele não criar ou criar um mundo diferente deste em que vivemos (*E*, 108). Ele é uma causa imanente, não transcendente, das coisas, e não há algo como o objetivo da criação.

As inovações de Spinoza em teologia natural são sumarizadas na equação de Deus com a Natureza. Embora a palavra não tenha sido inventada senão no século posterior, seu teísmo pode ser chamado de "panteísmo", a doutrina de que Deus é tudo e tudo é Deus. Mas, como cada outro elemento de seu sistema, "Natureza" é um conceito sutil. Como Bruno, Spinoza distingue *Natura Naturans* (literalmente "natureza natural", que podemos chamar de "natureza ativa") e *Natura Naturata* ("natureza naturada", que podemos chamar de "natureza passiva"). Os infinitos atributos da única substância divina pertencem à natureza ativa; as séries de modos que constituem os seres finitos pertencem à natureza passiva. Assim como os seres finitos que compõem a tapeçaria do universo não podem existir ou ser concebidos sem Deus, assim também Deus não pode existir ou ser concebido sem cada um desses fios do ser. De forma mais significativa, nos é dito que o intelecto e a vontade pertencem não à natureza ativa, mas à passiva. Segue-se que Deus não é um Deus pessoal como os devotos judeus e cristãos acreditam.

Significa que Deus não nos ama? Spinoza, como vimos, acreditava que o amor intelectual por Deus era a mais alta forma de atividade humana. Mas ele prosseguiu para dizer que um homem que ama Deus não deveria buscar que Deus o amasse em retorno. Na verdade, se quiser que Deus o ame, você quer que ele deixe de ser Deus. Contudo, pode-se dizer que Deus ama a si mesmo, e nosso amor por Deus pode ser visto como uma expressão desse amor-próprio. Nesse sentido, o amor de Deus pelos homens é exatamente a mesma coisa que o amor intelectual dos homens por Deus.

O otimismo de Leibniz

Ao visitar Spinoza em 1676, um dos temas que Leibniz discutiu com ele foi o argumento ontológico de Descartes para a existência de Deus. Descartes argumentara que Deus é por definição um ser que possui todas as perfeições; mas a existência é uma perfeição, logo Deus possui existência. Leibniz pensava que esse argumento possuía uma premissa dúbia: como podemos saber que a ideia de um ser possuindo todas as perfeições é uma ideia coerente? Ele escreveu um ensaio para Spinoza em que tentava dar bom uso a esse defeito, em que definia uma perfeição como uma "simples qualidade que é positiva e absoluta". Incompatibilidade, argumentava, poderia surgir apenas entre qualidades complexas das quais, quando analisadas, poderia ser demonstrado que continham elementos contraditórios. Mas uma qualidade simples não é analisável. Do mesmo modo, não há nada impossível na noção de um ser conter todas as qualidades simples, vale dizer, um *ens perfectissimum* (G VII, 261-262).

Ao adicionar esse corolário, Leibniz aceitava o argumento ontológico. Ele não questionava a ideia de que a existência é uma perfeição — a premissa que para Gassendi naquele tempo, e para muitos filósofos de Kant até o presente, parece o ponto realmente vulnerável no raciocínio de Descartes. Isso é surpreendente, pois, como vimos em seu próprio sistema, a existência é algo bem diferente de todos os predicados que são ligados a um sujeito e constituem sua definição[5].

Leibniz dá uma nova virada também na prova cosmológica que defende Deus como a primeira causa do universo. Ele não assume que uma série de causas finitas possa ser em si uma série finita: ele afirma, por exemplo, que uma infinidade de formas e movimentos, presentes e passados, constituem parte da causa eficiente de ele escrever a *Monadologia*. Mas cada elemento nessa série é uma entidade contingente que não tem em si uma razão suficiente para sua existência. Essa razão suprema deve ser encontrada fora da série, em um ser necessário, e a este chamamos Deus (*G* VI, 613). Claramente, esse argumento se mantém ou se anula com o princípio da razão suficiente.

Leibniz oferece duas outras provas da existência de Deus, uma tradicional e uma inédita. A primeira é o argumento das verdades eternas, que remonta a Santo Agostinho[6], exposto da seguinte forma: as mentes são as regiões em que as verdades habitam; mas as verdades lógicas e matemáticas são anteriores às mentes humanas, e devem portanto ter um *locus* em uma eterna mente divina. O segundo argumento, novo, depende da teoria da harmonia preestabelecida: "Essa harmonia perfeita de tantas muitas substâncias que não possuem comunicação uma com a outra pode vir apenas de uma causa comum" (*G* IV, 486). Esse argumento, claro, irá convencer apenas aqueles que aceitaram o sistema leibniziano das mônadas sem janelas.

---

5. Ver acima, p. 227.
6. Ver volume II desta coleção, p. 313 ss.

Ao contrário de Spinoza, Leibniz acreditava que Deus era totalmente distinto da natureza, e que ele havia livremente criado um mundo de criaturas livres. Antes de decidir-se a criar, Deus avalia o infinito número de possíveis criaturas. Entre as possíveis criaturas haverá muitos possíveis Júlios Césares; entre estes haverá apenas um Júlio César que cruzará o Rubicão e outro que não o fará. Cada um desses possíveis Césares age por uma razão, e nenhum deles será necessitado a agir. Quando, portanto, Deus decide dar existência ao César-que-cruza-o-Rubicão, ele está tornando real um César com liberdade de escolha. Segue-se que o nosso César cruzou o Rubicão livremente.

E quanto à escolha do próprio Deus de dar existência ao mundo real em que vivemos e não à miríade de outros mundos possíveis que ele poderia ter criado? Leibniz responde que Deus, como um agente racional, escolheu criar o melhor de todos os mundos possíveis. No oitavo capítulo da primeira parte de sua *Teodiceia* ele afirma que a suprema sabedoria de Deus, unida à sua infinita bondade, não poderia ter falhado na escolha do melhor. Um bem menor é um tipo de mal, assim como um mal menor é um tipo de bem, de modo que Deus deve ter escolhido o melhor mundo, sob pena de ter feito o mal. Se não houvesse nenhum mundo melhor, ele não teria escolhido criá-lo afinal. Pode parecer que um mundo sem pecado e sofrimento teria sido melhor que o nosso, mas isso é uma ilusão. Se faltasse em nosso mundo presente a menor parcela do mal existente, este seria um mundo diferente. As verdades eternas exigem que o mal físico e o mal moral sejam possíveis, e portanto muitos dos infinitamente muitos mundos possíveis irão contê-las, pois, independentemente de tudo o que possamos mostrar em contrário, o melhor dos mundos possíveis está entre aquele que contém males dos dois tipos (G VI, 107 ss.).

Leibniz não foi o primeiro a afirmar que nosso mundo era o melhor possível — já no século XII Abelardo havia observado que Deus não tinha poder para fazer um mundo melhor do que aquele que fez[7]. Mas Leibniz distinguia sua posição da de Abelardo ao dizer que outros mundos além deste são possíveis — metafisicamente possíveis. A necessidade que obrigava Deus a escolher o melhor mundo era uma necessidade moral, não metafísica: ele era determinado não por qualquer ausência de poder, mas pela infinidade de sua bondade. Assim, Leibniz pode afirmar, no *Discurso* (*D*, 3), que Deus cria o mundo livremente: é a mais alta liberdade do agir

---

7. Ver volume II desta coleção, p. 332.

perfeitamente, conforme à razão soberana. Deus age livremente porque, embora ele não possa criar nada senão o melhor, ele não necessitava ter criado nada de fato.

Leibniz acreditava que sua teoria resolvera o tradicional problema do mal: por que um Deus onipotente e amoroso permite o pecado e o sofrimento? Ele indica que nem todas as coisas que são possíveis anteriormente podem ser tornadas reais juntas: como ele mesmo explica, A e B podem ser possíveis separadamente, mas A e B podem não ser compossíveis. Qualquer mundo criado é um sistema de compossíveis, e o melhor mundo possível é o sistema que possui o maior excesso de bem em relação ao mal. Um mundo em que há livre-arbítrio que é algumas vezes pecaminosamente mal-utilizado é melhor que um mundo em que não haja nem liberdade nem pecado. Assim, a existência do mal no mundo não oferece argumento contra a grandeza de Deus.

Pode-se ficar inclinado a fazer ao "otimismo" de Leibniz o tipo de objeção que ele fez ao argumento ontológico de Descartes. Como sabemos que "o melhor de todos os mundos possíveis" exprime uma noção coerente? O próprio Leibniz oferece uma prova de que não há coisa tal como o mais rápido de todos os possíveis movimentos. Se houver tal velocidade, imagine uma roda rodando a tal taxa; se você espetar um prego na roda projetando-o para fora de sua circunferência, o prego vai rodar bem mais rápido, o que demonstra o absurdo da noção (G IV, 424). Se o alegado melhor mundo possível contém o mal M, não poderíamos imaginar um mundo a ele similar em todos os outros aspectos, mas carente de M? E se Deus é onipotente, como poderia ser impossível para ele trazer esse tipo de mundo à existência?

O Deus de Berkeley

Vimos que Leibniz encontrou muito que aprovar nos primeiros escritos de Berkeley. A admiração, contudo, não parece ter sido recíproca. Berkeley troçava do argumento ontológico de Leibniz para a existência. Por outro lado, ele oferecia uma nova prova de sua autoria — uma "demonstração direta e imediata" do ser de Deus —, que poderia ser considerada uma gigantesca expansão do argumento das verdades eternas emprestado por Leibniz de Santo Agostinho. No diálogo, tendo estabelecido para sua satisfação que as coisas sensíveis não podem existir senão numa mente ou espírito, ele continua:

> E de tudo isto concluo eu não que não existem de existência real, mas sim (já que não dependem de meu pensamento, e que têm uma existência que é bem distinta do serem por mim próprio percepcionadas) que deve haver outra mente na qual existam. Tão certa como a existência do mundo sensível, por conseguinte, é a existência de um infinito e onipotente Espírito, que contém e suporta esse mesmo mundo. (*HF*, 87)

Assim, não apenas as augustas verdades da lógica e da matemática habitam como ideias na mente de Deus, mas assim também a mais cotidiana verdade empírica, como o fato de que há uma joaninha caminhando por minha mesa neste momento. Berkeley não afirma simplesmente que Deus conhece tais humildes verdades — isso tem sido há muito a opinião majoritária entre os teólogos. Ele afirma que exatamente o que torna tal proposição verdadeira não é outra coisa a não ser o conjunto de ideias na mente de Deus — a ideia de Deus da joaninha e a ideia de Deus de minha mesa. Isso era de fato uma inovação. "Os homens acreditam, normalmente, que todas as coisas são conhecidas por Deus, ou percepcionadas por Deus, pelo motivo de crerem na existência de um Deus; ao passo que eu, à diferença deles, tiro a conclusão de que Deus existe [...] do simples fato de que as coisas sensíveis devem ser percepcionadas pelo mesmo Deus" (*HF*, 87).

Se concedemos a Berkeley, em benefício do argumento, que o mundo sensível consiste somente de ideias, ainda assim parece haver uma falha em sua prova da existência de Deus. Não se pode, sem ser falaz, passar da premissa "Não há nenhuma mente finita na qual tudo exista" para a conclusão "logo, há uma mente infinita na qual tudo existe". Poderia se dar que o que quer que exista exista em uma ou outra mente finita, mesmo que nenhuma mente finita seja suficientemente capaz de abrigar todo existente. Poucos seriam convencidos pelo seguinte argumento paralelo: "Todos os homens são cidadãos; não há Estado-nação em que todo mundo seja um cidadão; logo, há um Estado internacional em que todo mundo é cidadão".

Talvez Berkeley esteja de fato pretendendo argumentar que se as coisas existissem somente nas mentes finitas sua existência seria retalhada e intermitente. O cavalo em seu estábulo existiria enquanto ele o estivesse observando, e novamente quando seu cavalariço estivesse cuidando dele, mas deixaria de existir nos espaços intermediários. Somente se houver uma mente infinita, onipresente e onitemporal a existência contínua será assegurada. Esse é o tema de um famoso par de poemas humorísticos em que Ronald Knox tentou resumir a controvérsia de Berkeley:

Houve uma vez um jovem que disse: "Deus
Consideraria extremamente estranho
    Se ele descobrisse que aquela árvore
      Continua a ser
Quando não há ninguém no pedaço".

Resposta:

Caro senhor, seu espanto é estranho
Eu estou sempre no pedaço.
    E é por isso que a árvore
      Continuará a ser
Enquanto for observada por
    Seu, atenciosamente,
        DEUS.

O Deus cuja existência é alegadamente provada pelo caminho de Berkeley parece diferente em um importante aspecto do Deus do teísmo tradicional. Se os objetos quando não percebidos por nenhum espírito finito são mantidos na existência por Deus os perceber, deve haver na mente de Deus ideias de todas as coisas perceptíveis — não somente objetos como mesas e joaninhas, mas também cores, formas, cheiros, prazeres, dores e todos os tipos de dados dos sentidos. Mas os pensadores cristãos negaram em uníssono que Deus desfrutasse da experiência sensorial. O salmista pergunta: "Seria o inventor do ouvido incapaz de ouvir? O criador do olho incapaz de ver?". Essas "questões [retóricas] à espera de um não como resposta" foram respondidas com um "sim" por Tomás de Aquino e por uma multidão de outros teólogos. Comentando sobre o texto "Os olhos do senhor sobre os justos" (Sl 33), Aquino escreveu: "Na Escritura partes corpóreas são atribuídas a Deus em razão de sua ação, segundo alguma semelhança. Como o ato do olho é ver, daí que o olho de Deus significa sua capacidade de ver pela inteligência, não pelos sentidos" (*ST* I. Q. 3, a. 1, s.c. 3).

Para os aristotélicos era claro que Deus não possuía sentidos ou experiência sensorial, porque para ver, ouvir, sentir, provar ou qualquer outra sensação era essencial ter um corpo, e Deus não tem corpo. Contudo, desde que Descartes tornou popular a ideia de que o elemento-chave na sensação humana era de fato um puro evento mental, a questão não mais estava tão definida. Mas Berkeley está ansioso para evitar a conclusão de que Deus possui experiência sensorial.

No terceiro diálogo, Hilas, o orador opositor, afirma que da teoria de Berkeley se seguiria que Deus, o espírito perfeito, sente dor, o que é uma imperfeição. O porta-voz de Berkeley, Philonous, responde assim:

> Não ponho em dúvida que Deus conhece ou tem entendimento de todas as coisas, que sabe entre outras o que seja a dor assim como toda sorte de sensação dolorosa, e o que é para as criaturas o sofrer a dor. Mas que Deus, além de conhecer as sensações dolorosas, e além de algumas vezes as causar em nós, seja ele próprio suscetível de sofrer as dores — isso positivamente o nego eu. [...] Nenhuns movimentos corporais existem que acompanhem sensações de dor e de prazer, que em sua mente se realizem. Conhecer tudo quanto é conhecível constitui sem dúvida uma perfeição, mas suportar, ou sofrer, ou sentir qualquer coisa pelos sentidos é ser imperfeito. O primeiro caso convém a Deus, mas não o segundo. Deus conhece, Deus tem ideias; as suas ideias, todavia, não lhe são levadas pelos sentidos, como sucede às nossas. (*HF*, 110-112)

É difícil perceber como isso é consistente com a epistemologia de Berkeley. Entre as ideias que encontramos estão as de calor e frio, doce e amargo. Se todas as ideias são ideias na mente de Deus, então essas ideias estão de alguma forma na mente de Deus. Se Deus não obstante não sente sensações, então a posse de tais ideias é insuficiente para a sensação. Mas, se é assim, então a descrição de Berkeley das ideias da ordinária sensação humana é bem inadequada.

Hume sobre a religião

Ao contrário de Berkeley, Hume fez uma derradeira, embora negativa, contribuição à teologia natural. Suas observações críticas sobre os argumentos para a existência de Deus e sua discussão do papel dos milagres no estabelecimento da autoridade de uma revelação permaneceram pontos de partida para os filósofos teístas e para os filósofos ateus da religião. Podemos considerar inicialmente o ensaio sobre os milagres inserido como a seção dez da *Investigação*, e que não tem contrapartida no *Tratado* anterior.

Um milagre, para Hume, é uma violação de uma lei da natureza: ele dá como exemplos de milagres um morto voltar à vida ou a levitação de uma casa ou de um navio. Surpreendentemente, ele não nega que os milagres sejam possíveis — ele não argumenta, como alguns de seus seguidores, que se fosse provada a ocorrência de um evento aparentemente miraculoso isso não demonstraria que uma lei foi violada, mas que havíamos simplificado em demasia nosso artigo da lei. No que ele está realmente interessado não é em se os milagres podem acontecer, mas em se eles podem parecer ter ocorrido, pois seu alvo é o uso dos milagres por apologistas que alegam uma autorização sobrenatural de uma particular mensagem religiosa:

A primeira parte do ensaio se encerra com a seguinte afirmação:

> Nenhum testemunho basta para estabelecer um milagre, a não ser que seja de tal índole, que sua falsidade seria mais milagrosa do que o próprio fato que procura estabelecer. [...] Se alguém me diz que viu um morto ser restituído à vida, considero imediatamente, no meu íntimo, se é mais provável que essa pessoa esteja enganando ou sendo enganada ou que o fato por ela relatado tenha realmente acontecido. [...] Se a falsidade do testemunho fosse mais milagrosa do que o acontecimento que ele relata, então sim, mas só então, poderia ele contar com meu crédito e meu assentimento. (I, 177)

Hume não está descartando que um milagre possa ser provado, não mais do que ele descarta que um milagre possa ocorrer. Na verdade, ele nos diz que dada a apropriada unanimidade do testemunho ele próprio estaria preparado para acreditar naquilo que ele considera um milagre, a saber, uma escuridão total sobre toda a Terra com duração de oito dias. Podemos achar isso surpreendente. Em sua própria definição, um milagre é uma violação das leis da natureza, portanto a prova contra um milagre deve sempre ser tão forte quanto a prova a seu favor. Mas devemos recordar que segundo a descrição humiana da vontade humana uma ação humana pode ser também uma violação de uma lei da natureza como qualquer evento físico.

Hume está absolutamente certo de que se for afirmado que se deu um evento E que é uma violação às leis da natureza então a probabilidade de E ter acontecido deverá estar em proporção inversa à prova de que se E aconteceu isso teria sido uma violação da lei. Pois a prova de que se E aconteceu seria uma violação da lei é prova *eo ipso* de que E não aconteceu. Mas por certo Hume deve ter enfatizado exageradamente sua defesa. Caso contrário, jamais seria possível para os cientistas corrigir uma crença equivocada sobre uma lei natural. Confrontados pela afirmação de um colega que seus experimentos haviam revelado um contraexemplo da lei, eles deviam, na demonstração de Hume, desconsiderar a prova sob o argumento de que seria não menos milagroso para o experimentador estar mentindo ou enganado do que para a lei ter sido violada.

Na segunda parte do ensaio, Hume oferece três argumentos *de facto* para demonstrar que os milagres jamais foram estabelecidos sobre provas completas o suficiente para desafiar seus padrões. Primeiro, ele afirma categoricamente que nenhum milagre foi suficientemente confirmado por um número suficiente de boas testemunhas que tivessem muito a perder e pudesse ser facilmente detectado se fraudulento. Segundo, ele evoca a credulidade da raça humana, demonstrada nos numerosos falsos milagres detectados posteriormente. Terceiro, ele observa que histórias sobrenaturais e milagrosas abundam principalmente entre nações ignorantes e bárbaras. Cada uma dessas disputas pode ser, e foi, contestada em bases eminentemente históricas.

Mais interessante é o seu quarto argumento, baseado no fato inconteste de que se afirma terem sido os milagres moldados em benefício de religiões que contradizem uma à outra. Se um milagre prova ter sido uma doutrina revelada por Deus, e consequentemente verdadeira, esse milagre jamais pode ser moldado para uma doutrina contrária. Daí cada história de milagre concebida em apoio a uma religião em particular dever ser uma peça de prova contra qualquer história de um milagre concebida em apoio a uma diferente religião.

Hume faz uso de três exemplos para ilustrar esse ponto: a cura de um homem cego e manco pelo imperador Vespasiano, reportada em Tácito; a descrição do cardeal de Retz de um homem que fez crescer uma segunda perna ao esfregar um coto com óleo santo; e os milagres concebidos na tumba de um devoto jansenista, o abade Paris. Os três casos são de interesse desigual: a evidência para os dois primeiros milagres não é mais do que umas cem palavras, mas para o terceiro existem volumes e mais volumes de testemunhos autenticados. Assim Hume descreve esse evento:

> A cura dos doentes, a audição restituída aos surdos e a vista aos cegos eram comentadas em toda parte como os efeitos usuais daquele santo sepulcro. Mais extraordinário ainda, porém, é que muitos desses milagres foram imediatamente provados no próprio local, perante juízes de indisputada integridade, confirmados por testemunhas de crédito e posição, num século esclarecido e no mais eminente centro de cultura que existe hoje no mundo. (*I*, 180-181)

O quadro pintado por Hume é um pouco carregado, e não é muito consistente com seu ponto anterior de que os milagres são reportados ape-

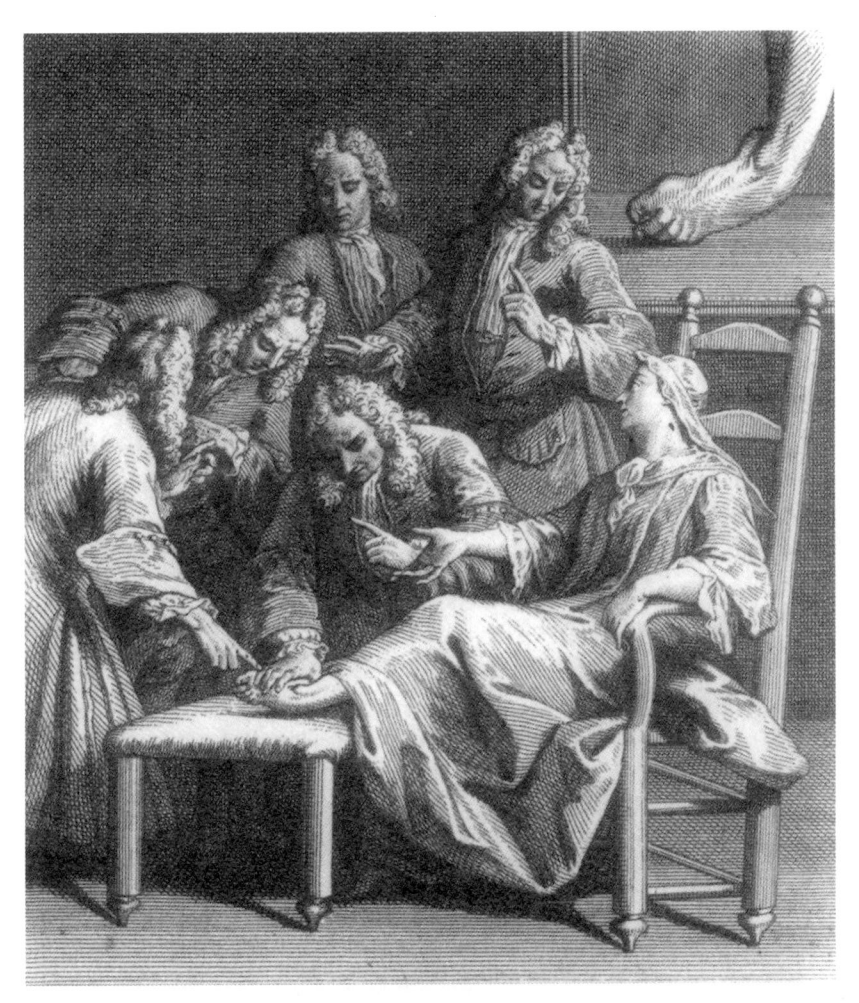

Uma das curas jansenistas citadas por Hume
em seu tratado sobre os milagres.

nas em contextos bárbaros. Mas historiadores de indubitável fé católica confirmam as linhas principais de sua descrição desses milagres concebidos em defesa de uma heresia que havia sido repetidamente condenada pelos papas. A mim parece que esse último argumento estabelece de fato a interpretação de Hume de que um milagre não pode ser provado de modo tal a ser considerado o elemento fundador de uma religião. Não, claro, que os teístas houvessem sequer pensado que pudesse ser assim, no sentido de demonstrar que Deus existe; eles apenas afirmavam que se nós sabemos de alguma fonte que Deus existe nós sabemos que ele é todo-poderoso e que está em seu poder operar milagres, talvez de modo a autorizar uma corrente em detrimento de outra.

Sabemos algo de Deus por outras fontes — a partir de argumentos da tradição, por exemplo? Hume acreditava que não há ser cuja inexistência implique uma contradição: coerentemente, ele mostrava-se pouco simpático ao argumento ontológico para a existência de Deus. Mas ele não faz um ataque específico a isso; suas observações mais relevantes ocorrem na seção do *Tratado* em que ele tenta estabelecer a natureza da crença. Ao argumentar que a crença não era uma ideia, ele afirmava então que quando, após conceber algo, o concebemos como existente, não estamos acrescentando nada à nossa primeira ideia:

> Assim, quando afirmamos que Deus existe, nós simplesmente formamos a ideia de um tal ser, como ele é representado para nós; tampouco é a existência, que a ele atribuímos, concebida por uma ideia particular, que juntamos à ideia de suas outras qualidades, e podemos novamente separar e distinguir delas. [...] Quando eu penso sobre Deus, quando penso nele como existente, e quando eu acredito que ele existe, minha ideia dele nem aumenta nem diminui. (*T*, 94)

É certo que acreditar e conceber não precisam ser divergentes no conteúdo: se eu acredito que Deus existe e você não, estamos em desacordo, nos termos de Hume, a respeito da mesma ideia. Mas pensar sobre Deus e acreditar que Deus existe são duas coisas bem diferentes — um ateu que diz "se existe um Deus então ele é um bruto ou um arrogante" expressa, em sua cláusula "se", o pensamento de que Deus existe sem assentir ao pensamento. E Hume erra ao dizer que não há conceito da existência distinto do conceito da coisa existente — se fosse assim, como poderíamos julgar que algo *não* existe de fato? Mas é verdade, e importante, que o conceito de existência é algo bem diferente do conceito do conceito de Deus ou do conceito de um unicórnio. Dizer que unicórnios existem é fazer uma afirmação de uma lógica um tanto quanto diferente de afirmar que unicórnios são difíceis de domar. A percepção de Hume aqui encontraria uma forma mais precisa e exata em filósofos posteriores como Kant e Frege, que a utilizaram em uma demolição definitiva do argumento ontológico.

O argumento do desígnio recebe um tratamento mais completo e respeitoso por parte de Hume. Seu *Diálogos sobre a religião natural* apresenta três personagens: Cleanto, Filo e Demeia. Constitui prova da técnica de composição de Hume não ser fácil identificar qual dos três é o porta-voz de suas próprias visões. Dos três, Demeia é o personagem apresentado de maneira menos agradável, mas os estudiosos tendem, tanto em bases internas como externas, a identificar Filo e Cleanto como os porta-vozes de seu autor. É digno de nota que ambos encaram com seriedade o argumento do desígnio.

Na segunda parte, Cleanto compara o universo a uma grande máquina dividida em um número infinito de máquinas menores:

> Todas essas várias máquinas, e até mesmo suas mais diminutas partes, são ajustadas uma à outra com precisão, o que captura a admiração de todos os homens que um dia as contemplaram. A curiosa adaptação de meios a fins, por toda a natureza, assemelha-se exatamente, embora de muito a exceda, os produtos do engenho humano; dos desenhos, pensamento, sabedoria e inteligência humanos. Uma vez portanto que os efeitos se assemelham um ao outro, somos levados a inferir, por todas as regras da analogia, que as causas também se parecem; e que o Autor da Natureza é de algum modo similar à mente do homem; embora possuído de muitas maiores dificuldades, proporcionadas para a grandiosidade da obra, que foi executada. (W, 116)

Filo é um crítico desse argumento, mas ele também, na seção final dos diálogos, e após uma detalhada apresentação do problema do mal como um contrabalanço ao argumento do desígnio, está pronto a dizer que um ser divino "se apresenta à razão no inexplicável engenho e artifício da Natureza" (W, 116). Mas seu assentimento à teologia natural é muito precavido. Ele está disposto a concordar que a causa ou as causas da ordem no universo provavelmente guardam alguma remota analogia com a inteligência humana; mas sua concordância é garantida mediante condições. Contudo, uma vez garantido: (1) que "esta proposição não é capaz de extensão, variação ou alguma explicação mais particular", (2) que "não permite nenhuma inferência que afete a vida humana ou possa ser a origem de qualquer ação ou indulgência" e (3) que "a analogia, imperfeita como é, não pode ser levada mais longe que a inteligência humana", uma vez garantidas essas condições, então ele está preparado para aceitar a conclusão do argumento do desígnio. "O que pode fazer o mais inquisitivo, contemplativo e religioso homem do que fornecer um direto assentimento filosófico à proposição assim que ela ocorra e acreditar que os argumentos em que é estabelecida excedem as objeções que existem contra ela" (W, 203).

Isso provavelmente representa a posição do próprio Hume. É claro que Hume adorava perturbar o clero, e que ele detestava o cristianismo em si, a despeito dos irônicos cumprimentos a ele que distribui por suas obras. Mas no que respeita à existência de Deus, Hume era um agnóstico, não um ateu. Não foi senão com o triunfo do darwinismo no século que viria que um ateu pôde sentir que possuía um antídoto eficiente para o argumento do desígnio.

A dialética teológica de Kant

O terceiro capítulo da dialética transcendental de Kant é intitulado "O ideal da razão pura": seu principal tópico é uma crítica da teologia racional, a tentativa de estabelecer a pura razão da existência de um Deus transcendente. Kant começa com a afirmação de que todas as provas possíveis da existência de Deus classificam-se em uma de três classes. Há os argumentos ontológicos, que têm seu início a partir do conceito *a priori* de um ente supremo; há as provas cosmológicas, que interrogam a natureza geral do mundo empírico; e há as provas fundadas em fenômenos naturais particulares, que podemos chamar de "provas psicoteológicas". Em todo tipo de prova, diz Kant, a razão "abre suas asas em vão, para elevar-se acima do mundo dos sentidos pelo mero poder do pensamento especulativo" (*M*, 346).

O argumento ontológico, como exposto por Kant, começa com uma definição de Deus como um ente absolutamente necessário. Tal ente é uma coisa cuja inexistência é impossível. Mas, ele pergunta, podemos realmente apreender o sentido de tal definição? A necessidade pertence na realidade às proposições, não às coisas; e não podemos transferir a necessidade lógica de uma proposição como "um triângulo tem três ângulos" e torná-la uma propriedade de um ente real. A necessidade lógica é somente necessidade condicional; nada é absolutamente necessário:

> Supor a existência de um triângulo e não a de seus três ângulos é autocontraditório; mas supor a não existência tanto do triângulo quanto de seus ângulos é perfeitamente admissível. O mesmo é verdade do conceito de um ente absolutamente necessário. Se você descarta sua existência, você descarta a coisa em si com todos os seus predicados, e não há possibilidade de qualquer contradição. (*M*, 348)

Se o argumento ontológico é válido, então "Deus existe" é uma proposição analítica: "existe" é um predicado contido tacitamente no sujeito

"Deus". Mas Kant insiste que todas as afirmações de existência real são sintéticas: não podemos derivar atualidade real de conceitos puros. Podemos objetar que podemos no mínimo argumentar a partir de conceitos de não existência: é porque assimilamos os conceitos de *quadrado* e *círculo* que sabemos que não há círculos quadrados. Se "círculos quadrados não existem" é analítica, por que não o é "há um ser necessário"?

A objeção real de Kant ao argumento ontológico não é que "Deus existe" é uma proposição sintética, mas que não é sequer uma proposição sujeito–predicado. "Deus é onipotente" contém dois conceitos ligados pela cópula "é". Mas:

> Se tomo o sujeito, Deus, com todos os seus predicados, incluindo a onipotência, e digo "Deus é" ou "Existe um Deus", não acrescento nenhum novo predicado ao conceito de Deus, eu meramente situo ou afirmo a existência do sujeito com todos os seus predicados: eu situo o objeto correspondente ao meu conceito. (*M*, 350)

Proposições essenciais, na verdade, nem sempre "situam", porque elas podem ocorrer como subcláusulas de uma sentença maior (como em "Se existir um Deus, os pecadores serão punidos"). Mas é verdade que nem a afirmação, nem a suposição da existência de Deus acrescenta algo aos predicados que definem o conceito de Deus. Esse ponto é correto seja ou não coerente qualquer conceito particular de Deus (como pensava Kant que *ente necessário* não o era). Mesmo se admitimos que Deus é possível, resta ainda o ponto que Kant expressou memoravelmente ao dizer que cem dólares reais contêm não mais do que cem dólares possíveis.

Fazendo eco a Hume, Kant diz:

> Sejam quantos forem os muitos predicados que possamos pensar para uma coisa — mesmo se a determinarmos completamente —, não fazemos a mínima adição à coisa quando declaramos depois que a coisa *é*. Caso contrário, não seria exatamente a mesma coisa a existir, mas algo mais que o que havíamos pensado no conceito, e não poderíamos portanto dizer que o objeto exato do meu conceito existe. (*M*, 350)

Deve sempre ser ilegítimo tentar construir existência — mesmo existência possível — no conceito de uma coisa. Existência não é um predicado que possa caber em tal conceito.

Abelardo, no século XII, e Frege, no século XIX, instaram-nos a refrasear afirmações de existência de modo que "existe" nem mesmo se assemelhe a um predicado. "Anjos existem" deveria ser formulada como "Algumas coisas são anjos". Isso tem a vantagem de não deixar transparecer que quando dizemos "Anjos não existem" estamos primeiro posicionando os anjos e depois os rejeitando. Mas isso não resolve os problemas que envolvem o argumento ontológico, porque os problemas quanto a arguir da possibilidade para a atualidade retornam como questões sobre o que vale como "algo": estaríamos incluindo em nossas considerações objetos possíveis tanto como os reais? De modo que filósofos recentes tentaram reafirmar o argumento ontológico de uma nova maneira, ao incluir os objetos possíveis no alcance da discussão. Um ser necessário, eles argumentam, é um que existe em todos os mundos possíveis. Assim definido, um ser necessário deve existir em nosso mundo, o mundo real. Nosso mundo não existiria a não ser que fosse possível; assim, se Deus existe em todo mundo possível ele deve existir no nosso.

Kant está coberto de razão ao insistir que, embora haja algo na realidade que corresponda ao conceito dela, uma coisa não pode em si ser parte de meu conceito. Um conceito tem de ser determinado antes de ser comparado com a realidade, caso contrário não saberemos *que* conceito estaria sendo comparado e poderia corresponder, ou talvez não corresponder, à realidade. *Que* existe um Deus não pode ser parte do que quero significar por "Deus"; segue-se que "existe um Deus" não pode ser uma proposição analítica e o argumento ontológico deve falhar.

Contudo, Kant superestima a força de sua crítica. Ele observa que a refutação ao argumento ontológico carrega consigo a derrota da muito mais popular prova da existência de Deus a partir da contingência do mundo. O argumento é exposto vigorosamente por Kant:

> Se algo existe, um ser absolutamente necessário deve também existir. Agora, eu, no mínimo, existo. Logo, um ser absolutamente necessário deve existir. A premissa menor contém uma experiência, a premissa maior contém a inferência de seu ser alguma experiência afinal para a existência do necessário. A prova, portanto, começa de fato com a experiência e não é totalmente ontológica *a priori*. Por essa razão, e porque o objeto de toda experiência possível é chamado o mundo, ela é dita a prova *cosmológica*. (A, 605)

Kant argumenta que o apelo à experiência é aqui ilusório; a força do cosmológico deriva somente do argumento ontológico. Pois o que é significado por "ser necessário"? Por certo, um ser cuja essência envolve a existência, isto é, um ser cuja existência possa ser estabelecida pelo argumento ontológico. Mas aqui Kant ignora a possibilidade de uma definição diferente do "ser necessário" como significando um ser que não pode nem vir à existência e nem dela sair, e que não pode sofrer mudança de nenhum tipo. Esta era na verdade a descrição do ser necessário dada pelos filósofos medievais que, como Kant, rejeitavam o argumento ontológico. Um ser desse tipo bem poderia ser visto como suficientemente diferente dos itens causados, variáveis e contingentes no mundo da experiência para fornecer a necessária fundamentação estável para nosso frágil e móvel cosmos.

Contudo, Kant reserva uma crítica ao argumento cosmológico que independe de sua afirmação de que se trata do argumento ontológico disfarçado. Todas as formas do argumento cosmológico buscam demonstrar que uma série de causas contingentes, embora prolongada, pode ser completada somente por uma causa necessária. Mas, se perguntarmos se a causa necessária é ou não é parte da cadeia de causas, nos defrontaremos com um dilema. Se ela é parte da cadeia, então podemos perguntar, em seu caso como em outros, por que ela existe. Mas não podemos imaginar um ser supremo dizendo a si mesmo: "Eu sou de eternidade a eternidade, e fora de mim não há nada senão o que há por minha vontade, *mas o que, então, sou eu?*" (A, 613). Por outro lado, se o ser necessário não é parte da cadeia de causação, como pode ele responder pelas ligações da corrente que termina com a minha existência?

O argumento para a existência de Deus que Kant aborda da forma mais gentil é a prova psicoteológica, que ele afirma dever ser sempre mencionada com respeito e que ele próprio apresenta com grande eloquência:

> O mundo nos apresenta um tamanho e imensurável espetáculo de variedade, ordem, objetivo e beleza, mostrado igualmente em sua infinita extensão e ilimitada divisibilidade de suas partes, que mesmo com tal conhecimento que nosso frágil entendimento pode apreender, nos deparamos com tantas maravilhas imensuravelmente grandes que nosso discurso perde sua força, todos os números perdem sua capacidade de mensuração, nossos pensamentos perdem toda precisão e nosso juízo do todo se dissolve em um maravilhamento cujo próprio silêncio é eloquente. Por todo lado vemos uma cadeia de causas e efeitos, de meios e fins, de regularidade no entrar e no sair da existência. Nada veio por si à condição em que o encontramos, mas sempre indica alguma coisa por trás de si como sua causa, e essa, por sua vez, nos obriga a

fazer a mesma questão. O universo inteiro cairia assim no abismo do nada a não ser que além e acima dessa infinita cadeia de contingências se admitisse a existência de algo para sustentá-la — algo que é original e independentemente autossubsistente, e que não somente causou a origem do universo mas também assegurou sua continuidade. (A, 622)

O argumento assim apresentado parece combinar várias das tradicionais provas da existência de Deus — o argumento para uma causa primeira, por exemplo, assim como o argumento do desígnio. Não há dúvida de que por todo o mundo encontramos sinais de ordem, em acordo com um objetivo determinado e aparentemente executado com grande sabedoria. Uma vez que essa ordem é estranha às coisas individuais que constituem o mundo, devemos concluir que ela deve ter sido imposta por uma ou mais das causas sublimes, operando não cegamente como a natureza o faz, mas livremente, como o fazem os seres humanos. Kant levanta várias dificuldades sobre as analogias que o argumento faz entre a operação da natureza e o artifício do talento humano; mas sua crítica real da prova não é negar sua autoridade, mas limitar seu alcance. O máximo que o argumento pode provar é a existência de "um *arquiteto* do mundo, que está sempre muito embaraçado pela adaptabilidade do material em que opera, e não de um *criador* do mundo, a cuja ideia tudo está sujeito". Muitos crentes religiosos ficariam muito contentes por ter estabelecido além da dúvida razoável a existência de tal grande arquiteto.

Contudo, Kant não diz sua última palavra sobre Deus na *Crítica da razão pura*. Em sua segunda crítica ele apresenta vários postulados da razão prática; assunções que devem ser feitas se a obediência às leis morais é uma atividade racional. Os postulados revelam ser os mesmos que os tópicos tradicionais da metafísica da natureza: Deus, liberdade e imortalidade. Temos a obrigação de buscar a bondade perfeita, que inclui a virtude e a felicidade. Podemos ter a obrigação de buscar algo apenas se esse algo é possível de obter. "*Dever*", diz Kant memoravelmente, "implica *poder*". Mas somente um todo-poderoso e onisciente Deus pode assegurar que a virtude e a felicidade possam coincidir — e mesmo esse Deus pode fazer isso apenas se há uma vida após a presente. Daí ser moralmente necessário assumir a existência de Deus.

Kant insiste em que não há inconsistência entre essa afirmação e sua negação na primeira *Crítica* de que a razão especulativa poderia provar a existência e os atributos de Deus. A postulação da existência de Deus exi-

O arquiteto do cosmos, retratado em
O mais antigo dos dias, de William Blake.

gida pela vida moral é um ato de fé. Já em um prefácio à primeira *Crítica* Kant havia ressaltado a diferença entre as duas aproximações à teologia e afirmado que sua aproximação crítica da metafísica era na verdade uma condição necessária para uma crença válida na existência de Deus:

> Não posso portanto nem ao menos admitir Deus, liberdade e imortalidade em favor do uso prático necessário de minha razão a não ser que ao mesmo tempo eu prive a razão especulativa de sua pretensão a percepções extravagantes. [...] Tive portanto de negar o saber para obter lugar para a fé. O dogmatismo da metafísica — a ideia de que é possível nela progredir sem uma crítica da razão pura — é a verdadeira fonte daquela descrença dogmática que é contrária à moralidade. (*B*)

A postulação de Deus como uma condição para o comportamento moral é uma elaboração de uma estratégia lançada inicialmente por Pascal, a saber, que devemos acreditar que Deus existe não porque temos razão para pensar que "Deus existe" é verdadeira, mas porque é uma proposição que é bom para nós que nela acreditemos.

O absoluto de Hegel

Hegel gostava de usar o linguajar cristão. Por exemplo, ele divide a história da Alemanha em três períodos: o que vai até Carlos Magno, que ele chama de o Reino do Pai; o que vai de Carlos Magno até a Reforma, que ele chama de o Reino do Filho; e finalmente o período que vai da Reforma à monarquia prussiana, que ele chama de o Reino do Santo Fantasma, ou Espírito. De tempos em tempos ele se refere ao absoluto como Deus, e sua afirmação de que o absoluto é o Pensamento que pensa a si mesmo recorda uma frase de Aristóteles que era frequentemente empregada pelos pensadores cristãos como uma aproximação a uma definição de Deus. Mas da análise resulta que o absoluto é algo bem diferente do Deus cristão.

Na concepção cristã tradicional, Deus é um ser eterno e imutável cuja existência é bem independente da existência do mundo e dos seres humanos. Antes de Adão e Abraão existirem, Deus já existia na completude da percepção de si. O absoluto hegeliano, por outro lado, é um espírito que vive somente por meio das vidas dos seres humanos, e a percepção de si do absoluto é revelada pela reflexão dos filósofos no mundo cotidiano. O espírito, contudo, não é simplesmente redutível à totalidade do pensamento humano; o absoluto tem objetivos que não são os de qualquer pensador humano e aos quais a atividade humana inconscientemente serve. Mas o plano do espírito para o universo não é algo imposto de fora por um criador transcendente; é uma evolução interna programada por um equivalente cósmico do DNA.

Hegel considerava seu sistema uma apresentação racional e científica de verdades divulgadas simbolicamente pela religião. A filosofia e a religião cobriam a mesma área uma da outra:

> Os objetos da filosofia são no todo os mesmos que aqueles da religião. Em ambos o objeto é a Verdade, naquele sentido superior em que Deus, e somente Deus, é a Verdade. De modo semelhante os dois tratam dos mundos finitos da Natureza e da Mente humana, em sua relação entre si e em sua verdade em Deus.

Pela filosofia e pela religião a humanidade busca tornar sua a razão cósmica universal: a religião faz isso pelo culto; a filosofia, pela reflexão racional.

Inicialmente, a religião nos apresenta a mitos e imagens. Assim, na Antiguidade clássica, Homero e Hesíodo criaram o panteão dos deuses e deusas gregos. A primeira reação da filosofia ao mito e à imagem é explodir suas pretensões à verdade literal: assim, Platão denuncia a teologia dos poetas e escultores. Esse padrão se repete em outras culturas. As narrativas judaicas e cristãs, por exemplo, são objeto de troça dos filósofos do Iluminismo. Mas esse antagonismo entre religião e filosofia antirreligiosa é superado na verdadeira filosofia hegeliana, que aceita a fé e a razão como métodos diferentes de apresentar uma única verdade eterna.

O que a filosofia apresenta em pensamento, a religião apresenta em imagens. O que aparece no sistema hegeliano como a objetificação do conceito na Natureza é apresentado nas grandes religiões monoteístas como a livre criação de um mundo por um Deus transcendente. A percepção hegeliana de que o espírito finito é um momento na vida do espírito infinito é expressa na cristandade pela doutrina de que no Cristo Deus se torna encarnado em um ser humano. Mas a filosofia não torna supérflua a religião: "A forma Religião é necessária ao Espírito como o é em e para si; é a forma da verdade como o é para todos os homens e para todo modo de consciência". Hegel proclamava com orgulho ser um luterano e pretender continuar a sê-lo (*LHP*, I.73).

O comportamento de Hegel em relação às doutrinas cristãs era, então, o de uma simpática condescendência. Assim também seu comportamento em relação às tradicionais provas da existência de Deus. Mas se Deus é o absoluto, e o absoluto é todo ser, então a existência de Deus dificilmente precisa de prova. Eis a versão de Hegel para o argumento ontológico: "Seria estranho", ele escreve, "se a totalidade concreta a que chamamos Deus não fosse rica o suficiente para incluir nela uma categoria tão pobre como o ser, a mais pobre e mais abstrata de todas" (*Lógica*, 1975, 85). Para ele, a real prova da existência de Deus é o próprio sistema hegeliano em sua completude.

O primeiro período moderno foi um teste do tempo para a teologia natural. Ele foi alvo de críticas não somente de filósofos que se tornaram cada vez mais céticos quanto aos elementos da tradição religiosa, mas também de teólogos que queriam rebaixar os clamores da religião natural para abrir espaço para a fé. Os filósofos do Iluminismo desejavam rebaixar e talvez eliminar o fluxo de doutrinas teológicas nas áreas de epistemologia, psicologia, biologia, ética e política. A Revolução Francesa e seu desdobramento levaram os pensadores europeus a reavaliar as duas religiões tradicionais e o programa iluminista. No século XIX, como veremos no próximo volume, isso levou tanto a uma intensificação do desafio à religião por parte dos admiradores da ciência como a uma resposta reativa da *intelligentsia* religiosa.

Cronologia

1513	*O príncipe*, de Maquiavel
1516	*A utopia*, de More
1520	Condenação papal a Lutero
1540	Fundação da Companhia de Jesus (jesuítas)
1543	Copérnico publica o heliocentrismo
1545-1563	Concílio de Trento
1561	Assassinato de Ramus
1569	*Ensaios*, de Montaigne
1588	*Concordia*, de Molina
1600	Giordano Bruno é executado na fogueira
1605	*O avanço do conhecimento*, de Bacon
1625	*Sobre a guerra e a paz*, de Grotius
1638	*As duas novas ciências*, de Galileu
1641	*Meditações*, de Descartes
1650	Morte de Descartes
1651	*Leviatã*, de Hobbes
1662	Morte de Pascal
1677	Publicação da *Ética* de Spinoza
1686	*Discurso sobre a metafísica*, de Leibniz
1687	*Principia mathematica*, de Newton

1690	*Ensaios e Tratados sobre o governo civil*, de Locke
1713	*Três diálogos*, de Berkeley
1714	*Monadologia*, de Leibniz
1739	*Tratado*, de Hume
1750	*O espírito das leis*, de Montesquieu
1764	*O senso comum*, de Reid
1764	*O contrato social*, de Rousseau
1781	*Crítica da razão pura*, de Kant
1785	*Fundamentação da metafísica dos costumes*, de Kant
1804	*Wissenschaftslerhe*, de Fichte
1807	*Fenomenologia do espírito*, de Hegel
1831	Morte de Hegel

Abreviações e convenções

Obras gerais

HWP	Bertrand Russell, *History of Western Philosopy*
PASS	*Suplementary Proceedings of the Aristotelian Society*
ST	Tomás de Aquino, *Suma teológica*, citada por parte, questão e artigo pela tradução publicada por Edições Loyola em 8 volumes, São Paulo, 2002-2005
CHSCP	*The Cambridge History of Seventeenth-Century Philosophy*, ed. D. Garber e M. Ayers

Bacon

B	*Bacon*, Oxford Authors, citado por página

Berkeley

HF	*Três diálogos entre Hilas e Filonous em oposição aos céticos e ateus*, citado pela tradução de Antonio Sérgio, in *Berkeley*, Os pensadores, São Paulo, Abril Cultural, 1973, vol. XXIII

P   Tratado sobre os princípios do conhecimento humano, citado pela tradução de Antonio Sérgio, in Berkeley, Os pensadores, São Paulo, Abril Cultural, 1973, vol. XXIII

Descartes

AT   Edição padrão de Adam e Tannery, citado por volume e página
CSMK   Tradução padrão em três volumes, citada por volume e página.
DM   Discurso do método, citado pela tradução de J. Guinsburg e Bento Prado Júnior, in Descartes, Os pensadores, São Paulo, Abril Cultural, 1973, vol. XV
Med   Meditações, citado pela tradução de J. Guinsburg e Bento Prado Júnior, in Descartes, Os pensadores, São Paulo, Abril Cultural, 1973, vol. XV

Hobbes

L   Leviatã, citado pela tradução de João Paulo Monteiro e Maria Beatriz Nizza da Silva, in Hobbes, Os pensadores, São Paulo, Abril Cultural, 1973, vol. XIV
G   Human Nature e De Corpore Politico, edição de J. C. A. Gaskin, Oxford World Classics, 1994, citado por página

Hegel

LHP   Lectures on the History of Philosophy, trad. F. S. Haldane e F. H. Simpson, 1966
PG   The Phenomenology of Spirit, tradução de A. V. Miller, citada por página
PR   Philosophy of Right, trad. H. B. Nisbet, ed. A. Wood, Cambridge, Cambridge University Press, 1991, citada por página

Hume

I   Investigação sobre o entendimento humano, citado pela tradução de Leonel Vallandro, in Berkeley/Hume, Os pensadores, São Paulo, Abril Cultural, 1973, vol. XXIII

T	*Treatise of Human Nature*, ed. de S. Bigge e P. H. Nidditch; as referências são dadas por livro, parte e seção
W	*Hume on Religion*, ed. R. Wollheim, London, Collins, 1963

Kant

CRP	*Crítica da razão pura*, citado pela tradução de Valério Rohden, in *Kant*, Os pensadores, São Paulo, Abril Cultural, 1974, vol. XXV
F	*Fundamentação da metafísica dos costumes*, citado pela tradução de Paulo Quintela, in *Kant*, Os pensadores, São Paulo, Abril Cultural, 1974, vol. XXV
A	Referência por número de página da primeira edição da *Crítica da razão pura*
B	Referência por número de página da segunda edição da *Crítica da razão pura*
G	*Groundwork of the Metaphysics of Morals*, citado pela página da edição da Akademie
M	*Critique of Judgement*, ed. J. H. Meredith, Oxford, Oxford University Press, 1978

Leibniz

A	*The Leibniz Clarke Correspondence*, ed. H. G. Alexander, Manchester, Manchester University Press, 1956
D	*Discourses on Metaphysics*, referências são tiradas da edição Manchester de 1988
G	Referências são dadas por volume e página da edição Gerhardt das obras completas
T	*Theodicy*, trad. E. M. Huggard, Lasalle, Illinois, Open Court Press, 1985

Locke

E	*Ensaio sobre o entendimento humano*, citado pelo número de página da tradução de Anoar Aiex, in *Locke*, Os pensadores, São Paulo, Abril Cultural, 1973, vol. XVIII

EHU	*Essay on Human Understanding*, citado pelo número de página da edição de Oxford editada por P. H. Nidditch
TG	*Segundo tratado sobre o governo*, citado por capítulo e parágrafo da tradução de E. Jacy Monteiro, in *Locke*, Os pensadores, São Paulo, Abril Cultural, 1973, vol. XVIII

Lutero

E	*Erasmus-Luther: Discourse on Free Will*, ed. E. F. Winter, London, Constable, 1961, citado por página
WA	Weimarer Ausgabe, a edição padrão de suas obras

Maquiavel

P	*O príncipe*, citado por capítulo e número de página da tradução de Lívio Xavier, in *Maquiavel*, Os pensadores, São Paulo, Abril Cultural, 1973, vol. IX

Montaigne

ME	*Ensaios*, citado por número de página da tradução de Rosemary Costhek Abílio, São Paulo, Martins Fontes, 2002, 3 vols.

Montesquieu

EL	*O espírito das leis*, citado por capítulo e número de página da tradução do volume *Montesquieu*, Os pensadores, São Paulo, Abril Cultural, 1973, vol. XXI

More

U	*A utopia*, citado por número de página da tradução de Luís de Andrade, in *Thomas More*, Os pensadores, São Paulo, Abril Cultural, 1972, vol. X
EW	*The English Works of Sir Thomas More.* Ed. W. E. Campbell, and A. W. Reed. London, Eyre & Spottiswoode; New York, Lincoln MacVeagh, The Dial Press, 1931. 2 vols.

Pascal e Malebranche

EM	*Essai de la Metaphysique*
LP	*Lettres Provinciales*, ed. H. F. Stewart, Manchester, Manchester University Press, 1919, citado por página.
P	*Pensées*, citado pelo número da edição da coleção Oxford World Classics
R de V	*De la recherche de la verité*, in *Oeuvres complètes de Malebranche*, ed. André Robinet, Paris, Vrin, 1958-1984
TNG	*Treatise on Nature and Grace*, de Malebranche, citado por página da tradução de Oxford, 1992

Ramus

L	*Peter Ramus: The Logike 1574*, Menton, Scolar Press, 1970, citado por página

Rousseau

CS	*O contrato social*, citado por número de página da tradução de Lourdes Santos Machado, in *Rousseau*, Os pensadores, São Paulo, Abril Cultural, 1973, vol. XXIV

Reid, Thomas

I	*Inquiry and Essays*, ed. R. E. Beanblossom e K. Lehrer

Smith, Adam

TMS	*Theory of Moral Sentiments*, Oxford, Oxford University Press, 1976, citado por página

Spinoza

CPS	*The Cambridge Companion to Spinoza*, ed. D. Garett, Cambridge, Cambridge University Press, 1996

Ep Referências às cartas editadas por A. Wolf
E   As referências são dadas pela página da tradução da *Ética* de Edwin Curley, publicada pela Penguin, 1996

Suárez

DM *Disputationes Metaphysicae*, Hildesheim, Olms, 1965, vol. 25 da *Opera Omnia*. Citado por disputação, seção e artigo

Voltaire

PD *Philosophical Dictionary*, ed. T. Besterman, Harmondsworth/Penguin, 1971, citado por página

Referências bibliográficas

Obras gerais

BENNET, Jonathan. *Locke, Berkeley, Hume*: Central Themes. Oxford, Oxford University Press, 1971.

COPLESTON, Frederick. *History of Philosophy*. London, Burns Oates and Search Press, 1943-1947, 9 vols.

COTTINGHAM, John. *The Rationalists*. Oxford, Oxford University Press, 1988.

CRAIG, E. G. *The Mind of God and the Works of Man*. Oxford, Oxford University Press, 1987.

GARBER, Daniel, AYERS, Michael. *The Cambridge History of Seventeenth-Century Philosophy*. Cambridge, Cambridge University Press, 1998, 2 vols.

GRIBBIN, John. *Science, a History: 1543-2001*. Harmondsworth, Penguin, 2002.

KENNY, Anthony. *The God of the Philosophers*. Oxford, Clarendon Press, 1979.

———. *The Metaphysics of Mind*. Oxford, Clarendon Press, 1989.

KNEALE, William, KNEALE, Martha. *The Development of Logic*. Oxford, Clarendon Press, 1979.

POPKIN, R. H. *The History of Scepticism from Erasmus to Spinoza*. Leiden, Gorcum van Assen, 1979.

SCHMITT, Charles B., SKINNER, Quentin. *The Cambridge History of Renaissance Philosophy*. Cambridge, Cambridge University Press, 1988.

WOOLHOUSE, R. S. *The Empiricists*. Oxford, Oxford University Press, 1988.

———. *Descartes, Spinoza, Leibniz*: The Concept of Substance in Seventeenth-Century Metaphysics. London, Rutledge, 1993.

Filosofia do século XVI

COLEMAN, Janet. *A History of Political Thought from the Middle Ages to the Renaissance*. Oxford, Blackwell, 2000.

COPENHAVER, B. P., SCHMITT, Charles B. *Renaissance Philosophy*. Oxford, Oxford University Press, 1992.

MCCONICA, James. *Renaissance Thinkers*. Oxford, Oxford University Press, 1993.

MACHIAVELLI, Niccolò. *Il principe*. Milano, Mondadori, 1994.

MORE, Thomas. *Utopia*. Ed. Edward Surtz. New Haven, Connecticut, Yale University Press, 1964.

Descartes

A edição padrão é a de Adam e Tannery, em doze volumes na edição Vrin/CRNS, Paris, 1964-1976. Em inglês, a tradução padrão é aquela em três volumes, publicada pela Cambridge University Press em 1985 e 1991, os dois primeiros volumes com edição de J. Cottingham, R. Stoothoff e D. Murdoch, o terceiro editado pelos mesmos e mais Anthony Kenny. Uma edição francesa bem prática é o texto da edição em um volume da coleção francesa Plêiade, com edição de texto por A. Bridoux, Paris, Gallimard, 1973. Uma vívida tradução inglesa de textos selecionados é a de E. Anscombe e P. T. Geach, *Descartes, Philosophical Writings*, London, Nelson, 1969.

COTTINGHAM, John. *The Cambridge Companion to Descartes*. Cambridge, Cambridge University Press, 2000.

——— (ed.). *Descartes*. Oxford Readings in philosophy. Oxford, Oxford University Press, 1998.

———. *Descartes*. Oxford, Blackwell, 1986.

CURLEY, Edwin. *Descartes Against the Sceptics*. Oxford, Blackwell, 1978.

DAVIES, Richard. *Descartes, Belief, Scepticism and Virtue*. London, Routledge, 2001.

FRANKFURT, Harry. *Demons, Dreamers and Madmen*. Indianapolis, Bobbs-Merril, 1970.

GARBER, Daniel. *Descartes' Metaphysical Physics*. Chicago, University of Chicago Press, 1992.

GAUKROGER, Stephen. *Descartes*. An intellectual biography. Oxford, Clarendon Press, 2000.

KENNY, Anthony. *Descartes*. New York, Random House, 1968/Thoemmes, 1993.

ROZEMOND, Marleen. *Descartes' Dualism*. Cambridge, Massachusetts, Harvard University Press, 1998.

WILLIAMS, Bernard. *Descartes*: The Project of Pure Inquiry. Harmondsworth, Penguin, 1978.

WILSON, Margaret. *Descartes*. London, Routledge/Kegan Paul, 1976.

Hobbes

As obras completas de Hobbes forma editadas por W. Molesworth entre 1839 e 1845, em onze volumes de obras em inglês e cinco volumes de obras em latim. A Oxford University Press está produzindo uma edição moderna de suas obras, mas até agora somente viram a luz os seguintes volumes: *De Cive* (1984); *Writings on Common Law and Hereditary Right* (2005) e a correspondência, editada em dois volumes por Noel Malcolm (1994). Há edições práticas do *Leviatã* e do *Human Natures and De Corpore Politico* (1999) editadas por J. C. A. Gaskin (Oxford World Classics).

AUBREY, John. *Brief Lives*. Ed. Olivier Lawson Dick. Harmondsworth, Penguin, 1962/London, Folio Society, 1975.

GAUTHIER, David. *The Logic of Leviathan*. Oxford, Oxford University Press, 1969.

OAKESHOTT, Michael. *Hobbes on Civil Association*. Oxford, Oxford University Press, 1975.

RAPHAEL, David. *Hobbes, Morals and Politics*. London, Routledge, 1977.

SORELL, Tom. *Hobbes*. London, Routledge, 1986.

―――. *The Cambridge Companion to Hobbes*. Cambridge, Cambridge University Press, 1996.

TUCK, Richard. *Hobbes*. Oxford, Oxford University Press, 1989.

WARRENDER, Howard. *The Political Philosophy of Hobbes*. Oxford, Oxford University Press, 1957.

Locke

A edição Clarendon das obras de John Locke foi planejada para trinta volumes, que incluirão seus diários e cartas. A série está perto de se completar (Oxford,

Oxford University Press, 1975-20--), tendo já sido nela editadas todas as obras maiores. A edição do *Essay Concerning Human Understanding*, por P. H. Nidditch (1975) foi publicada em livro de bolso em 1975. Uma prática brochura contendo o *Two Treatises on Government* e *A Letter Concerning Toleration*, com edição de Ian Shapiro, foi lançada pela Yale University Press, New Haven, Connecticut, em 2003.

AYERS, Michael. *Locke*. London, Routledge, 1991, 2 vols.
CHAPPEL, Vere. *The Cambridge Companion to Locke*. Cambridge, Cambridge University Press, 1994.
CRANSTON, Maurice. *John Locke: A Biography*. Oxford, Oxford University Press, 1985.
DUNN, John. *The Political Thought of John Locke*. Cambridge, Cambridge University Press, 1969.
——. *Locke*. Oxford, Oxford University Press, 1984.
MACKIE, John. *Problems from Locke*. Oxford, Oxford University Press, 1976.
ROGERS, G. A. J. *Locke's Philosophy*: Content and Context. Oxford, Oxford University Press, 1974.
WOOLHOUSE, R. S. *Locke*. Brighton, Harvester, 1983.
YOLTON, John. *John Locke and the Way of Ideas*. Oxford, Oxford University Press, 1956.
——. *John Locke*: Problems and Perspectives. Cambridge, Cambridge University Press, 1969.
——. *Locke*: An Introduction. Oxford, Blackwell, 1985.
——. *A Locke Dictionary*. Oxford, Blackwell, 1993.

Pascal e Malebranche

A melhor edição completa das obras de Pascal é *Oeuvres complètes* editada por Louis Lafuma, Paris, Editions du Seuil, 1963. A numeração dos *Pensées* nessa edição é a mais comumente utilizada. Há uma edição de *Les provinciales* organizada por H. F. Stewart, Manchester, Manchester University Press, 1919, e uma tradução para o inglês de A. J. Krailsheimer, Harmondsworth, Penguin, 1967. Uma nova tradução dos *Pensées* para o inglês saiu como volume da coleção Oxford Worls Classics, Oxford University Press, 1995. A edição padrão de Malebranche é a *Oeuvres complètes* editada por André Robinet em vinte volumes, Paris, Vrin, 1958-1984. Há uma tradução inglesa do *Treatise on Nature and Grace*, por Patrick Riley, Oxford, Clarendon Press, 1992.

KRAILSHAIMER, Alban. *Pascal*. Oxford, Oxford University Press, 1980.
MCCRACKEN, C. J. *Malebranche and British Philosophy*. Oxford, Oxford University Press, 1983.
MESNARD, J. *Pascal, his Life and Works*. London, Collins, 1952.
NADLER, Steven. *Malebranche and Ideas*. Oxford, Oxford University Press, 1992.

Spinoza

A edição padrão é *Spinoza Opera*, editada por Carl Gebhardt, Heidelberg, Carl Winter, 1925, 4 vols. Uma prática tradução inglesa em dois volumes é *The Chief Works of Benedict de Spinoza*, com tradução de R. H. M. Elwes, New York, Dover, 1951. Uma nova edição das Collected Works, em inglês, está sendo publicada pela Princeton University Press, com edição e tradução de Edwin Curley, cujo primeiro volume foi lançado em 1985. Uma tradução da *Ética* para a Penguin foi publicada em 1996. A correspondência de Spinoza, editada e traduzida por A. Wolf, foi publicada em 1928 e reimpressa em 1966 em Londres por Frank Cass.

BENNET, Jonathan. *A Study of Spinoza's Ethics*. Indianapolis, Hacket, 1984.
CURLEY, Edwin. *Spinoza's Metaphysics*: An eEssay in Interpretation. Cambridge, Massachusetts, Harvard University Press, 1969.
DELAHUNTY, R. J. *Spinoza*. London, Routledge e Kegan Paul, 1985.
DONAGAN, Alan. *Spinoza*. Chicago, Chicago University Press, 1988.
HAMPSHIRE, Stuart. *Spinoza*. Harmondsworth, Penguin, 1951.
WOLFSON, Harry A. *The Philosophy of Spinoza*. Cambridge, Massachusetts, Harvard University Press, 1934, 2 vols.

Leibniz

A atual edição padrão dos escritos filosóficos é *Die Philosophischen Schriften*, ed. C. I. Gerhardt, Hildesheim, Olms, 1963, 7 vols. No tempo devido ela será substituída pela edição da Academia Alemã, *Samtliche Schriften und Briefe* (1923-). Edições inglesas de seus escritos incluem: *G. W. Leibniz: Philosophical Papers and Letters*, Dordrecht, Reidel, 1969; *G. W. Leibniz: Discourse on Metaphysics and Related Writings*, ed. e trad. R. Martins e outros, Manchester, Manchester University Press, 1988; *Leibniz: Philosophical Writings*, ed. e trad. G. H. R. Parkinson, London, Dent, 1973; *Leibniz: Logical Papers*, ed. e trad. G. H. R. Parkinson, Oxford, Clarendon Press, 1966; *Theodicy*, trad. E. M. Huggard, Lasalle, Ill.,

Open Court Press, 1985; *Monadology and other Philosophical Essays*, trad. P. e A. M. Schrecker, Indianapolis, Bobbs-Merrill, 1965.

ADAMS, Robert. *Leibniz*: Determinist, Theist, Idealist. Oxford, Oxford University Press, 1994.
ARIEW, Roger. *The Cambridge Companion to Leibniz*. Cambridge, Cambridge University Press, 1995.
BROWN, Stuart. *Leibniz*. Brighton, Harvester Press, 1984.
ISHIGURO, Hide. *Leibniz's Philosophy of Logic and Language*. London, Duckworth, 1972.
MATES, Benson. *The Philosophy of Leibniz*: Metaphysics and Language. Oxford, Oxford University Press, 1986.
PARKINSON, G. H. R. *Logic and Reality in Leibniz's Metaphysics*. Oxford, Oxford University Press, 1965.
RUSSELL, Bertrand. *A Critical Exposition of the Philosophy of Leibniz*. London, Allen and Unwin, 1937.

Berkeley

As obras de Berkeley vêm sendo publicadas, em nove volumes, por A. A. Luce e T. E. Jessop, Edinburgh, Thomas Nelson, 1948-1957. Seus *Principles* e *Dialogues* têm aparecido em volumes da coleção Oxford World Classics, Oxford, Oxford University Press, 1999.

BERMAN, D. *George Berkeley*: Idealism and the Man. Oxford, Clarendon Press, 1994.
MARTIN, C. B., ARMSTRONG, D. M. (eds.). *Locke and Berkeley*: A Collection of Critical Essays, New York, Doubleday, 1968.
PITCHER, George. *Berkeley*. London, Routledge and Kegan Paul, 1977.
URMSON, James. *Berkeley*. Oxford, Oxford University Press, 1982.
WARNOCK, Geoffrey. *Berkeley*. Harmondsworth, Penguin, 1953.
WINKLER, K. *Berkeley*: An Interpretation. Oxford, Oxford University Press, 1989.

Hume

A mais completa edição atual é *The Philosophical Works of David Hume*, ed. T. H. Green e T. H. Grose, London, Longman Green, 1875. A Clarendon Press está publicando uma nova edição, em que os *Enquiries* são editados por Tom Beauchamp

(1999, 2001) e o *Treatise* é editado por D. e M. Norton (2006). Edições práticas das principais obras são *Treatise of Human Nature*, ed. L. A. Selby Bigge e P. H. Nidditch, Oxford, Oxford University Press, 1978, e *Enquiry Concerning Human Understanding*, ed. L. A. Selby Bigge e P. H. Nidditch, Oxford, Oxford University Press, 1978. Uma útil seleção é *Hume on Religion*, ed. Richard Wollheim, London, Collins, 1963; a edição inclui *The Natural History of Religion* e *Dialogues Concerning Natural Religion*.

AYER, Alfred J. *Hume*. Oxford, Oxford University Press, 1980.
FLEW, Antony. *Hume's Philosophy of belief*. London, Routledge e Kegan Paul, 1961.
KEMP SMITH, Norman. *The Philosophy of David Hume*. London, Macmillan, 1941.
PEARS, David. *Hume's System*. Oxford, Oxford University Press, 1990.
STRAWSON, Galen. *The Secret Connexion*. Oxford, Clarendon Press, 1989.
WRIGHT, J. P. *The Sceptical Realism of David Hume*. Manchester, Manchester University Press, 1983.

Smith e Reid

Uma edição Glasgow das obras de Adam Smith está sendo produzida pela Oxford University Press; sua *Theory of Moral Sentiments* foi publicada nessa mesma série em 1976. *The Wealth of Nations* foi publicada na coleção Oxford World Classics, com edição de K. Sutherland, Oxford, Oxford University Press, 1993.

O *Essays on the Intellectual Powers of Man* e o *Essays on Active Powers of the Human Mind*, ambos de autoria de Reid, estão disponíveis em reimpressões modernas (Cambridge, Massachusetts, MIT Press).

LEHRER, Keith J. *Thomas Reid*. London, Routledge, 1989.
RAPHAEL, D. D. *Adam Smith*. Oxford, Oxford University Press, 1985.

O Iluminismo

Várias das obras de Voltaire estão convenientemente à disposição em francês na coleção Flammarion (Paris, 1964-), bem como em inglês, na coleção Oxford World Classics, e na coleção Penguin Classics, que publicou o seu *Dicionário filosófico*, editado por T. Besterman em 1971. As obras de Rousseau, similarmente, estão disponíveis pela Flammarion, e seu *Discourse on Political Economy*, além do *So-*

cial Contract, estão traduzidos para o inglês na coleção Oxford World Classics; seu *Confissões* foi publicado na coleção Penguin Classics em 1966. O *Lacoonte*, de Lessing foi publicado em tradução de E. A. McCormick em 1962, na Biblioteca das Artes Liberais (Indianapolis, Bobbs Merrill).

WADE, I. *The Intellectual Development of Voltaire*. Princeton, NJ, Princeton University Press, 1989.
WOKLER, R. *Rousseau*. Oxford, Oxford University Press, 1995.

Kant

A edição crítica padrão de Kant é a edição Akademie (*Kant's Gesammelte Schriften*), publicada em 29 volumes a partir de 1900, Berlim, Reymer/de Gruyter. Uma prática edição alemã de bolso em doze volumes foi publicada por Insel Verlag, Wiesbaden, 1956. Uma edição Cambridge das obras de Kant em inglês começou em 1991, com a publicação de *Metaphysics of Morals*, com edição de M. Gregor; a *Critique of Pure Reason*, ed. e trad. de Paul Guyer e A. W. Wood, foi publicada pela Cambridge University Press em 1998. Dentre as mais recentes traduções, são ainda utilizadas a *The Critique of Practical Reason*, trad. Lewis White Beck, Indianapolis, Bobbs-Merril, 1956; e *The Critique of the Judgement*, trad, J. C. Meredith, Oxford, Oxford University Press, 1978.

BENNET, Jonathan. *Kant's Analytic*. Cambridge, Cambridge University Press, 1966.
———. *Kant's Dialectic*. Cambridge, Cambridge University Press, 1974.
CAYGILL, Howard. *A Kant Dictionary*. Oxford, Blackwell, 1994.
GUYER, Paul. *Kant and the Claims of Knowledge*. Cambridge, Cambridge University Press, 1987.
——— (ed.). *The Cambridge Companion to Kant*. Cambridge, Cambridge University Press, 1992.
KITSCHER, Patricia. *Kant's Transcendental Psychology*. Oxford, Oxford University Press, 1990.
KÖRNER, Stephan. *Kant*. Harmondsworth, Penguin, 1955.
O'NEILL, Onora. *Constructions of Reason*: Explorations of Kant's Practical Philosophy. Cambridge, Cambridge University Press, 1989.
PATON, H. J. *The Moral Law*. London, Hutchinson, 1955.
SCRUTON, Roger. *Kant*. Oxford, Oxford University Press, 1982.
STRAWSON, Peter. *The Bounds of Sense*. London, Methuen, 1966.

WALKER, Ralph. *Kant*. London, Routledge e Kegan Paul, 1978.
WOOD, Allen. *Kant's Rational Theology*. Ithaca, NY, Cornell University Press, 1978.

Hegel

O Deutsche Forschungsgemeinschaft vem publicando uma edição crítica das obras de Hegel desde 1968 (Hamburgo, Meiner). A mais prática edição alemã é a *Werkausgabe*, em vinte volumes, com edição de E. Moldenhauer e K. Michel, Frankfurt, Suhrkamp, 1969-1972. Dentre as traduções inglesas das obras de Hegel, encontram-se: *Logic*, trad. William Wallace, Oxford, Oxford University Press, 1975; *Phenomenology of Spirit*, trad. A. V. Miller, Oxford, Oxford University Press, 1977; *Lectures on the History of Philosophy*, trad. E. S. Haldane e F. H. Simpson, London, Routledge, 1966, 3 vols.; *Philosophy of Right*, trad. H. B. Nisbet, ed. Allen Wood, Cambridge, Cambridge University Press, 1991.

FINDLAY, J. N. *Hegel*: A Reexamination. London, George Allen and Unwin, 1958.
INWOOD, Michael. *Hegel*. London, Routledge and Kegan Paul, 1983.
KAUFMANN, Walter. *Hegel*: A Reexamination. Garden City, NY, Doubleday, 1965.
POPPER, Karl. *The Open Society and its Enemies*. London, Routledge and Kegan Paul, 1966.
ROSEN, Michael. *Hegel's Dialectic and its Criticism*. Cambridge, Cambridge University Press, 1982.
SOLOMON, Robert. *In the Spirit of Hegel*. Oxford, Oxford University Press, 1983.
TAYLOR, Charles. *Hegel*. Cambridge, Cambridge University Press, 1975.
———. *Hegel and Modern Society*. Cambridge, Cambridge University Press, 1979.
WALSH, W. H. *Hegelian Ethics*. London, Macmillan, 1969.

Índice das ilustrações

21	Erasmo Desidério no retrato pintado por Holbein, parte do acervo do Louvre. © Photo RMN/Louvre
29	O Concílio de Trento em sua sessão de encerramento. Fotomas UK
36	O teto da Igreja de Santo Inácio, em Roma. © 1990 Photo SCALA, Florença/Igreja de Santo Inácio, Roma
46	Folha de rosto da edição Oxford de *O avanço do conhecimento*, de Francis Bacon. Biblioteca Bodleian, Universidade de Oxford, BROXB 48.3
59	Princesa Elizabeth da Boêmia. Biblioteca Bodleian, Universidade de Oxford, LP 156
65	Folha de rosto da primeira edição do *Leviatã*. Biblioteca Inglesa
75	Instrução do rei Carlos II ao deão e ao Capítulo da Igreja cristã para retirar de Locke sua bolsa de estudos. Biblioteca Bodleian, Universidade de Oxford, Ms 375/1

85   Frontispício da *História da Royal Society*, de Thomas Sprat.
     Biblioteca Inglesa

97   Desenho de Alexander Pope, por Jonathan Richardson.
     Museu Britânico

104 Gravura do século XVII representando o colégio de La Flèche.
     Biblioteca Nacional da França

109 Esboço de uma carta de Hume a Rousseau convidando-o para ir à Inglaterra.
     Ross Hume de Ninewells

115 Gravura de Hubert representando Voltaire jantando com companheiros *philosophes*.
     Biblioteca Nacional, Paris, Arquivos Carmet/Biblioteca de Arte Bridgeman

119 Mulher filósofa.
     Biblioteca Wellcome, Londres.

126 Gravura de Kant.
     Getty Images

134 Fichte lecionando.
     Schiller-Nationalmuseum, Marbach am Neckar

138 Ilustração botânica mostrando vários estágios de desenvolvimento simultâneos.
     Biblioteca Britânica

150 A percepção dos sentidos.
     Biblioteca da Faculdade de Medicina, Paris,
     Archives Charmet/Biblioteca de Arte Bridgeman

155 Retrato de Hobbes no Hardwick Hall.
     Fotografia: Instituto de Arte Courtauld

165 Euclides. *Os elementos da geometria*.
     Biblioteca Bodleian, Universidade de Oxford, D4 14.Art

171 Leibniz.
     © Bettmann/CORBIS

Índice das ilustrações

176	A pulga de Hooke.
	Biblioteca Inglesa
182	Folha de rosto do *Tratado* de Hume.
	Curadores da Biblioteca da Universidade de Cambridge
	(David Hume, *A treatise of human nature'* 1739, Keynes G-1-16)
194	Retrato de Galileu envelhecido, de Susterman.
	Arquivos Alinari
208	Imagem de uma xilogravura do *Pastyme of pleasure*, de Stephen Hawes.
	Biblioteca Britânica
216	Folha de rosto da primeira edição francesa das *Meditações* de Descartes.
	Biblioteca Nacional de França
222	Gravura de Spinoza.
	Biblioteca Nacional de França
229	Leibniz e as damas.
	Akg-images
240	Fort William, Calcutá.
	Biblioteca Britânica
249	Visão binocular em Descartes.
	Curadores da Biblioteca da Universidade de Cambridge
	(René Descartes, *La dioptrique*, 1637, M 10 42)
257	Retrato de John Locke, de autoria de Kneller, em Christ Church hall.
	The Governing Body of Christ Church, Oxford (LP94)
268	Berkeley como bispo de Cloyne.
	Sob permissão da Biblioteca do Palácio de Lambeth.
	Fotografia: Instituto de Arte Courtauld
281	Ilustração do Códice Azcatitla.
	Biblioteca Nacional de França
288	Padre Henry Garnet, SJ, no cadafalso antes de ser executado.
	Biblioteca de Quadros de Mary Evans

290   Folha de rosto da *Teologia moral* de Escobar.
      Curadores da Biblioteca da Universidade de Cambridge
      (Escobar, *Liber Theologiae*, Cc 6 15)

302   Retrato de Hegel.
      Time Life Pictures/Getty Images

313   Frontispício da primeira edição da *Utopia* de More.
      Curadores da Biblioteca da Universidade de Cambridge
      (More, *Utopia*, Rel.c.51.3)

318-319   Piero de Cosimo, *Cena de caça*.
      The Metropolitan Museum of Art, doação de Robert Gordon, 1875 (75.7.2),
      Fotografia, todos os direitos reservados, The Metropolitan Museum of Art

333   Água-forte de Rousseau.
      Akg-images

346   A trapaça com o ás de ouros, *c.* 1635-1640.
      Louvre, Paris, Giraudo/Biblioteca de Arte Bridgeman

357   Milagres em St. Medard.
      Biblioteca Nacional de França

365   Blake, *O mais antigo dos dias*.
      Galeria de Arte Whitworth, Universidade de Manchester

Índice remissivo

Abelardo 350, 362
absoluto 16, 61, 129, 134, 137, 139, 140, 154, 183, 204, 241, 267, 307, 322, 366-368
acidentes, reais 198, 201
Adão e Eva 340
Adriano VI, papa 23
agnosticismo 203, 269, 345, 360
Agostinho, santo 13, 27, 76, 81, 206, 207, 215, 241, 279, 286, 349, 351
Alexandre, o Grande 141, 226, 227
alienação 304
alma como ideia do corpo 260, 261
altruísmo 292, 293
ambulo, ergo sum 145, 146
América 35, 100, 101, 281, 310, 320, 337
amor intelectual de Deus 294
ampulheta 62
analítica, transcendental 127, 188, 189

analítico *vs.* sintético 184
analogia 163, 239, 241, 359
analogias, em Kant 241
anjos 228, 362
antecipações da percepção 187
antinomias 129, 130, 206, 207, 276
Antonino, santo 283
aparência *vs.* realidade 234
apercepção 170, 172, 266, 274, 275, 278
apetite 49, 265, 266, 292, 295
aposta, de Pascal 77, 345
apreensão simples 112
a priori sintético 184
a priori vs. a posteriori 185
Aquino, Tomás de 26, 37, 55, 61, 90, 189, 190, 198, 206, 207, 212-215, 217, 224, 225, 228, 279-282, 286, 316, 339, 340, 353
argumento cosmológico 121, 363

argumento ontológico 88, 121, 342-344, 346, 348, 349, 351, 358, 360-363, 368
Aristóteles 14, 15, 20, 22, 26, 30, 31, 37, 41, 42, 44, 45, 48, 50, 63, 90, 93, 122, 136, 160, 193-196, 201, 204, 206, 211, 212, 214, 224, 231, 235, 236, 242, 264, 266, 267, 279, 281, 298, 301, 302, 306, 329, 366
Armínio 38
Arnauld, Antoine 58, 79, 93, 94, 152, 265
arquiteto do cosmos 364, 365
associação de ideias 79, 125, 181
ateísmo 47, 58, 69, 116, 345
atomismo 93, 200, 201, 207, 234, 239, 342
atributo 89, 203, 204, 212, 221, 260, 277, 347
atributos de Deus, infinito 26, 148, 222, 346-348
atualidade vs. potencialidade 90, 205
Aubrey, John 62, 63, 66, 67
Augsburgo, confissão de 28
autoconsciência 95, 121, 133, 137, 139, 191, 256-259, 266, 274, 275, 292, 302, 303, 336
autocracia 117
autonomia 301, 302, 340
Avicena 37, 121
Bacon, Francis 45-52, 57, 62, 114, 194, 196, 197
Bañez, Domingo 38
Bayle, Pierre 114
Belarmino, Roberto 43, 44, 197
belo 131, 274
benevolência 107, 110, 295-297

Berkeley, George 53, 98-103, 105, 111, 112, 173, 175-178, 188-190, 230-234, 241, 264, 267-271, 351-354
Princípios do conhecimento humano 99, 175, 232
Três diálogos entre Hilas e Filonous 100, 173, 230, 231, 233, 234, 352, 354
Uma palavra aos sábios 101
Um ensaio para uma nova teoria da visão 98
Berlim, Universidade de 133, 135
Bermudas 100
Bérulle, cardeal 79
Bíblia 20, 22, 24, 25, 27, 83, 86, 87, 101, 108, 131, 195, 222, 289, 299, 335
Bloomsbury 291
boa vontade 130, 298
Bórgia, César 256, 309
Bossuet, bispo 83
Boswell, James 101, 109
Boyle, Robert 93, 162
Bramhall, John 66, 251, 252, 267
Bruno, Giordano 39-41, 44, 348
Brunswick, duque de 94, 122
Butler, Joseph 259
cálculo infinitesimal 93, 98
calor 48, 51, 58, 63, 128, 147, 148, 151, 155, 158, 160, 162, 163, 173-175, 184, 187, 246, 264, 271, 354
Calvino, João 27, 28, 217, 279
cão 33
Carlos II, rei 62, 66, 70, 71, 74, 75, 326
Carlos I, rei 58, 66, 69, 280

Carlos V, imperador 23, 280, 281
Carlyle, Thomas 120
Casa de Salomão 51, 52
Casas, Bartolomeu de Las 282
Castellio, Sebastian 32
casuística 280, 281, 284, 290, 291
categorias (em Kant) 186-189
causação 105-107, 128, 129, 181, 223, 224, 235-238, 241, 250, 252, 269, 273, 363
cegueira 35, 44, 212
células 266
cera 161
cérebro 79, 155, 248-250
certeza 67, 73, 77, 79, 111, 124, 148, 152, 166, 174, 176, 197, 255, 272, 278, 341. Ver dúvida
ceticismo 16, 26, 27, 32, 34, 35, 57, 106, 114, 141, 143, 149, 181, 183
China 35
Cícero 20, 31, 34, 308
círculo cartesiano 152
Clarke, Samuel 203, 204, 209
Clemente VIII, papa 38
Clough, Arthur Hugh 101, 102
coexistência 239, 241
cogito ergo sum 57, 145, 146
coisa-em-si 133, 188, 190, 191
começo da existência 236
começo do mundo 206
compatibilismo 250, 252, 253
Complô da Pólvora 287, 288
compossibilidade 351
comunidade 20, 60, 61, 64, 66, 83, 93, 311, 315, 327, 328, 332, 334, 335
comunismo 307
Concílio de Trento 28, 29, 38, 280

confissão 28
conhecimento 14, 24, 38, 39, 45, 52, 57, 61, 67, 73, 76, 81, 83, 89, 98, 103, 105, 112, 125-129, 136, 141, 142, 153, 154, 157, 159, 160, 164-169, 172, 181, 184-186, 188-191, 207, 209, 215, 217, 232, 241, 242, 260, 261, 266, 277, 294, 304, 320, 339-341, 363
conhecimento de fato *vs.* conhecimento das consequências 154
conhecimento médio 38, 340
consciência 15, 26, 28, 38, 70, 72, 89, 133, 134, 138, 139, 146, 147, 156, 158, 170, 172, 185-189, 191, 202, 207, 244, 245, 247, 257, 258, 263, 266, 274, 276, 278, 280, 281, 283, 286, 289-292, 303-305, 315, 326, 367
consenso universal 159, 336
consentimento dos governados 324, 328
contiguidade 105, 237
contingência 122, 129, 224-227, 362
contingentes futuras (proposições) 339, 340
continuum 203-206
contrafactuais 340, 341
Contrarreforma 28, 34, 35, 279
contrato, original 66
contrato social 71, 328
conversão dos gentios 282
coordenadas cartesianas 55
corpo *vs.* alma 49
corpúsculos 162
cosmologia 45, 121, 129
costume 29, 106, 144, 183, 184, 272

crença 20, 25-27, 34, 49, 50, 73, 81,
    95, 106, 112-114, 116, 123, 136,
    141, 143, 145, 152, 166, 173,
    180, 181, 234, 250, 270, 276,
    305, 315, 317, 325, 337, 355,
    358, 366
criação *vs.* conservação 342
cristandade 20, 28, 29, 34, 40, 95, 279,
    282, 303, 367
cristianismo 74, 122, 123, 139, 195,
    201, 359
Cristina, rainha da Suécia 59
critério 27, 110, 127, 143, 146, 166,
    179, 244, 255, 296, 305
Cudworth, Ralph 68-70, 74
d'Alembert, Jean 108, 114-118
damnum emergens 283
democracia 322, 325, 329, 334, 335
Descartes 14, 15, 42, 45, 53-64, 68-
    71, 74, 76, 79, 80, 83-85, 88-90,
    93-95, 103, 104, 106, 111, 114,
    121, 129, 143, 145-153, 156-162,
    164, 166, 168, 188, 189, 194,
    196-203, 214-218, 221, 235,
    242-252, 260, 263-267, 270, 275,
    278, 284-286, 291, 305, 341-344,
    348, 349, 351, 353
    Discurso do método 55-58, 60, 79,
        84, 249, 343
    Meditações 58, 62, 84, 143-145,
        147-149, 151-153, 157, 216, 245,
        247, 342, 343
    O mundo 55, 58
    Princípios de filosofia 58, 84, 197
    Tratado das paixões 58, 285
descoberta, lógica da 49, 50, 92
desejo 20, 24, 77, 89, 232, 236, 246,
    251-255, 265, 289, 292, 324

desígnio, argumento do 358-360, 364
desobediência civil 323
despotismo 330
determinismo 25, 26, 38, 122, 250,
    252, 262, 272, 276, 277, 294, 324
Deus 24, 25, 27, 28, 32, 35, 38-40, 48,
    57, 58, 64, 69, 70, 73, 76, 77,
    79-82, 84, 86-92, 94-97, 100-102,
    107, 114, 116, 121-125, 129, 130,
    133, 136, 137, 145, 146, 148,
    149, 151-153, 164, 166, 169,
    198-201, 203, 204, 212, 214, 215,
    217, 218, 221-223, 225-228, 230,
    232-234, 247, 248, 252, 260-262,
    266, 267, 269, 277, 279, 284,
    287, 294, 301, 303, 315, 322,
    324, 326, 328, 329, 339-354,
    356-358, 360-364, 366-368
    amor de 348
    atributos de 168, 364
    como a causa única 225
    como *causa sui* 223
    como o ser necessário 349
    conhecimento de 76, 277
    e as verdades eternas 217
    existência de 130, 342, 345
    imensidade de 204
    liberdade de 217, 226
    onipotência de 201
    sensação em 353
    verdade de 57, 149, 217
    vontade de 24, 70, 215, 217
dever 130, 131, 226, 297-299, 301,
    302, 304-306, 317, 356, 363, 364
devocionais, guias 285
dialética em Hegel 337
dialética, transcendental 127, 129,
    206, 275, 360

Diderot, Denis 108, 114, 116-118
Dilúvio de Noé 258
dinheiro 74, 87, 131, 282, 283, 310, 312, 327
direito divino dos reis 38, 71, 324, 326
direitos 66, 73, 259, 282, 303, 304, 320, 321, 324-326, 328, 331, 334
direitos contratuais 304, 321
direitos de propriedade 66, 282, 296, 304, 322, 327, 331
divisibilidade 129, 201, 204-206, 363
dominicanos 37, 38, 44
Dort, Sínodo de 38
dualismo 15, 56, 64, 80, 248, 250
duplo efeito 290, 291
dúvida 25, 56, 57, 61, 120, 145, 146, 149, 153, 174, 176, 179, 194, 203, 217, 227, 232, 236, 241, 246, 247, 253, 278, 285, 286, 301, 327, 341, 354, 364
eclipse do sol 24
ecumenismo 93, 95
Edimburgo, Universidade de 103, 108
efeito 30, 35, 39, 105, 106, 117, 122, 129, 141, 147, 151, 156, 162, 181-183, 213, 221, 223-225, 235-237, 241, 261, 263, 269, 282, 290-292, 331
egoísmo 292, 293, 309, 331, 332, 336
Elizabeth, princesa paladina 58, 59, 94, 250, 285, 341
emoções, ativas vs. passivas 89, 292, 293
empirismo 15, 64, 70, 95, 104, 128, 129, 153, 154, 157, 160, 270, 271
enciclopédia 98, 115, 118, 135
Encyclopédie 114-116

ens a se vs. *ens ab alio* 211
ente 170, 264, 343, 360, 361
enteléquia 264-266
entendimento 15, 20, 27, 35, 45, 49, 54, 78, 84, 88, 89, 106, 114, 127, 128, 131, 136, 147, 151, 159, 167, 185-187, 189, 191, 193, 220, 244, 245, 251, 263, 265, 273, 274, 292, 293, 354, 363
entendimento *vs.* razão 127, 273, 274
entendimento *vs.* vontade 246, 251, 263
entia rationis 212
Epicuro 142, 200, 201
epistemologia 64, 89, 105, 145, 147, 152, 158, 164, 168-170, 175, 181, 190-192, 235, 270, 278, 354, 368
equivocação 287
Erasmo 19-26, 339
Erígena, John Scot 98
erro 15, 32, 43, 70, 78, 82, 96, 111, 129, 131, 142, 145, 152, 156, 168, 199, 206, 246, 271, 295, 304, 326
escravidão 139, 300, 304
espaço 17, 40, 48, 72, 76, 81, 105, 108, 127, 129, 154, 158, 172, 179, 185, 187, 188, 193, 199, 201-209, 224, 226, 237, 239, 241, 250, 252, 267, 279, 293, 301, 323, 368
espectador imparcial 111
Espírito 135, 366, 367
espírito alemão 337
espírito do mundo 277, 336-338
espírito popular 139
essência 31, 42, 57, 62, 73, 79, 80, 90, 110, 139, 146, 161, 164, 166-168,

198, 212-216, 218-222, 226, 227, 244, 248, 261, 262, 291, 307, 343, 346, 347, 363
nominal *vs.* real 73, 219
essência *vs.* existência 90, 213
Estado 20, 28, 66, 67, 114, 139, 140, 305, 307, 308, 316, 321-327, 329, 330, 332, 334, 336-338, 352
Estado mundial 337
Estado-nação 139, 335, 352
estética transcendental 127, 188, 207
estoicismo 59, 284, 285, 303
éter 203
ética 88, 90, 111, 114, 130, 201, 279-282, 285, 291, 294, 297, 298, 301-306, 368
eucaristia 27, 28
Euclides 62, 122, 165, 168, 196, 346
eudemonismo 297, 306
existência 31, 32, 57, 59, 64, 69, 73, 77, 84, 89, 90, 100, 106, 107, 111, 114, 116, 121, 124, 129, 130, 133, 136, 140, 145, 146, 149-153, 174-176, 188, 200, 203, 204, 213-215, 218, 221, 222, 225, 227, 228, 230, 231, 233, 236, 238, 239, 243, 246, 250, 261, 262, 266, 269, 292, 327, 332, 337, 342-354, 358, 360-364, 366, 368
experiência 33, 42, 55, 72, 76, 80, 99, 120, 124-129, 133, 147, 153, 154, 156, 159, 160, 163, 164, 166, 168, 169, 172, 178, 180, 182-191, 207, 208, 233, 237-239, 241, 244, 247, 248, 273-275, 277, 278, 308, 317, 353, 362, 363

extensão 14, 33, 51, 56, 57, 64, 67, 80, 81, 89, 96, 98, 144, 160, 161, 167, 184, 187, 197-201, 204-207, 217, 218, 222, 225, 230, 245, 250, 260, 264, 265, 305, 342, 347, 359, 363
faculdades 49, 141, 143, 152, 186, 191, 243, 244, 246, 247, 273, 274, 278
falsa consciência 303, 304
falsificação 51
família 62, 83, 103, 123, 132, 305, 326, 336
fé 23, 27, 28, 35, 77, 79, 116, 117, 123, 136, 262, 276, 279, 287, 308, 357, 366-368
felicidade 77-79, 95, 99, 107, 130, 275, 279, 285, 297-302, 311, 336, 345, 364
fenomenalismo 234, 270
fenômenos *vs.* númenos 189
ficção 23, 47, 148, 181
Fichte, G. W. 132-135, 190
fideísmo 35
Filmer, Robert 71, 326, 328
Filopono, João 42
filosofia humana 48, 49
filosofia natural 47, 48, 63, 193, 208
fins *vs.* meios 290, 298
física 15-17, 41, 42, 47, 48, 55, 57, 58, 60, 63, 66, 76, 81, 92, 104, 116, 121, 125, 134, 152, 181, 185, 193-197, 199, 201-203, 208, 209, 212, 215, 217, 238, 243, 244, 250, 342
força 35, 42, 63, 84, 89, 98, 102, 136, 149, 156, 180, 191, 202, 203, 246, 251, 264, 265, 277, 282, 312, 316, 320, 321, 362, 363

formas 31, 48, 91, 148, 164, 175, 185, 188, 197, 199, 213, 216-218, 304, 316, 327, 336, 349, 353, 363
formas ocultas 199
formas substanciais 16, 48, 201, 216-218, 264
Francisco de Sales, são 285
Frederico, o Grande 120
Galilei, Galileu 41-45, 48, 55, 194-197, 203
Garnet, Henry 287, 288
Gassendi, Pierre 58, 93, 200-203, 205, 344, 349
Genebra 32, 39, 117, 118, 120, 334
generosidade 110, 296
gênio maligno 145
geometria analítica 55, 63
George III, rei 118, 329
George I, rei 97
glândula pineal 248, 250, 263
graça 23, 24, 26-28, 76, 79, 279
gravidade 202, 203
Grotius, Hugo 317
guerra de todos contra todos 64, 319
Guerra e paz 276
guerras justas e injustas 316
Guilherme III, rei 73
haecceitas 213
Hanover, eleitores de 97
harmonia preestabelecida 97, 121, 169, 267, 349
Harvard 44
Harvey, William 200
Hegel, G. W. 16, 103, 135-138, 140, 191, 241, 242, 277, 278, 301-305, 335-338, 366-368

Heidelberg, Universidade de 87, 135
heliocentrismo 43, 44, 195, 197
Heliogabalo 256, 259
Helvétius, Claude 116
Herder, J. G. 136
Herodes 258
Hobbes, Thomas 15, 58, 62-71, 74, 153-157, 162, 235, 250-254, 262, 263, 267, 317-328, 331, 332
  De cive 62, 66
  De corpore 63, 66
  Leviatã 63-68, 153, 154, 156, 157, 251, 252, 318-324
Holanda 45, 53-55, 58, 59, 71, 83, 88, 220
Holbach, barão de 116
homúnculo 249, 250
Hume, David 61, 103-111, 113, 118, 124, 125, 128, 164, 178-184, 205, 224, 235-238, 241, 267, 270-273, 295-297, 305, 354-361
  Diálogos sobre a religião natural 109, 358
  Tratado sobre a natureza humana 103-107, 111, 178, 180, 181, 205, 206, 358
  Uma investigação concernente ao entendimento humano 107
idealismo 133-135, 140, 188, 190, 209, 230, 232, 241
ideias 19, 22, 37, 39, 41, 43, 60-62, 66, 69, 72, 73, 79-83, 91, 94, 95, 100, 101, 104-106, 111, 112, 117, 120, 122, 123, 125, 128, 130, 147, 148, 151, 157-160, 162-164, 166-170, 172, 173, 175, 178-181, 184, 188, 190, 200, 205, 206, 215, 218, 219, 226, 230,

232-236, 245, 246, 260-263, 267, 269-271, 285, 292, 295, 316, 352-354
abstratas 72, 73, 105, 175, 176, 219
adequadas 166-168
claras e distintas 72, 79, 89, 168, 219, 292, 293
em Berkeley 173, 232, 234, 354
em Descartes 83, 148, 149, 166
em Hume 178-180, 273
em Leibniz 96, 170, 348
em Locke 72, 95, 105
em Spinoza 164, 169, 261
ideias inatas 69, 95, 148, 158, 159, 172
ideias vs. impressões 105, 111, 180
identidade 121, 220, 223, 228, 229, 255-257, 260, 262, 303
identidade pessoal 72, 220, 255, 256, 259
ídolos (em Bacon) 50
Iena, Universidade de 132, 133, 135
ignorância 35, 114, 263, 295, 332
Iluminismo 113, 114, 116, 120, 122, 123, 367, 368
imagem, mental 157, 177
imaginação 47, 49, 79, 89, 105, 131, 147, 149-151, 153, 154, 156, 157, 164, 167, 168, 178, 179, 205, 212, 232, 238, 246, 251, 290, 301
imortalidade da alma 26, 69, 275
imperativo categórico 131, 299, 300
imperativo categórico vs. hipotético 131
ímpeto 27, 42, 194
impressões vs. ideias 180
Inácio de Loyola 35, 36
índios americanos 34, 100, 282, 315
individuação 92, 213, 220, 228, 280

individualismo 60
indubitabilidade 244
indução 50, 51, 136, 205
inércia 42, 199, 217, 291, 342
infanticídio 259
infinito 40, 64, 78, 90, 148, 191, 203-205, 207, 211, 222, 223, 260, 263, 265, 342, 344, 347, 350, 352, 359, 367
Inocêncio X, papa 76
inocente na guerra 317
inovação em filosofia 31, 61, 160, 214, 217, 226, 246, 273, 302, 340, 352
intenção, direção da 289
interação de mente e matéria 80, 94, 250
introspecção 133, 180, 244
intuição 89, 133, 153, 164, 167, 168, 189
Jaime II, rei 71, 73
Jaime I, rei 37, 38, 45, 53, 94, 324
jansenistas 76, 291, 345, 356, 357
jesuítas 28, 35, 37, 38, 61, 76, 95, 98, 195, 280, 281, 283, 286, 287, 289, 291
João da Cruz, são 284, 285
João Paulo II, papa 45
Johnson, Samuel 101
judeus 83, 84, 86, 87, 348
juízo 24, 30, 49, 76, 110, 112, 152, 168, 169, 184, 186, 198, 245-247, 274, 296, 305, 317, 325, 345, 363
Júlio César 350
Júlio II, papa 23, 309, 310
Júpiter, luas de 42
justiça 38, 69, 78, 95, 107, 110, 153, 186, 278, 296, 297, 307, 320, 321, 323, 329, 331

Kant, Immanuel 15, 55, 61, 121, 123-132, 184-190, 206-209, 238-242, 250, 253, 273-278, 297-302, 305, 335, 337, 343, 344, 349, 358, 360-364, 366
  Crítica da razão prática 130, 132
  Crítica da razão pura 55, 125, 130, 184-186, 188-190, 206, 207, 238-241, 274-276, 362-364, 366
  Crítica do juízo 130, 131, 273, 274, 360, 361
  Fundamentação da metafísica dos costumes 130, 297-301
  O único possível fundamento 124
  Prolegômenos a qualquer metafísica futura 125
Knox, Ronald 352
La Flèche 53, 61, 103, 104
La Mettrie, Julien 116
Leão X, papa 23, 310
Leibniz, G. W. 16, 40, 88, 92-100, 114, 120, 121, 124, 125, 169-173, 203-205, 226-230, 234, 263-267, 348-351
  De arte combinatoria 92
  Discurso de metafísica 94, 226, 227, 264, 265, 267, 350
  Monadologia 96
  Novos ensaios sobre o entendimento humano 95, 169, 170, 230
  Os princípios da Natureza e da Graça 96
  Ensaios sobre a teodiceia 95, 114, 227, 350
lei moral 116, 131, 132, 298, 301
lei natural 279, 317, 320, 326, 328, 329, 355
Lessing, G. E. 120, 122, 123, 132

Lever, Ralphe 30
liberdade 23, 24, 26, 38, 64, 69, 85, 87-89, 114, 117, 122, 125, 139, 225, 246, 250-255, 263, 267, 272, 273, 276, 277, 304, 308, 320, 321, 323, 325-327, 330-332, 334, 336, 337, 339, 341, 350, 351, 364, 366
liberdade de indiferença *vs.* liberdade de espontaneidade 246, 272, 273
livre-arbítrio 23-26, 28, 38, 76, 94, 121, 251, 255, 267, 272, 276, 351
Locke, John 15, 61, 70-75, 79, 81, 90, 95, 99, 105, 111, 112, 114, 115, 126, 157-164, 166, 169, 172-175, 177, 178, 218-220, 232, 235, 254-260, 270, 326-329, 331
  Alguns pensamentos sobre a educação 74
  A racionalidade do cristianismo 74
  Dois tratados sobre o governo civil 71, 74, 326, 327
  Ensaio sobre a tolerância 71, 73, 74
  Ensaio sobre o entendimento humano 71-73, 95, 158-160, 162, 163, 219, 220, 253-258
lógica transcendental 127
Lucrécio 142, 200
lucrum cessans 283
Luís XIV, rei 73, 79, 93, 95
Lutero, Martinho 22-28, 35, 279, 339
Macbeth 287
Malebranche, Nicholas 74, 79-83, 90, 93, 95, 96, 102, 224-226, 230
Maquiavel 16, 19, 20, 22, 307-309, 338

Marsílio de Pádua 324
Masham, Damaris 74
matemática 41, 48, 55, 60, 62, 63,
    76, 79, 92, 120, 125, 126, 185,
    196, 197, 200, 215, 217, 226,
    265, 352
materialismo 64, 69, 93
Medina, Bartolomeu 289
Melanchton 28
melhor dos mundos possíveis 94, 96,
    121, 350
memória 47, 76, 105, 153, 154, 179,
    181, 220, 232, 259, 308
Mersenne, Marin 54, 58, 62, 64, 214,
    216
metafísica 15, 37, 38, 41, 47, 48, 57,
    58, 79, 86, 88, 89, 95, 100, 103,
    121, 123-125, 127, 129, 137,
    169, 179, 185, 191, 192, 201,
    205, 211-216, 222, 227, 241,
    260, 277, 291, 294, 305, 338,
    350, 364, 366
método científico 45, 56, 195
método experimental 104, 179
método geométrico 84, 88
Meyer, Lodewijk 84, 85
Michelangelo 19
milagres 82, 108, 354-358
Milton, John 31, 44, 45, 66
mitos 367
Molina, Luís 38, 339-341
mônadas 96, 169, 170, 172, 204, 234,
    265-267, 349
monismo 223
Montaigne, Michel de 32-35, 141-143
Montesquieu, barão 114, 116, 329-
    331, 334
More, Henry 68-70

More, Thomas 16, 19, 20, 22, 23,
    25, 26, 28, 29, 307, 309-313,
    315, 316
morte 31, 44, 54, 58, 60, 64, 66, 69,
    74, 77, 80, 82, 84, 88, 89, 92-95,
    104, 109, 110, 118, 120, 122,
    123, 132, 135, 201, 214, 226,
    287, 294, 308, 310, 311, 314,
    315, 320, 326, 335, 337
movimento 27, 37, 41-43, 48-51, 56-
    58, 63, 64, 70, 72, 80-82, 91, 100,
    112, 125, 150, 160-163, 167, 183,
    193, 195, 197-203, 217, 219, 225,
    230, 232, 240, 248, 250, 251,
    254, 264, 273, 342
  leis do movimento 58, 81, 217
nacionalismo alemão 133, 337
Nada 137
Napoleão 133, 135, 335, 336
naturans vs. *naturata* 40, 134, 348
Natureza 39, 40, 89-91, 134, 137, 223,
    277, 293, 294, 348, 359, 367
natureza, estado de 64, 71, 320, 321,
    325-329, 331
natureza, leis da 51, 82, 199, 208, 217,
    223, 320, 321, 327, 354, 355
necessidade 24, 25, 89, 122, 125, 139,
    151, 186, 199, 223-225, 227, 230,
    236-238, 251-254, 259, 262, 267,
    272, 276, 277, 293, 301, 303,
    314, 320, 347, 350, 360
negação 64, 160, 170, 187, 207, 245,
    272, 364
nervos ópticos 247, 248
Newton, Isaac 17, 42, 93, 98, 104,
    114, 116, 125, 181, 202-204, 209
nominalismo 58, 67
Novo Testamento 22, 23, 84, 86, 122

ocasionalismo 80, 225
Ockham, Guilherme de 22, 29, 61, 68, 217, 339, 340
Oldenburg, Henry 83, 93
ontologia 121
óptica 55, 64, 255
otimismo 27, 34, 96, 348, 351
Oxford 15, 20, 39, 46, 62, 63, 70, 71, 101, 179
   Igreja de Cristo 70, 74, 101, 257
padres 68, 287, 289, 311, 312, 315
paixões 72, 89, 92, 99, 106, 107, 142, 232, 270, 285, 286, 291-296, 336
paixões calmas 295
Pangloss, dr. 96
Panteão 120
panteísmo 40, 348
papado 29, 323
paralogismos 129, 275
Paris 39, 54, 58, 62, 64, 93, 98, 108, 117, 118, 120
Paris, abade 356
Pascal, Blaise 74, 76-78, 286, 289-291, 344-346, 366
Paulo III, papa 28, 35
Paulo, são 22, 35, 74, 339
Paulo V, papa 43, 44
pecado original 35
pena capital 328
percepção 43, 61, 72, 98, 100, 110, 136, 139, 154, 160, 163, 164, 168-170, 174, 181, 187, 189, 191, 218, 231, 233, 239-241, 245, 246, 265, 266, 270, 271, 274, 294, 304, 358, 366, 367
   clara e distinta 57, 152, 246
perfeição 49, 57, 60, 121, 343, 344, 348, 349, 354

Pico della Mirandola 34
Pirro de Elis 141
Pisa 41
Platão 20, 22, 55, 68, 118, 138, 215, 255, 306, 312, 315, 367
platonismo 68-70, 74, 215, 343
platonistas de Cambridge 68-70, 74
Pope, Alexander 78, 82, 96, 97, 100, 122
Port Royal 76, 291
prazer 14, 67, 89, 110, 147, 174, 244, 255, 271, 273, 284, 292, 295, 296, 298, 318, 354
predestinação 28, 69
presciência, divina 24, 339, 341
privacidade 311
probabiliorismo 288
probabilismo 286, 289
profecia 86
promessa 101, 132, 299, 309, 325
protestantismo 27, 28, 31, 35, 38, 39, 45, 53, 54, 64, 71, 73, 83, 87, 93, 95, 100, 143, 194, 287
Prússia 96, 117, 120, 123, 131, 337
qualidades, primárias *vs.* secundárias 72, 160-162
qualidades secundárias 63, 72, 112, 156, 160-163, 172-175, 264
Rabelais, François 29
racionalidade 15, 79, 244, 337
racionalismo 15, 27, 64, 79, 91, 120, 121, 128, 160
Rafael 19
Ramus, Pedro (Pierre de la Ramée) 30, 31
razão prática 130, 274, 275, 364
razão suficiente, princípio da 121, 226, 228, 267, 349

razão *vs.* entendimento 127
razão *vs.* paixão 106, 295
razão *vs.* sentidos 142
reencarnação 256
Reid, Thomas 110-113
reino dos fins 131, 300, 301
relatividade 156, 162
religião 14, 32, 34, 35, 47, 74, 77, 84, 86, 87, 109, 116, 122, 123, 133, 136, 181, 195, 295, 308, 315, 323, 329, 330, 336, 345, 354, 356, 357, 367, 368
res cogitans 245, 246
reserva mental 287
revolução copernicana 125
rigorismo 288
Robespierre 335
Rousseau, J.-J. 108, 109, 117-120, 331-335, 338
Royal Society 52, 70, 83, 85, 93, 98
Russell, Bertrand 291, 294
sangue, circulação do 32, 200
Satã 24, 291
Schelling, F. W. J. 132-135
Scotus, Duns 22, 26, 37, 61, 121, 124, 212-214, 217, 279, 297, 339, 340
Sêneca 285
senhor *vs.* escravo 303
sensação 49, 64, 73, 79, 113, 142, 153-156, 160, 162, 163, 174, 180, 185, 187, 233, 239, 244-247, 269, 270, 295, 353, 354
sensíveis comuns 160, 198
senso comum 112, 113, 169, 234, 261, 272
senso moral 107, 296

sensório de Deus 203
sentidos 15, 24, 33, 48, 53, 56, 63, 69, 80, 105, 116, 127, 141-145, 147, 151, 153, 154, 162, 170, 172-175, 178, 184-186, 189, 191, 198, 204, 207, 218, 220, 231, 232, 234, 271, 273, 278, 284, 353, 354, 360
separação de poderes 49, 330, 334
Sepúlveda 281
Ser 69, 133, 137, 343
ser necessário 130, 349, 361-363
Servet, Miguel 32
Sexto Empírico 32, 35, 141, 142
Simplício 44
Sinagoga 83
sistema copernicano.
    Ver heliocentrismo
Smith, Adam 109-111, 113
soberania 38, 66, 217, 317, 323-325, 332, 334
Sócrates 256, 259, 295
solipsismo 133, 270
sonhos 54, 57, 144, 156, 169
sono dogmático 124
Spinoza, Baruch 40, 83-91, 93-96, 106, 114, 122, 132-134, 137, 164-169, 220-226, 235, 242, 260-263, 291-295, 305, 324-326, 344, 345, 347-350
    Ética 86-90, 93, 164, 166-169, 220, 221, 223, 224, 235, 260-263, 291-294, 324, 325, 346-348
    O desenvolvimento do entendimento 164
    Tractatus theologico-politicus 86, 87, 324, 347
Stillingfleet, bispo 74

Suárez, Francisco 37, 38, 92, 211-215, 282, 316, 317
subjetividade 133, 156, 160, 162, 173, 190, 198
sublimidade 131, 274
subsistência 214, 296, 327
substância 57, 64, 73, 88-90, 94, 96, 121, 128, 129, 135, 148, 156, 163, 169, 170, 173, 174, 186, 191, 198, 202, 204, 207, 211, 214, 217-223, 225, 226, 230-232, 234, 239, 241, 259, 260, 263, 265, 266, 269, 275, 346-348
suicídio 300, 315, 328
Talmude 83
telescópio 42, 84, 86, 195
tempo 15, 17, 19, 20, 23, 25, 31, 39, 41, 42, 54, 55, 60, 63, 64, 69, 72-74, 76, 80, 83, 86-88, 90, 92, 97, 100, 104, 105, 107-109, 117, 118, 120, 124, 127-129, 131, 132, 135-137, 139, 144, 146, 149, 154, 162, 172, 174, 177, 179, 184, 185, 187, 188, 190, 193, 196, 201, 202, 204-209, 217, 222, 224, 225, 228, 230, 237, 239, 241, 245, 252, 256-259, 262, 265, 276-278, 286, 289, 291, 294, 310, 318, 320, 321, 330, 332, 335, 336, 339, 342, 349, 366, 368
teodiceia 96
tolerância 32, 54, 69, 73, 74, 114, 123, 315
Tolstói, Liev 276, 277
Torricelli, Evangelista 200
Trindade 32
Tübingen, Universidade de 135
Tyndale, William 25, 27
univocidade 212
Urbano VIII, papa 44
usura 282-284
utilidade 47, 49, 110, 231, 293, 296
Utopia 309-315
vácuo 30, 76, 93, 133, 199-203
Vênus, fases de 42
verdades da razão *vs.* verdades de fato 226
verdades eternas 70, 81, 214-217, 349-351
Vespasiano 356
Vespúcio, Américo 310
Vico, Giambattista 136
vida depois da vida 262, 276
vida ética 304, 305
virtudes artificiais 296, 297
visão 40, 55, 90, 98-100, 112, 116, 125, 142, 143, 155, 160, 167, 204, 208, 212, 218, 224, 244, 247-250, 270, 273, 293, 295, 304, 317, 324, 326
Vitória, Francisco de 282
Voltaire (F. M. Arouet) 96, 114-118, 120
voluntário *vs.* livre 341
vontade geral 331, 332, 334, 335
vórtices 199
Wolff, Christian 15, 120, 121, 124
Wordsworth, William 91
Zuínglio, Ulrich 27

OBRA COMPLETA

PADRE ANTÓNIO VIEIRA

Obra inédita no Brasil • Dividida em blocos temáticos • 30 volumes

Mais de quatro séculos depois do nascimento de Padre António Vieira, só agora, em pleno século XXI, sua obra completa é editada no Brasil. Um ambicioso projeto concretizado por Edições Loyola.

Para adquirir:
11 3385.8500
vendas@loyola.com.br
www.loyola.com.br

Suma
teológica

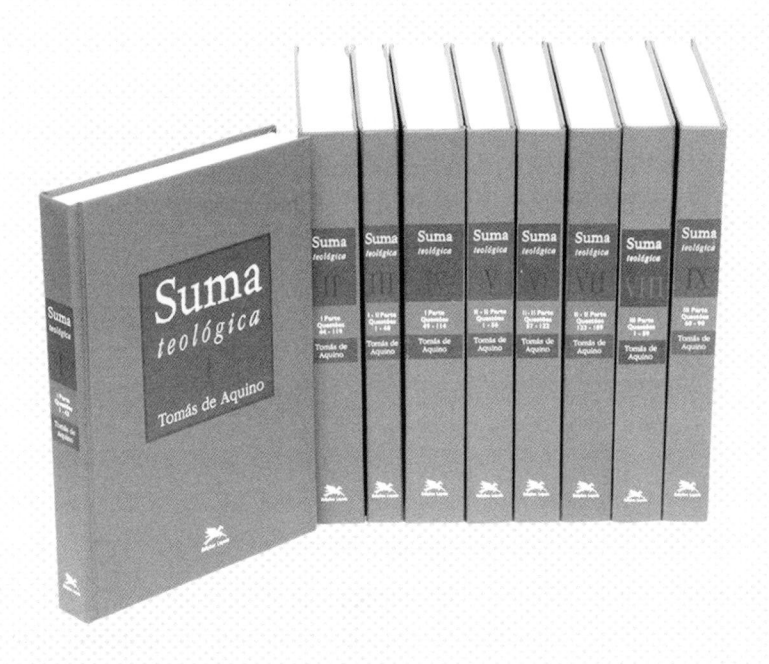

Reunindo em forma de compêndio importantes tratados filosóficos, religiosos e místicos, Santo Tomás de Aquino, através da Suma teológica, procurou estabelecer parâmetros a todos os que se iniciam no estudo do saber da teologia. Dividida em nove volumes, a obra permanece como um dos mais relevantes escritos do cristianismo de todos os tempos.

Para adquirir:
11 3385.8500
vendas@loyola.com.br
www.loyola.com.br

Edições Loyola é uma obra da Companhia de Jesus do Brasil e foi fundada em 1958. De inspiração cristã, tem como maior objetivo o desenvolvimento integral do ser humano. Atua como editora de livros e revistas e também como gráfica, que atende às demandas internas e externas. Por meio de suas publicações, promove fé, justiça e cultura.

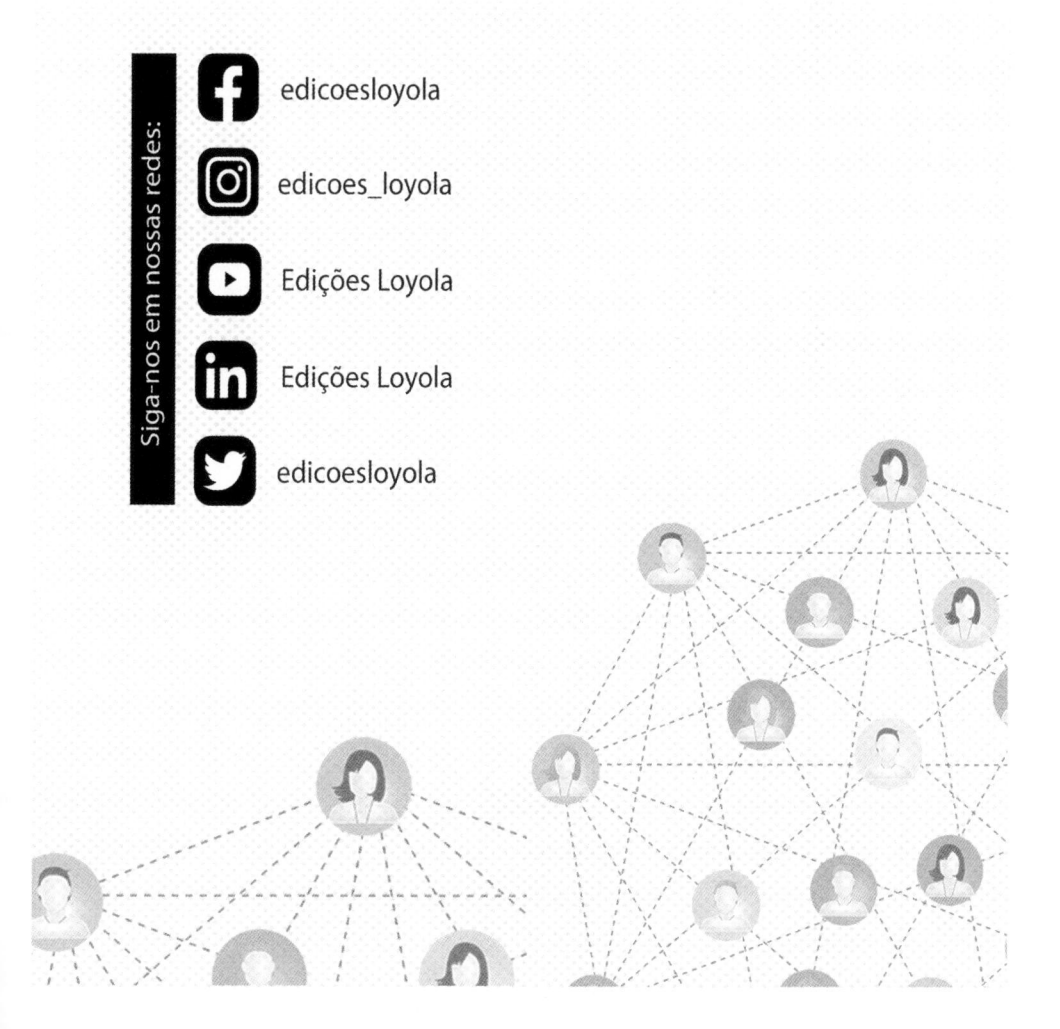

Siga-nos em nossas redes:

- edicoesloyola
- edicoes_loyola
- Edições Loyola
- Edições Loyola
- edicoesloyola

Edições Loyola

editoração impressão acabamento

rua 1822 nº 341
04216-000 são paulo sp
T 55 11 3385 8500/8501 • 2063 4275
www.loyola.com.br